AR LAFAR EI WLAD

Ar lafar ei wlad

Cyfrol deyrnged
JOHN OWEN HUWS

Detholiad o'i waith
ynghyd ag ysgrifau newydd ar lên gwerin:
Robert M. Morris
Jan Grendall
Robin Gwyndaf
T. Llew Jones
Eirlys a Ken Lloyd Gruffydd
Tecwyn Vaughan Jones
Gwenllian Awbery
Catrin Stevens
Gwyn Thoma
J. Towyn Jones

Argraffiad cyntaf: Awst 2002

Ⓗ *Gwasg Carreg Gwalch*

Cedwir pob hawl.
Ni chaniateir atgynhyrchu unrhyw ran o'r cyhoeddiad hwn, na'i gadw mewn cyfundrefn adferadwy, na'i drosglwyddo mewn unrhyw ddull na thrwy unrhyw gyfrwng, electronig, electrostatig, tâp magnetig, mecanyddol, ffotogopïo, recordio nac fel arall, heb ganiatâd ymlaen llaw gan y cyhoeddwyr, Gwasg Carreg Gwalch, 12 Iard yr Orsaf, Llanrwst, Dyffryn Conwy, Cymru LL26 0EH.

Rhif Llyfr Safonol Rhyngwladol:
0-86381-787-4

Llun clawr: Amgueddfa Werin Cymru, Sain Ffagan
Lluniau tu mewn: Helen Huws/awduron/Amgueddfa Werin Cymru/Gwasg Carreg Gwalch

Cynllun clawr: Sian Parri

Cyhoeddir yr ysgrifau newydd o dan gynllun comisiwn Cyngor Llyfrau Cymru.
Argraffwyd a chyhoeddwyd gan Wasg Carreg Gwalch,
12 Iard yr Orsaf, Llanrwst, Dyffryn Conwy, LL26 0EH.
☎ 01492 642031
📠 01492 641502
✉ llyfrau@carreg-gwalch.co.uk
lle ar y we: www.carreg-gwalch.co.uk

Cyflwynedig
i'w deulu
er cof am
John Owen Huws

Cynnwys

Detholiad o ysgrifau John Owen Huws

Mythau a Chwedlau Cyfoes 9
Llên Gwerin y Car 13
Magan, Modfedd . . . Metrau? 25
Iaith y Nefoedd 27
Beuno Sant 31
Lle mae'r Llan? 34
Gwlad yr Enwau Rhyfedd 38
Llên Gwerin y Milod
   Y Mochyn 41
   Y Ceffyl I 43
   Y Ceffyl II 46
   Y Draenog 48
   Y Gath 49
   Y Blaidd 52
   Y Gwningen a'r Sgwarnog 54
   Y Frân 57
   Yr Eryr 59
   Anifeiliaid Dieithr 60
Llên Gwerin yn yr Oesoedd Canol 64
Clasur o'r Gorffennol 1 –
   Celtic Folklore, gol. John Rhys 72
Clasur o'r Gorffennol 2 –
   Llên Gwerin Sir Gaernarfon – John Jones (Myrddin Fardd) ... 74
Dawnsio yn y ddrysfa 78
Yr Ieti 82
Byd y Shaman 86
Roedd hi'n Ddiwedd y Byd . . . i fod 91
Diwedd y Byd: Credoau'r Milflwydd 99
Nepal 108

Ysgrifau newydd ar lên gwerin, a gyflwynir er cof amdano

Dathlu'r Flwyddyn 1000
  Robert M. Morris 119

Cesyg Medi y Celtiaid
  Jan Grendall 143

Lois Blake: Arloeswraig Dawnsio Gwerin yng Nghymru
  Robin Gwyndaf 163

Gŵyl Mabsant
  T. Llew Jones 190

Defodau paganaidd ein ffynhonnau sanctaidd
  Eirlys a Ken Gruffydd 201

'Calennig a Chalennig a Blwyddyn Newydd Dda':
Y plentyn ar ddydd Calan yng Nghymru
  Tecwyn Vaughan Jones 219

Mynwenta yng Nghaerdydd
  Gwenllian Awbery 233

'Y mawr boen a'r perygl': profiadau ac arferion geni
  Catrin Stevens 248

Derwyddon a Siamaniaid
  Gwyn Thomas 261

Cynnig Agos
  J. Towyn Jones 273

Mythau a Chwedlau Cyfoes

PETROL

Petrol – neu'i brinder o – sydd wedi bod ar feddwl pawb yn ddiweddar. Roedd ffrind yn ceisio gwerthu ei gar ar y pryd ac er ei fod yn dipyn o sgragyn, roedd yn meddwl y câi ei werthu reit handi am y rheswm syml fod ynddo fo lond tanc o betrol.

Yng Nghaerdydd roedd sôn bod pob math o betrol yn cael ei roi mewn ceir, a phobl yn cofio fod yr hylif gwerthfawr mewn tuniau yng nghefn y garej ac ati. Clywais am un enghraifft o wagio'r peiriant torri gwair er mwyn cadw'r Ford Focus i fynd – ar waetha'r ffaith mai injan 'tw-stroc' oedd yn y Ffleimo!

Doedd hi fawr o syndod clywed felly bod hanes gŵr a gwraig o sir Aberteifi oedd newydd ymddeol a mynd i grwydro mewn 'caravanette' yn cylchredeg. Yn ôl y stori, mae'r cwpl yn codi pac ac yn mynd i grwydro'r byd yn eu cartref symudol. Y noson gyntaf cyn dal y fferi drannoeth cânt eu deffro gan sŵn sugno. Lleidr yn sipian eu petrol efallai? Go brin, gan fod clamp o glo ar y tanc i atal hynny. Drannoeth gwelant beipen wedi ei stwffio i agoriad y toiled cemegol . . .

Mae hyn yn atgoffa rhywun am stori dwy leian oedd wedi mynd yn sych o betrol ger Pont y Gromlech ym Mwlch Llanberis. Cerddodd un ohonynt i lawr i hen bentre bach Llanbêr i brynu galwyn, gan obeithio cael menthyg tanc galwyn gan y garej. Yn anffodus, doedd yr un ar gael, dim ond pot fel y rhai arferid eu rhoi dan y gwely ers talwm. Cariwyd y pot yn ofalus bob cam drwy Nant Peris ac yn ôl at Bont y Gromlech a dechrau tywallt ei gynnwys yn ofalus i'r tanc. Ar hynny pwy ddaeth heibio ond gweinidog Methodist lleol a stopiodd yn y fan a'r lle.

'Does gen i ddim byd i'w ddweud wrth eich crefydd chi,' meddai fo, 'ond myn diawl mae'n rhaid edmygu eich ffydd!'

SBIDIO

Rŵan bod petrol yn ôl ar werth, fe aiff rhai ohonom ni'n ôl i boeni am sbidio – neu'n hytrach y camerâu robotig hynny sy'n dal y sawl sydd â throed dde drom yn gor-yrru. Stori 'wir-yr' o Aberystwyth ydi hon.

Fel y gŵyr sawl un i'w gost (llythrennol) mae camerâu sbidio yn boen ledled Cymru erbyn hyn. Mymryn dros yr uchafswm cyflymder ac mae'r llygaid electronig yn sbecian a'r ticed sbidio, y ddirwy a'r triphwynt cosb drwy'r blwch llythyrau gyda throad y post.

Yn ôl pob sôn, mae yna gyflymderau anhygoel wedi bod yn cael eu cofnodi yn Aberystwyth: nid 50 milltir yr awr ond yn nes at 500 milltir yr awr! Pam hynny meddech chithau? Wel, yn ôl pob sôn mae rhyw gymêr wedi troi'r camerâu i bwyntio at i fyny ac maent bellach yn bwcio awyrennau! Efallai mai da o beth ydi atal y gwasanaeth Concorde: 'sgwn i faint o ddirwy a phwyntiau cosb gaech chi am wneud 1,500 milltir yr awr heibio'r Coleg ger y Lli?!

DYDDIAU'R CŴN = DYDDIAU'R GATH

Fel pob haf arall, roedd hi'n hirlwm ar ohebyddion radio, teledu a phapurau newydd eleni eto, gyda Tony Blair a'i debyg i gyd yn Tyscani bell yn slochian Chianti. Dyna 'Ddyddiau'r Cŵn' yn ôl y riportars, sef y cyfnod pan fo Sirius, Seren y Cŵn yn disgleirio'n amlwg yn ffurfafen y nos.

Yma yng Nghymru, efallai mai 'Dyddiau'r Cathod' ddylid galw cyfnod di-wleidydd Awst gan fod cathod mawr yn ymddangos yn rheolaidd yr adeg yma o'r flwyddyn – sydd fel manna o'r nefoedd i'r papurau newydd a'r gwasanaeth newyddion wrth gwrs.

Panther du Nanmor oedd hi rai blynyddoedd yn ôl – a ymfudodd i fod yn puma yn ardal Pontarfynach a'r heddlu'n chwilio am y creadur gyda hofrenyddion. Yn weddol ddiweddar, trawsffurfiodd yn deigr a fu'n codi arswyd yng nghyffiniau Aberteifi ac erbyn eleni, 'cath fawr' ddienw ydoedd yn sir Fynwy ond un a roddodd sgriff reit hegar i wyneb hogyn unarddeg oed – ac sy'n cael ei hel gan helwyr proffesiynol o dde Affrica . . . yn ofer hyd yn hyn! 'Sgwn i beth fydd hi ac ymhle y flwyddyn nesaf pan fo Sirius yn sgleinio?

FFACSUS

Mae'r peiriant ffacs wedi gwneud cyfraniad sylweddol at ledaenu llên gwerin cyfoes.

Yn ddiweddar derbyniwyd reolau *Bullshit Bingo* gan academydd parchus iawn. Maent yn debyg iawn i reolau Bingo rhifau, dim ond mai geiriau a nodir ar y cerdyn chwarae ac nid rhifau. Yn syml hollol, mae dau chwaraewr, cyn mynd i mewn i bwyllgor digon sych, yn tynnu rhestr bob un o'r geiriau a'r ymadroddion hynny sy'n ymfudo i'n iaith bob dydd o fyd busnes, gwleidyddiaeth a chyrsiau hyfforddi'r ymadroddion megis 'joined-up thinking', 'amgylchyddol-gyfeillgar', 'dwylo'n tynnu'r lifrau cywir' a llawer mwy. Y gamp wedyn yw croesi pob ymadrodd a ddewiswyd fel y cânt eu clywed yn y cyfarfod. Mae'n ddull digon difyr o leddfu diflastod ond y gamp ydi gadael i'r llall wybod eich bod wedi ennill heb weiddi 'Bingo!' ar draws y pwyllgor . . .

Ffacs sydd i'w weld wedi ei osod mewn mwy nag un swyddfa yw'r un sy'n esbonio 'Terminoleg Rheoli':

- *Rhaid cymryd y camau angenrheidiol* = dy broblem di ydi hi bellach.
- *Dymunir cael eich barn* = gwna rywbeth, bendith y nefoedd.
- *Er gwybodaeth* = gallwn anghofio am hwn.
- *Rydych i'ch cymeradwyo* = mae gen i joban gas ar y naw ar ei ffordd atat ti.
- *Dangoswch bob cwrteisi iddo* = mae ei ewythr ar y Bwrdd Rheoli.

Y diweddaraf i gyrraedd oedd y 'llythyr temprans':

Y Mans,
Cwm Du,
Sir Aberteifi
Medi 6ed, 1999

Annwyl Gyfaill,
Efallai eich bod wedi clywed fy enw ac yn gwybod am fy ymgyrch genedlaethol yn erbyn y ddiod gadarn. Bob blwyddyn, am y pedair mlynedd ar ddeg diwethaf, rwyf wedi bod ar daith ddarlithio o gwmpas Cymru yn sôn am beryglon yfed alcohol.

Ar y teithiau hyn deuai gŵr ifanc o'r enw Gareth Owen Jones hefo fi fel cynorthwy-ydd. Roedd Gareth yn achos trist iawn – dyn ifanc galluog o deulu parchus ond a ddifethodd ei hun drwy or-yfed. Cymaint gwell fyddai ei fywyd petai wedi troi at yr Arglwydd.

Arferai Gareth ddod ar y llwyfan gyda mi pan fyddwn yn darlithio. Eisteddai yn grynedig wrth fy ochr, yn glafoerio ac yn edrych yn gysglyd ar y gynulleidfa â llygaid cochion, tra byddwn innau'n ei ddangos iddynt fel enghraifft o'r hyn all alcohol ei wneud i'r corff dynol.

Bu Gareth druan farw yn y gwanwyn ac awgrymwyd eich enw chi i mi fel un a all gymryd ei le ar y daith y bwriadaf ei threfnu y gaeaf hwn.

Gobeithiaf gael ateb cadarnhaol gennych yn y dyfodol agos.

Yr eiddoch yn y Ffydd,

William D. Edwards, B.A., B.D.,
Cadeirydd Cymdeithas Ddirwestol Cymru.

(*Llafar Gwlad*, Rhif 70)

Llên Gwerin y Car

Ar hyn o bryd mae'r Sioe Foduro yn cael llawer o sylw ar y radio a'r teledu. Bu Stondin Sulwyn hyd yn oed yn Birmingham a'r bobl oedd biau'r cyfrwng yn sôn am 'nerth turbo', 'chwistrellwyr' a 'gyriant pedwar olwyn'. Car y teulu yn ôl pob tebyg yw'r darn o dechnoleg mwyaf soffistigedig sydd gennym ni i gyd o bosib.

Er hyn, mae i'r car ei draddodiadau a'i ofergoelion fel popeth arall. Mae llu o straeon gwerin yn cael eu hadrodd am y car ac y mae hyd yn oed ambell feddyginiaeth werin yn gysylltiedig ag ef!

Seren y Sioe Foduro yn ôl y gwybodusion yw'r Jaguar newydd a diddorol yw sylwi, er cymaint o fathodynnau crand a roddir ar geir, bod hen enwau a sumbolau grym wedi goroesi. Y llew nerthol yw arwyddlun Peugeot a gall pawb roi teigr yn ei danc petrol drwy brynu mewn garej Esso. Yn union fel beirdd ein Hengerdd a gymharai'r arwyr i eirth, draig neu lew, sylweddolant gysylltiadau cynoesol y symbolau hyn.

Gellir gwneud llawer o siâp car, neu hyd yn oed ei liw. Yn aml iawn rhoddir boned hir, ffalig i gar megis y Capri neu'r Porsche er mwyn apelio at y sawl sydd am bwysleisio ei wrywdod. Mae tuedd ddiweddar i wneud ceir pen meddal sy'n apelio at yr ysfa gyntefig i ddychwelyd at natur er bod rhywun yn gyrru cynnyrch technoleg yr ugeinfed ganrif. Yr un duedd yn union sy'n cyfrif am werthiant jîps o Japan ac o'r tu hwnt i'r Llen Haearn.

Mae lliw car yn bwysig iawn. Lliw poblogaidd iawn yw du oherwydd y cysylltir ef yn yr isymwybod â meistrolaeth fygythiol. Dyna pam y gwisgai Darth Vader ddu o'i gorun i'w sawdl yn y ffilm Star Wars a lluoedd arswyd Hitler yntau. Cysylltir coch â chyflymder, melyn â diogelwch. Fel gyda dillad, mae gwyrdd yn lliw anlwcus. Rai blynyddoedd yn ôl roeddwn wedi meddwl cael car gwyrdd ond ar ôl mynd i'r garej cefais fy siomi: 'Dydan ni ddim yn 'i cadw nhw wyddoch chi. Maen nhw'n anlwcus a dydi pobol ddim yn eu prynu nhw.' Car coch gefais i.

Mae gyrwyr ceir yn ofergoelus iawn. Os oes rhyw nam ar y car byth a beunydd, 'car dydd Gwener' ydyw. Gall fod yn gar wedi'i gynhyrchu ar ddiwedd stem dydd Gwener pan oedd pawb wedi hen golli amynedd, ond ar y llaw arall, mae dydd Gwener wedi bod yn ddiwrnod anlwcus byth er pan groeshoeliwyd Crist ar y diwrnod hwnnw.

Rhif anlwcus iawn yw 13 i'r gyrrwr, fel pawb arall. Os ewch i mewn i unrhyw *Little Chef*, fe welwch nad oes rhif 13 ar y fwydlen. Mae byd busnes yn cydnabod grym ofergoel.

Yn aml iawn fe welir grug ar ben blaen car er mwyn dod â lwc i'r gyrrwr. Pethau eraill a roddir yn addurn ar geir yw bathodynnau Sant Christopher, nawddsant y teithiwr, ac ambell bedol hyd yn oed. Fel y gwyddys, mae pedol yn hen ffordd o amddiffyn rhag y grymusterau aflan. Diddorol yw sylwi mai pedol yw arwyddlun cymdeithas y Gyrwyr Diogel. Efallai nad ofer mo hyn chwaith, gan y cofnodwyd ambell enghraifft o wrachod yn melltithio ceir pobl oedd wedi eu pechu. Clywais am wrach o Feddgelert yn y 1920au yn fflamio gŵr a'i gar a hwnnw'n cael pyncjar cyn cyrraedd Rhyd Don! Nid Bugatti mohono mae'n rhaid, oherwydd siâp pedol oedd i du blaen hwnnw.

Mae gen i ffrind sy'n credu fod car glân yn defnyddio llai o betrol ac o ganlyniad mae ei Ffordyn o'n sgleinio fel swllt bob amser. Efallai y byddai llawer yn wfftio at hyn ond yn yr *Observer*, 27 Gorffennaf, 1986 ymddangosodd erthygl ar y pwnc hwn ac y mae'n ffaith wyddonol, gan fod y car fymryn yn fwy 'llithrig'. Mantais ychwanegol yw ei fod hefyd yn fwy diogel oherwydd ei fod yn sgleinio ac yn hawdd ei weld. Yn ogystal, mae gyrrwr car glân yn tueddu i gadw ymhellach yn ôl oddi wrth geir eraill rhag ei faeddu sydd eto'n gwneud ei yrru'n fwy diogel.

Yn ôl y gwybodusion mae gan werthwyr ceir bob math o driciau i'n twyllo ni y prynwyr diniwed. Os ydi'r gerbocs yn un swnllyd, rhoddir llwch lli neu hyd yn oed friwgig ynddo i'w dawelu. Os ydi'r radiator yn gollwng mae modd ei atal drwy dorri ŵy iddo, rhoi baw ceffyl ynddo neu roi 'nuts' gwartheg yn y dŵr. Y ffordd orau o atal y dŵr fodd bynnag yw rhoi powdwr sinsir yn y radiator. Mae ambell feddyginiaeth werin i'r car hefyd, megis defnyddio hanner tysan neu afal i llnau'r sgrin wynt os ydi'r sychwyr wedi torri, neu roi llaeth enwyn yn yr injan os nad oes olew ar gael.

Defnyddir y car ei hun at wella pobl hefyd weithiau. Dywedir fod gafael yng ngwifrau plwg car yn sicr o wella'r gienwst, ddanodd a rhigiau. Yn bendant fydd dim angen ail ddôs ar y dioddefwr!

Ceir sawl hanesyn am bobl nad ydynt yn deall eu ceir. Cofnodwyd sawl fersiwn ar y prentis a gymer oes i lenwi'r injan ag olew – am ei fod yn ei dywallt i lawr twll pin y *dipstick*! Dyna'r Ianc hwnnw wedyn yn cwyno bod y car yn araf iawn ac yn yfed petrol; doedd y brawd ddim wedi sylweddoli nad automatic mohono ac wedi gyrru milltiroedd yn yr ail gêr. Mae sawl hanesyn am ferched a'u ceir a rhaid bodloni ar un o Eifionydd. Dywedir fod gwraig wedi prynu Mini newydd sbon danlli ond ei bod yn cwyno ei fod yn tynnu'n wael ac yn llyncu petrol. Aeth y mecanic hefo hi yn y car i weld beth oedd o'i le, a chanfu'n syth bod y wraig yn tynnu'r tagwr allan ac yn hongian ei bag llaw ar y ddolen fach gyfleus a roddwyd yno gan B.L.!

Mae'r arswydus a'r goruwchnaturiol yn gysylltiedig â cheir hefyd. Ar yr A5 ger Coleg y Normal mae lle coediog, trymllyd; dywedir i ddau gariad nogio yno unwaith ar ôl i'r car fynd yn sych o betrol. Dywedodd y bachgen yr âi ef i chwilio am danwydd a pheri i'w gariad aros yn y car. Hynny a fu. Aeth oriau heibio a dechreuodd y ferch boeni, yn enwedig gan fod sŵn clecian ar do'r car. Yn sydyn gwelodd oleuadau yn ei hamgylchynu a llais yn dweud wrthi am ddod o'r car yn ofalus, a pheidio edrych yn ôl. Bu'n rhaid gwneud fodd bynnag . . . a gwelodd wallgofddyn ar do'r car, yn colbio pen ei chariad yn erbyn y metal. Ceir sawl fersiwn o'r chwedl hon yng Nghymru.

Ymddengys y ffawd-heglwyr diflanedig yn rheolaidd bellach. Codwyd hen wraig ym Môn yn ddiweddar, a phan drodd y gyrrwr i gau'r drws cefn iddi, aeth ei law drwy ei chorff . . . Dro arall, diflannu a wnaiff. Un tro roedd dau o Gymru yn mynd am Lerpwl pan welsant lanc ifanc yn bodio. Codwyd ef ac eisteddodd yn y tu ôl. Aethant drwy'r twnnel ac allan yr ochr arall, gan anelu am Everton, y cyfeiriad a roddodd y ffawd-heglwr. O droi i ofyn lle'r oedd y stryd sylweddolodd y gyrrwr a'i gydymaith fod y bodiwr wedi diflannu. O holi yn y cyfeiriad a roddodd dysgasant iddo gael ei ladd yn y man y codasant ef ddeng mlynedd ynghynt. Roeddent yn boenus iawn ac aethant yn ôl at y bythau talu ac yno cofiai heddwas oedd ar ddyletswydd fod llanc ifanc yn eistedd yn y tu ôl fel yr âi'r car heibio . . .

Digwyddodd sawl damwain ddrwg mewn ambell fan ac un o'r rheiny yw'r pant tywyll rhwng Caernarfon a'r Bontnewydd a elwir Pant y Cythraul oherwydd yr holl ddamweiniau angeuol, anesboniadwy sydd wedi digwydd yno. Yn aml iawn gwelir adroddiadau yn y wasg am yrwyr yn gweld pobl ar y ffordd ac yn methu eu hosgoi, ond wrth iddynt fynd allan i weld, 'does dim yno.

Yn ymyl y Tŷ Hyll ar yr A5 ger Betws-y-coed mae goleuadau ysbrydaidd yn dilyn ceir am bellter cyn diflannu'n ddisymwth.

    Mae hen ofnau dynoliaeth wedi cael eu trosglwyddo i'w gampwaith technolegol, sef y car. Yn ddiddorol iawn mae ei gysuron hefyd wedi eu cynnwys, yn enwedig yn y ceir mwyaf moethus. Yno ceir lledr drud a phren naturiol. Dyma ddychwelyd at hen, hen gredoau dynolryw, pan addolid natur, a choed yn arbennig. Dyna pam y dywedwn 'Cyffwrdd pren' pan ddymunwn lwc, a chyffwrdd dash-fwrdd pren plastig ein ceir . . . os nad ydym yn ddigon ffodus i fod yn gyrru Rover 800 £19,500 wrth gwrs!

(Llafar Gwlad, Rhif 14)

Er cof am fy nghyfaill John Owen Huws

Mae gwyrthiol gyfrol ei go' – wedi'i chau,
A hud chwedl yn ango';
Pa les trin hanes heno
Heb ei ddawn ddihysbydd o?

T. Llew Jones

Colli'r cyfarwydd

Mae haen dros lwybrau'r mynydd:
haen o niwl; mae Gwyn ap Nudd
yn gyrru'i wyll tros Foel Gron,
hiraeth tros Foel Cynghorion
a llaw yr ellyll ei hun
ydi'r cyll uwch dŵr Cwellyn.
Mae Eryri'r storïau
a'i chewri hi'n ymbellhau;
mae chwedlau enwau'r hen wlad
yn oer a digyfeiriad;
does neb yn gweld ei febyd
ac ar goll mae'r geiriau i gyd.

Pan ddaeth, daeth eneidiau hen
yn dorch am Lyn Dywarchen
a dal y lleuad olau'n
Nrws y Co'. Yna, drws cau.
Pan aeth, aeth y rhithiau hyn
dan haen lwyd yn ôl wedyn.

Myrddin ap Dafydd

Llyn y Gadair, Eryri – gelwid y fro hon rhwng Beddgelert a Rhyd-ddu yn 'Wlad y Tylwyth Teg' gan fod cymaint o chwedlau yn gysylltiedig â hi.

Clogwyn Du'r Arddu - casglodd a chofnododd John holl chwedlau Eryri yn ei draethawd ymchwil.

Ei brosiect mawr olaf oedd cofnodi traddodiadau a choelion am feini.

John gyda chriw ar gwrs sgwennu Llafar Gwlad *yn Nhŷ Newydd Llanystumdwy, Mai 1993.*

John yn tiwtora yn ystod y cwrs.

Gollwng y paciau ar ôl diwrnod o gerdded yn Nepal.

Ar y Thorong La yn Nepal.

Pentref Pisang ym mynyddoedd Nepal.

Gyda Shaman yn Darjeeling.

Shaman arall yn Darjeeling, Hydref 1995.

Astudio'r patrymau ar feini Newgrange, Iwerddon.

Dathliadau haf yn Amgueddfa Werin Cymru, Sain Ffagan.

Roedd gwaith Gerallt Gymro yn ffynhonnell o lên gwerin iddo.

Un o'i arwyr mawr oedd Edward Llwyd a sefydlodd ysgolheictod Geltaidd a chofnodi cymaint o draddodiadau llafar mewn cyfnod cynnar.

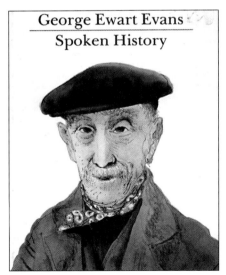

Arwr arall yn ei olwg oedd y Cymro George Ewart Evans a wnaeth waith mawr yn East Anglia.

John Jones (Myrddin Fardd) - gweler tudalen 74.

Magan, Modfedd . . . Metrau?

Mae'r hen ffordd o gyfrif ac o fesur yn diflannu – ac mae'r hen eirfa a nifer o ddywediadau mewn perygl o ddiflannu yn ogystal.

Fy nharo fi yn yr ysgol wnaeth o un diwrnod. Newydd fod yn sôn am rifolion a threfnolion gyda deuddeg ar hugain o Gymry bywiog yr oeddwn i. Troi wedyn at ymarferion yn ymwneud â'r cyfryw bethau. Holi sawl pwys oedd mewn cant wnes i – a sylweddoli nad oedd gan y mwyafrif llethol ddim clem beth oedd cant, heb sôn am sawl pwys oedd ynddo. Cysidro wedyn: efallai nad oedd tân glo yn eu cartrefi. Wedi'r cwbl, tai cysurus gyda gwres canolog olew/nwy/trydan yw'r ffasiwn yng Ngwynedd bellach.

Mae mwy iddi na hynny, fodd bynnag. Mae hen fesuriadau ac unedau ariannol yn prysur ddiflannu gyda mesuriadau unffurf, rhyngwladol, cysact yn dod yn eu lle. Pryd oedd y tro diwethaf i chi brynu tair llath o goedyn pedair wrth dair? Tair metr o goedyn 100 x 75 mm gewch chi heddiw. Does ryfedd fod terminoleg y saer, fel cynifer o grefftau eraill, yn seisnigeiddio.

Mae galwyni yn prysur droi yn litrau ar y pympiau petrol. Diflannodd poteli llefrith amrywiol iawn o ran eu maint, megis y poteli chwart, hanner peint a thraean a gâi'r plant yn yr ysgol ers talwm.

Eleni bydd y papur punt yn diflannu am byth, gan ddilyn ffawd yr hen ddimai. Mae'r papur chweugain yn ei fedd ers blynyddoedd, byth er pan ddaeth y system ddegol o fodolaeth. O ganlyniad, diflannodd geirfa gyfoethog y cofi gyda'r hen ddarnau arian:

magan – dimai
niwc – ceiniog
tair niwc – pisyn tair
sei – chwecheiniog
hog – swllt
dau hog – deuswllt
hannar bwl – hanner coron
bwl – coron
hannar sgrîn – chweugain
sgrîn – punt
pump sgrîn – pumpunt

Poen i'r glust yw clywed Cofis bach bellach yn gofyn am werth 'Thyrti ffaif pî o jips' yn lle 'gwerth sei' fel yn y dyddiau dedwydd cyn-ddegol (– a chyn-chwyddiant!).

Erbyn hyn, fel y nodais uchod, mewn milimedrau a metrau y mesurir. Yn eu mawr ddoethineb tybia'r llywodraeth ei bod yn well i William Davies, Caerfyrddin brynu trowsus a gwasg 90 cm nag un 36 modfedd. Dydi hi ddim syndod gweld cynifer o ddynion canol oed boldew yn loncian y dyddiau yma!

Mae perygl i'r 'mm', 'cm', ac 'm' rhyngwladol ddileu llawer o hen fesuriadau traddodiadol. Defnyddir rhannau o'r corff i fesur ers talwm a gwelir hynny yn yr enwau:

modfedd: mesur y bawd, – yr un 'mod' sydd i'w weld yn 'modrwy' hefyd.
troedfedd: hyd troed
dyrnfedd: mesur ar draws dwrn caeëdig, sef tua pedair modfedd. Dyma'r dull traddodiadol o fesur ceffylau.
llathen: o flaen y trwyn i flaenau'r bysedd pan yn mesur brethyn ac yn y blaen, gan ymestyn y fraich cyn belled ag sydd bosib.
gwryd: dyma'r gair Cymraeg am 'fathom' y Sais. Hyd gŵr ydyw, sef chwe troedfedd, pan fesurir o flaenau bysedd y naill law i'r llall, a'r breichiau wedi eu dal ar led. Mae tafarn o'r enw Penygwryd yn Eryri, a fynychid gynt gan y cewri a ddringodd Chomolunga (Everest i'r Prydeinwyr) am y tro cyntaf. Yn ôl Syr Ifor cafodd Penygwryd ei enwi ar ôl cawr go iawn, sef Cai, un o ddilynwyr Arthur. Roedd gwryd Cai ychydig yn fwy na'r cyffredin, yn ymestyn o gopa'r Wyddfa at gopa'r Glyder Fawr!

Diflannodd ambell ddull o gyfrif go unigryw yn sgîl y grefft y perthynai iddo. Faint o bobl, er enghraifft, heblaw chwarelwyr a fyddai'n cyfrif fesul 'mwrw'? Tair llechen oedd mwrw. Ni chyfrid yn unigol ond fel a ganlyn: 'Un mwrw, dau fwrw, tri mwrw ...'

Mae hwn yn faes difyr a diddorol, yn dangos unwaith yn rhagor mor egnïol yw llafar gwlad pan fo angen termau. Trueni mawr fyddai gweld eu diflaniad. Byddem yn colli darn arall o'n cenedligrwydd ac yn prysuro'r dydd pan fydd pawb, fel y dywedodd Huw Jones, yn unffurf 'O Galiffornia i sir Fôn'.

(*Llafar Gwlad*, Rhif 8)

Iaith y Nefoedd

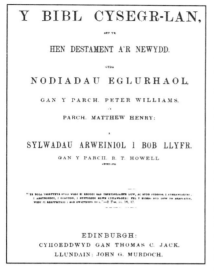

Efallai mai ystrydeb yw dweud mai cyfieithu'r Testament Newydd i'r Gymraeg gan William Salesbury (yn bennaf) yn 1567 a'r Beibl gan William Morgan yn 1588 achubodd yr iaith Gymraeg. Eto, gall yr ystrydeb fod yn wir o ystyried yr hyn a ddigwyddodd i'r Gernyweg a'r Fanaweg lle cafwyd cyfieithiad hwyr yn un achos a dim un o gwbl yn y llall.

Yn sgîl y Diwygiad Methodistaidd a sefydlu'r Ysgol Sul, nid oes dwywaith i'r Cymry ddatblygu'n bobl grefyddgar tu hwnt. Nid oes ond eisiau edrych ar dystiolaeth enwau lleoedd i weld hyn. Y capel oedd canolbwynt cymdeithas, a naturiol oedd enwi'r pentref ar ei ôl. Wrth edrych ar fap o Arfon yn unig, gellir gweld Cesarea, Nebo, Nasareth, Bethesda, Salem, Saron a Bethel.

Yn fwy diddorol cafodd iaith crefydd ddylanwad parhaol ar iaith feunyddiol gwerin gwlad ac y mae ein Cymraeg llafar, yn enwedig y to hŷn, yn frith o ddywediadau crefyddol. Does dim rhaid bod yn aelod o Griw Duw i'w gwerthfawrogi chwaith: mae pawb yn gwybod beth yw Sgidia Moses, er enghraifft; sut ddynes yw un fel Martha drafferthus a sut yrrwr yw un sy'n gyrru fel Jehu?

Gellid credu bod cymeriadau'r Beibl yn hollol adnabyddus i'n cyndeidiau, yn union fel yr oedd daearyddiaeth Gwlad yr Addewid. Os dymunid lladd ar berson, dywedid ei fod fel Pharo neu fel Herod, yn galed a di-deimlad. Dywedid bod rhywbeth yn galed fel asgwrn Pharo hefyd. Yn ardal y Waunfawr, Arfon, gelwir ef yn Pharo Nego. Pharo Necho oedd yr un fu'n ymladd yn erbyn Josia. Gellid gorffen ffrae â dyn o'r fath drwy ddweud 'Twll dy din di Pharo'.

Efallai y byddai slwt o ddynes yn byw yn y pentref ac wrth gwrs,

Jesebel fyddai hi bob gafael. Byddai'n byw mewn Sodom o le amheus iawn. Byddai person arall yn besimist a Jeremeia fyddai hwnnw. Os bradwr ydoedd, yna Jiwdas oedd ei enw. Os oedd ciwed o ladron yn byw yn yr ardal, dywedid eu bod fel epil Hywel Harris, sy'n awgrymu nad oedd pawb a wyddai ei Feibl yn Fethodist rhonc! 'Nesaf i'r Eglwys, pellaf o Baradwys', fel y dywedodd yr hen frawd nad oedd byth yn mynd i'r synagog am fod clefyd y Sul arno. Ond dyna fo, roedd yntau fel Job ar y domen.

Mae ambell dŷ di-drefn yn dywyll fel eglwys plwyf ac fel Bedlam. Yr ynganiad lleol ar wallgofdy a godwyd ar safle priordy Bethlehem yn Llundain oedd hwn. Gellir dychmygu sut le sydd mewn tŷ Jeroboam o'r fath! Bydd fel Babel yno, pawb yn siarad ar draws ei gilydd a bydd amser bwyd fel bwydo'r pum mil. Bydd trugareddau Dafydd yn lluch-dafl ac yn llanast ym mhob man. Gehena o le ydi o. Fydd fawr o raen ar neb a phawb yn denau fel yr hen rawys. Bydd y trigolion yn mynd 'i'r Seiat' ond nid cwrw Addas na'i win chwaith fyddant yn ei yfed yno! Go brin y byddant fyw i fod yn hen fel Methusela na hyd yn oed gyrraedd oed yr addewid. Da gŵyr y Brenin Mawr i bwy i roi ychydig.

Bydd un arall yn cymryd arno ei fod mor sanctaidd â'r Pab ac yn ceisio dysgu pader i Berson. Bydd yn padereua neu'n dweud ei lith drosodd a throsodd. Mae fel Satan yn gweld bai ar bechod. Profa wirionedd yr hen bennill:

    Mae llawer ceffyl yn ful
    A llawer mul yn geffyl,
    A llawer un yn sant ddydd Sul
    Ac yn gythraul fore Llun.

Ond dyna fo, yr unig gysur ydi, nid hir y ceidw'r Diawl ei was.

Nid pawb sy'n ddrwg chwaith. Medda ambell un ar ddoethineb Solomon ac yn 'Leias o ddyn cryf ei gymeriad. Nid yw'n hawdd ei bechu. Nid cysur Job mo hwn. Os yn fawr o ran corff bydd fel Goliath ac yn gryf fel Samson. Nid mab afradlon mohono. Mae'n sobor fel sant, ei air cyn wired â'r Efengyl a chyn sicred â'r Pader. Er ei nerth mae mor ddiniwed â'r Golomen neu'r Oen. Ceidw ei air oherwydd mae hwn fel deddf y Mediaid a'r Persiaid. Pan aiff hwn i'r capel, fydd o ddim fel tramp mewn sasiwn a phan gymer ran bydd yn darllen fel Person.

Roedd y Diafol neu Satan yn greadur o gig a gwaed i'r hen bobl. Nid oes ond eisiau edrych ar Bontydd y Cythraul a llefydd eraill sy'n dwyn ei enw ledled Cymru. Yn naturiol, clywir amdano yntau ar dafod leferydd. Yn ôl y gred, ef oedd y sarff yn Eden a dyna pam fod pob person slei yn gyfrwys fel sarff. Gŵyr hwn fod plant Adda i gyd o'r un duedd ac yn hawdd i'w twyllo. Byddant wedyn rhwng y Diawl a'i gynffon. Bydd ambell un yn ymdebygu iddo a chyn falched â Lucifer. Dyna'r enw roddodd Eseia ar Nebuchodonosor, brenin Babilon ac yn ôl Milton dyma oedd enw Satan cyn iddo gael ei alltudio o'r Nefoedd.

Mae ei ôl ym mhob man. Pan ddaw awydd dros y wraig i gael 'spring-clean', dywedir ei bod yn ben-blwydd y Cythraul. Baw Diawl yw asiffeta ac y mae chwyn trafferthus iawn o'r enw Cwlwm y Cythraul. Eto roedd modd cael gwared â'r brawd naill ai drwy dyfu coeden Cas-gan-gythraul y bwytaodd yr aeron chwerw a dyf arni a selio nad ai'n agos ati wedyn, neu'r planhigyn sy'n dwyn yr un enw, sef y ferfain. Arferai'r hen bobl roi hwn ar fôn gwn pan ddymunent saethu gwrachod ar ffurf sgwarnogod.

Diddorol yw sylwi ar y dywediadau crefyddol sydd gan blant. Seliant eirwiredd stori drwy arwydd cris-croes ar y gwddw. Ar un adeg mewn llyfrau i ddysgu'r wyddor i blant, gosodid y llythrennau ar ffurf croes a elwid yn Saesneg Christ cross row. Mae ganddynt ambell rigwm diddorol megis:

Amen, dyn pren,
Taro'r hoelen ar ei phen.

Fersiwn arall yw:

Amen, cath bren
Taro'r Person ar ei ben.

Mae ganddynt eu hadnodau hefyd (a ddysgir gan frodyr hŷn ran amlaf) megis:

Cofiwch wraig Lot yn piso mewn pot

Beth bynnag fo'n credoau crefyddol mae'n sicr fod crefydd wedi rhoi lliw diddorol ar ein Cymraeg ac yn dal i wneud. Yn ddiweddar clywais y sylw bachog mai 'cawod oedd y Dilyw hefyd' pan ddywedais mai cawod oedd pwl drwg o lawio. Roedd rhywun arall wedi gweld cloben fawr ac yn ei disgrifio fel cymanfa o ddynes. Mae ugeiniau o ddywediadau tebyg yn britho'n Cymraeg a llawer heb eu cofnodi erioed.

(*Llafar Gwlad*, Rhif 10)

Beuno Sant

Mae Beuno mab-sant Clynnog Fawr yn Arfon yn un o saint enwocaf Cymru. Yn wir, pe na bai Dewi gennym, gwnâi nawdd-sant rhagorol i Gymru. Cadarnhawyd ei boblogrwydd drwy gofnodi ei Fuchedd neu hanes ei fywyd. Cofnodwyd fersiwn yn dyddio'n ôl i ganol y bedwaredd ganrif ar ddeg yn sôn am ei gampau yn ardal Clynnog. Yr hyn sy'n ddiddorol fodd bynnag yw fod hanesion am Beuno'n dal i fod yn fyw yn yr ardal.

Bu Beuno'n byw yn Aberriw am gyfnod nes daeth y Saeson a'i orfodi i adael; wedyn bu'n byw yn ardal Treffynnon, lle'r atgyfododd o Santes Wenffrewi. Roedd yn awyddus iawn i gael tir yn Arfon ac aeth i weld y brenin Cadwallon ab Cadfan. Gan hwnnw cafodd dir yng Ngwredog, rhwng Waunfawr a Bontnewydd a rhoddodd y Sant ffon aur werth trigain buwch yn rhodd i'r brenin.

Aeth Beuno a'i fynaich ati i godi eglwys a mur o'i chwmpas ond daeth mam a'i baban yno ac roedd hwnnw'n crio mor ofnadwy fel nad oedd dichon cwblhau'r gwaith. Gofynnodd Beuno beth oedd yn bod arno – clywodd mai tir y baban oedd hwn, a bod Cadwallon wedi ei gipio oddi arno. Cyfarfu Beuno Cadwallon yng Nghaernarfon lle cafodd ateb trahaus iawn ac na fedrai ddychwelyd ei ffon iddo oherwydd ei fod wedi ei rhoi i rywun arall. Melltithiodd Beuno'r brenin cyn rhuthro o'r llys. Roedd gan Cadwallon gefnder o'r enw Gwyddaint a rhedodd hwnnw ar ôl Beuno, a'i ddal yr ochr bellaf i'r afon Seiont, lle'r oedd yn eistedd ar lan yr afon. Rhoddodd ei dir ei hun yng Nghlynnog iddo'n rhodd ac aeth Beuno yno i adeiladu ei eglwys.

MAEN BEUNO

Cadarnhawyd rhodd Gwyddiant uwchlaw'r garreg yr eisteddai Beuno arni. Mae Maen Beuno, fel y gelwir y garreg, wedi ei symud o ardal Bontnewydd i Gapel y Bedd, yn Eglwys Clynnog. Ar y garreg gwelir croes y dywed traddodiad lleol mai Beuno a'i torrodd gyda'i fawd. Yn ardal Bontnewydd gwelir afon Beuno, Stâd Glan Beuno a hyd yn oed Beuno Stores!

Yn ôl traddodiad llafar yn yr ardal mae cyswllt rhwng Beuno a'r Gylfinir. Roedd Beuno hefyd yn fab-sant Aberffraw ac yn croesi o Glynnog ar hyd ei sarn un dydd pan ollyngodd lyfr a gludai i'r dŵr. Cododd gylfinir ef o'r dŵr a'i gludo i dir sych ac yn dâl am y weithred, bendithiodd Beuno'r aderyn â'r geiriau:

'Diogel fydd dy nyth
Ac anawdd fydd dy saethu.'

Peth anodd iawn i'w ddarganfod yw nyth gylfinir hyd heddiw, onide?

Nepell o Glynnog mae Ffynnon Digwg a cheir chwedl i esbonio'i bodolaeth. Roedd un o weithwyr llys Aberffraw wedi mynd i lys Ynyr Gwent a syrthiodd Digwg, merch Ynyr mewn cariad ag ef. Oherwydd ei harddwch a'i urddas tybiwyd ei fod yn dywysog a phriodwyd y ddau. Ymhen amser, dychwelodd y ddau i'r gogledd, ac ar eu ffordd i Aberffraw arhosodd y ddau i orffwys ym Mheriardd, Clynnog. Tra cysgai Digwg, llofruddiodd ei gŵr hi rhag iddi ddarganfod ei gyfrinach. Ymhen amser darganfu gweision Beuno y corff ac atgyfododd Digwg, a sefydlodd hithau leiandy yno i fynegi ei diolchgarwch. Yr hyn sy'n ddiddorol yw fod y chwedl yn dweud bod y ffynnon wedi tarddu o'r fan lle powliodd pen Digwg. Roedd yr hen Geltiaid paganaidd yn arfer torri pennau eu gelynion ymaith a'u haberthu i dduwiesau (ran amlaf) a drigai mewn ffynhonnau, afonydd neu lynnoedd. Yr hyn a gawn yma yw atgof am yr hen baganiaeth wedi cael ei barchuso gan Gristnogaeth diweddarach gan dadogi'r ffynnon ar santes bellach. Yn ddiweddarach bu'n rhaid i Beuno atgyfodi'r llofrudd hefyd oherwydd i Iddon, brawd Digwg ei ladd! Arferid credu fod trysor wedi ei guddio yn y ffynnon ac mai merch â gwallt coch fyddai'n ei gael.

Yn 1589 cofnododd y teithiwr enwog John Leland hanes cyflwyno anifeiliaid â Nòd Beuno arnynt i'r Sant. Hollt naturiol yn y glust oedd y Nòd ond os genid anifail â Nòd o'r fath, roedd yn rhaid ei roi i'r eglwys yn rhodd. Arferid eu gwerthu, a thelid pris uchel amdanynt gan y credid fod anifeiliaid o'r fath yn rhai arbennig iawn. Arferid rhoi arian yr arwerthiant yng Nghyff Beuno, blwch derw hynafol sydd wedi ei gadw'n ddiogel yn yr eglwys hyd heddiw. Arferai 'cystal i chi geisio torri Cyff Beuno' fod yn ddywediad cyffredin yng Nghlynnog ers talwm pan geisiai rhywun wneud peth anodd iawn. Parhaodd yr arferiad o gyflwyno anifeiliaid â Nòd Beuno arnynt i'r eglwys hyd ganol y ganrif ddiwethaf. Arferid rhoi aml rôt yn y Cyff pan fyddai afiechyd ar y fferm hefyd er mwyn cael nawdd y sant. Hyd yn oed heddiw, caiff anifail â Nòd Beuno arno barch mawr, a 'Llyfiad Beuno' yw'r enw a roir gan ffermwyr lleol ar y nòd a welir ar gefnau gwartheg pan fo graen da arnynt.

Mae gan Beuno yntau ei Ffynnon yng Nghlynnog. Bu cyswllt clòs rhwng y ffynnon a bedd y sant yng Nghapel y Bedd. Chwalwyd y bedd yn y ddeunawfed ganrif gan foneddiges leol a oedd yn Babyddes mewn ymgais aflwyddiannus i ddarganfod gweddillion y sant. Cyn hyn arferai rhieni plant a boenid gan ffitiau ddod â hwy i Glynnog. Molchent hwy yn y Ffynnon ac yna'u gosod ar Fedd Beuno: os cysgent credent eu bod wedi eu iacháu. Bu'r teithiwr Thomas Pennant yn llygad-dyst i'r ddefod hon. Yn ogystal â phlant nychlyd, gwelodd ŵr parlysig o Feirionnydd yn gorwedd ar fatres blu a osodwyd ar y Bedd ar ôl molchi yn y Ffynnon. Ar un adeg hefyd credid fod crafiadau oddi ar bileri Capel y Bedd, wedi eu cymysgu â dŵr o'r Ffynnon, yn dda i'r llygaid.

Bu Beuno farw tua 642 a dywed traddodiad llafar fod eglwysi Beddgelert, Enlli a Chlynnog eisiau ei gorff i'w gladdu. Bu ffraeo mawr, ond gadawyd ei gorff dros nos yn Ynys yr Arch, Clynnog. Erbyn y bore roedd tair arch yn eu disgwyl a bodlonwyd pawb – er bod tystiolaeth y werin yn dangos mai yng Nghlynnog y claddwyd yr arch gywir!

(*Llafar Gwlad*, Rhif 1)

Lle mae'r Llan?

Pan ddaeth Cristnogaeth i Gymru gyntaf yn sgîl y Rhufeiniaid, chafodd y cenhadwyr cynnar mo'u croesawu gyda breichiau agored. Roedd y bobl yn dal yn fodlon â'u hen dduwiau paganaidd, a bu'n rhaid i'r eglwys gynnar ddefnyddio'r baganiaeth yma i'w phwrpas ei hun. Golygai hyn fod llawer o arferion a chredoau paganaidd wedi goroesi mewn ffurfiau Cristnogol. Arferai'r Celtiaid ddathlu dechrau eu blwyddyn newydd nau 'Samhain', Nos Galan Gaeaf. Nid oedd dichon dileu credoau canrifoedd, felly yn y diwedd, symudodd y Pab Gregori IV Ŵyl yr Holl Saint o 13 Mai i Dachwedd y cyntaf. Parhaodd yr hen arferion fodd bynnag, megis coelcerthio a rhuthro adref o flaen yr Hwch Ddu Gwta i geisio rhagfynegi'r dyfodol.

Roedd gan y Celtiaid a'r Rhufeiniaid dduw o'r enw Mithras ac arferid dathlu ei ŵyl o gwmpas cyfnod y Nadolig. Ar un adeg bu'n gystadleuaeth glòs rhwng Cristnogaeth a chrefydd Mithras, ond Cristnogaeth a orfu. Ni ellid dileu'r atgof am bwysigrwydd gŵyl Mithras fodd bynnag, ac felly sefydlwyd yr ŵyl Gristnogol bwysicaf, sef geni Crist, yn yr un cyfnod i dynnu'r gwynt o'i hwyliau.

Bu gan y Celtiaid lawer o dduwiesau paganaidd. Un ohonyn nhw oedd Brigantia, a oedd yn dduwies ffrwythlonder. Unwaith eto, methodd y Cristnogion â dileu olion ei chwlt, felly mabwysiadwyd Brigantia fel Santes Gristnogol, gan ei galw'n Brigid yn Iwerddon a Ffraid yng Nghymru. Tadogwyd Llansanffraid ger Conwy iddi a dywedir iddi achub ei phobl rhag newyn drwy greu'r brwyniaid, pysgod prin iawn, o'r brwyn a dyfai ar lan afon Conwy.

Yn amlach na pheidio fe ymddengys fod y Cristnogion yn anelu am safleoedd oedd wedi bod yn gysylltiedig â'r hen baganiaeth. Cododd Peblig eglwys ychydig lathenni oddi wrth deml i Fithras yng Nghaernarfon. Yng Nghaerwent saif allor i'r duw Celtaidd Ocellus ym mhorth yr eglwys. Ailenwyd ffynnon baganaidd yng Nghlwyd yn Ffynnon Wenfrewi, ac esboniwyd iddi darddu o'r ddaear ar ôl i ben Gwenfrewi gael ei dorri i ffwrdd yno. Yn ôl pob tebyg, arferai'r Celtiaid offrymu pennau eu gelynion i dduwies y ffynnon cyn dyfodiad Cristnogaeth.

Weithiau, codid yr eglwysi wrth, neu hyd yn oed mewn hen

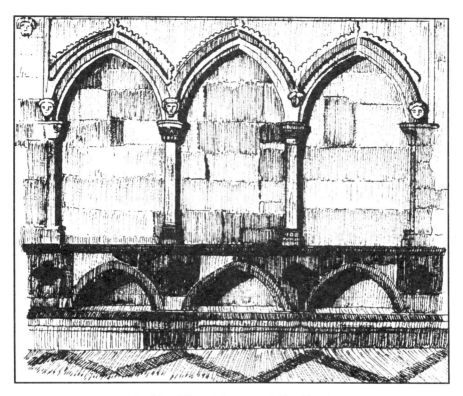

Beddrod Dewi Sant, yn Nhyddewi

gylchoedd o feini ac olion claddu megalithig. Enghraifft o'r fath yw'r capel a godwyd yn ôl traddodiad gan Non, mam Dewi Sant ger Tyddewi. Saif gweddillion yr eglwys fach mewn cylch o feini a fu'n sefyll yno am o leiaf ddeg canrif ar hugain uwchlaw'r môr. Ger yr eglwys mae ffynnon iachusol Non, y dywedir iddi darddu'n wyrthiol o'r creigiau pan anwyd ein nawddsant yno. Yn sicr, roedd y ffynnon yno ymhell cyn dyfodiad Non na Christnogaeth i Ddyfed, ac arferai pobl fynd yno i addoli rhyw dduwies: y cwbl a wnaeth y Cristnogion oedd aildadogi'r safle.

Tybiodd rhai mai cylchoedd cerrig fel hyn a roddodd fod i fynwentydd crynion – bod wal y fynwent yn dilyn ffurf y cylch gwreiddiol. Mae mur mynwent Ysbyty Cynfyn, Dyfed, yn cysylltu nifer o feini hirion a fu unwaith yn rhan o gylch.

Dywedir i eglwys Llanfairpwll gael ei chodi o gwmpas maen hir – yn wir, dywedir i'r maen hir gael ei ddarganfod o dan y pulpud! Mae llawer o draddodiadau yn cysylltu meini hirion neu gerrig hynod eraill ag eglwysi. Ger Eglwys Llandyfrydog, Ynys Môn, saif maen hir a elwir yn Lleidr Tyfrydog yng Nghae'r Lleidr. Dywedir mai lleidr a ffosileiddwyd am ddwyn Beibl o'r eglwys yw'r maen ac os creffir, gellir gweld siâp y sach ar gefn y lleidr! Yn eglwys Llanedwen, Ynys Môn eto, y cedwid un o ryfeddodau Cymru hyd y ddeunawfed ganrif, sef Y Maen Morddwyd. Hynodrwydd y maen hwn oedd y dychwelai i'r eglwys dim ots lle rhoid ef – boed ar waelod Pwll Ceris yn y Fenai neu'n sownd wrth forddwyd gŵr.

Mae llawer o chwedlau a thraddodiadau am leoli eglwysi yn dangos y croes-dynnu a fu rhwng yr hen grefydd a'r newydd. Adlewyrcha'r chwedlau y trafferthion a gafwyd i sefydlu llawer o'r eglwysi.

Dywedir fod sawl eglwys wedi cael ei symud yn y nos gan ysbryd neu 'ddwylo anweledig' i safle arall.

Dyma rai ohonynt:

- Llanddewi Brefi
- Llanllechid
- Betws Ifan
- Wrecsam
- Llanddeusant
- Llangeler (yno symudwyd yr eglwys o Barc y Bwci at ei safle presennol)
- Capel Garmon
- Corwen
- Ffestiniog
- Dinbych (lle gadawyd yr eglwys wreiddiol ar ei hanner)
- Aberdâr
- Llangrannog
- Aberdaron

Weithiau cofnodwyd geiriau a glywid yn y nos yn cael eu llefaru gan yr ysbryd:

'Glanfread Fawr sy' fod fan hyn,
Llanfihangel yng Ngenau'r Glyn.'

Symudwyd eglwys Llangan i'w safle presennol gan ysbryd o'r safle gwreiddiol ym Mharc y Fynwent a llefarwyd y geiriau:

'Llangan, dyma'r fan.'

Nid ysbryd oedd yn lleoli'r eglwys bob amser fodd bynnag. Roedd gwaith y dydd yn Llanwynno'n cael ei chwalu bob nos ac yn ei dymer taflodd yr adeiladwr ei forthwyl i'r awyr. Codwyd yr eglwys lle glaniodd y morthwyl – a hynny'n hollol ddidrafferth! Gwelir yr un syniad mewn chwedlau arwrol, lle cleddir yr arwr a glwyfwyd yn angeuol yn y fan lle teifl ei waywffon.

Ceir traddodiad gwahanol am leoliad eglwys Llangar ger Cynwyd. Bwriedid codi'r eglwys ger pont Cynwyd, ond unwaith eto, chwelid gwaith y dydd yn ystod y nos. Aeth y seiri meini at ŵr hysbys a dywedodd hwnnw wrthynt am fynd i hela carw gwyn a chodi'r eglwys lle lladdent ef. Dyna pam y codwyd eglwys Llangar ger Moel Lladdfa, lle lladdwyd y carw.

Ym Mhennant Melangell dywedir i'r santes Melangell gael tir i adeiladu eglwys ar ôl achub sgwarnog rhag helgwn Brochwel Ysgythrog. Gelwir sgwarnogod yn 'ŵyn bach Melangell' yn yr ardal byth. Yr hyn sy'n ddiddorol yw cysylltu santes ag anifeiliaid sydd fel arfer yn cael eu cysylltu â'r goruwchnaturiol, yn enwedig gwrachod, gan mai dyma un o'u hoff ffurfiau.

(*Llafar Gwlad*, Rhif 4)

Gwlad yr Enwau Rhyfedd

Erbyn hyn, mae astudio straeon gwerin yn waith academaidd manwl sy'n digwydd mewn sawl rhan o'r byd. Mae ysgolheigion wedi cyhoeddi llyfrau sy'n ein galluogi i ddadansoddi straeon a chwedlau Cymru a'u cymharu â straeon cyffelyb o wledydd eraill.

Llyfr o'r fath yw *The Types of the Folktale*, gan yr ysgolheigion Antti Aarne a Stith Thompson. Gellir diffinio 'Teip' o stori fel stori sy'n gallu bodoli yn annibynnol ar unrhyw stori arall. Gellir ei hadrodd fel stori gyflawn ac nid yw'n dibynnu ar yr un stori arall i'w chwblhau na'i chynnal. Mae stori sy'n enghraifft o deip arbennig yn rhyngwladol, a gall grwydro'r gwledydd yn rhwydd gan anwybyddu ffin gwlad a iaith.

Yr hyn a wnaeth Aarne yn 1910, a Thompson i'w ganlyn yn 1928, oedd crynhoi prif deipiau'r byd, eu rhestru a'u rhifo'n dwt, gan roi rhif i bob Teip. Prif bwrpas hyn yw dangos perthynas neu debygrwydd storïau traddodiadol ym mhob rhan o'r byd, fel y gellir eu hastudio'n hwylus.

Mae'n llyfr diddorol i'w fodio, ac aros gydag ambell rif neu deip. Enghraifft dda yw Rhif 1562 A, sef y Teip, neu'r Stori, a elwir 'Gwlad yr Enwau Rhyfedd'. Fel y mae'n digwydd, mae'r stori yma i'w chael mewn sawl rhan o Gymru.

Dyma'r stori'n fras (fersiwn o Lanbryn-mair):

Roedd gwas wedi cael lle ar fferm, ond i wneud hynny roedd rhaid iddo gofio'r enwau od a ddefnyddid yno. Dyma rai ohonyn nhw:

fflwgwsti-fflagasti = esgidiau
padandragons = trowsus
salibwmper = grisiau
poethyn poeth = tân/colsyn
crwgwlwlwth = cath
Caban Iago = tŷ gwair
riwligeshion = ffynnon

Ganol nos deffrodd, gweld y fferm ar dân a rhuthrodd at y mistar gan weiddi:

'Mishtir, mishtir' codwch mewn munud, rhowch fflwgwsti-fflagasti am eich traed, pandandragons am eich gliniau, dowch lawr y salibwmper,

(Cartŵn: Anne Morris)

mae'r poethyn poeth yn nhin y grwgwlwlwth, mae hithau wedi mynd i Gaban Iago ac os na chawn ni help o'r riwligeshion, bydd y cyfan oll yn mynd yn boethion.'

Mae geiriau'r gwas yn amrywio o ardal i ardal, er bod y stori'n ddigyfnewid. Dyma i chi eiriau gwas o Fôn:

'Master, master, codwch o'r Gialamhihag (= gwely) *rhowch eich fflapandragon* (= trowsus) *amdanoch a dowch i lawr y Gialapwsi* (= grisiau). *Mae lwmpyn o gwcwrwrun* (= tân) *wedi syrthio ar gefn chwimwth* (= y gath) *a chwimwth wedi rhedeg i'r Drws Agored* (= tŷ gwair) *a'r Drws Agored wedi mynd yn goelcerth ulw.'*

A gwas o Gei Newydd, Dyfed:

'Mistir, mistir, codwch o'r felin-estra, gwisgwch ych ffrigws-ffragws,

dowch lawr y garlibwns. Mae wimbwth-wambwth wedi cwmpo ar ben pipyromwth a pipyromwth wedi rhedeg i Mownt Iago. Os na chawn ni gymorth Haleliwia, fydd y cwbl yn fflam-dan.'

Mae'n ddiddorol sylwi ar y tebygrwydd – a'r gwahaniaethau – rhwng yr enwau a ddefnyddir o ardal i ardal. *Sabilongis* oedd y gwely i'r gwas yn Arfon, poni-ponshial y grisiau, *Titw-tomos*-emwth y gath a'r *Hen Ffliwsan* y ffynnon.

Mae'n rhaid fod creu enwau fel hyn yn gamp leol. Yn Llŷn, er enghraifft, mae rhai o'r enwau a ddefnyddir yn debyg i 'Iaith y Brain', a glywid yn ardal Rhoshirwaun. Mae profion cofio enwau neu ddisgrifiadau manwl yn hen syniad. Yn chwedl 'Breuddwyd Rhonabwy' o'r Oesoedd Canol, er enghraifft, ceir prawf mawr ar gof y storïwr, gan fod yn rhaid iddo gofio talpiau o ansoddeiriau a disgrifiadau manwl.

Soniais am y stori ar y rhaglen radio *Ar Gof a Chadw* beth amser yn ôl, ac o ganlyniad cefais ddau amrywiad arall ar eiriau'r gwas. Daeth y cyntaf oddi wrth Mrs M Tudur Roberts, Rhuddlan, Clwyd. Clywodd yr hanes 'lawer blwyddyn yn ôl pan gerddwn allan yn ddeunaw oed gyda bachgen yr un oed â mi.' Dyma fersiwn Mrs Roberts:

'O Mr Plymwth, Plymwth, tarwch eich ffrigwd-ffragwd (= esgidiau) *a dowch i lawr y bendrabynja* (= grisiau) *mae'r cloclarwm* (= colsyn/tân) *wedi syrthio ar wip-jeni* (= cath) *a wip-jeni wedi rhedeg i merimercws* (= washws) *ac os na ddowch bydd y lle yn boeth-eishion.'*

Elfen anghyffredin yma yw'r washws yn hytrach na'r tŷ gwair.

I orffen, dyma fersiwn Mr W Hughes-Jones, Y Bala, a glywodd gan ei nain a drigai yng Nghwm Gwledog, Dinas Mawddwy. Yma, gŵr o'r gogledd wedi mynd i weithio ym mhyllau glo'r de sy'n dysgu'r geiriau rhyfedd. Dyma nhw:

'Dowch o'r penisargist (= gwely) *gwisgwch eich cregin-grocos* (= trowsus), *ac i lawr hewl bren* (= grisiau). *Mae'r bilibalw* (= tân) *ar gefn y gath ac os na chawn gymorth haleliwja* (= dŵr o'r ffynnon) *mi fydd yn rhy boeth.'*

(*Llafar Gwlad*, Rhif 2)

Llên Gwerin y Milod

Y MOCHYN

Yn ôl ffermwyr mae'r mochyn yn greadur galluog a sensitif iawn. Er yr ymddengys wrth ei fodd mewn mwd a baw, rhaid ei drin yn ofalus iawn mewn gwirionedd. Mae ganddo le anrhydeddus iawn mewn llên gwerin.

Dywed y Pedair Cainc wrthym mai creadur o Annwfn oedd y mochyn cyntaf. Roedd Pwyll ac Arawn, Brenin Annwfn, wedi cyfnewid lle am flwyddyn a diwrnod er mwyn i Pwyll allu lladd un o elynion Arawn. O ganlyniad, sefydlir perthynas glòs rhwng y ddwy wlad a chyfnewidir anrhegion. Yn eu plith mae anifeiliaid hynod sef 'hobeu' neu foch. Tyr rhyfel filain allan rhwng Dyfed a Gwynedd pan ddefnyddia Gwydion y dewin ei hud i dwyllo Pryderi mab Pwyll a dwyn ei foch. Ar y daith yn ôl i'r gogledd arhosodd Gwydion a'r moch mewn lleoedd megis Mochnant ym Mhowys a Mochdre ger Bae Colwyn. Yn y diwedd, cyll Pryderi ei fywyd wrth geisio adennill ei foch.

Y chwedl enwocaf am y mochyn yw hela'r Twrch Trwyth yn 'Culhwch ac Olwen'. Cefnder Arthur oedd Culhwch ac roedd wedi syrthio mewn cariad ag Olwen, merch Ysbaddaden Bencawr. Ni fynnai hwnnw i'w ferch briodi gan y golygai hynny ei farwolaeth ef. Oherwydd hyn, gesyd nifer o 'anoethau' neu dasgau anodd y mae'n rhaid i Culhwch eu cyflawni, yn y gobaith y cyll ei fywyd. Un o'r anoethau oedd cipio'r grib a'r gwellaif oedd rhwng clustiau baedd anferth a elwid y Twrch Trwyth er mwyn i Ysbaddaden gael trin ei farf a'i wallt. Hon oedd y dasg anoddaf oll, a chyn dechrau roedd rhaid cyflawni tasgau eraill peryglus tu hwnt.

Brenin drwg a drawsnewidiwyd oherwydd ei lu pechodau oedd y Twrch Trwyth. Daliodd ati i falu a rhempio yn Iwerddon ar ei ffurf newydd ac yno, ger Esgair Oerfel y gwelodd Culhwch a'i wŷr ef gyntaf. Ffodd i Gymru gan lanio yn sir Benfro a rhuthro ar draws de Cymru gan achosi galanastra mawr. Cipiwyd y gwellaif wrth aber afon Hafren ond yna trodd y Twrch am Wlad yr Haf a Chernyw. Ni lwyddwyd i gael y grib tan y funud olaf, fel y plymiai'r bwystfil i'r môr.

Galan gaeaf, gwelir cysylltiadau arallfydol y mochyn yn y rhigymau a adroddir am yr Hwch Ddu Gwta, megis hwn o Ynys Môn:

Hwch Ddu Gwta a Ladi Wen heb ddim pen
Hwch Ddu Gwta a gipio'r ola'
Hwch Ddu Gwta Nos Glangaea
Lladron yn dŵad dan weu sana.

Ddeuddeng mlynedd yn ôl, clywais gan hen ŵr o ardal Capel Uchaf, Clynnog fel y gwelsai'r Hwch Ddu Gwta pan oedd yn blentyn.

Mewn chwedl Wyddelig, gwelir y dylanwad goruwchnaturiol gâi moch ar feichiaid hefyd. Caiff meichiaid weledigaeth lle gwêl Conall Corc yn ennill brenhiniaeth Munster. O ganlyniad, caiff ef a'i deulu eu rhyddhau o rwymau taeogaeth. Yr awgrym yw fod dylanwad Annwfn yn cael ei drosglwyddo i ofalwyr y moch hyd yn oed.

Roedd y Celtiaid yn hoff iawn o wledda, yn enwedig ar ôl buddugoliaethau. Eu hoff fwyd, yn naturiol, oedd cig y mochyn. Cyn torri'r cig byddai'r arwyr yn trafod pwy oedd y dewraf, fel y câi hwnnw ddewis 'Cyfran yr Arwr', sef y darn mwyaf blasus – un o'r coesau ôl ran amlaf. Roedd hyn yn fater o bwys ac ar adegau, byddai ymladd a hyd yn oed lladd er mwyn sicrhau anrhydedd. Mewn dwy chwedl o Iwerddon, ceir cyfeiriadau at 'Gyfran yr Arwr'. Yn hanes Mochyn Mac Datho roedd gan Mac Datho neuadd ac roedd pawb eisiau 'Cyfran yr Arwr'. Yn y diwedd, enillodd Cet Mac Mathach drwy brofi iddo guro tad ei brif heriwr, Aonghus. Yr ail chwedl yw 'Gwledd Bricriu'. Brenin Ulster oedd Bricriu ac roedd eisiau achosi cythrwfl rhwng tri o'i arwyr sef Conall, Loegaire a Cu Chulainn. Addawodd 'Gyfran yr Arwr' i'r tri yn y wledd gyntaf yn ei neuadd newydd. Yn y chwedl, profa Cu Chulainn mai ef yw arwr mawr Ulster drwy drechu bwystfilod dychrynllyd a chawr anferthol.

Yn ogystal â bwyta moch, roedd y Celtiaid yn hoff iawn o hela moch gwyllt. Cawsom hanes yr helfa fwyaf yn 'Culhwch ac Olwen' eisoes. Yn y Pedair Cainc, llwydda Llwyd fab Cil Coed i gipio Pryderi drwy ei gael i ddilyn baedd gwyn hynod i mewn i gaer hud. Ger Hounslow, Middlesex, darganfuwyd cerflun efydd bychan o faedd gwyllt. Yn aml iawn byddaf yn dychmygu heliwr dewr yn rhoi hwn i'w fab, yn y gobaith y byddai'n dilyn ôl ei droed.

Pan na fedrai'r Cristnogion cynnar ddileu paganiaeth Geltaidd, megis eu harferiad o addoli afon, llyn a ffynnon, ceisient ei impio ar eu traddodiadau eu hunain. Gwelsom fod y mochyn yn greadur cwlt, ac yn naturiol cysylltir ef â nifer o saint. Yn Braunton, Dyfnaint, mae un o eglwysi Sant Brannog a hwyliodd o Gymru mewn arch garreg. Fe'i tywyswyd at safle'r eglwys gan hwch a thorllwyth o foch bach. Yn Winwick, Lancashire, gwelir cerflun o fochyn ar du blaen yr eglwys. Dywedir i fochyn helpu i godi'r eglwys drwy gario cerrig yn ei geg. Yn ôl eraill, ysbryd drwg oedd y mochyn, a oedd yn benderfynol o chwalu gwaith y dydd. Ceir traddodiad tebyg yn Burnley hefyd. Mae gweld mochyn yn croesi'r ffordd yn beth anlwcus iawn i bâr ar eu ffordd o'u priodas mewn ambell ran o wledydd Prydain.

Ofnir y mochyn gan forwyr ac ni ddefnyddiant y gair 'mochyn' hyd yn oed. Byddai gwneud yn gwahodd trychineb, yn union fel y byddai chwibanu yn tynnu storm. Pe gwelid mochyn ar y ffordd i'r harbwr, byddid yn troi am adref, yn union fel y gwnâi'r glöwr os gwelai ferch ar y ffordd i'r pwll.

Wrth ladd mochyn, gofalai'r hen bobl fod y llythyren 'r' yn y mis (gan ddilyn yr enwau Saesneg). Fel y mwyafrif o ddywediadau'r gwladwr, roedd wedi ei seilio ar brofiad canrifoedd lawer. Y misoedd cynnes o Fai hyd Awst yw'r misoedd heb 'r', a gallai'r cig fynd i ddrewi mewn dim amser. Deil y gred hon yn fyw yn Nwyfor os nad mewn rhannau eraill o Gymru. Dylid lladd mochyn pan fo'r lleuad yn llenwi neu gall beidio halltu'n iawn a lleihau'n arw wrth ei goginio. Am yr un rheswm dylid ceisio'i ladd ar lanw, nid ar drai. Tabŵ arall ynglŷn â lladd mochyn oedd na ddylid caniatáu i wraig feichiog fynd ar ei gyfyl rhag ofn ei amhuro.

Soniais fod y mochyn yn greadur sensitif ar y dechrau. Adlewyrchir hynny yn y gred fwyaf cyffredin amdano, sef ei fod yn gallu gweld y gwynt. Credir ei fod yn rhagweld drycinoedd pan fo'n wyllt ac aflonydd.

(*Llafar Gwlad*, Rhif 14)

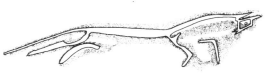

Y CEFFYL – I

Teimlodd dyn rym rhai anifeiliaid er canrifoedd lawer fe ymddengys. Nid oes ond eisiau edrych ar y lluniau a beintiwyd gan helwyr Hen Oes y Cerrig yn ogofâu Ffrainc i weld hyn. Drwy beintio'u hunain yn eu hela teimlent y caent gymorth i drechu eu galluoedd, a ymylai ar y goruwchnaturiol.

Ymhen amser, yn Oes Newydd y Cerrig, llwyddwyd i ddofi llawer o anifeiliaid. Un anifail a ddofwyd ac a chwyldrodd fywyd yr amaethwr oedd y ceffyl. Medrai aredig ei dir ag ef a'i farchogaeth i lamu milltiroedd a gymerai ddyddiau lawer i'w cerdded. O ganlyniad, ni chollodd y ceffyl ei alluoedd goruwchnaturiol ym meddwl y werin.

Ceir rhai chwedlau hynafol iawn yn cynnwys yr elfen 'march'. Yng nghyffiniau Abersoch, Llŷn saif Castellmarch. Yma y trigai March ap Meirchion, gŵr â chyfrinach ofnadwy a wnâi unrhyw beth i'w chadw. Roedd ganddo glustiau ceffyl, ac arferai fygwth dienyddio'r sawl a dorrai ei wallt os bradychai ei gyfrinach. Cyfrifoldeb ofnadwy oedd hyn a theimlai'r barbwr bod rhaid dweud wrth rywun ond ofnai golli ei fywyd. O ganlyniad aeth at gors a llefaru ei gyfrinach yng nghanol ei hesg. Un dydd daeth pibydd heibio a thorri rhai o'r hesg i wneud pibau. Ar ôl chwythu i'r pibau yng Nghastellmarch, y cwbl a ddaeth allan oedd y geiriau: 'Mae clustiau ceffyl gan y brenin March'. Roedd cyfrinach March allan o'r diwedd.

Mae hyn fel petai'n awgrymu cyswllt rhwng dyn â cheffyl ac yn wir, gwelir hyn yn yr Iwerddon. Yno, fel rhan o'r ddefod o gadarnhau brenin newydd ar Fryn Tara câi gyfathrach rywiol â merlen a gynrychiolai enaid yr Ynys Werdd. Roedd arlliw rywiol iawn i'r holl ddefod, a diddorol yw sylwi mai caseg a ddewiswyd i gynrychioli ffrwythlondeb.

Roedd gan y Celtiaid dduwies y ceffylau, sef Epona. Goroesodd ambell gerflun ohoni yn marchogaeth wysg ei hochr â llu o feirch o'i chwmpas. Yn Uffington, Berkshire cerfiwyd ceffyl mawr ar lethr drwy ddinoethi'r sialc islaw'r pridd. Gwnaed ef tua'r ganrif gyntaf Cyn Crist gan bobl a berthynai i lwyth y Belgae ac a drigai mewn caer gerllaw. Yn ôl pob tebyg addolid Epona yn y fan yma.

Goroesodd Epona fel Rhiannon yn y Pedair Cainc. Yn y gainc gyntaf gwelodd Pwyll a'i ddilynwyr hi o ben Gorsedd Arberth. Syrthiodd mewn cariad â hi yn y fan ond nid oedd posib ei dal, er yr ymddangosai fel petai'n cerdded yn araf. Yn ddiweddarach yn yr un gainc cipir ei mab yn fuan ar ôl ei enedigaeth a cham-gyhuddir hi o'i fwyta. Ei chosb yw cario pawb a ddeuai i'r llys ar ei chefn, dim ots pwy oeddynt. Mae hon yn gosb anaddas i'r drosedd honedig, ond yn addas iawn i dduwies y ceffylau.

Fel sawl diwylliant arall, roedd gan y Celtiaid chwedl am fam a thad yn colli plentyn ac yna'n ei gael yn ôl. Yn union fel yn chwedlau'r Groegiaid, mae cyfnod yr absenoldeb yn esbonio misoedd oer, tywyll y gaeaf. Ceir gweddillion myth Modron, Teyrnon a Mabon yn chwedl 'Culhwch ac Olwen'. Modron oedd y fam fawr weithiau, ond fel y gwelwyd yn y Pedair Cainc, roedd Rhiannon neu Epona yn enw arni hefyd.

Nid cyd-ddigwyddiad mo hyn, oherwydd fel y nodwyd uchod, mae'r ceffyl yn arwydd o ffrwythlondeb a ddylanwadodd ar rai o arferion gwerin pwysicaf a mwyaf diddorol y Cymry.

Yn *Coelion Cymru* (1938) rhydd Evan Isaac ddisgrifiad o ddefod y Gaseg Ben Fedi fel y disgrifiwyd hi iddo gan y Parch. Fred Jones (taid Dafydd Iwan). Arferid gadael tua troedfedd sgwâr o'r cae olaf o ŷd heb ei dorri a'i blethu ar ei sefyll, yna safai pawb tua decllath oddi wrtho a thaflu ei gryman ato. Y sawl a'i torrai fyddai'n ei gludo i'r tŷ, a'r gamp oedd ei daflu ar fwrdd y gegin heb gael trochfa gan y merched. Yr enw ar y tusw plethedig oedd Caseg Fedi ac amrywiai'r patrwm o ardal i ardal. Y rheswm na ddymunai neb dorri'r tusw olaf oedd y credid fod duwies yr ŷd ynddo ond drwy daflu'r cryman, ffawd benderfynai. Sylwer mai Caseg Fedi yw'r enw.

Ceridwen oedd enw duwies yr ŷd yn ôl Celtiaid gwledydd Prydain, ond y ceffyl oedd ei harwyddlun. Yn chwedl Taliesin, genir y gwron hwnnw ar ôl i Ceridwen lyncu Gwion Bach ar ffurf gronyn o ŷd. Yn rhyngwladol, cyfrifid y ceffyl yn symbol o dduwies y cynhaeaf. Arwyddlun Ceres, y fam-dduwies a duwies yr ŷd oedd pen ceffyl. Cymerodd ffurf caseg i osgoi Poseidon a chuddio mewn gyrr o geffylau ond trodd yntau'n stalwyn ac o'u huniad ganed Arion.

Ceir yr un un peth ymhlith gwerin Ewrop. Yn yr Almaen, pan blygai'r awel y cynhaeaf ŷd dywedir fod 'y ceffyl yn rhedeg' drwyddo. Enw'r Almaenwr ar y stwcyn olaf o ŷd i gael ei dorri yw'r 'Stalwyn Ŷd'. Yn aml iawn gadewid ef yn y cae i Sleipnir, ceffyl y duw Odin.

Yn Ffrainc, pan fyddai'r medelwr yn blino, dywedid fod 'blinder y ceffyl arno' ac os cysgai dywedid ei fod yn 'gweld y ceffyl'. Eid â'r ysgub cyntaf o ŷd i'r stabl i'w sathru gan geffyl. Rhoid yr olaf – a elwid yn 'Weddillion y Ceffyl' – i geffyl ieuenga'r plwy i'w fwyta er mwyn trosglwyddo ysbryd y cynhaeaf i'r tymor nesaf. Ceid yr arferiad hwn yn yr Alban hefyd.

Yr enw cyffredin ar y Gaseg Fedi yn Lloegr yw *Corn Dolly* ond ceir y gair '*Mare*' weithiau hefyd, ac yn sir Amwythig ceid defod debyg iawn i'r un a welodd Fred Jones, a elwid *'Crying the Mare'*. Yn Lloegr arferid fynd â'r *'Mare'* plethedig i fferm oedd heb orffen cynaeafu. Weithiau, yn symbolaidd iawn, eid â chaseg go iawn, yn ôl pob tebyg er mwyn i ysbryd y cynhaeaf gael lloches.

(*Llafar Gwlad*, Rhif 15)

Y CEFFYL – II

Yn *Llafar Gwlad* rhif 15 ceisiais ddangos mai olion hen gred am y ceffyl neu'r gaseg fel symbol o ffrwythlondeb oedd y tu ôl i'r Gaseg Fedi.

Y tro hwn, hoffwn fynd â'r ddamcaniaeth un cam yn bellach a sôn am y Fari Lwyd a'i thebyg. Awgrymodd y diweddar Dr Iorwerth Peate ddau ystyr posib i enw'r Fari Lwyd, sef ei fod yn dod o'r gair Saesneg 'Mary', sef Mair sanctaidd, neu ei fod yn dod o'r gair Saesneg Canol *'Mare'*, yn yr ystyr o arswyd, fel y gwelir yn y gair *'night-mare'*.

Tybiaf y gallaf awgrymu un ystyr arall, sy'n seiliedig ar y ddamcaniaeth flaenorol mai o'r gair Saesneg 'mare' yn yr ystyr o geffyl benywaidd y daw Mari Lwyd. Mae'r elfen geffylaidd yn gryf iawn yn yr holl ddefod, gan gynnwys y penglog ceffyl holl bwysig a oedd yn ben i'r Fari. Mae'r enwau sydd ar y Fari Lwyd yma ac acw yng Nghymru hefyd yn pwysleisio'r elfen hon: 'Pen Ceffyl' (Gŵyr); 'Y March' (sir Benfro) a'r 'Gyfnasfarch' (sir Benfro). Mae'r olaf yn ddisgrifiad cywir iawn o'r union beth yw'r Fari Lwyd wrth gwrs: penglog ceffyl â chyfnas wen drosto.

Credaf mai gweddillion hen ddefod baganaidd i ffrwythloni'r wlad a'i phobl yn nyfnder y 'gaeaf du' sydd yma. Ymhyfrydai'r dyn a wisgai'r Fari mewn dychryn merched ifanc, ac mewn defod arall gysylltiedig, sef 'gwaseila', eid o dŷ i dŷ gan gludo bwyd a chwrw mewn llestr pwrpasol, ond yn arbennig felly i dai lle'r oedd *pâr newydd briodi* yn byw.

Ar ddydd Gŵyl Sant Steffan arferid gwaedu ceffylau gynt er mwyn eu cryfhau at y gwanwyn. Yr hyn sydd yma mewn gwirionedd yw gweddillion yr arferiad o aberthu gwaed y ceffylau i'r haul a oedd ar ei wannaf ar y pryd er mwyn ei ddenu yn ôl. Parhaodd arferid cysyltiedig â hyn tan yn gymharol ddiweddar, sef chwipio pobl a godai'n hwyr ar

Ŵyl Sant Steffan â chelyn, a hynny mor galed nes tynnu gwaed. Yr un arferiad ydyw yn y bôn, oherwydd arferai'r escimos waedu eu hunain yn y gaeaf er mwyn prysuro dychweliad yr haul. Adeg y Nadolig hefyd y dethlid Gŵyl Mithras gynt a defod ganolog yr ŵyl oedd gorchuddio pobl â gwaed tarw. Yn ddiddorol iawn, duw haul o'r Dwyrain Canol oedd Mithras yn wreiddiol. Mewn sawl diwylliant, y ceffyl ac nid y tarw oedd yn cael ei aberthu i dduw'r haul er mwyn ei gryfhau, a helid y dryw bach fel symbol o ddrygioni oer y gaeaf.

Mae peth o rym ffrwythlon y ceffyl wedi aros gyda ni hyd heddiw. Y peth amlycaf yn hyn o beth yw ei bedolau, a gyfrifir yn bethau lwcus iawn. Cefais fy magu mewn tŷ lle'r oedd pedol wedi ei hoelio ar y drws ffrynt ac roedd yn dŷ hapus tu hwnt. Roedd y bedol yn rymus iawn gan ei bod wedi ei gwneud o haearn (a ddychrynai fodau goruwchnaturiol); roedd yn gysylltiedig â'r ceffyl ffrwythlon, ac roedd yr un siâp â lleuad newydd – peth dylanwadol iawn fel y gwyddai pob gwladwr. Roedd canfod pedol yn beth lwcus tu hwnt. Hoelid hwy ar feudai a stablau i atal yr anifeiliaid rhag cael eu witsio. Yn ogystal, gwelid hwy ar fastiau llongau. Dywedir fod gan Nelson un ar y Victory – nid iddo ef gael llawer o lwc!

Mae'r dull o hoelio'r bedol ar ddrws yn bwysig. Yn ôl y mwyafrif dylid ei gosod fel 'U', i sicrhau fod y lwc yn cael ei 'ddal' ynddi.

Darnau metal eraill a gysylltir â cheffylau yw'r *'brasses'* a gesglir gan gynifer o bobl. Mae'n debyg y dywedent eu bod yn eu casglu oherwydd eu bod yn hen ac yn hardd. Ond tybed ai hyn yw'r gwir? Gwisgai ceffyl gwedd hyd at ugain o'r darnau addurniadol hyn ac roedd i bob un ei ystyr cyfrin – y mwyafrif yn gysylltiedig â'i amddiffyn rhag cael ei witsio. O ganlyniad, symbolau o fywyd a ffrwythlonder a welir unwaith yn rhagor: yr haul, olwynion, calonnau, dwylo ayb.

Ymddengys fod popeth bron ynlgŷn â'r ceffyl yn hynod. Tan yn ddiweddar credai bechgyn oedd am gael cansen fod rhoi rhawn ceffyl ar draws eu cledr yn eu diogelu rhag poen ac yn hollti'r gansen. 'Sgwn i faint o'n darllenwyr all brofi hyn?

Roedd cred arall ynghlwm â'r rhawn hefyd. Dywedid os rhoid ef mewn dŵr a'i adael yn ddigon hir, y byddai'n troi'n lysywen. Yn ôl y gwyddonwyr nid oes gwir yn hyn. Yr hyn a wneid oedd tybio mai llysywen ifanc oedd math o lynghyren welid yn y dŵr.

(*Llafar Gwlad*, Rhif 17)

Y DRAENOG

Y creadur dan sylw'r tro hwn yw'r draenog oherwydd ei gysylltiad clòs â'r sipsiwn. Mae enw'r draenog yn ddiddorol ynddo'i hun gan ei fod yn greadur a enwyd ar ôl nodwedd gorfforol amlwg – mae wedi ei orchuddio â drain. Yn yr un modd yn union cafodd yr ysgyfarnog ei henw oherwydd fod ganddi ysgyfarn, neu glustiau hirion neu'r gylfinir oherwydd fod ganddo big neu gylfin hir.

Arferai'r sipsiwn fwyta draenogod ac roedd ganddynt ddull effeithiol o gael gwared â'r pigau. Rholient y draenog mewn mwd neu glai nes ei fod yn bêl amdano ac yna rhostid ef yn y tân. Pan fyddai'n barod, agorid y bêl gan adael y pigau a'r croen yn y clai, ac roedd y cig yn barod i'w fwyta. Soniodd un o drigolion y Waunfawr, Arfon fel yr arferai'r sipsiwn ddod i Bant Cae Haidd i chwilio am ddraenogod. Byddai ganddynt ffon haearn â bachyn neu dro ar ei blaen, tebyg iawn i'r hyn a ddefnyddiai plant i bowlio cylch. Gyda'r arf hwn ni fyddent fawr o dro'n hel eu swper, a gwelid hwy'n mynd i lawr y ffordd â hanner sachaid o ddraenogod ar eu cefnau. Yn ôl W.C. Williams, Pandy Tudur, fodd bynnag, hoff ddanteithfwyd y sipsiwn oedd 'cig y twrchyn du bach'. Dywedid fod cig twrch daear yn flasus tu hwnt.

Roedd gan y werin lawer o gredoau am y draenog. Credid ei fod yn sugno llefrith o wartheg allan yn y caeau ac mai hynny fyddai'n esbonio gwartheg hesb neu waed yn y llaeth. Oherwydd hyn, byddai ffermwyr yn eu herlid yn ddidrugaredd. Yn aml iawn defnyddid eu croen i atal gwartheg a defaid rhag rhwbio drwy ei hoelio ar byst ac ati cyn i'r weiran bigog gael ei dyfeisio. Yn gysylltiedig â hyn y mae'r gred fod cael draenog yn dod i'r tŷ yn beth anlwcus.

Ar y llaw arall roedd yn gallu bod yn rymus mewn meddyginiaethau gwerin, a pherchid ef gan yr hen bobl gynt. Y creadur hwn oedd arwyddlun swydd Henffordd ar un adeg. Tan yn gymharol ddiweddar roedd y rhan yma o Loegr yn Gymraeg ei hiaith, fel y gwelir yn yr enwau lleoedd a'r cysylltiadau rhwng saint Cymreig a'r ardal. Un o'r saint hynny oedd Dyfrig, y bu ganddo eglwys yn Hentland (– Henllan yn wreiddiol), swydd Henffordd. Yn yr eglwys mae ffenestr liw yn dangos y sant gyda draenog wrth ei draed.

Roedd i'r creadur le anrhydeddus mewn meddyginiaethau gwerin ers talwm. Credid fod dŵr o'i lygad yn arbennig o dda at gryfhau llygaid gweinion. Yn swydd Lincoln defnyddid asgwrn o ên draenoges mewn meddyginiaeth at gryd-cymalau.

Credir fod moch yn medru gweld y gwynt. Yn ôl almanac o'r ddeunawfed ganrif medrai'r draenog ragweld y tywydd a gofalai adeiladu ei nyth fel na fyddai'n wynebu'r storm a'r ddrycin.

(*Llafar Gwlad*, Rhif 18)

Y GATH

Bu'r gath yn greadur goruwchnaturiol yng ngolwg pobl ers miloedd o flynyddoedd – weithiau'n anifail dwyfol, dro arall yn ddiafolaidd, weithiau'n lwcus, dro arall yn dod ag anlwc. Perchid cathod gan yr hen Eifftwyr a phen cath oedd gan y duw Pasht. Iddynt hwy roedd lladd cath yn beth erchyll, a phan fyddai cath farw eilliai'r perchennog ei aeliau i ddangos ei alar a châi'r creadur angladd parchus. Yn yr un modd roedd dilynwyr Diana yn parchu'r gath oherwydd i'r dduwies gymryd ffurf cath unwaith. Ym mytholeg Sgandinafia perchid y gath hefyd oherwydd cathod oedd yn tynnu cerbyd Freyja gwraig Odin a duwies ffrwythlondeb.

Yn ddiweddarach cysylltid cathod â gwrachod, a chredid mai dyma un o'r ffurfiau a ddewisai gwrachod eu troi eu hunain. Mae tystiolaeth yr ofnai pobl siarad wrth ymyl cath gynt rhag ofn i wrach ddod i wybod eu cyfrinachau. Ym Metws-y-coed, Gwynedd ceir chwedl sy'n seiliedig ar y gred hon. Roedd tafarn yno lle lletyai nifer fawr o deithwyr a chollai llawer ohonynt eu heiddo er nad oedd gan neb syniad pwy oedd y lladron. Cedwid y dafarn gan ddwy hen ferch. Aed â'r hanes at Huw Llwyd Cynfal ac addawodd ddatrys y dirgelwch. Aeth i'r dafarn â'i gleddyf wrth ei ochr gan ddweud ei fod ar ei ffordd i'r Iwerddon. Aeth i'w stafell wely gan gloi'r drws, rhoi'r cleddyf wrth ei ochr a smalio cysgu. Yn oriau mân y bore gwelodd ddwy gath yn dod i'r stafell a mynd at ei ddillad, a phan oedd un â'i phawen yn y boced a ddaliai ei arian trawodd hi â'r cleddyf. Gyda sgrechfeydd erchyll, diflannodd y ddwy. Y bore wedyn clywodd fod un o'r chwiorydd yn wael, ond mynnodd Huw gael ffarwelio â hi. O fynd i'w llofft gwelodd fod ganddi archoll ddofn ar ei llaw dde, a chanfu mai gwrachod oedd y chwiorydd a'u bod yn dwyn oddi ar deithwyr ar ffurf cathod. Ni fu helynt bach na mawr yn y gwesty wedyn.

Yn 1587 ysgrifennodd George Giffard yn *A Discourse on the Subtile Practises of Deuilles by Witches and Sorcerers*: 'Mae gan wrachod eu diafoliaid; mae gan rai un, eraill fwy – cymaint â dau, tri, pedwar neu bump, rhai ar un ffurf ac eraill ar ffurf arall, megis cathod, gwencïod, brogaod neu lygod.' Rhain oedd y creaduriaid a elwid *'familiar'* a byddent yn cynghori'r wrach neu wneud drygau ar ei rhan. Sylwer mai'r gath a enwir gyntaf gan Giffard. Yn wir, credid y medrai gwrachod farchogaeth cathod.

Yn y ddeunawfed ganrif roedd crach-feddyg enwog o'r enw Gustavus Katterfelto yn crwydro Lloegr yn gwerthu ffisig at y ffliw am bum swllt y botel. Roedd yn swm anferthol – yn enwedig o ystyried ei fod yn gwbl ddiwerth. Arferai dau ddyn du mewn lifrai fynd i dref o'i flaen gan chwythu trympedau cyn y cyrhaeddai yntau yn ei gerbyd trawiadol. Gydag ef yn gyson roedd dwy gath ddu a elwid yn 'Ddiafoliaid y Doctor' er y dywedai ef eu bod yn ddim ond cathod cyffredin. Mae awgrym o draddodiad tebyg yn achos Dic Aberdaron a'i gathod, oherwydd credid fod ganddo yntau alluoedd goruwchnaturiol. 'Cathod Cornelius' oedd ei enw arnynt ar ôl Cornelius Agrippa, dewin a arferai godi ysbrydion aflan. Medrai Dic wneud yr un peth ac unwaith cafodd griw o ellyllon i gywain yr ŷd ym Methlem, Aberdaron.

Yn Chelmsford, Essex yn 1566 crogwyd Agnes Waterhouse am fod yn wrach a ddefnyddiai ei chath Satan i wneud pob math o fisdimanars: difetha menyn, lladd anifeiliaid cymydog a witsio dyn arall i farwolaeth. Yn dâl am hyn câi ddiferyn o waed Agnes yn dâl am bob ffafr, a chredid mai olion y gath yn sugno'i gwaed oedd y plorod ar ei hwyneb. Dywedid fod gan y 'gath' hon ben mwnci, gyda chyrn yn tyfu ohono a phib arian am ei gwddf!

Goroesodd y syniad o'r gath fel creadur bygythiol, yn enwedig un wedi'i geni ym mis Mai. Anaml y byddai cath o'r fath yn byw, ond os gwnâi, credid ei bod yn dod ag anlwc a gwaeth i'w chanlyn. Denai nadredd i'r tŷ ac yn fwy sinistr fyth, gorweddai ar wynebau babanod a'u mygu neu sugno'r anadl ohonynt.

Credid y byddai'r gath-wrach yn gallu suro a difetha corddiad a cheid pob math o swynion a rhigymau i'w hatal. Gwneid y fuddai o goed criafol yn aml gan fod gwrachod yn ei gasáu. Swyn rymus arall oedd rhoi tri blewyn gwyn o gynffon cath ddu yn yr hufen cyn dechrau corddi.

Dywedir fod cathod yn gallu gweld ysbrydion a'u bod yn canu

grwndi o'u gweld. Yn wir, mae cyswllt clòs rhwng cathod ac angau, a chredid y medrent ragweld marwolaeth. Os oedd person gwael yn y tŷ a'r gath yn mynd allan gan wrthod dychwelyd, golygai fod y claf yn mynd i farw. Yn aml iawn gwrthodai'r gath ddod ar gyfyl y tŷ nes ar ôl yr angladd. Dywedir fod breuddwydio am gathod yn rhagfynegi angau, fel y mae gweld dwy gath yn ymladd yn ffyrnig. Os oedd cath yn wael teflid hi o'r tŷ yn aml rhag ofn iddi ddod â salwch ac angau i'r teulu.

Mae nifer o gredoau lwc ac anlwc yn gysylltiedig â'r gath. Gŵyr pawb fod gweld cath ddu'n croesi'r ffordd o'n blaen yn lwcus tu hwnt, ond nid os yw'n croesi o'r chwith i'r dde, ac y mae'n beth anlwcus iawn os yw'n troi'n ôl neu'n rhedeg i ffwrdd. Yn Swydd Efrog, fel America a rhannau helaeth o Ewrop mae cath ddu'n anlwcus. Yng ngwledydd Prydain cath wen sy'n dod ag anlwc i'w chanlyn ran amlaf. Nid yw morwyr na glowyr byth yn defnyddio'r gair 'cath' wrth eu gwaith beunyddiol oherwydd ei fod yn air anlwcus. Eto, os aiff cath ddu i dŷ neu long ar ei phen ei hun mae'n beth lwcus tu hwnt a gofelid amdani rhag iddi fynd ymaith â'r lwc i'w chanlyn. Y gwrthwyneb oedd yn wir am fwynwyr Cernyw fodd bynnag. Os âi cath i'r pwll gwrthodent weithio nes dal a lladd y creadur anffodus.

Fel nifer o anifeiliaid eraill, dywedir fod y gath yn gallu rhagweld y tywydd. Os yw'r gath yn cripio'r llenni a'r dodrefn mae gwynt ar y ffordd; yn wir, credai pobl ers talwm mai hi oedd yn codi'r ddrycin drwy wneud hyn. Glaw sydd ar y ffordd os yw'n molchi ei chlustiau neu'n tishian. Os yw'n tishian deirgwaith bydd pawb yn cael annwyd hefyd! Gwelir credoau eraill yn y rhigwm canlynol:

Fe neidia'r gath yn hoyw,
Rhwng gwynt a thywydd garw;
Hi dry'i phen-ôl tuag at y gwres,
Po nesa' byddo i fwrw.

Mewn llawer ardal arwydd rhew yw gweld y gath yn eistedd â'i chefn at y tân.

Ceir lle anrhydeddus i'r gath mewn meddyginiaethau gwerin hefyd. Os oedd salwch yn y tŷ denid cath strae dros y rhiniog; yna golchid y claf drosto a thaflu'r dŵr dros y gath. Ar ôl gwneud hyn câi ei gyrru ymaith a gofalu na châi ddychwelyd oherwydd credid yr âi â'r afiechyd gyda hi. Yn ardal Cyfeiliog, Powys credid fod gwaed o glust cath ddu wedi ei rwbio ar y briwiau yn ddull sicr o wella'r Eryr. Defnyddid tri diferyn o waed cath i gael gwared â defaid hefyd. I wella llyfrithen rhwbid hi â blaen cynffon cath ddu. Y feddyginiaeth hynotaf oedd honno a ddyddiai o'r ail ganrif ar bymtheg at wella clwyfau. Berwid cath gyfan mewn olew olewydd a rhoddid y trwyth ar y clwyf!

Dros y canrifoedd mae sawl hen wraig wedi ei chyhuddo o fod yn gaeth i'r diafol am fod ganddi gath i'w chanlyn; ond dyna fo, ac aralleirio diweddglo cerdd T.H. Parry-Williams i Dic Aberdaron:

Os ffolodd ar fodio llyfr swynion a mwytho cath,
Chwarae teg i'r wrach – nid yw pawb yn witsio'r un fath.

(*Llafar Gwlad*, Rhif 19)

Y BLAIDD

Rhwng 1764 ac 1767 roedd gwerin mynyddoedd Auvergne, Ffrainc yn byw mewn ofn parhaol rhag Bwystfil Géaudan. Gwyddys iddo ladd 40 o bobl ac ymosod ar 110 arall gan eu creithio am oes. Dywedid ei fod yn frowngoch o ran lliw gyda cheg cymaint ag un llew. Nid oedd posib ei ddal mewn na magl na thrap a medrai redeg fel y gwynt. Daeth yr ymosodiadau i ben yn 1767 pan laddwyd y blaidd mwyaf a welwyd yn y mynyddoedd erioed a'r gred gyffredin oedd mai blaidd-ddyn ydoedd.

Hyd yn gymharol ddiweddar ym mhob rhan o Ewrop – a sawl rhan arall o'r byd hefyd – ceid cred fod rhai pobl yn gallu eu troi eu hunain yn anifeiliaid rheibus dan rai amodau arbennig. Yn nwyrain Ewrop, y fampir erchyll oedd y ffurf a ddewisid tra yn y gogledd a'r gorllewin, y blaidd-ddyn neu'r werewolf a welid. Yn aml iawn ceid yr un credoau am y ddwy ffurf, megis sut i'w hadnabod, credid fod pobl â'u haeliau yn cyfarfod uwchben pont y trwyn yn fampir neu flaidd-ddyn, a goroesodd y gred i'r cyfnod diweddar yng Ngwlad Groeg, Gwlad yr Iâ, Denmarc a'r Almaen.

Mae mwy o arwyddion corfforol y gellir chwilio amdanynt, megis ewinedd fel crafangau, clustiau pigfain a blew yn tyfu ar gledrau'r dwylo. (Roedd yr olaf hefyd yn arwydd o wallgofrwydd – ac y mae'n hen jôc dweud mai arwydd cyntaf y gwallgofrwydd hwnnw yw chwilio am y blew.)

O'i drawsnewid, gallai'r blaidd-ddyn fod ar ffurf blaidd anferth neu hanner blaidd – hanner dyn, yn flew drosto a'r wyneb wedi ei hagru. Ar y ffurf hon, rhwygid gyddfau pobl cyn llowcio eu cnawd a'u gwaed. Credid hefyd eu bod yn codi cyrff o fynwentydd i'w sglyfio. Mae'n ffaith wyddonol fod cyflwr meddyliol difrifol a elwir yn baranoia Soanthropig, lle cred y dioddefwr ei fod yn flaidd ac y cais ladd pobl er mwyn bwyta eu cnawd. Credid fod y brenin John, a deyrnasai ar ddechrau'r drydedd ganrif ar ddeg, yn flaidd-ddyn. Ar ôl ei farw a'i gladdu, dywedir i fynach glywed sŵn o'r bedd ac iddynt godi'r corff o dir sanctaidd, gan y credid ei fod yn ei lygru.

Roedd sawl dull y medrid troi'n flaidd-ddyn. Yn Lloegr y Canol Oesoedd, credid bod gorwedd yn noeth mewn tywod dan leuad llawn yn ddigon. Ceid yr un cyswllt â'r lleuad yng nghredoau'r Eidal hefyd. Yno credid fod gwragedd a feichiogai ar leuad llawn yn gwneud peth peryglus iawn: medrent roi genedigaeth i flaidd-ddynion. Gwelid yr un trawsnewidiad mewn pobl a gysgai allan dan leuad llawn ar ddydd Gwener. Mewn chwedl o'r Iwerddon dywedir i Padrig felltithio teulu a wrthodod dderbyn Cristnogaeth ac o hynny ymlaen, bob saith mlynedd, roeddent yn troi'n flaidd-ddynion. Roedd yn hawdd iawn troi'n flaidd-ddyn ar ddamwain drwy yfed o afon yr yfodd blaidd ohoni neu gael eich brathu gan flaidd. Ceir elfen o hud tebyg yn y syniad y byddai pobl a fwytai Gwfl y Mynach – neu Wolfsban yn Saesneg – yn troi'n flaidd. Yn sicr, ni fyddai'r planhigyn hwn, sy'n hynod gyffredin, yn gwneud llawer o les i neb, gan ei fod hefyd yn hynod wenwynig, a byddai darn bach yn ddigon i ladd y cryfaf.

Yn yr un modd ag y mae llu o ffyrdd o droi'n flaidd-ddyn, y mae hefyd lu o gredoau sut i gael gwared ag ef: gweddïo ar Grist o'i flaen; galw ei enw deirgwaith; tynnu tri diferyn o'i gorff pan fo ar ffurf blaidd. Y dull mwyaf cyffredin, fodd bynnag – ac un llawer mwy diogel – oedd ei saethu â bwled arian. Ceid yr un gred yn union am wrachod yma yng Nghymru ac y mae'n ddiddorol sylwi fod y blaidd yn un o'r ffurfiau y credid y dewisai gwrachod droi iddi gynt.

Ond ydi'r blaidd-ddyn a'r fampir wedi diflannu i niwl y gorffennol? Dim o gwbl yn ôl tystiolaeth lafar yr Alban o leiaf. Yn y 20au aeth dau botsiar am hen bothy wrth droed Ben a'Ghlo ym mynyddoedd Cairngorm i gysgodi dros nos. Roedd ar glo felly aed ati i dorri ffenest a mynd i mewn. Cyn hir, roedd tân yn y grât ac aeth un ohonynt i gyrchu dŵr. Rhoddodd un droed allan drwy'r ffenest a dechrau bloeddio fod rhywbeth yn rhwygo'i goes a sugno'i waed. O'r diwedd llwyddodd i'w ryddhau ei hun, ond roedd wedi dychryn yn arswydus. Aed allan i chwilio o gwmpas y bothy ond dim ond ffurfiau annelwig a welwyd yn y pellter a goleuadau glasaidd yn symud yma a thraw. Aed yn ôl i mewn ond ni feiddiodd y naill na'r llall gysgu winc. Yn y bore buont yn chwilio o gwmpas y ffenest yn fanwl ond ni welsant ond olion eu traed eu hunain. Fodd bynnag roedd creithiau'r ysgithrau miniog ar goes a meddwl y potsiar am weddill ei oes.

(*Llafar Gwlad*, Rhif 20)

Y GWNINGEN A'R SGWARNOG

Yn y bôn, yr un credoau oedd – a sydd – gan y werin am y ddau greadur, er bod mwy o goelion a chwedlau am y sgwarnog. Buont yn greaduriaid uchel eu parch ers canrifoedd lawer. I'r Celtiaid, fel sawl diwylliant arall yn Ewrop, roeddent yn anifeiliaid sanctaidd. Edrychid arnynt fel symbol o adfywiad y gwanwyn, ac adlewyrchir hynny yng nghyswllt y sgwarnog â'r Pasg hyd heddiw. Deil troed y gwningen hithau i gael ei hystyried yn lwcus iawn ac yng Nghymru gynt arferid ei rhwbio dros gorff baban newydd-anedig i ddod â lwc iddo yn ystod ei oes. Ystyrid y sgwarnog hefyd yn anifail cyfrwys tu hwnt, ac fel y llwynog dywedir yr arfera guddio dau ferywen pan fo cŵn ar ei gwarthaf gan fod arogl cryf y goeden yn twyllo'r erlidwyr.

O sôn am erlid, dylid cofio mai sgwarnog oedd y ffurf gyntaf a ddewiswyd gan Gwion Bach pan oedd yn ffoi rhag llid y wrach Ceridwen yn chwedl Taliesin. Mae'n greadur sy'n enwog am ei gyflymder a'i wiriondeb (yn enwedig ym mis Mawrth – y cyfnod paru) a chyfunir y ddwy nodwedd yn chwedl enwog Aesop am y sgwarnog a'r crwban.

Roedd – a mae – sawl chwedl am wrach yn troi ei hun yn sgwarnog. Yn wir, ceir chwedlau llafar byw iawn am y traddodiad hwn yn Eryri hyd heddiw. Hanfod y gred yw fod gwrach sydd wedi cymryd cas at ffermwr yn troi ei hun yn sgwarnog ac ar y ffurf honno yn godro ei wartheg ac yn cyflawni pob math o fisdimanars megis chwalu mydylau ac ati. Er ceisio'i saethu sawl tro nid yw'r ffermwr yn cael llwyddiant nes mynd at ŵr hysbys sy'n ei gynghori i roi bwled arian yn ei wn a'r tro nesaf mae'n llwyddo i daro'r sgwarnog. Llama'r creadur ymaith am dŷ'r wrach ac o gyrraedd yno gwelir hi wedi troi'n ôl i'w ffurf ddynol ond wedi ei chlwyfo'n dost. Mae'r gred hon am wrachod yn troi eu hunain yn sgwarnogod yn hen iawn. Soniodd Gerallt Gymro yn y ddeuddegfed ganrif ei bod yn hen goel yr adeg honno.

Yn 1662 cyfaddefodd Isabel Gowdie, gwrach o'r Alban iddi newid ei hun yn sgwarnog drwy adrodd y rhigwm canlynol:

Af nes troi yn sgwarnog nawr
Gyda gofid a gwae a gofal mawr;
A byddaf yn mynd yn enw'r Cythrel
Nes dod i'm cartref eto'n ddiogel.

I newid yn ôl adroddai'r geiriau:

Sgwarnog ffôl, sgwarnog ffôl
Boed i Dduw dy droi yn ôl;
Ar ffurf sgwarnog ydwyf nawr
Ond gwraig a fyddaf o fewn yr awr.

Ddiwedd y bedwaredd ganrif ar bymtheg cyhoeddodd y Parch. Elias Owen hanes diddorol am Beti'r Bont a oedd yn wrach yn Ystrad Meurig, Ceredigion. Roedd gwas Dôl Fawr wedi ei phechu a phenderfynodd ddial arno. Gwnaeth hynny drwy ei droi yn sgwarnog a gollwng dau filgi ar ei ôl. Cael a chael wnaeth o i gyrraedd yn ôl i Ddôl Fawr yn un darn a throi'n ôl yn ddyn cyn i'r ddau gi ei ddal. Digwyddodd hyn nifer o weithiau nes iddo ymddiheuro i Beti.

Oherwydd eu cyswllt â gwrachod mae'n anlwcus i sgwarnog groesi eich llwybr. Yn wir, yn Eryri o leiaf ar un adeg ymddengys fod yr un gred yn wir am gwningod. Clywais am chwarelwr yn gweld cwningen ar ei lwybr a'i tharo â charreg. Y canlyniad fu iddo ddiflannu yn y fan a'r lle gan awgrymu mai gwrach oedd y gwningen hithau. Roedd i wraig feichiog weld sgwarnog yn drychinebus, oherwydd credid y genid y baban yn ei chroth â gwefus hollt, fel un y sgwarnog, oni bai ei bod yn rhwygo ei gwisg mewn tri lle yn syth.

Ofnai glowyr a morwyr y sgwarnog yn fawr ac roedd yn un o res hir o eiriau nas crybwyllid ar y môr na dan y ddaear rhag temtio ffawd. Os gwelid un ar y ffordd i'r pwll neu'r llong dychwelid adref yn syth oherwydd roedd yn arwydd drwg iawn. Roedd gweld sgwarnog wen yn waeth byth oherwydd rhagfynegi angau a wnâi honno.

Ar hyd y canrifoedd cafwyd credoau digon od am y sgwarnog. Ar un adeg, er enghraifft, credid fod y creadur yn ddi-ryw neu'n newid ei ryw o flwyddyn i flwyddyn. Yn yr Oesoedd Canol wedyn, pan gredid fod gan bob bwyd ryw ddylanwad neu'i gilydd, credid fod bwyta cig sgwarnog yn codi'r felan. I baganiaid Ewrop cyn-Gristnogol nid pawb gâi ei fwyta p'un bynnag.

Ceir ambell chwedl a hanes diddorol iawn am y gwningen a'r sgwarnog. Yn 1727, er enghraifft, dywedodd meddyg o'r enw Howard iddo gynorthwyo gwraig o'r enw Mary Tofts o Godalming, Surrey i roi genedigaeth i nifer o gwningod. Honnai iddi feichiogi wedi i gwningen ei dychryn tra oedd hi'n chwynnu, ac iddi wedyn weld cwningod ar ei glin yn ei breuddwyd. Credodd llawer hi, ac yn eu plith y Dr St André, y meddyg brenhinol a awgrymodd y dylid talu pensiwn iddi. Dechreuwyd amau geirwiredd y stori fodd bynnag, ac yn y diwedd cyfaddefodd mai twyll oedd y cyfan.

Yma yng Nghymru cysylltir y sgwarnog â'r Santes Melangell a oedd yn byw yn ystod y chweched ganrif. Roedd Brochwel Ysgythrog a'i gŵn ar y drywydd sgwarnog un diwrnod pan redodd y creadur blinedig at wraig ifanc. Er i'r tywysog hysio'r cŵn i ladd y sgwarnog, ni feiddient fynd ar ei chyfyl. Holodd Brochwel beth oedd enw'r wraig ac atebodd mai Melangell ydoedd, a hyd heddiw gelwir sgwarnogod yn 'ŵyn bach Melangell' gan rai.

Yn olaf, ceir hanes arall sy'n sôn am y sgwarnog fel oen, sef hanes Guto Nyth Brân yn cael ei anfon i gorlannu'r defaid ac yntau'n dychwelyd ymhen y rhawg gan gwyno bod yr oen llwyd wedi peri cryn drafferth iddo. Gallwn ninnau heddiw ryfeddu fel y gwnaeth ei deulu o sylweddoli y gallai redeg yn ddigon cyflym i ddal sgwarnog!

(*Llafar Gwlad*, Rhif 21)

Y FRÂN

Mae gan y frân le amlwg yn llên gwerin a mytholeg sawl gwlad. Yn aml iawn maent yn adar distryw, rhyfel ac anlwc – a hynny o bosib oherwydd i gynifer ohonynt gael eu gweld yn sglyfio cyrff y meirw ar ôl brwydrau'r gorffennol. Roedd y cynfeirdd, er enghraifft, yn hen gyfarwydd â'r olygfa hon. Yn un o'i gyfres faith o awdlau i'r arwyr a fu farw wrth geisio cipio Catraeth yn ôl o ddwylo'r Saeson, disgrifia Aneirin ei gyfaill Owain fel gŵr ifanc yr oedd yn well ganddo farw ar faes y gad a mynd yn fwyd i frain na byw'n ddiogel a chael ei gladdu'n barchus. Dyna pam efallai fod crawc y gigfran yn dal i yrru iasau i lawr y cefn.

Aderyn corff yn llythrennol oedd y frân ac un yn dwyn anlwc i'w ganlyn. Roedd yn aderyn dinistr ac angau a doedd dim rhyfedd i'r Llychlynwyr roi lluniau brain ar eu baneri rhyfel. Mae gweld brân ar ei phen ei hun yn beth digon anlwcus, ond mae clywed un yn crawcian yn y bore yn arwydd sinistr iawn. Mae hon yn hen gred, oherwydd cofnododd Pliny hi. Deil rhai i gredu y medr ragweld y dyfodol.

Os yw brân yn hedfan deirgwaith o gwmpas tŷ neu'n talu sylw mawr i gartref arbennig, nid yw'n argoeli'n dda. Yn wir, yn yr hen ddyddiau credid y byddai un o bobl y tŷ yn sicr o farw. Yr un arwyddocâd oedd i frain yn hedfan o gwmpas person a chredai'r truan ei bod wedi darfod arno. Petai brain a fu'n nythu'n gyson yn yr un man yn gadael yn ddirybudd, yna roedd trychineb fawr ar ddod. Yn yr un modd, mae saethu brain sy'n nythu ger tŷ yn beth anlwcus tu hwnt.

Yn llên gwerin y Celt telir parch mawr i'r frân ac ni ddylid ei lladd ar unrhyw gyfrif. Yng Nghernyw esbonid hyn drwy ddweud fod y Brenin Arthur wedi cymryd ffurf cigfran neu frân goesgoch ar ôl ei glwyfo yng Nghamlan, ac o ganlyniad, roedd yn anlwcus cyffwrdd un o'r adar hyn. O'r Iwerddon ceir esboniad hŷn ar y gred, ac un sy'n gyswllt uniongyrchol â'r frân fel aderyn rhyfel ac angau. Roedd gan y Gwyddelod dduwies ryfel erchyll o'r enw Moríghan, ac un o'r ffurfiau a gymerai hi oedd cigfran. Os ymwelir â Swyddfa Bost Ganolog Dulyn, gwelir yno gerflun o Cuchulain, arwr Ulster yn marw, wedi ei rwymo ei hun i faen hir fel y medrai farw'n sefyll ac yn wynebu ei elynion. Roeddent oll ofn mynd ar ei gyfyl nes gweld Moríghan, ar ffurf cigfran, yn glanio ar ei ysgwydd. Portreadir hynny yn y cerflun.

Eto, nid arwydd angau mo'r frân bob tro. Ceir cryn dipyn o sôn am frain yn y Beibl, er enghraifft. Yn hanes Noa a'r Dilyw, cigfran ollyngwyd yn rhydd gyntaf ar ôl deugain dydd i chwilio am dir sych pan beidiodd y glaw â disgyn. Eto, yn hanes Eleias, cigfran fu'n ei gadw'n fyw drwy ei fwydo. 'Bore a hwyr dôi cigfran â bara a chig iddo' (1 Brenhinoedd 17, 4-6).

Mewn rhai ardaloedd mae gweld tair brân yn beth lwcus iawn. Mae dwy gyda'i gilydd yn dynodi priodas neu enedigaeth. Mae un gred arall yn cysylltu brain â lwc, sef cigfrain yn benodol. Roedd yn beth da iawn i berson dall fod yn garedig wrth gigfran oherwydd medrai roi ei olwg yn ôl iddo. Enghraifft o 'hud cydymdeimladol' sydd yma. Credid – a chredir o ran hynny – fod cigfrain yn tynnu a bwyta llygaid a bod ganddynt, o ganlyniad, allu cryfach na'r cyffredin i weld. Arferid coelio y medrent roi peth o'r olwg honno i'w cyfeillion. Roedd gan yr hen Roegiaid gred hynod am y gigfran. Credent fod wyau'r aderyn yn gallu dod â lliw du ei phlu yn ôl i wallt wedi britho. Arferid torri'r wyau i'r gwallt, ond roedd yn bwysig cadw'r geg yn llawn olew, neu byddai'r dannedd yn troi'n ddu hefyd!

Yn olaf, dwy gred hynafol am frain sydd wedi goroesi hyd heddiw. Yn gyntaf, dyna'r frân wen. Aderyn prin iawn yw hwn – fe'i clywir yn amlach na'i weld – ac y mae'n cario straeon am blant drwg wrth eu rhieni gan amlaf! Hawdd y gallwn wenu, ond y tu ôl i hyn mae hen gred. Roedd gan y duw Odin ddwy gigfran, a'u gwaith hwy oedd cludo hanes cwrs y byd iddo bob dydd. Ceid yr un gred am dduwiau eraill hefyd o ran hynny.

Yr ail gred yw'r un y bydd trefn a llywodraeth gwledydd Prydain yn chwalu os bydd y cigfrain enwog sydd yn Nhŵr Llundain yn hedfan ymaith. Rhag ofn i hynny ddigwydd cludir brain newydd yno'n gyson a thocir eu hadenydd fel na fedrant adael pe dymunent hynny. Tybed a welwn yma weddillion hen fytholeg a gofnodir yn y Gaingc Gyntaf, sef hanes claddu pen y cawr Brân, neu Fendigeidfran yn y Tŵr Gwyn yn Llundain – union leoliad y tŵr presennol. Tra gorweddai'r pen yno, diogelai Ynys y Cedyrn rhag pob gelyn a pherygl. Erbyn hyn, collwyd golwg ar 'y duw a aeth yn ddyn' a dibynnir ar frân bluog i wneud y gwaith.

(Llafar Gwlad, Rhif 24)

YR ERYR

Gan fod yr Eisteddfod yn Llanrwst ar gyrion Eryri y tro hwn, mae'n naturiol fy mod yn edrych ar lên gwerin yr eryr yn y rhifyn hwn.

Ym mha wlad bynnag y ceid eryr, boed yng Nghymru, India neu'r Eidal câi ei barchu a'i ofni, oherwydd ei faint a'i nerth. Deryn y duwiau ydoedd. Yng ngwlad Groeg, hwn oedd duw Zeus, duw'r awyr. Yma yng Nghymru, troi ei hun yn eryr a wnaeth Lleu ar ôl cael ei daro â gwaywffon Gronw Pebr yn y Bedwaredd Gainc. Mae'n ddiddorol cofio mai duw goleuni'r Celtiaid oedd Lleu, oherwydd yn ôl Pliny, yr eryr yw'r unig aderyn all syllu i lygad yr haul heb iddo gael ei ddallu. Yn ôl traddodiad, disgwylid i'w cywion wneud hyn pan oeddent yn ddim o bethau ac os na fedrent, caent eu taflu i'w marwolaeth o'r nyth.

Yr eryr oedd arwyddlun llengoedd Rhufain a rhaid eu bod wedi gwneud argraff fawr ar ein hynafiaid. Dywedir fod eryrod yn gwarchod Arthur a'i wŷr tra cysgant yn eu hogof. Ni fyddant yn deffro nes cenir y gloch a groga yn yr ogof ac y bydd eryr du ac eryr aur yn ymladd. Brython a fabwysiadodd elfennau gorau y bywyd Brythonig a Rhufeinig oedd Arthur – gan gynnwys y dull Rhufeinig o ymladd. Mae'n naturiol felly fod eryrod yn cael eu cysylltu â'i enw.

Mewn sawl gwlad credir fod yr eryr yn medru adnewyddu ei ieuenctid ac un dull o wneud hyn yw hedfan yn uchel i gyfeiriad yr haul – mor uchel yn wir nes fod ei blu yn mynd ar dân – ac yna plymio i ddŵr i ddiffodd y fflamau. Wrth i blu newydd dyfu yn lle'r hen rai caiff yr aderyn yntau fywyd newydd. Mae gennym ninnau yng Nghymru ein traddodiad am eryr hynafol yn hanes y creaduriaid hirhoedlog yn chwedl Culhwch ac Olwen. Mae'n rhaid i Culhwch ganfod Mabon fab Modron nas gwelwyd ers canrifoedd lawer a chaiff gymorth mwyalch Cilgwri, carw Rhedynfre, tylluan Cwm Cawlwyd, eryr Gwernabwy ac eog Llyn Llyw. Mae'r eryr yn eithriadol o hen. Arferai sefyll ar garreg fawr gan bigo'r sêr bob nos ac erbyn i Culhwch siarad â'r aderyn, nid yw'n ddim mwy na maint dwrn. Cofnododd Gerallt Gymro draddodiad tebyg am eryr a drigai yn Eryri. Clwydai ar garreg arbennig bob pumed dyddgwyl a thyllodd drwyddi wrth lanhau a hogi ei big.

Gynt credid fod eryrod Eryri yn rhybuddio'r Cymry gan eu bod yn gallu rhagweld rhyfel, geni arwr neu farw tywysog. Petaent yn hedfan yn isel golygai eu bod am gael eu trechu neu fod pla ac angau yn y tir. Os chwyrlïo'n uchel uwchben y mynyddoedd a wnaent roedd yn arwydd da, gan ragfynegi buddugoliaeth. Yn yr hen ddyddiau, os byddai'n codi'n wynt, dywedid mai'r eryrod oedd yn codi corwynt â'u hadenydd.

Gwelsom eisoes gyfeiriadau at yr eryr yn ein llenyddiaeth gynnar ond y ddau enwocaf o bosib yw Eryr Eli ac Eryr Pengwern yng Nghanu Heledd. Mae Heledd yn gwallgofi wrth feddwl am yr adar yn sglyfio cnawd ei brawd Cynddylan a'i ddilynwyr:

> Eryr Pengwern pengarn llwyd heno
>   Aruchel ei adlais,
> Eiddig am gig a gerais.

Nid yr eryr yw brenin yr adar – y dryw bach yw hwnnw fel y gŵyr pawb, oherwydd iddo hedfan yn uwch na phob un arall drwy guddio ar gefn yr eryr. Er hyn mae i'r aderyn ryw hud arbennig a chredid fod bwyta ŵy eryr yn eich amddiffyn rhag gwrachod. Dywedid fod carreg arbennig yn ei nyth a'i bod yn helpu'r eryr ddodwy a gwarchod y nyth. O ganlyniad gwisgid hwy gan ferched beichiog a mewnforid hwy o'r Dwyrain Pell. Soniais mewn rhifyn blaenorol am yr arferiad o fwyta cig yr aderyn i wella'r salwch a elwir yr eryr.

Erbyn hyn, yn anffodus, mae'r eryr wedi diflannu'n llwyr o Eryri, ond efallai y daw yn ôl rywbryd, oherwydd dychwelodd i Ardal y Llynnoedd yn ddiweddar. Peth braf fyddai gweld yr adar urddasol hyn yn hedfan uwchben y clogwyni a'r dyffrynnoedd unwaith yn rhagor.

(Llafar Gwlad, Rhif 25)

ANIFEILIAID DIEITHR

Gan ein bod yn canolbwyntio ar ymfudo yn y rhifyn arbennig hwn, mae'n addas fy mod innau'n sôn am rai o'r creaduriaid sydd wedi ymfudo i Gymru dros y blynyddoedd – neu o leiaf yr honnir eu bod wedi dod yma, oherwydd mae ambell un digon od fel y gwelwch isod.

Mae hefyd yn bwnc amserol iawn fel y profodd Newyddion Radio Cymru ar y degfed o Hydref. Roedd y bwletin yn sôn am ddeg ar hugain o ddefaid a ddarganfuwyd yn farw gorn yn ardal Rhaeadr Gwy, Powys. Roedd tyllau yng ngwddw pob un, fel petaent wedi eu brathu gan ryw greadur rheibus.

Rhwng difri a chwarae soniodd un neu ddau am fampir yn yr ardal. Yn ôl llawer roedd brathiad yr anifail, beth bynnag ydoedd, yn wenwynig gan mai dyma oedd achos y marwolaethau. Cofiodd llawer am greadur hynod a welwyd yn yr ardal rai blynyddoedd yn ôl. Yn 1980 roedd y papurau lleol yn llawn straeon am 'Fwystfil Powys'. Y flwyddyn honno roedd nyrs gymuned yn cerdded at fferm yn Yr Ystog lle'r oedd i weld claf. Stopiodd ar ganol cam fel llwynog Williams Parry gynt – ond nid dyna a welwyd ganddi. Ddeugain llath i ffwrdd roedd creadur yr un ffunud â lyncs, a hynny gefn dydd golau yng nghanol sir Drefaldwyn!

Yr un flwyddyn, a heb fod ymhell i ffwrdd, clywodd Michael Nash, ffermwr yn ardal Llangurig, sŵn chwyrnu bygythiol o ganol y byrnau yn ei dŷgwair. Rhoddodd ddau a dau hefo'i gilydd a dod i'r canlyniad ei fod wedi canfod gwâl y bwystfil. Roedd wedi lladd pedair o'i ddefaid eisoes felly caeodd yr anifail yn y tŷ gwair a ffoniodd yr heddlu. Cyn pen dim roedd plismyn arfog wedi amgylchynu'r adeilad ac agorwyd y fynedfa. Ar ôl rhai oriau o ddisgwyl dechreuwyd waldio ochrau'r tŷ gwair i ddychryn yr anifail ond rhywsut yn yr anhrefn a ddilynodd fe lwyddodd i ddianc. Gwelwyd ei ôl yno'n bendant fodd bynnag. Roedd ôl pawen anferth yn y mwd ar y buarth a charthion yn ei wâl yn y byrnau gwair.

Fis yn ddiweddarach gwelodd Ernie Lloyd, ffermwr yng Nghwmbelan ger Llanidloes anifail maint ci anferth ond yn carlamu mynd fel llewpart.

Yn Ffordun, sir Drefalwyn dair blynedd yn ddiweddarach, sef yn 1983, y gwelwyd y bwystfil wedyn. Gwelwyd anifail fel clamp o gath wyllt ddu mewn coeden, a honno'n poeri ac yn chwythu'n fileinig ar y sawl a'i gwelodd. Galwyd ar yr heddlu eto a'r tro hwn daethant â chŵn i'w canlyn ond unwaith yn rhagor llwyddodd 'Bwystfil Powys' i ddianc.

Gwelwyd yr un anifail un neu ddwy o weithiau wedyn hefyd ac yna diflannodd. Ond tybed nad yw wedi ail-ymddangos yn ardal Rhaeadr yr Hydref hwn?

Nid dyma'r unig anifail o'r fath i'w weld yng Nghymru yn ystod y blynyddoedd diwethaf o bell ffordd. Gwelwyd creadur fel llewpart brown golau mewn caeau ac mewn coed yn ardal Lecwydd, De Morgannwg yn 1977 ac eto yn 1981. Yn 1978 gwelodd coedwigwr anifail tebyg ond fod ganddo smotiau a streipiau y tro hwn yng Nghoedwig Margam yn 1978.

Yn 1981, gwelwyd dau anifail gwahanol yng Nghymru. Yn Ysbyty Ystwyth, Dyfed, gwelwyd y peth tebycaf i panther du ar ôl i nifer o ddefaid yr ardal gael eu lladd. Ymhellach i'r de, yn Nhonmawr, Gorllewin Morgannwg anifail tebyg ond gyda streipiau llwyd drwy'r du a welwyd, a hynny fwy nag unwaith. Roedd gan hwn ben anferth hefyd.

Erbyn 1983 pobl ardal Brechfa, Dyfed oedd yn poeni. Anifail fel lyncs cochlyd a welwyd yno, a lladdwyd nifer o ieir yn yr ardal. Un noson rhoddwyd ci defaid yno i'w gwarchod ac erbyn y bore roedd yntau'n gelain a mwy o ieir wedi mynd.

Y peth rhyfedd ym mhob un o'r achosion hyn yw i'r anifeiliaid ymddangos a diflannu'n ddisymwth hollol. Ni lwyddwyd i ddal na lladd yr un ohonynt er i helwyr profiadol fod wrthi'n ddyfal dros y blynyddoedd. Eto, fel Tylwyth Teg T.H. Parry-Williams mae pobl 'yn gwybod eu bod nhw'n bod'.

A rhag ofn i chi feddwl mai teulu'r llewpart yw pob un o'r anifeiliaid ecsotig sydd wedi ymfudo i Gymru dros y blynyddoedd, fe orffennaf efo dau greadur tra gwahanol.

Yn 1983 cafodd gwraig fferm Pen y Glannau, Gellilydan, Gwynedd ei deffro gan y cŵn yn coethi. Roedd yn amlwg fod rhywbeth o'i le a chododd i weld beth oedd yn bod. Er ei mawr syndod gwelodd racŵn yn rhedeg i fyny coeden, ffoniwyd am yr RSPCA i'w ddal a llwyddwyd i wneud hynny. Roedd golwg digon porthiannus arno ac am nad oedd neb yn ei hawlio aed ag ef i'r Sŵ Fynydd ym Mae Colwyn.

Yn 1978 y cafwyd y dystiolaeth hynotaf am ymfudo anifeiliaid i Gymru fodd bynnag. Dyna'r flwyddyn y dychrynodd Kay Hall bawb yn ei hysgol yng Nghaerffili pan aeth â chrocodeil pum troedfedd o hyd yno gyda hi. Yn lwcus iddyn nhw – a Kay yn enwedig – roedd y creadur yn farw pan gafodd hyd iddo y tu ôl i'w chartref yn y dref. Maen nhw'n dweud bod crocodeils y gread yn byw yn y carthffosydd dan Efrog Newydd ar ôl i bobl gychwyn eu cadw fel anifeiliaid anwes ac yna cael gwared â hwy i lawr y lafatri ar ôl syrffedu arnynt. Efallai bod yr un peth yn digwydd yng Nghaerffili a'u bod yn magu o dan y dref . . . yn ffos y castell . . . ac y bydd pobl yn dod ar saffari i Gymru yn y dyfodol. O leiaf mae digon o greaduriaid hynod iddynt eu gweld!

(Llafar Gwlad, Rhif 22)

Llên Gwerin Cymru yn yr Oesoedd Canol

I

Fel y gŵyr pawb, mae 1988 yn wyth canmlwyddiant taith Gerallt Gymro o gwmpas Cymru. Pwrpas y daith oedd ennill cefnogaeth y Cymry i'r Drydedd Groesgad ond wrth fynd o le i le cofnododd Gerallt yr arferion a'r hynodion a welodd a'r chwedlau a'r traddodiadau a glywodd. O ganlyniad mae 'Y Daith Drwy Gymru' yn ffynhonnell werthfawr o ran llên gwerin Cymru yn yr Oesoedd Canol.

Cychwynnodd y daith yn Henfforde ac anelu am Faesyfed ac yn syth dechreuodd Gerallt sôn am y pethau a welodd ac a glywodd. Soniodd am gastellwr Maesyfed yng nghyfnod Harri I yn mynd i eglwys Llanfabon a threulio'r noson ynddi gyda'i gŵn ar ôl trechu'r fro. Erbyn y bore roedd y cŵn yn wallgo' – a'r concwerwr yn ddall.

Mae'r hanesyn hwn yn nodweddiadol o'r math o straeon a geid yng Nghymru'r cyfnod, yn pwysleisio'r angen i barchu'r eglwys a'i chreiriau.

Yn eglwys Glasgwm, Elfaen cedwid cloch neu 'fangu' Dewi Sant ac er mwyn ceisio rhyddhau ei gŵr o gell yng nghastell Rhaeadr Gwy cludodd gwraig y gloch ato. Gwrthododd y milwyr ei ryddhau a chipiwyd y gloch. Y noson honno llosgwyd y dref yn ulw – ar wahân i'r wal lle crogai'r bangu.

Yn Llanfaes, sir Frycheiniog ceisiodd bachgen ifanc ddwyn colomennod ifanc o nyth yn yr eglwys. Aeth ei law yn sownd wrth y garreg y pwysai arni a bu yno am dridiau a theirnos gyda'i rieni a'i gyfeillion yn gweddïo ar ei ran ac yn y diwedd daeth yn rhydd. Cyfarfu Gerallt ei hun â'r bachgen pan oedd hwnnw'n hen ŵr. Roedd y garreg a'i carcharodd wedi ei chadw ac roedd olion ei fysedd i'w gweld ynddi fel petai'n gŵyr meddal.

Gwelodd dorch aur Cynog Sant ym Merthyr Cynog. Perchid ef yn fawr ac i feiddiai neb dorri ei air ar ôl gwneud llw o'i flaen. Fodd bynnag, ceisiodd un gŵr ei doddi i gael yr aur oedd ynddo a chafodd ei ddallu am ei ffolineb.

Ym Mrycheiniog eto gwelodd ddyn mewn angladd yn cario corn Padrig a'r galarwyr yn ei gusanu i ddangos parch. Aeth offeiriad o'r enw Bernard gam ymhellach fodd bynnag a cheisio'i chwythu. Parlyswyd ei geg a'i droi'n fud yn y fan. Peth arall rhyfedd am y corn oedd y clywid cerddoriaeth hyfryd fel telyn yn cael ei chwarae'n ysgafn os rhoid y pen llydan wrth y glust.

Yn ardal Margam clywodd am ŵr lleol a hawliodd diroedd a oedd yn eiddo i Abaty Margam. Pan wrthwynebwyd ei honiad llosgodd sgubor orau'r abaty ond yn sgîl hyn aeth yn wallgo'. Clymwyd ef â chadwynau ond llwyddodd i ddianc, yn udo fel ci. Rai dyddiau'n ddiweddarach bu farw'n udo ac yn gweiddi fod ei berfedd ar dân.

Talai i barchu creiriau'r eglwys. Yn ardal Gwrthrynion cedwid ffon Garmon Sant. Roedd wedi ei gorchuddio ag aur ac arian a chredid y medrai wella sawl afiechyd ond yn arbennig felly benduynnod. Câi unrhyw un a ddioddefai ei wella os oedd ganddo ffydd ynddi – ac os rhoddai geiniog i'r eglwys. Soniodd Gerallt am un dyn a roes ddimai a dim ond hanner y pendduyn a ddiflannodd! Cafodd iachâd llwyr ar ôl cyfrannu'r ail ddimai. Addawodd un arall y rhoddai geiniog ar ddyddiad penodol, a chafodd iachâd. Ar y dyddiad hwnnw ni chyfrannwyd y geiniog ac ail-gododd y pendduyn.

Yr archesgob Baldwin oedd arweinydd yr ymgyrch i gael y Cymry i fynd ar y Groesgad a phregethodd yn rymus mewn sawl man. Roedd i bregethu yn Hwlffordd ac anfonodd hen wraig a fu'n ddall am dair blynedd ei mab i gael unrhyw beth a berthynai iddo i geisio'i gwella, hyd yn oed edau o'i wisg. Pan aeth y mab i'r dref roedd y dyrfa mor fawr methodd â mynd ar gyfyl Baldwin a bu'n rhaid iddo fodloni ar fynd â thywarchen y bu'r archesgob yn sefyll arni adref i'r fam. Cymaint oedd ffydd yr hen wraig, rhoddodd hi at ei gwefusau a'i llygaid, troi at y dwyrain i weddïo a chael ei golwg yn ôl.

Gwelodd Gerallt olion y Saint ym mhob man. Gwelodd y bryn yn Llanddewi Brefi a gododd dan draed Dewi Sant pan bregethodd i dyrfa enfawr. Yng Nghenarth gwelodd garreg a gafnwyd gan Llawddog Sant â'i ddwylo noeth. Soniodd am Bistyll Dewi sy'n llifo i fynwent eglwys gadeiriol Tyddewi o'r dwyrain gan ddweud iddi lifo â llefrith amryw o weithiau ac i'r pistyll ymddangos yn wreiddiol ar ôl i'r sant weddïo am ddŵr glân i'w eglwys. Yng nghyfnod Gerallt ei hun, pan oedd Dewi II yn esgob Tyddewi, llifodd afon Alun â gwin.

Hyd yn oed heddiw yng Nghymru ceir chwedlau a thraddodiadau am gerrig hynod ac roedd yr un peth yn wir yng nghyfnod Gerallt. Enw'r garreg a bontiai afon Alun yn Nhyddewi oedd y Lech Lafar. Roedd yn llyfn gan draed pererinion, ac wedi cracio. Un tro roedd corff yn cael ei gludo dros y bont pan lefarodd y garreg ond roedd yr ymdrech yn ormod a holltodd.

Yn Llanddewi Nant Hodni ceid darnau o farmor ar wyneb y tir a chaent eu hollti a'u caboli. Os cesglid pob un darn byddai mwy wedi ymddangos ymhen tri neu bedwar diwrnod. Mae hwn yn hen syniad, sef bod cerrig yn 'tyfu' yn y ddaear.

Yng Ngheredigion soniodd y trigolion lleol wrth Gerallt am garnedd hynod ar ben y Crug Mawr. Amrywiai o ran maint gan ddibynnu pwy oedd yno'n mesur. Hefyd, os gadewid arfau yno dros nos byddent yn ddarnau mân erbyn y bore.

Breuddwydio am garreg hynod a wnaeth gŵr a drigai ar lethrau'r Preselau. Dair noson yn olynol gwelodd ei hun yn rhoi ei law mewn twll mewn carreg uwchben pistyll Brynach Sant ac yn darganfod torch aur. Ar ôl breuddwydio deirgwaith aeth at y garreg ac yn wir roedd twll ynddi – ond gwiber yn hytrach na thorch oedd yno. Fe'i brathwyd a bu farw.

Fel y gwelwyd eisoes, cofnodwyd hynodion sawl afon a phistyll gan Gerallt ac y mae llawer mwy. Ger Dinefwr gwelodd bistyll oedd yn llenwi a threio ddwywaith bob pedair awr ar hugain fel y môr.

Yn yr Oesoedd Canol credid y medrai llynnoedd ac afonydd ragweld y dyfodol a cheir tystiolaeth o hynny yn y teithlyfr. Yn sir Faesyfed y noson y bu Harri I farw, sef y cyntaf o Ragfyr 1135, torrodd dau lyn – un naturiol a'r llall o waith dyn – dros eu glannau. Gwagiodd yr ail yn llwyr ond ail-ffurfiodd yr un naturiol. Edrychai Gerallt ar hyn fel rhagfynegiad o farwolaeth y brenin, yn union fel pysgod yn Ffrainc yn ymladd hyd angau rai dyddiau cyn marwolaeth Harri II yn 1189.

Anrheithiodd Caradog, Gruffydd, Goronwy a Rhys ap Iestyn, tywysog Morgannwg ardal Gelli Gandryll. Beth amser cyn hynny roedd Llyn Llangors, tarddle afon Llynfi wedi troi'n wyrdd. Digwyddodd yr un peth cyn i Hywel ap Maredudd anrheithio'r fro yn 1136. Yn wir, roedd gan Gerallt nifer o hanesion am y llyn hynod hwn.

Un tro dywedodd dau Norman, Milo Iarll Henffordd a Payn FitzJohn wrth Gruffydd ap Rhys ap Tewdwr y canai holl adar y llyn i wir reolwr y wlad os gorchmynnai iddynt ganu. Traha concwerwyr oedd hyn wrth gwrs ond derbyniodd Gruffydd yr her. Ceisiodd y ddau Norman yn ofer ond canodd y cwbl i'r Cymro. Ar adegau byddai rhannau o'r llyn yn troi'n goch fel gwaed ac ar adegau eraill gellid gweld tai a thiroedd ar ei wyneb. Pan rewai byddai'n ochneidio'n erchyll.

Credid yn gryf yng ngallu rhai pobl i ragweld y dyfodol, ac un o'r mwyaf grymus yn hyn o beth oedd gŵr o'r enw Meilyr a oedd yn byw ger Caerllion ac a fu farw yn 1174. Medrai hefyd godi cythreuliaid. Un Sul y Blodau cyfarfu â merch y bu'n ei charu ers peth amser a dechreuodd y ddau gusanu. Yn sydyn, trodd y ferch dlos yn fwystfil blewog, ffiaidd a hyll. Collodd Meilyr ei bwyll a bu felly am lawer blwyddyn nes ei wella gan fynaich Tyddewi. Ar ôl ei wella canfu y medrai ddal i godi cythreuliaid a chynorthwyent ef i ragweld y dyfodol. Ymddangosent cyn brwydrau i ddweud pwy a enillai y dydd. Dro arall, deuent ar ffurf helwyr gan bwyntio at bobl a ddywedai gelwyddau.

Yn ôl Gerallt arferai Fflemiaid Hwlffordd ferwi ysgwydd dde maharen, tynnu'r cig ymaith a rhagweld y dyfodol ar sail y craciau, pantiau a gwrymiau a welent yn yr asgwrn. Parhaodd merched yr ardal i wneud hyn hyd yn gymharol ddiweddar i weld pwy a briodent.

Yn y ddeuddegfed ganrif, fel yn awr, credid mewn ysbrydion o bob math. Sonia Gerallt am ysbrydion fu'n aflonyddu ar dai yn ardal Maenorbŷr. Yn nhŷ William Not buont yn rhwygo dillad ac yn nhŷ Stephen Wiriet buont yn edliw eu camweddau i bawb a ymwelai â'r tŷ – er mawr embaras mae'n siŵr!

Yng nghartref Elidir o Stackpole bu digwyddiad rhyfedd. Ymddangosodd ysbryd o'r enw Simon y gellid ei weld a'i gyffwrdd. Apwyntiodd ei hun yn borthor y tŷ, a gwnaeth y gwaith yn rhagorol am ddeugain dydd. Ni sylweddolid mai ysbryd ydoedd er y gwelid hi'n od iawn ei fod yn cysgu tu allan i'r tŷ a byth yn tywyllu'r eglwys. Un noson gwelwyd ef yn siarad â'i gyd-gythreuliaid ger melin a chollodd ei swydd. Cyfaddefodd mai ysbryd drwg oedd ei dad a ddaethai at ei fam ar ffurf ei gŵr a'i thwyllo.

Un o'r hanesion enwocaf a gofnodwyd gan Gerallt yw stori Elidir yn ymweld â gwlad y Tylwyth Teg. Disgybl yn Ysgol Abaty Glyn

Nedd oedd Elidir ond un dydd aeth i guddio dan dorlan Afon Nedd. Canfu dau o'r Tylwyth ef a mynd ag ef drwy dwnnel i'w gwlad lle gwelodd gyfoeth anhygoel a bu'n chwarae â mab y brenin. Câi fynd a dod fel y mynnai, ac un dydd penderfynodd fynd ag un o'r peli aur y chwaraeai â hwy adref i'w fam. Pan ddarganfu'r Tylwyth ei dwyll cipiwyd hi oddi arno ac ni chafodd ddychwelyd wedyn. Yn hytrach, dychwelodd at ei astudiaethau a mynd yn offeiriad.

Yn ystod rhan gyntaf ei daith cofnododd Gerallt ddau hanesyn tra hynod a gorffennwn â'r rheiny am y tro. Trigai gŵr o'r enw Gilbert Hagumell yn sir Frycheiniog ac ar ôl tair blynedd o boenau erchyll fel gwraig yn esgor rhoddodd enedigaeth i lo ac roedd tyrfa fawr yn dystion i'r digwyddiad.

Yng nghantref Cemaes, sir Benfro roedd gŵr o'r enw Seisyll Esgairhir yn wael yn ei wely. Ymddangosodd pla o frogaod yn y tŷ a lladdodd ei gyfeillion a'i deulu lu dirifedi ohonynt ond ymddangosai mwy a mwy yn gyson. Daeth yn amlwg mai Seisyll oedd yn eu denu a'r diwedd fu taflu rhaff dros un o frigau coeden uchel a llusgo'r claf i'w phen mewn sach. Ni wnaeth hyn ei ddiogelu fodd bynnag. Dringodd y brogaod ar ei ôl a'i fwyta'n fyw gan adael dim ond sgerbwd ar ôl yn y sach.

Lle rhyfedd a difyr oedd Cymru'r Oesoedd Canol!

(*Llafar Gwlad*, Rhif 21)

II

Dydd Iau, 7 Ebrill, 1188 cyrhaeddodd Gerallt Gymro, yr Archesgob Baldwin a gweddill yr osgordd afon Dyfi. Croeswyd yr afon mewn cychod gan anelu am Dywyn lle cysgasant y noson honno. Roeddent bellach yng ngogledd Cymru, yn y tiroedd a lywodraethid gan Gruffydd a Maredudd, meibion Cynan ab Owain Gwynedd. Daliodd Gerallt i gofnodi'r rhyfeddodau a welodd ac a glywodd.

Unwaith yn rhagor, gwelir y pwyslais ar barchu'r eglwys a'i chreiriau. Aeth y fintai i wlad Llŷn ac er nad aethant i Enlli, sôn Gerallt am yr ynys gan gyfeirio at y traddodiad mai dim ond rheiny oedd mewn gwth o oedran oedd yn marw yno. Roedd Enlli mor sanctaidd, fel nad oedd unrhyw un ifanc yn marw yno.

Roedd ynys arall â mynaich yn byw arni hefyd, sef Ynys Seiriol neu Ynys Lannog fel y galwai Gerallt hi. Weithiau byddai pall ar amynedd hyd yn oed y brodyr duwiol a byddent yn ffraeo. Pan ddigwyddai hynny byddai pla o lygod yn ymddangos gan fwyta'r rhan fwyaf o'r bwyd a difetha'r gweddill. Y peth rhyfedd oedd y diflannai'r pla cyn sicred ag y setlid y ffrae.

Yn y gogledd, fel yn y de, ceid sôn am bobl yn cael eu cosbi am beidio parchu'r eglwys a'i heiddo. Yn 1098 roedd Hugh, Iarll Amwythig yn anrheithio Ynys Môn a chadwodd ei gŵn yn eglwys Llandyfrydog. Drannoeth, roedd y cŵn i gyd yn wallgo a chafodd Hugh ei ladd mewn llai na mis. Cafodd ei daro yn ei lygad â saeth gan un o wŷr Magnus Droednoeth, brenin Norwy a oedd ar gyrch ym Manaw a Môn.

Gwelodd ryfeddodau yma eto. Ym Môn gwelodd y Maen Morddwyd, carreg ar ffurf asgwrn y clun. Fe'i cedwid mewn bwthyn nid nepell o'r Fenai ond erbyn cyfnod Gerallt roedd yn furddun a'r garreg yn sefyll yn y canol. Hynodrwydd y Maen Morddwyd oedd hyn: dim ots lle rhoid ef, byddai wedi dychwelyd i'r bwthyn erbyn trannoeth. Yn ystod ei ymgyrch ym Môn yn 1098 penderfynodd Hugh, Iarll Amwythig roi prawf ar y traddodiad. Clymodd y Maen wrth anferth o garreg fawr â chadwynau a'u taflu allan ymhell yn y Fenai. Er ei fawr syndod, roedd y Maen Morddwyd yn ôl yn ei le. Dro arall penderfynodd Cymro roi prawf arno drwy fynd ag ef adref a'i rwymo'n sownd yn ei goes. Pan ddeffrodd drannoeth roedd ei goes yn ddiffrwyth fel carreg a'r Maen yn ôl yn y bwthyn. Dywedid y byddai'r Maen yn chwysu os byddai cyplau'n caru wrth ei ymyl ond nad âi'r ferch byth yn feichiog ar ôl caru yno. Ymddengys i rym y Maen barhau'n ddi-dor am ganrifoedd tan y ddeunawfed ganrif oherwydd diflannodd yr adeg honno ac ni ddychwelodd.

Yn Eryri soniodd am lyn ag ynys symudol arno, sef Llyn y Dywarchen wrth gwrs. Mae ynys yn y llyn yn awr ond nid hon oedd yr un symudol. Yn hytrach, darnau o dir corsiog y lan fyddai'n torri'n rhydd ac yn nofio ar draws y llyn – weithiau gydag anifeiliaid arnynt – yn cael eu chwythu yma ac acw gan y gwynt. Yn ddiweddarach tyfodd traddodiad mai'r Dylwythes Deg a briododd fab fferm Drws y Coed a'i creodd er mwyn cael siarad â'i theulu ar ôl ei tharo'n ddamweiniol â haearn.

Clywodd Gerallt am lyn arall yn Eryri hefyd, lle ceid sliwod, draenogod a brithyll unllygeidiog, gyda'r chwith ar goll ym mhob achos. Credir mai Llyn y Cŵn yn y bwlch rhwng y Glyder Fawr a'r Garn yw'r llyn dan sylw.

Un arall o hynodion yr ucheldir oedd Eryr Eryri. Bob pumed dyddgwyl byddai'n glanio ar faen anferth yn y gobaith y byddai rhyfel ac y câi ei fodloni ar sglyfio cyrff y meirw. Erbyn cyfnod Gerallt dywedid bod y maen wedi gwisgo'n dwll bron wrth i'r eryr lanhau a hogi ei big arno. Cyflea hyn oed anhygoel yr aderyn wrth gwrs ac yn atgoffa rhywun o'r traddodiadau tebyg am y 'Creaduriaid Hynaf' yn chwedl 'Culhwch ac Olwen'.

Heb fod nepell o Ruddlan gwelodd ffynnon a oedd yn llenwi a threio bob pedair awr ar hugain yn debyg i'r môr ond hefyd yn codi a gostwng yn aml ar adegau eraill.

O ogledd Cymru croesodd Gerallt afon Dyfrdwy a mynd i Gaer. Soniodd am y gred gyffredin a fodolai yn yr ardal bod yr afon yn rhagweld dyfodol y Cymry a'r Saeson. Weithiau byddai'r afon yn bwyta tir Cymru, dro arall dir Lloegr, a chredid fod hynny'n argoeli pa genedl fyddai'n colli'r dydd wrth ryfela â'i gilydd.

Yr hyn sy'n ddiddorol am y Teithlyfr yw'r cyfeiriadau a geir at rai o'r chwedlau traddodiadol a adroddid yn ystod y cyfnod hwnnw. Yn wir, cyfeiria at ddawn y cyfarwydd neu'r chwedleuwr gan roi enghraifft o ddawn dweud Bleddri'r Cyfarwydd 'a drigai ychydig cyn ein hamser ni'. Beth tybed oedd y bobl yma a ddisgrifiwyd ganddo: 'Dynion, pan fônt yn mynd i hela, sy'n cludo eu ceffylau ar eu hysgwyddau nes dod at ymyl yr ysglyfaeth. Wedyn, i ddal y prae, ânt ar gefn eu ceffylau. Pan fônt wedi gorffen, codant y ceffylau'n ôl ar eu hysgwyddau a'u cludo adref unwaith yn rhagor.' Yr ateb gyda llaw oedd . . . cyryglwyr.

Cyfeiria at chwedl Dinas Emrys, drwy ddweud i Myrddin Emrys broffwydo dyfodol Cymru yno a bod Gwrtheyrn wedi bod yno wrth lyn o ddŵr. Y llyn lle trigai'r ddraig goch a'r ddraig wen a gynrychiolai Gymru a Lloegr oedd rhain wrth gwrs.

Roedd wedi darllen gwaith Sieffre o Fynwy, sef *Hanes Brenhinoedd Prydain* a gwelir dylanwad hynny weithiau. Er enghraifft, sonia am y traddodiad i filwyr o Gymru fynd i ganlyn Macsen a'u bod wedi gwladychu yn Llydaw. Ar sail tystiolaeth Sieffre ceisia esbonio'r enw 'Cambria' ar Gymru hefyd. Enwyd y wlad, meddai, ar ôl Camber, mab Brutus disgynnydd Aeneas. Dywed i Brutus dywys yr olaf o drigolion Troea yma ar ôl eu dal yn gaeth yng Ngwlad Groeg ac mai 'Carn-Roeg' yw tarddiad enw ein hiaith.

Yn y Teithlyfr ceir cofnod manwl o gyflwr Cymru yn yr Oesoedd Canol o ran crefydd, hanes, gwleidyddiaeth, bywyd bob dydd a llên gwerin. Mae'n ffynhonnell unigryw a gwerthfawr, yn union fel ei gyfrol gyfatebol ar Iwerddon. Caiff unrhyw un sy'n ymddiddori yn y traddodiad llafar flas mawr ar y ddau lyfr.

(Llafar Gwlad, Rhif 22)

Clasur o'r Gorffennol 1

CELTIC FOLKLORE: WELSH AND MANX
Gol. John Rhys

Ganed John Rhys (1840-1915) ym Mhonterwyd, Dyfed. Digon cyffredin oedd amgylchiadau'r teulu. Dywedir fod ei dad yn ddarllenwr mawr a'i fam yn wraig dawel a myfyrgar. Roedd Mary Lewis, chwaer y fam, yn llawer mwy bywiog a chyda mwy o ddychymyg. Dywedir bod Rhys yn hoff iawn ohoni a hi biau'r clod am ysgogi Rhys, pan oedd yn ifanc, i garu llên gwerin.

Ychydig o fanteision addysgol a gafodd Rhys ond llwyddodd i fynd i'r Coleg Normal, Bangor. Ar ôl cyfnod yn dysgu yn Rhos-y-bol, Ynys Môn (pryd y cyfarfu â Glasynys), aeth i Goleg Iesu, Rhydychen yn 1865. Ar ôl graddio, bu'n astudio ym Mhrifysgolion Ffrainc a'r Almaen. Dychwelodd i Gymru yn 1871 ac am gyfnod bu'n arolygwr ysgolion yng Nghlwyd cyn iddo gael ei apwyntio yn Athro Celteg yn Rhydychen yn 1877. Cadwodd y gadair hyd ei farwolaeth a dewiswyd ef yn Brifathro Coleg Iesu yn 1895.

Yn 1871, dechreuodd Rhys gasglu chwedlau gwerin. Datblygiad yn deillio o'i astudiaeth o ieitheg gymharol oedd hyn a gellir ei olrhain yn nheitlau ei brif weithiau: *Lectures on Welsh Philology* (Llundain, 1877); *Celtic Britain* (Llundain, 1882); *Celtic Heathendom* (Llundain, 1888); *Studies on the Arthurian Legend* (Rhydychen, 1891) a *Celtic Folklore* (Rhydychen, 1901).

Cychwynnodd Rhys drwy ail greu y fytholeg Geltaidd gynnar, a'i holrhain yn chwedlau a sagau Cymru ac Iwerddon. Yn hyn o beth roedd yn dilyn esiampl mythologwyr Cyfandirol amlwg, fel Max Muller, a ddarlithiai yn Rhydychen. Yn raddol, datblygodd ei ddiddordeb mewn mytholeg gymharol ac er mwyn hyrwyddo ei astudiaethau dechreuodd gasglu tystiolaeth lafar ymhlith y Celtiaid. Cryfhawyd ei ddiddordeb cynnar mewn chwedlau pan welodd gopi o lyfr Almaeneg ar chwedloniaeth pan oedd yn ddisgybl ysgol. Yn ystod ei gyfnod fel arolygwr ysgolion, sylweddolodd werth gwirioneddol chwedlau gwerin a dechrau eu cofnodi. Daliodd ati am flynyddoedd. Er bod diddordeb mewn chwedlau gwerin wedi ei feithrin ynddo'n gynnar, dylanwadau allanol a wnaeth iddo ddechrau casglu chwedlau, 'yn rhannol oherwydd bod eraill wedi gosod esiampl mewn . . . ac yn rhannol er mwyn gweld a allai Cymru ymffrostio mewn adroddwyr chwedlau o'r math sy'n diddanu darllenwyr Popular Tales of the West Highlands Campbell.' Yn 1860 cyhoeddodd John Francis Campbell ddwy gyfrol gyntaf ei waith safonol a dwy arall yn 1862. Casglodd y cyfan oddi ar lafar. Wrth gwrs, roedd gwŷr eraill yn y gwledydd Celtaidd i ysgogi Rhys i gasglu, yn arbennig felly yn Iwerddon. Rhoddwyd cychwyn i'r traddodiad gan T. Crofton-Croker gyda'i *Fairy Legends and Traditions of Southern Ireland* ar ddechrau'r ganrif. Dilynwyd ef gan ei gyfaill Thomas Keightley a'i *Tales and Popular Fictions a The Fairy Mythology*. Yn y chwedegau a'r saithdegau roedd E.S. Hartland a David Nutt, golygydd *Folklore* yn gyfeillion i Rhys. Gwyddai am waith gwŷr megis Bleddyn a Myrddin Fardd yng Nghymru ac roedd yn awyddus i brofi fod gan Gymru hithau draddodiad adrodd chwedlau llafar cystal â'r gwledydd Celtaidd eraill.

Cyn amser Rhys, doedd neb wedi meddwl fod y chwedl werin yn teilyngu astudiaeth systematig. Sylweddolodd eangder a gwerth y cyfoeth llafar hwn a bod angen ei gofnodi ar frys cyn iddo diflannu am byth. Yn sicr, roedd gan Rhys gymwysterau ardderchog ar gyfer casglu yn y maes. Yn ôl Hartland roedd iddo osgo gyfeillgar a synnwyr cyffredin a ffraethineb a sicrhâi groeso iddo ym mhob man lle'r elai.

Crwydrodd Rhys Gymru benbaladr yn gwrando, casglu a chofnodi. Ail ddull o gasglu oddi ar lafar a ddefnyddiwyd yn llwyddiannus iawn ganddo oedd llythyru ac ymweld â phobl oedd yn ymddiddori yn lleol yn y chwedlau gwerin a'u cael hwy i gofnodi fersiynau iddo. Bu'n dra llwyddiannus yn hyn o beth a chafodd lawer o chwedlau newydd. Dyma werth parhaol *Celtic Folklore*: ceir ynddo ugeiniau lawer o chwedlau wedi eu cofnodi oddi ar lafar am y tro cyntaf, a llawer ohonynt mewn tafodiaith braff.

Erbyn hyn mae copïau gwreiddiol o ddwy gyfrol Celtic Folklore, yn cofnodi a dadansoddi chwedlau gwerin – chwedlau Tylwyth Teg yn bennaf – yn brin a drud fel pupur. Yn ddiweddar fodd bynnag, ailgyhoeddwyd y cyfrolau mewn cas papur, a gallwch ail-flasu'r clasur hwn o'r gorffennol a rhyfeddu at draddodiad llafar sydd ond odid wedi diflannu.

(*Llafar Gwlad*, Rhif 2)

Clasur o'r Gorffennol 2

LLÊN GWERIN SIR GAERNARFON
John Jones (Myrddin Fardd)

Un o gewri bro'r eisteddfod eleni yw Myrddin Fardd. Gwnaeth waith gwir arloesol ym myd cofnodi'r stori werin ac y mae ei gyfrol *Llên Gwerin Sir Gaernarfon* yn un o glasuron yr iaith.

Ganed Myrddin yn 1836 neu 1837 yn Nhan y Ffordd, Llangian yn fab i John ac Ann Owen. Yn ôl Cybi, ei gofiannydd, nid oes sicrwydd p'un o'r ddau ddyddiad oedd blwyddyn ei eni. Roedd yn un o bump o blant – tair merch a dau fachgen. Cafodd ei addysg ffurfiol i gyd yn ysgoldy Foel Gron, Mynytho, cyn ei brentisio'n of yng Ngefail Plas Hen, Llanystumdwy. Ar ôl gorffen ei brentisiaeth bu'n gweithio fel gof yn rhai o chwareli Arfon a Meirion. Dychwelodd i Eifionydd, i Efail y Pandy, Chwilog, lle treuliodd y rhan fwyaf o'i oes. Yno gwnaeth enw iddo'i hun fel crefftwr ac fel y gwelir, mae ei waith i'w weld yn y pentref hyd heddiw.

Ymddiddorai Myrddin mewn barddoniaeth ar ddechrau ei yrfa lenyddol ond hynafiaethau oedd maes ei ymchwil yn gyfangwbl o'r flwyddyn 1861 ymlaen, a hynny am y credai iddo gael cam yn Eisteddfod Genedlaethol Conwy am ei awdl *Mynyddoedd Eryri*. Gwilym Cowlyd a gipiodd y gadair a daeth Myrddin yn ail.

O hyn ymlaen ymrodd â'i holl egni i gasglu llên gwerin, astudio hynafiaethau a sylfaenu ei 'Gronfa' enwog o lawysgrifau. Dyma lafur mawr gweddill ei fywyd. Roedd wedi ymddiddori mewn hynafiaethau cyn hyn ac roedd yn un o ddisgyblion D. Silvan Evans a oedd yn un o ddau olygydd y cylchgrawn Cymraeg cyntaf i ymdrin â llên gwerin, sef *Y Brython*, (1858-63). Yn wir, yn y cylchgrawn hwnnw yr ymddangosodd yr ymadrodd 'llên gwerin' gyntaf. Bu Silvan yn gurad yn Llŷn a chafodd ddylanwad mawr ar y gof ifanc. Dywedai Myrddin mai yn ystod cyfnod Silvan yn Llŷn y dechreuodd gasglu llawysgrifau.

Bu ysgogiad arall i Myrddin hefyd, a hwnnw'n un mwy uniongyrchol, sef o du ei frawd Manoethwy. Roedd yn athro ysgol ac ymddiddorai mewn hanes a llenyddiaeth. Cyhoeddwyd llawer o'i waith yn *Y Brython*, *Yr Haul*, *Golud yr Oes* a'r *Cymro*. Ar ei farwolaeth

LLÊN GWERIN SIR GAERNARFON.

GAN

J. JONES (MYRDDIN FARDD).

"Mae llawer o bethau yn y byd
Yn haeddu cael eu cofio;
Ond er hyny o bryd i bryd
Mae llawer yn myn'd yn ango."

"Ystyriais y dyddiau gynt, blynyddoedd yr hen oesoedd."

CAERNARFON:
CYHOEDDEDIG GAN GWMNI Y CYHOEDDWYR CYMREIG (CYF.),
SWYDDFA "CYMRU."

yn 1866 daeth llawer o'i lawysgrifau i law Myrddin.

Cyhoeddodd Myrddin ddwsin o lyfrau yn ystod ei oes faith, a hynny gan fwyaf ar ei gost ei hun. Cynhwysant gasgliadau o'i farddoniaeth ei hun ac eraill, llythyrau enwogion (*Adgof uwch Angof*, 1883), beddargraffiadau (*Gleanings from God's Acre*, 1903), tafodiaith (*Gwerin-Eiriau Sir Gaernarfon*, 1907), enwau lleoedd (*Enwau Lleoedd Sir Gaernarfon*, 1913) ac wrth gwrs *Llên Gwerin Sir Gaernarfon*, 1908.

Yn ei lyfrau a'i lafur oll roedd gan Myrddin nod pendant i ymgyrraedd ato. Nid diddanu oedd hwnnw, er mor ddiddorol yw ei lyfrau oll, ond ymgais fwriadol i achub yr hyn a dybiai ef oedd ar fynd ar ddifancoll – yn llên gwerin, hynafiaethau, hanes a bywgraffiadau sir Gaernarfon. Roedd yn chwilotwr manwl ac ar dân yn ceisio achub popeth o werth. Dywedir y gwelwyd golau pŵl ei lantern gorn berfeddion nos mewn sawl mynwent wledig wrth iddo geisio dehongli'r arysgrif ar garreg fedd arall i'w *Gleanings from God's Acre*. Nid oedd y draul yn cyfrif dim yn ei olwg. Un tro talodd gyflog diwrnod a noson i ddau ŵr godi carreg fedd John Williams, 'Apostol Ymneilltuaeth yn sir Gaernarfon' ar ôl ei darganfod mewn cyflwr truenus ym mynwent Llangian yn 1885.

Ar wahân i'w lyfrau, ysgrifennodd lu o ysgrifau gwerthfawr i gylchgronau megis *Y Brython, Golud yr Oes, Yr Haul, Y Traethodydd, Llais Rhyddid, Cymru, Y Llenor* ac *Wales* (O.M. Edwards).

Gwaith pennaf Myrddin yw *Llên Gwerin Sir Gaernarfon*. Ymddangosodd gyntaf bennod wrth bennod yn *Y Genedl Gymreig* o Chwefror 1908 ymlaen. Mae'n waith nodedig iawn ac yn cynnwys straeon, chwedlau, posau, ymadroddion, arferion, defodau a chredoau – llawer ohonynt wedi eu cofnodi am y tro cyntaf.

Casgliad o lên gwerin yw'r llyfr ac nid oes ynddo unrhyw ymgais i ddadansoddi'r deunydd. *'Cofnodi* ac nid *athrolithio'* oedd ei waith yn ôl Myrddin. Nid 'chwedlonydd' mohono ond 'cynnullwr chwedlau lleol'. Gwelai ei bod 'yn ddyledus arnom ddeffroi i gasglu traddodiadau y tadau'. Cyfrol ydyw i ddangos i'r oesoedd a ddêl y glendid a fu. Cododd ei gynnwys 'oddiar lafar gwlad er mwyn cael yr enghreifftiau cywiraf ag sydd yn aros o lên gwerin yn yr arddull syml ag y gwelodd yr hen bobl yn dda ei gwisgo'. Mae gwerth parhaol y llyfr yn yr hyn a gofnodwyd yn ffyddlon oddi ar lafar. Ceir ynddo gyfoeth o chwedlau nas cofnodwyd yn unman cyn hyn, a'u harddull yn gadarn a bywiog. Enghraifft dda yw *Cromlech Ganthrig Bwt*:

> Mae y lle hwn yn nghreigiau Mur Mawr, yn Mwlch Llanberis, y naill du i Ynys Hetws. Gelwir ef felly, meddir, am fod hen wrach o'r enw Ganthrig wedi bod yn trigiannu yno. Heb fod yn mhell y mae lle arall a elwir Cwm-y-Wrach. Dywed traddodiad fod teuluoedd yn colli eu plant yn y cymydogaethau hyny rai oesau yn ôl, a methid er pob ymdrech a gwybod beth oedd wedi dod o honynt. Tybiai rhai mai rhyw anifeiliaid gwylltion oedd yn dyfod i'w lladratta, ac yn eu difa yn yr un modd ag yr oeddynt yn gwneyd gyda'r defaid. Yr oedd pawb yn adnabod yr hen wrach oedd yn byw tua'r gromlech, a byddai y plant yn rhedeg mewn dychryn pan y gwelent hi yn rhywle; ond ni ddaeth i feddwl neb y byddai yn gwneyd dim i un o honynt. Rywdro ym mhen hir a hwyr darfu i gi oedd gydag un o weision y Cwmglas, ddod o hyd i ddarn o ryw ysgerbwd yn agos i'r man ag yr oedd Ganthrig yn trigo, ac wedi sylwi arno, gwelwyd mai llaw plentyn bychan ydoedd, ac adnabyddwyd hi fel llaw un o'r plant oedd ar goll, drwy fod y bychan hwnw, o ryw anffawd wedi tori un o'i fysedd. Drwgdybiwyd Ganthrig fel yr un oedd yn lladrata plant a'i bod hefyd yn eu lladd ac yn eu bwyta. Wedi deall hyn penderfynodd y trigolion ei gwylio, ac os byddai bosibl rhoddi pen arni, ac aeth un o'r dynion at enau ei hogof, a chlywodd lais plentyn yn wylo. Gwaeddodd ar Ganthrig i ddod allan, fod ganddo blant iddi; hithau a ddywedodd y deuai, ar ôl iddi drin pen ei phlentyn. Cyn hir daeth allan, a rhuthrodd y dyn ati, a thorodd ei phen ymaith â chryman, a dywedir iddi gael ei chladdu mewn lle a elwir Tir Coch, yn agos i Lanberis. Ar ôl hyn cafodd plant y gymdogaeth lonyddwch.

YR HEN AELWYD GYMREIG.

"Mwyn yw telyn o fewn tŷ, lle byddo teulu dedwydd,
Pawb a'i benill yn ei gwrs, heb son am bwrs y cybydd"

LEWIS MORRIS.

Deuai ysgolheigion lu o bell ac agos i Chwilog i ymgynghori â Myrddin a phori yn y 'Gronfa'. Gwelodd sawl un ddyfnder di-ddysg ond hefyd hynodrwydd ei gymeriad. Medrai fod yn blaen iawn ei dafod – yn anystyriol hyd yn oed. Doedd ganddo fawr ddim i'w ddweud wrth bobl grefyddllyd, ffuantus, ac un tro pan ddaeth un o'r rheini i'w dŷ a chael te, mynnodd ddweud gras. Gwylltiodd Myrddin a dweud 'Yn enw'r Brenin Mawr, ddyn, beth ydyw lol fel hyn? Mae'r bwyd yma wedi talu amdano yn onast!' Eto roedd croeso i unrhyw un a oedd yn wir ymchwilydd i'w gartref yn Chwilog.

Myrddin Fardd oedd y cyntaf i gasglu a chofnodi straeon gwerin yn eu cyd-destun diwylliannol; casglodd atynt enghreifftiau o lên gwerin ardal er creu darlun cyfan o ddiwylliant. Oherwydd hyn erys *Llên Gwerin Sir Gaernarfon* yn safonol hyd heddiw ac yn enghraifft ardderchog o'r hyn y dylai gwaith o'r fath fod.

(*Llafar Gwlad*, Rhif 17)

Dawnsio yn y ddrysfa

Yn ôl y nifer y cyfeirir atynt yn ei ddramâu, mae'n rhaid bod Shakespeare yn un garw am gemau. Un gêm y cyfeirir ati yn *A Midsummer Night's Dream* yw 'Nine Men's Morris' a oedd yn boblogaidd iawn yn ei gyfnod ef.

Byddai Shakespeare yn gyfarwydd â gweld y 'bwrdd' Morris wedi ei dorri yn y tywyrch ar ymyl y pentrefi yng nghyffiniau Stratford. Yn y ddrama sonnir am dywydd gwlyb a drycinog:

The folds stand empty in the drowned field,
The crows are fatted with the murrain flock,
The Nine Men's Morris is filled up with mud.

Cyfeiriodd Tecwyn Vaughan Jones, (*Llafar Gwlad*, 15) at y tebygrwydd rhwng y gêm hon a Crown – tebygrwydd sy'n profi mai dau enw ar yr un gêm ydynt mewn gwirionedd. (Eto, mae awgrym nad gêm fwrdd y cyfeiria Shakespeare ati yma, ond rhywbeth llawer mwy o ran maint.)

Chwaraeid *Nine Men's Morris* yng Nghymru hefyd, a darganfuwyd byrddau yma ac acw. Gwelir un enghraifft nodedig 1,250 troedfedd uwchlaw'r môr, wrth ochr y ffordd Rufeinig o Ddyffryn Conwy i Lanfairfechan. Cerfiwyd ffrâm y gêm ar wyneb gwastad carreg go fawr a chyfleus i chwarae arni. Mae'r ffrâm tua naw modfedd sgwâr. Saif y garreg mewn man lle cyferfydd llwybrau am Ddyffryn Conwy, Cwm Aber, bylchau Eryri a gwastatir afon Menai. Mae'n amlwg bod croesffordd mor bwysig yn fan cyfarfod cyfleus i deithwyr a bugeiliaid, a cherfiwyd y gêm i ladd amser.

Fel yr awgryma lleoliad y garreg hon mae'n gêm hynafol iawn a'r hyn sy'n ddiddorol ynglŷn â'r patrwm yw'r tebygrwydd rhyngddo a drysfa elfennol. Enw arall ar *Nine Men's Morris* oedd 'Merrils', sy'n debyg iawn i'r enw Ffrangeg ar *hopscotch*, sef *'jeu de marelles'*. Gwelodd nifer o ysgolheigion gyswllt rhwng hopscotch a hen ddefodau drysfa. Fel y gŵyr pawb, yn y gêm, rhaid tywys carreg yn ddiogel drwy ddeg sgwâr yn sgilgar a gwelir hyn fel gweddillion defod lle tywysid yr enaid (sef y garreg) yn ddiogel drwy ddrysfa bywyd a marwolaeth.

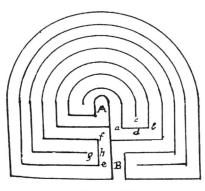

Braslun o ddrysfa

Yn Lloegr ceid nifer o enwau gwahanol ar *Nine Men's Morris*, megis *'Siege of Troy'* a *'The Troy Game'* oherwydd tebygrwydd y ffrâm i ddrysfeydd. Adlewyrchir yr un enw ar ddrysfeydd a welir yma ac acw yn Lloegr, a'r rheiny fel y gêm y cyfeiriodd Shakespeare ati, wedi eu torri mewn tywyrch: *City of Troy, Troy Town* a *Walls of Troy*.

Yng Nghymru ceid drysfeydd tywyrch, wedi eu torri gan fugeiliaid yn ôl yr hanesydd W. Bezant Lowe. Yr enw Cymraeg ar y ddrysfa oedd Caer Droea ac yn aml iawn gwneid yr un cynllun ar bapur i ddifyrru plant. Yn ôl traddodiad, roedd saith mur yn diogelu Caer Droea ac adlewyrchir hyn yn y cynllun isod. Byddai rhaid i elyn ddilyn holl drofeydd dyrys y muriau cyn cyrraedd calon y gaer.

Gŵyr pawb am chwedl gwarchae Caer Droea, fel yr amgylchynodd y Groegiaid y ddinas am ddeng mlynedd ar ôl cipio Helen. Yn y diwedd fe'i cipiwyd drwy dwyll a'i llosgi i'r llawr. Darganfuwyd safle'r ddinas yng ngogledd ddwyrain Asia Leiaf gan Schliemann yn 1873 a dyddir ei dinistrio i hanner cyntaf y drydedd ganrif ar ddeg Cyn Crist.

Mewn gwirionedd nid yw 'Caer Droea' yn ddrysfa yng ngwir ystyr y gair gan nad oes modd colli'r ffordd, dim ond dilyn y llwybr troellog i'r canol. Y drysfeydd 'uncwrs' hyn yw'r math hynaf o ddrysfa fodd bynnag a dyma batrwm y rhai tywyrch a oroesodd.

Gwelir bod rhai drysfeydd yn grynion ac i ddychwelyd at hopscotch, yn Arfon gynt fe geid ffurf wahanol i'r sgwariau patrwm cerrig pafin arferol, sef cylch, ond yr un oedd y rheolau. Gwelid yr un amrywiad yn Llydaw. Mae'n eithaf posib eu bod yn seiliedig ar y drysfeydd crynion. Yma eto gwelir gweddillion hen ddefod oherwydd yr enw ar y gêm gron yng Ngherynyw yw *'snail-creep'*.

Mae cyswllt uniongyrchol rhwng hopscotch crwn Arfon, *'snail-creep'* Cernyw â'r ddrysfa enwocaf un – sef drysfa'r Minotawrws. Ar un adeg arferid cerdded neu ddawnsio i mewn i ganol y drysfeydd ac yna allan yn ôl ar adegau arbennig. Yn 1890 disgrifiwyd dwy ddawns a elwid *'snails' creep'* yng Ngherynyw lle nadreddai'r dawnswyr yn gylch tyn ac yna ail agor y cylch drwy ddawnsio i gyfeiriad gwahanol. Dywedir i Thesews a'r bobl a achubwyd rhag y Minotawrws ddawnsio dawns gylch ar ynys Delos. Yn gyntaf, dawnsiwyd i'r canol i gynrychioli angau ac yna allan i'r cyfeiriad arall i ddangos atgyfodiad, neu eu dihangfa o'r Ddrysfa.

Gorchmynnodd Minos brenin Creta i Daedalus y pensaer gynllunio ac adeiladu drysfa yn Cnossos i garcharu a chuddio'r Minotawrws, bwystfil a oedd yn hanner dyn a hanner tarw a aned ar ôl cyfathrach rhwng Pasiphae gwraig Minos a tharw. Gorfodid Athen i yrru saith mab a saith merch i Minos bob wyth mlynedd i fwydo'r Minotawrws. Y trydydd tro mynnodd Thesews, mab Aegews brenin Athen gael mynd fel un o'r ieuenctid oedd wedi eu tynghedu i'r ddrysfa er mwyn lladd y bwystfil. Caniataodd Aegews iddo fynd ar yr amod y byddai'n rhoi hwyl wen ar ei long os cafodd lwyddiant ac y rhoddai'r morwyr hwyl ddu os methwyd. Yng Nghreta syrthiodd Ariadne, merch Minos mewn cariad â Thesews a rhoddodd iddo gleddyf i ladd y Minotawrws a phelen o edafedd i ganfod ei ffordd i ganol y ddrysfa ac allan yn ôl. Lladdwyd y bwystfil a hwyliodd y criw hapus o Greta, gan fynd ag Ariadne gyda hwy. Ar y ffordd yn ôl i Athen glaniwyd ar ynys Naxos a gadawyd Ariadne druan yno'n cysgu. Mewn un fersiwn ar y chwedl bu farw o syched ond yn gosb am hyn trefnodd y duwiau i Thesews anghofio newid ei hwyl ddu am un wen a thaflodd ei dad Aegews ei hun i'r môr gan y tybiai iddo gael ei ladd.

Yn y drysfeydd a welid ledled gwledydd Prydain ar un adeg, nid testun difyrrwch yn unig mohonynt. Arferai dawnswyr ddilyn eu llwybrau cordeddog i mewn ac allan a hefyd angladdau, sy'n pwysleisio symbolaeth dawns Thesews ar Delos. Gobeithiai'r galarwyr, drwy gamu i mewn ac allan o'r ddrysfa y câi enaid yr ymadawedig fywyd yn y byd arall. Parhaodd y syniad o wyn yn cynrychioli bywyd a du yn cynrychioli angau a welwyd yn chwedl Thesews mewn dawns gylch a berfformir yn Abbots Bromley, Swydd Stafford ddechrau Medi bob blwyddyn. Yno dawnsir mewn cylch anferth o gwmpas y plwy cyn troi am y canol a chael 'brwydr' rhwng dynion yn cario cyrn ceirw duon a rhai gwynion. Gwelir hyn fel brwydr rhwng angau a bywyd a'r ddawns gylch yn adlais o'r ddawns ddrysfa i mewn ac allan o'r canol. Efallai mai adlais o gyrn y Minotawrws yw cyrn y ceirw.

Yn *The Golden Brough* dadansodda J.G. Frazer symbolaeth chwedl y

Minotawrws. Cred mai addoliad haul sydd yma ac y credid fod grym yr haul yn dirywio oni bai fod pobl yn cael eu haberthu iddo bob wyth mlynedd, a gwneid hynny gerbron delw o'r haul ar ffurf pen tarw. Ymhellach, gwêl y ddrysfa a'r ddawns gylch a gysylltid â hi fel ymgais i watwar cwrs yr haul a'i annog i ddychwelyd.

Rydym wedi olrhain yr hanes yn o bell erbyn hyn, ond fel gyda chymaint o lên ac arferion gwerin a drosglwyddir ar lafar gwlad, mae hopscotch a *Nine Men's Morris* yn cynnwys elfennau hynafol tu hwnt. Nid bod merched bach Caernarfon yn poeni am achub eneidiau na chynnal grym yr haul wrth hopian yn ddeheuig o sgwâr pafin i sgwâr pafin a dod â'u carreg yn ôl yn ddiogel – eto disgynyddion ydynt i'r rhai fu'n dawnsio yn y ddrysfa.

(*Llafar Gwlad*, Rhif 16)

Yr Jeti

Yn 1938 cafodd criw o bysgotwyr o Fadagascar yng Nghefnfor India ddalfa hynod, sef pysgodyn glas metelaidd, chwe throedfedd o hyd gydag esgyll fel coesau byrion. Pan laniodd y pysgotwyr, gwelwyd y pysgodyn gan guradur amgueddfa yn Llundain a anfonodd ei lun at arbenigwr ar bysgod, yr Athro J.L.B. Smith. Daeth neges syfrdanol yn ôl: roedd y pysgotwyr wedi dal coelacanth, pysgodyn a oedd yn byw yn ystod oes y deinosoriaid ac y tybid iddo farw allan gannoedd o filiynau o flynyddoedd yn ôl. Yr unig enghraifft cyn hynny oedd ffosil 400 miliwn o flynyddoedd oed . . .

Ddechrau'r ganrif ddiwethaf roedd llawer o straeon o Affrica am epa anferth, hynod o gryf ond a oedd hefyd yn garedig a chall. Wfftiai'r dyn gwyn atynt, gan ddweud mai chwedlau'r brodorion duon oeddent. Yna daliwyd y gorila cyntaf . . .

Gwelwyd yr un agwedd yn achos y panda mawr, y rheino gwyn a draig Komodo. Dro ar ôl tro, canfuwyd anifeiliaid nas credid eu bod yn ddim ond cynnyrch y dychymyg . . .

Yn ôl gwyddonwyr, esblygodd dyn o'r epa dros gyfnod o filiynau o flynyddoedd ond mae un ddolen ar goll yn wastad – nad ydynt byth wedi ei darganfod. Ac eto, mewn sawl rhan o'r byd lle ceir mynyddoedd uchel – gan gynnwys Cymru – ceir traddodiadau am y ddolen goll hon . . .

Ceir sawl enw ar y creadur, yn dibynnu ar ba ran o'r byd yr ydych yn byw – Ieti yn Nepal; Meh-teh a dsu-teh yn Tibet; Alma yn Rwsia; Sasgwats yn America a'r Gŵr Blew yma yng Nghymru.

Yn ystod y blynyddoedd diwethaf, mae dros fil o bobl wedi gweld y Sasgwats yn anialdiroedd gorllewin America. Mae cannoedd o adroddiadau llygad-dystion wedi cael eu nodi ac ugeiniau lawer o lyfrau wedi eu sgrifennu ar y pwnc. Tynnwyd lluniau o'r Sasgwats, gwnaed castiau o olion ei draed, cafwyd blewiach oddi ar ei gorff, recordiwyd ei lais a ffilmiwyd un gan ddyn o'r enw Patterson. Eto, am na chafwyd corff i'w ddadansoddi'n wyddonol, mae pobl yn dal yn gyndyn i gredu yn ei fodolaeth.

Efallai mai'r 'ddolen goll' enwocaf ohonynt i gyd yw'r Ieti sydd yn byw yn yr Himalaya, mynyddoedd uchaf y byd. Gwyddai pobl Tibet a Nepal am ei fodolaeth ers canrifoedd wrth gwrs, ond daeth i sylw Ewrop am y tro cyntaf ar ddechrau'r ganrif ddiwethaf.

Rhwng 1820 a 1843 bu Sais o'r enw B.H. Hodgson yn byw yn y llys brenhinol yn Nepal a chlywodd am yr Ieti gan ei borthorion a welodd un yn y mynyddoedd a chael eu dychryn am eu bywyd.

Yn raddol, dechreuodd gorllewinwyr fentro i'r mynyddoedd uchel, i'w mapio yn gyntaf ac yna i geisio'u dringo. Wrth wneud hyn roeddent yn mynd i diriogaeth yr Ieti a chafwyd mwy a mwy o dystiolaeth o'i fodolaeth. Yn 1899 gwelodd dyn o'r enw Liddell yr olion traed cyntaf mewn eira 17,000 troedfedd uwchlaw'r môr. Gwelwyd mwy o olion 20,500 troedfedd uwchlaw'r môr ar fwlch Llakpa-la ger Everest yn 1921. Yn 1925 gwelodd N.A. Tonbazi yr Ieti cyntaf ar rewlif Zemu, 15,000 troedfedd uwchlaw'r môr.

Yn 1935 aeth Tenzing Norgay ar ei ymgyrch gyntaf i geisio dringo Everest a cherddodd ei dad ar draws Nepal i'w weld. Gan fod y dringwyr i gyd yn uchel i fyny'r mynydd pan gyrhaeddodd, bu'n rhaid iddo aros ar ei ben ei hun yn eu gwersyll i'w disgwyl. Cafodd ei ddeffro y bore canlynol gan sŵn chwibanu od a phan agorodd ddrws y babell gwelodd greadur od yn cerdded i lawr tuag ato. Gwyddai ar unwaith mai Ieti ydoedd, oherwydd gwelsai un cyn hyn ar Rewlif Barun. Y tro hwnnw, bu mor agos ato nes beri iddo fod yn sâl am flwyddyn, ac ystyriai ei hun yn lwcus i beidio marw. Yr eildro hwn, fodd bynnag, pasiodd yr Ieti heibio heb ei weld.

O'r tridegau ymlaen bu sawl cais i ddringo Everest a gwelodd llawer dringwr olion traed unigryw yr Ieti. Yn eu plith roedd dringwyr enwog megis John Hunt, Edmund Hillary (y cyntaf i ddringo Everest), H.W. Tilman ac Eric Shipton. Gwelodd Shipton ôl yr Ieti yn croesi rhewlif Meulwng, 18,000 troedfedd uwchlaw'r môr, yn 1951 a thynnodd luniau o'r olion. Cyhoeddwyd y lluniau mewn papurau newydd ac am y tro cyntaf dechreuodd pobl amau efallai bod gwir yn y straeon am greadur swil yr eira.

Yn ôl y Tibetiaid fe laddwyd a bwytawyd dringwr o Rwsia gan Ieti ar Everest yn 1959. Clywsant sŵn yr Ieti a bloeddiadau'r dringwr druan am gymorth, ond roedd ganddynt ormod o ofn mynd yn agos ato. Yn ôl y Tibetiaid mae dau fath o Ieti, sef y *'meh-teh'* bach sy'n bwyta pobl a'r *'dsu-teh'* anferth sy'n bwyta yaks.

Yn 1970 roedd Don Whillans a Dougal Haston yn yr Himalaya yn dringo. Hwy oedd dringwyr gorau'r byd ar y pryd. Cymerent eu crefft beryglus o ddifrif, mewn ffordd broffesiynol a di-lol. Nid rhai i siarad ar eu cyfer mo'r ddau hyn. Gwelsant olion traed 13,000 troedfedd i fyny a thynnwyd eu lluniau. Y noson honno methai Whillans â chysgu a chafodd sbec allan o'r babell i weld yr olygfa anhygoel, gan ei bod yn noson olau leuad braf. Er mawr syndod iddo gwelodd anifail mawr, nid annhebyg i fwnci, yn mynd ar ei bedwar ar draws y rhewlif.

Mae pob disgrifiad gan y sawl a welodd Ieti rhywbeth yn debyg. Disgrifir ef fel creadur rhwng dyn ac epa a'i gorff wedi ei orchuddio â blew hir, cochlyd. Mae'n fawr – hyd at 2.5 metr o daldra gyda breichiau hir, cryf ond nid yw'n ymosodol o gwbl. Yn wir, creadur swil iawn yw'r Ieti, yn dewis symud yn y nos gan fwyta dipyn o bopeth. Mae dwy nodwedd arall unigryw ynglŷn ag ef: clywir ei gipial hynod ar adegau ac yn ôl y sawl a'i gwelodd mae ei ben yn bigfain.

Dros y blynyddoedd bu nifer o ymgyrchoedd penodol yn yr Himalaya yn chwilio am dystiolaeth bendant ynglŷn â bodolaeth yr Ieti. Yn 1954 y gwelwyd y gyntaf, pan anfonodd y *Daily Mail* griw mawr i gribinio'r mynyddoedd. Yn anffodus, ni chafwyd Ieti byw na marw – ond clywyd digon o hanesion amdano. Bu cynnwrf mawr pan glywyd fod corun tri Ieti yn cael eu cadw mewn mynachlogydd. Aethpwyd i weld y sgalpiau ar unwaith, ond yn anffodus rhai ffug ar gyfer dawns seremonïol lle gwisgai mynach fel Ieti oeddynt.

Cafwyd tair ymgyrch arall gan filiwnydd o America o'r enw Tom Slick a wnaeth ei ffortiwn drwy dyllu am olew. Treuliai ei holl amser rhydd yn chwilio am y Sasgwats a'r Ieti. Ond y cwbl a gafodd yntau oedd olion traed a lluniau. O gofio cymaint a gymerai ran yn yr ymgyrchoedd hyn ac mor swil yw'r creadur a geisient, nid yw hyn yn syndod.

Yn 1988 arweiniodd y dringwr enwog Chris Bonington ymgyrch arall i chwilio am yr Ieti, ond unwaith yn rhagor methwyd â chael digon o dystiolaeth bendant am ei fodolaeth i berswadio'r gwyddonwyr. Ond, wrth gwrs, fel yna'r oedd hi gyda'r gorilau ddau gan mlynedd yn ôl. Nes dal y cyntaf.

Mor ddiweddar â 1986 roedd criw o wledydd Prydain yn ceisio dringo Everest o ochr Tibet pan glywodd un o'r dringwyr sŵn udo od yn uchel ar lethrau'r mynydd – a hynny ond ychydig ddyddiau ar ôl i aelod arall o'r tîm weld olion traed Ieti gerllaw . . .

Rai wythnosau cyn y Nadolig 1991 cefais gyfle i fynd i Nepal a theithio'n helaeth yn Himal Annapurua gyda phobl gyfeillgar y wlad ryfeddol honno. Roedd pob un wan jac ohonyn nhw'n credu'n gydwybodol ym modolaeth yr Ieti a'u hofn mwyaf oedd cyfarfod un byw. Roedd hyn yn arbennig o wir am y Sherpas, dringwyr gwych a dewr o ardal Solu Khumbu wrth droed Everest.

Tan yn ddiweddar roedd llaw a chroen pen un o'r creaduriaid prin hyn yn cael eu cadw ym mynachlog Tengboche yn Solu a sawl un wedi cael eu gweld a'u cyffwrdd – nes i rywun eu dwyn yn ddiweddar. Ar ôl chwilio dyfal credir yn gyffredinol mai dringwr o Japan oedd y lleidr.

Yn ôl y Sherpas, roedd yr Ieti a mynaich Tengboche yn deall ei gilydd yn iawn, nes i'r Ieti geisio lladd yak a oedd yn eiddo i'r fynachlog. Dyrnodd yr anifail yn ei ochr nes i'w ddwrn fynd i mewn i'w berfedd a mynd yn sownd. Gyda rhu uchel, rhuthrodd yr yak druan am y fynachlog, gan lusgo'r Ieti i'w ganlyn. Lladdodd y mynaich ef drwy dorri ei ben a'i law ymaith, ac roedd y rhain i'w gweld tan yn ddiweddar.

Ond beth am Gymru? Yma hefyd cafwyd chwedlau a thraddodiadau am 'Ddynion Gwyllt o'r Coed' neu 'Wŷr Blewog' dros y canrifoedd.

Yn y Pedair Cainc mae sôn am ryw greadur yn dwyn Pryderi, mab Rhiannon a Phwyll, ac ebol Teyrnon bob nos Calan Mai. Yn y diwedd mae Teyrnon yn torri ei grafanc ymaith ac y mae'r bwystfil yn diflannu i'r nos dan udo.

Yn ardal Nant Gwynant wrth droed Yr Wyddfa ceir sôn o hyd am 'Y Gŵr Blew'. Flynyddoedd yn ôl roedd llawer o ladrata'n digwydd yn y fro a neb yn gwybod pwy oedd y lleidr. Un noson ddrycinog yng nghanol y gaeaf roedd gwraig ifanc ar ei phen ei hun yn un o'r ffermdai. Roedd ei gŵr wedi gorfod mynd allan ar ryw neges er garwed y tywydd. Yn sydyn, clywodd sŵn ffenest yn torri, a rhuthrodd i'r stafell gyda chleddyf a hongiai uwchben y lle tân. Gwelodd law flewog yn dod drwy'r gwydr rhacs a heb feddwl eilwaith torrodd hi ymaith â'r cleddyf miniog. Fel yn hanes Teyrnon, diflannodd y Gŵr Blew ymaith i'r nos dan sgrechian mewn poen. Roedd llaw wedi ei gorchuddio â blew coch, hir ar ôl yn y tŷ.

Adroddodd yr hanes wrth ei gŵr pan ddaeth hwnnw adref a galwyd y cymdogion ynghyd i chwilio. Roedd hynny'n waith eithaf hawdd gan ei bod wedi bwrw eira ac ôl y gwaed yn eglur arno. Dilynwyd y llwybr coch i fyny llethrau'r Wyddfa ac at raeadr. Yno cafwyd hyd i ogof gudd na wyddai neb amdani o'r blaen ond llwyddodd y Gŵr Blew i ddianc drwy lamu dros ymyl y graig. O leiaf, chafwyd mo'i gorff . . .

(*Llafar Gwlad*, Rhif 35)

Byd y Shaman

Fel Cymry, rydan ni'n gyfarwydd â'r Dyn Hysbys a'r parch oedd iddo ers talwm fel rhywun fedrai warchod pobl ac anifeiliaid rhag cael eu witshio, darganfod eiddo wedi ei ddwyn, gwella afiechydon a llawer mwy.

Y tu allan i Gymru fodd bynnag, rydan ni'n tueddu i edrych at gytras y gŵr hysbys, sef y shaman, fel *'witch-doctor'* – hynny ydi tipyn o dwyllwr, yn defnyddio pob math o ddulliau amheus i gynnal ei ddelwedd. Ond mewn gwirionedd, all dim byd fod ymhellach o'r gwir.

Gair o Siberia ydi *'Shaman'* am y gwŷr a'r gwragedd hynny sydd â gallu dewinol i gysylltu â bydoedd eraill ac sy'n meddu ar alluoedd llesol iawn i'w pobl. Ei ystyr yw 'Yr un sy'n gwybod'. Er bod yr enw'n amrywio o wlad i wlad ac o gyfandir i gyfandir, mae'r shaman i'w weld o ddiffeithdir eiraog Siberia at sychdiroedd diffeithdir Awstralia, at ddrysni poeth jyngl De America. Buont yn cyflawni tasg bwysig yn eu cymdeithas ers miloedd o flynyddoedd – gan gynnwys yma yng Nghymru ar un adeg. Agwedd imperialaidd y dyn gwyn sy'n eu disgrifio'n ddifrïol fel 'witch-doctors'; wrth wneud hynny roedd yn difrïo talp mawr o ddiwylliant llafar y byd, am y rheswm syml nad oedd yn gallu ei ddehongli. Mewn gwirionedd maent yn ymgorfforiad o hen ddoethineb sy'n dyddio'n ôl i fyd helwyr nomadig Oes Newydd y Cerrig.

Hanfod shamaniaeth yw bod yr un dewisedig gan yr ysbrydion – boed ysbrydion y ddaear, coed, anifeiliaid neu gyndeidiau – yn gallu cysylltu â hwy yn uniongyrchol drwy yrru ei enaid ar daith. Drwy wneud hyn gall wella afiechydon, atal gelynion a dileu newyn. Peth cyffredin i'r shaman ledled y byd yw ei fod yn cael ei ddewis gan yr ysbrydion, yn cael ei ddarnio ganddynt ac yna'n cael ei ail-greu gyda'r gallu i gymuno â'u byd. Yn hyn o beth gellid dadlau bod Derwyddon y Celtiaid gynt yn Shamaniaid gan mai diweddglo eu haddysg hir oedd eu gyrru allan i anialdir, lle credid y caent eu darnio a'u hail-ffurfio fel Derwyddon grymus a doeth a fedrai gysylltu â duwiau ac ysbrydion yr isfyd. Yn aml iawn mae'r darpar-shaman yn gwrthod y grym a gynigir iddo ac yn cael ei daro'n wael nes yn y diwedd mae'n

Shaman o Oes y Cerrig – llun ar bared ogof Les Trois Frères

derbyn ei ffawd ac yn bodloni'r duwiau. Does neb yn dewis mynd yn shaman – cael ei ddewis y mae.

A dyna ran o swyn a dirgelwch y shaman i ni orllewinwyr. Yn y llun fe welwch grŵp o shamaniaid o wahanol wledydd yr Himalaya a gasglodd ynghyd yn Darjeeling, gogledd India ym mis Hydref 1995 i gynnal aberth i ysbryd y fam ddaear, syniad cyffredin ymysg pobloedd hynafol y byd. Gwelir hwy yn eu gwisgoedd ysblennydd, yn gweithio'u hunan i berlewyg i gymuno'n uniongyrchol. Os sylwch, mae un ohonynt, y pwysicaf, gŵr o Sikkim, yn gwisgo sgerbwd clamp o beithon amdano. Yn ôl ei ddilynwyr, pan oedd yr ysbryd yn ei feddiannu, deuai ysbryd y peithon yn ôl hefyd, a gellid ei weld yn nadreddu o'i gwmpas. Ar yr un pryd mae'r dynion hyn yn bobl gyffredin yn byw eu bywydau fel pawb arall yn eu pentrefi yng nghysgod mynyddoedd ucha'r byd. Un munud roedd y shaman o Sikkim yn cael ei feddiannu gan ysbryd y fam ddaear – a'r funud nesaf roedd wedi diosg ei wisg shamanaidd ac roedd yn bentrefwr cyffredin yn ei siwt orau ar ymweliad â Darjeeling.

Fel y soniais, gall y shaman deithio'r entrychion neu ddyfnderoedd y ddaear pan fo angen – er bod ei gorff cig-a-gwaed yn aros yn llonydd. Gwelir hyn ymhlith pobloedd mor wahanol ag Indiaid Gogledd America, Nomadiaid y Kalahari a helwyr ceirw gogledd Sgandinafia.

Soniais eisoes am wisg, offer ac addurn y shaman uchod ac mae rhai pethau yn nodweddiadol ohono lle bynnag yn y byd y'i gwelir – penwisg, gŵn, drwm, ffon ac ati. Gwelir hynny gan shamaniaid yr Himalaya, o'r wisg laes, yr addurniadau am y gwddw, y drwm, y rhwymyn am y pen, sy'n dal cyllyll ac ysgithrau miniog baedd gwyllt.

Mae pob shaman, boed ddyn neu ddynes, yn meddu ar rym mawr sy'n eu galluogi i wneud llawer o ddaioni – a drygioni hefyd ar adegau. Gall y shaman wella afiechyd neu ei achosi; arwain eneidiau'r meirw i'r byd nesaf yn ddiogel neu ddedfrydu'r byw i waelodion yr isfyd. Gallant hefyd achosi glaw i ddisgyn er mwyn hyrwyddo'r cnydau. O ganlyniad does dim disgwyl iddo weithio ar gnydau na hela: fe'i cynhelir gan y gymdeithas er lles pawb. Perchir hwy gan bawb ac roedd hynny'n amlwg iawn gyda'r criw a gyfarfyddais yng ngogledd India. Yn aml iawn fe'u perchir fel arweinwyr doeth ac wrth gwrs roedd hynny'n wir am y Derwyddon hefyd.

Fel gyda gwrachod gynt, credir bod rhyw nod arbennig ar gorff pob shaman sy'n profi ei fod yn wahanol i'r cyffredin – pum bys a bawd, dannedd ychwanegol neu farc geni ar ffurf creadur (sef ffurf daearol yr ysbryd sy'n ei gynorthwyo) efallai. Profant fod byd yr ysbrydion wedi eu dewis cyn eu geni hyd yn oed. Gallant fyw yn normal hollol nes eu harddegau ac yna dechreuant ddioddef 'salwch y shaman' – cael gweledigaethau, llewygu, myllio ac ati. Bydd hyn yn parhau nes ei fod yn ildio i'w dynged pan syrthia i drwmgwsg a all barhau am ddyddiau lawer. Dyna'r adeg pan ddisgrifiodd sawl shaman y profiad o gael ei dynnu'n bedwar aelod a phen gan yr ysbrydion i chwilio am ei nod cyfrin a'i ail-greu fel shaman cyflawn.

Mae gan y shaman swyddogaeth hanfodol yn ei gymdeithas o ran gwarchod yr anifeiliaid (fel ein gŵr hysbys ni gynt) a bendithio'r helwyr a'r pysgotwyr drwy gymuno â'r byd ysbrydol. Diddorol ydi gweld fod pysgotwyr sân Llandudoch a'u hoffer yn cael eu bendithio ar ddechrau pob tymor rhwydo o hyd: beidied nad shaman fyddai'n gwneud hynny dair neu bedair mil o flynyddoedd yn ôl?

Hwy hefyd sydd wrth law yn ystod cyfnodau pwysicaf bywydau'r bobl, megis geni, priodi a marw. Gallant hyd yn oed gynorthwyo gwraig hesb i gael plentyn drwy gipio enaid plentyn o'r byd arall a'i osod yn ei chroth. Cynorthwyant eneidiau'r meirw drwy eu tywys at ysbrydion eu cyndeidiau – hyd yn oed y rheiny fu farw yn anhymyg.

Gall y shaman gysylltu â byd yr ysbrydion mewn un o ddwy ffordd: gall yr ysbryd feddiannu ei gorff a llefaru drwyddo neu gall ei enaid adael ei gorff a theithio i'r byd arall – neu fydoedd eraill hyd yn oed, gan fod bydysawd y shaman mor gymhleth ag un unrhyw seryddwr. I raddau, rydan ni yn y gorllewin yn dal i dderbyn y syniad o gyfryngwr – megis pan ddarllenwn ni hanes y Parch. Aelwyn Roberts, Llandygái yn gwastrodi ysbrydion ar ôl siarad â hwy drwy gyfryngwr. Mae'r ail fath, lle'r eir i berlewyg llwyr, gan brin anadlu, yn ddieithr i ni. Pan ddaw ato'i hun, disgrifia ei brofiadau pan fu ei enaid yn crwydro byd yr ysbrydion.

Mae dawns, seremoni a sŵn yn bwysig i'r shaman, gyda'r drwm

yn hanfodol. Hwn yn aml fydd cyfrwng ei daith i'r byd arall. Yn aml defnyddir croen ceffyl neu garw i'w orchuddio, a hwnnw wedyn fydd ei farch i deithio yn y byd ysbrydol. Gall hyd yn oed fod yn gwch i groesi afonydd a dyfroedd yr isfyd.

Mae'r shaman wedi diflannu mewn sawl gwlad ar ôl i'r bobl gefnu ar eu hen grefyddau a throi at Gristnogaeth, Islam neu'r Buddha. Er hyn, bydd llawer o'u chwedlau a'u mytholeg yn tystio i'w pwysigrwydd gynt – ac mae hyn yn wir am Gymru hefyd, fel yr awgrymais eisoes. Soniais fod y shaman yn gallu achosi i law ddisgyn fel y myna ac roedd gwrachod yn gallu gwneud hyn. Yn y Tair Rhamant hefyd ceir sôn am garreg lle medrid gwneud i'r cymylau agor pe tywelltid dŵr arni o'r afon gerllaw. Yn Eryri mae carreg o'r enw Allor Goch, ar lan llyn Dulyn, sy'n cyflawni'r un dasg. Tybed ai shaman wnâi hynny ers talwm?

Un o dasgau pwysica'r shaman oedd sicrhau llwyddiant i'r helwyr. Wrth wneud hyn roedd yn sicrhau dyfodol y llwyth, yn enwedig yn Oes y Cerrig, cyn i amaethyddiaeth ddatblygu. Mae sawl un wedi gweld y lluniau enwog a baentiwyd ar furiau ogofau Ffrainc a Sbaen, America a deheudir Affrica gyda'u ffigurau sy'n hanner pobl, hanner anifeiliaid, fel lluniau o'r shaman wedi camu i fyd yr anifeiliaid. Y llun enwoca un ydi hwnnw o ogof Les Trois Frères yn y Pyreneau; ffugenw hwn yw'r 'Dawnsiwr Hud'. Er mai dyn ydi o yn ei hanfod, mae iddo lawer o nodweddion anifeilaidd, megis cynffon ceffyl, pawennau arth, clustiau blaidd . . . ac yn anad dim pen carw. I lawer, mae'r 'dyn' neu shaman yma wedi trawsnewid ei hun yn arglwydd yr anifeiliaid ac yn hynny o beth mae'n hynod o debyg i Cernunnos y Celtiaid neu'r 'gŵr du' yn Chwedl Iarlles y Ffynnon. Yn wir, mae sawl chwedl yn cynnwys atgof o deithiau ysbrydaidd y shaman gynt, gyda'u peryglon, temtasiynau a bwystfilod sydd i gyd yn cael eu trethu yn eu tro gan yr arwr. Yn wreiddiol, hanes bywyd Pryderi o'i enedigaeth i'w farwolaeth oedd y Mabinogi ac yn hynny o beth roedd yn ffitio'r patrwm yma i'r dim.

Mewn sawl rhan o'r byd erbyn hyn, mae'r shaman wedi diflannu am byth – yn aml oherwydd newidiadau diwylliannol ond weithiau oherwydd gelyniaeth y wladwriaeth. Yn nyddiau Comiwnyddiaeth yn Rwsia caed sawl ymgyrch yn eu herbyn – a chaed sawl hanesyn yn dangos grym y shaman, megis yr un canlynol.

Roedd un o uchel-swyddogion yr heddlu yn bygwth shaman â'i wn, pan rybuddiodd y shaman ef i roi'r arf heibio cyn brifo'i hun.

Wnaeth o ddim gwrando a rhywsut neu'i gilydd saethodd ei fawd i ffwrdd. Arestiwyd y shaman ac fe'i taflwyd i garchar, ond trwy ryw ryfedd wyrth dihangodd a cherdded i mewn i swyddfa'r heddlu. Digwyddodd hyn nifer o weithiau, er iddo gael ei gloi mewn cell gadarn bob tro. Y diwedd fu ei ddedfrydu i lafur caled mewn 'gulag', sef torri coed mewn coedwig bellennig. Dychmygwch y sioc gafodd y milwyr oedd yn ei warchod pan welsant ei fwyell yn gweithio ohoni ei hun, gan lwytho'r coed a dorrwyd yn docyn twt! Ddechrau'r gaeaf daeth yr awdurdodau heibio i gyrchu'r coed a dorrwyd ond doedd dim golwg o'r shaman na'r tanwydd; roeddent wedi asio â'i gilydd yn goed byw yn ôl . . .

(*Llafar Gwlad*, Rhif 51)

Roedd hi'n Ddiwedd y Byd . . . i fod

Y CEFNDIR

Yn ôl y proffwydi gwae ddylai'r un enaid byw bedyddiol ohonom ni fod yma i ddarllen hyn o eiriau – roedd hanner nos ar y dot ar drobwynt 1999 a 2000 i fod yn ddiwedd y byd. Ond pam tybed – a pham fod pobl yn dal i fynnu credu hynny yn yr oes electronig, gyflym yr ydym ni'n byw ynddi – y 'newyddfyd blin', chwedl R. Williams Parry?

Un o'r rhesymau oedd oherwydd yr oes gyfrifiadurol a'r ffaith ein bod ni'n holl ddibynnol ar sglodion silicon i reoli ein ceir, hedfan awyrennau, teipio ein llythyrau – a hyd yn oed cysodi *Llafar Gwlad*! Roedd gwyddonwyr yn holl-grediniol fod pob cyfrifiadur yn mynd i fynd yn honco bost neu stiwpio'n lân ar ddechrau'r mileniwm newydd ac fe wariwyd miliynau ar sicrhau fod pob dyfais gyfrifiadurol, o lifftts at systemau awyru a lloerennau yn 'Y2K' er mwyn osgoi apocalyps llwyr. Ddigwyddodd fawr ddim wrth gwrs, fel y gwelwyd mewn erthygl yn *New Scientist*, 8 Ionawr, 2000 dan y pennawd *'The Bug Didn't Bite'*.

Mae'r syniad o ddiwedd y byd yn hen fel pechod. Dyna sydd y tu ôl i chwedl Arch Noa, myth Ragnarök (sef sail opera *'Die Götterdämmeruag'* Wagner) – a llu o storïau mewn diwylliannau mor wahanol ag Indiaid America, nythau Hindwaidd a hanesion traddodiadol o Affrica i Dde America. Ynddynt fe gawn hanes dinistrio a thrawsffurfio'r byd, brwydro rhwng lluoedd daioni ac aflendid, a ffawd dynoliaeth a'r cosmos. Fel y dywedodd Mircea Eliado yn *Myths, Dreams and Mysteries*:

> *The myth of the end of the world is of universal occurrence; is already to be found among primitive people at a Palaeolithic stage of culture... and it recurs in the great historic civilisations, Babylonian, Indian, Mexican and Greco-Roman.*

Ac mewn cyfrol hynod ddifyr *Questioning the Millennium*, aiff yr Athro Stephen Jay Gould â hyn gam ymhellach:

Mae dynolryw angen y posibilrwydd o ddinistr llwyr a hollol, fel, pan fo'r sefyllfa ar ei duaf a thu hwnt i obaith naturiol, gallwn ddisgwyl achubiaeth gan feseia, arwr holl-goncwerol, deus ex machina neu rhyw asiantaeth arall gyda'r grym i adfer yr anadferadwy.

Os edrychir yng nghyfrolau *Motif – Index of Folk-Literature* Stith Thompson, (sy'n rhestru blociau a briciau adeiladu storïau gwerin ledled y byd) gwelir rhestrau dan bennawd Diwedd y Byd a motifau megis 'Dilyw', 'Llosgi'r Byd', 'Gaeaf parhaol yn difa'r boblogaeth', 'Y ddaear yn crynu ar ddiwedd y byd', ac ati.

Fodd bynnag, nid llên gwerin yw'r gred mewn Armagedon, Apocalyps a'r Farn Fawr. I filiynau o bobl ledled y byd, yn enwedig y rhai sy'n perthyn i sectau efengylaidd mae diwedd y byd wedi ei ragordeinio yn y Beibl – yn bennaf yn Llyfr y Datguddiad (neu Ddatguddiad Ioan) a hefyd yn rhai o weledigaethau proffwydi'r Hen Destament – yn enwedig Llyfr Daniel.

Yn America mae miliynau lawer yn credu fod yr Armagedon Beiblaidd ar ddod – a hynny'n bennaf drwy gyfrwng rhyfel niwclear. Efengylwyr yw'r mwyafrif llethol, gan gynnwys y tele-efengylwyr enwog megis Pat Robertson ac Oral Roberts – a hefyd Jimmy Swaggert a Jim a Tammy Bakker cyn iddyn nhw gwympo 'oddi wrth ras' . . . ! Cynhwysai'r nifer hwn yr Arlywydd Ronald Reagan pan oedd wrth y llyw.

Mae sylfaen llawer o'r hyn a geir yn y Datguddiad i'w weld yn y weledigaeth a gafodd y proffwyd Daniel ar ffurf breuddwyd ac a gofnodir yn Llyfr Daniel (vii), tua 165 CC. Yn y freuddwyd gwêl bedwar bwystfil mawr, gyda'r olaf yn 'ofnadwy, ac erchyll a chryf rhagorol' gyda dannedd mawr haearn a deg o gyrn. Cynrychiolai'r bwystfilod wahanol freniniaethau'r byd, ond 'y pedwerydd . . . a fydd amryw oddi wrth yr holl freniniaethau, ac a ddifa yr holl ddaear, ac a'i sathr hi ac a'i dryllia.' Pan chwelir yr ymerodraeth hon hefyd, yn ei thro dyrchefir Israel, a bersonolir fel Mab y Dyn. Yma rhagwelir, ar adeg anodd yn hanes yr Iddewon, ddyfodol disglair iddynt a'u monotheistiaeth (unigryw yn Nwyrain Canol y cyfnod) yn lledaenu dros y byd.

Prif ffynhonnell credoau apocalyptaidd dros y canrifoedd fodd bynnag yw Datguddiad Ioan. Yn ôl ysgolheigion Beiblaidd, megis A.N. Wilson, sgrifennwyd Llyfr y Datguddiad tua 90-95 OC. Nid oes sicrwydd mai'r Apostol Ioan yw hwn, neu rhyw Ioan arall.

Roedd y cyfnod o 200 CC i 100 CC yn gyfnod erchyll yn hanes yr Iddewon, roedd Oes y Proffwydi wedi hen basio ac yn hytrach na'r Oes Aur a ragfynegwyd ganddynt caed goresgyniad, trawsfeddiannu ac erledigaeth grefyddol. O ganlyniad, nid yw'n syndod i nifer o awduron apocalyptaidd ymddangos yn ystod y blynyddoedd hyn. Ceir yn y gweithiau sawl cyfeiriad at y proffwydi a'u gweledigaethau, ac yn aml iawn ysgrifennid gan ddefnyddio ffugenw, megis enw proffwyd o'r Hen Destament – i ragweld y dyfodol, gan ddefnyddio symbolaeth a delweddau cymhleth.

Mae Datguddiad Ioan yn rhan o'r math yma o lenyddiaeth, gyda'i sôn am ddiwedd y byd a nefoedd a daear newydd. Yr hyn sy'n wahanol am hwn, i Efengylwyr, yw ei fod yn air Duw – tra i'n pwrpas ni, mae'n llawn mytholeg Iddewig a llên gwerin.

Yn Datguddiad (neu '*Apocalypse*' i rai, o'r gair Groeg '*apukalupto*' am 'weledigaeth') gwêl Ioan y dyfodol yn ysgrifenedig ar ffurf sgrôl, â saith sêl ac o'u torri, cychwynnir ar gyfres o drychinebau – concwest, lladdfa, newyn ac afiechyd, sef *Pedwar Marchog yr Apocalypse*. Ceir sôn amdanynt yn Datguddiad vi. Cynrychiolant ddistryw llwyr, gyda dau yn symbol o ryfel, a dau yn cynrychioli newyn a phla. Ymddangosodd y cyntaf ar farch gwyn, yr ail farch coch, y trydydd farch du a'r olaf yn farch gwelw-las.

Roedd y pedwarawd dinistriol yma yn hen syniad mewn sgrythurau Iddewig fel y gwelir yn Llyfr Eseciel (xiv), 21 (tua 600 CC):

> Canys fel hyn y dywed yr Arglwydd Dduw; pa faint mwy, pan anfonwyf fy mhedair drygfarn, cleddyf, a newyn, a bwystfil niweidiol, a haint, ar Jeriwsalem, i dorri ymaith ohoni ddyn ac anifail.

Daw'r pedwar marchog o Lyfr Sechareia, (i), 8-10 (tua 525 CC):

> Gwelais noswaith; ac wele ŵr yn marchogaeth ar farch coch, ac yr oedd efe yn sefyll rhwng y myrtrwydd y rhai oedd yn y pant; ac o'i ôl ef feirch cochion, brithion a gwynion.
> Yna y dywedais, Beth yw y rhai hyn fy arglwydd? A'r gŵr . . . a atebodd ac a ddywedodd, Dyma y rhai a hebryngodd yr Arglwydd i ymrodio trwy y ddaear.

Ar doriad y seithfed sêl, seinir saith utgorn a chynyddir y trychinebau – a'r tro yma y ddaear, y môr, y dyfroedd a'r ffurfafen sy'n tystiolaethu fod y diwedd gerllaw. Tua chyfnod gwrthryfel Glyndŵr canodd y bardd Siôn Cent *I'r Farn Fawr*:

> Pan ddêl dydd y farn arnom,
> A chosb dros bechod a cham,
> Pa ddelw, neu pwy a ddylyn,
> Pa fodd y derfydd dydd dyn? . . .
> Llyma'r medd oll, gwn golled
> Y dechreuir, coelir cred.
> Mab Duw a ddaw, draw drudwaisg,
> Ym maiesty fry yn fraisg.

Yn ddiweddarach sonia'r bardd am dân nefol, sydd eto'n seiliedig ar Datguddiad (vi):

> Pum tân a ddaw o'r awyr
> O flaen gwaith i flinaw gwŷr:
> Tân y spera, coffa cas,
> Nwyf gomped, o'r nef gwmpas;
> Tân o'r purdan, lân llawnlloer,
> A thân uffernol, iaith oer;
> Tân bydol, anguriol garw,
> A melltau wybr maint malltarw.

' . . . ac wele bu daeargryn mawr a'r haul a aeth yn ddu fel sachlen flew, a'r lleuad a aeth fel gwaed. A sêr y nef a syrthiasant ar y ddaear . . . a'r nef a aeth heibio fel llyfr wedi ei blygu ynghyd; a phob mynydd ac ynys a symudwyd allan o'u lleoedd. A brenhinoedd y ddaear, a'r gwŷr mawr, a'r cyfoethogion, a'r pen-gapteniaid, a'r gwŷr cedyrn, a phob gŵr caeth a phob gŵr rhydd . . . a ddywedasant wrth y mynyddoedd a'r creigiau, Syrthiwch arnom ni . . . canys daeth dydd mawr ei ddicter ef; a phwy a ddichon sefyll.'

Yn ddiweddarach yn Datguddiad ceir sôn am wraig fydd yn fam y Meseia ac am ddraig ddinistriol â saith pen. Ceir sôn hefyd am fwystfilod eraill – un sy'n codi o'r môr gyda llu o gyrn ac yn gwisgo coronau, locustiaid o Uffern ac oen sy'n siarad â llais Satan – y Gwrthgrist ei hun. Fel y nodir gan Hermann Gunkel yn *The Folktale in the Old Testament* mae'r cwbl yn rhan o stoc motifau'r stori werin ryngwladol. Does ond eisiau edrych ar fytholeg Groeg a chwedloniaeth Cymru i weld enghreifftiau tebyg.

Dyma'r fan lle ceir cyfeiriad at Rif y Bwystfil, sef 666. Hwn yw'r rhif apocalyptaidd – y rhif na wnaiff byth gyrraedd 7, sef rhif perffaith Jawe (Duw) i'r Iddewon. Dyma'r hyn a welir yn Datguddiad (xiii), 18:

> Yr hwn sydd ganddo ddeall, bwried rifedi'r bwystfil: canys rhifedi dyn ydyw: a'i rifedi ef yw, Chwe chant a thrigain a chwech.

Dros y canrifoedd gwelwyd ystyron cudd yn y rhif hwn, fel y nodir gan E.C. Brewer yn ei *Dictionary of Phrase and Fable*:

> Dehonglwyd y rhif hwn i olygu pobl mor amrywiol â'r canlynol i fod y Gwrthgrist: Apostates, Benedictos, Diocletian, Evanthas, Julian (y gwadwr), Lampetis, Lateinos, Luther, Mohamed, Mysterium, Napoleon, Niketas, Paul V, Silvester II, Trajan a sawl un arall.

Dywed llên gwerin gyfoes na wnaiff y DVLA ryddhau platiau ceir â'r rhif 666 arnynt.

Un o gonglfeini Llyfr Datguddiad yw'r frwydr fawr, derfynol mewn ' . . . lle a elwir yn Hebraeg, Armagedon.' Mae Armagedon yn bodoli. Yn *The Lion Handbook to the Bible* ceir:

> Armagedon, neu 'Har-magedon', sef bryn neu domen Megido. Saif bryngaer yr hen ddinas hyd heddiw ger y dyffryn a warchodai drwy fryniau Carmel.

Yn ôl y proffwyd Eseciel, roedd byddinoedd Gog (sef lluoedd y Gwrthgrist) i'w difa yma, 'ar fynyddoedd Israel':

> Proffwyda hefyd, fab dyn, yn erbyn Gog, a dywed, Fel hyn y dywed yr Arglwydd Dduw; Wele fi yn dy erbyn di, Gog, pen-tywysog Mesech a Thubal.
> Ar fynyddoedd Israel y syrthi; a'th holl fyddinoedd, a'r bobloedd sydd gyda thi: i'r ehediad, i bob rhyw aderyn, ac i fwystfilod y maes, y'th rhoddaf i'th ddifa.

Bu llawer o ymladd yma yn y gorffennol, fel y gwelir yn Barnwyr iv, 13 ac yn II Brenhinoedd xxiii, 29:

> Yn ei ddyddiau ef y daeth Pharo-Necho brenin yr Aifft i fyny yn erbyn brenin Asyria, hyd afon Euffrates: a'r brenin Joseia a aeth i'w gyfarfod ef, a Pharo a'i lladdodd ef ym Megida, pan ei gwelodd ef.

Mae hanfod Datguddiad ym Mhennod 20 y llyfr rhyfedd ac ofnadwy hwn:

> Ac mi a welais angel yn disgyn o'r nef . . . ac efe a ddaliodd . . . Satan ac a'i rhwymodd ef dros fil o flynyddoedd. Ac a'i bwriodd ef i'r pydew diwaelod . . . ac a seliodd arno . . . Ac mi a welais eneidiau'r rhai a dorrwyd eu pennau am dystiolaeth Iesu . . . a hwy a fuant fyw ac a deyrnasant gyda Christ fil o flynyddoedd . . . A phan gyflawner y mil blynyddoedd, gollyngir Satan allan o'i garchar ac efe a â allan i dwyllo'r cenhedloedd sydd ym mhedair congl y ddaear, Gog a Magog i'w casglu hwy ynghyd i ryfel . . . A thân a ddaeth oddi wrth Dduw i waered o'r nef ac a'u hysodd hwynt. A diafol, yr hwn oedd yn eu twyllo hwynt, a fwriwyd i'r llyn o dân a brwmstan . . . Ac mi a welais y meirw, fychain a mawrion, yn sefyll gerbron Duw; a'r llyfrau a agorwyd. . . . A phwy bynnag ni chafwyd wedi ei ysgrifennu yn llyfr y bywyd, bwriwyd ef i'r llyn o dân.

Dyma'r unig sôn yn y Beibl am y mil blynyddoedd, y milflwydd, y mileniwm bondigrybwyll ond dros y canrifoedd arweiniodd at bob math o ddehongli – a chamddehongli – sy'n parhau hyd heddiw. Yn y bôn, fe newidiodd y syniad o Grist yn teyrnasu am fil o flynyddoedd i olygu fod Armagedon a diwedd y byd yn mynd i ddod ar ddiwedd cyfnod o fil o flynyddoedd yn hanes dyn – sy'n esbonio pam y bu panic yn y flwyddyn 1000 . . . a 2000!

Aed â hyn gam ymhellach pan ddadleuodd ysgolheigion mai 6,000 o flynyddoedd fyddai oes y byd. Yn ei *Chronographiai* a ysgrifennwyd yn 221 OC clandrodd Suectus Julius Africannus (tua 180-250 OC) pryd y byddai'r byd yn gorffen, a hynny ar sail cychwyn pendant ac oes o 6,000 o flynyddoedd. Dadleuodd i 5,000 blwyddyn basio rhwng y Cread a'r Caethgludiad i Fabilon, gyda 500 arall nes geni Crist. Golygai hyn y deuai'r byd i ben yn y flwyddyn 500.

Yn ddiweddarach aeth ysgolheigion Beiblaidd ati i weithio allan union ddyddiad y Cread ar sail cronoleg y Beibl. Yn yr wythfed ganrif gosododd y clerigwr a'r awdur Bede y dyddiad yn y flwyddyn 3952 CC – sy'n agos iawn at 4000 ac felly eisoes yn awgrymu diwedd y byd yn 2000. Bu gweithgarwch mawr yn yr ail ganrif ar bymtheg ac yn 1650 cyhoeddodd yr Archesgob Ussher, Pennaeth yr Eglwys Wladol yn Iwerddon ei *Annales veteris testamonti* a *prima mundi origine deducti* (Cofnodion yr Hen Destament, wedi eu didynnu o gread cyntaf y byd). Yn ôl Ussher, crewyd y byd am hanner dydd union ar Hydref 23, 4004 CC! (Fodd bynnag, noda bod ein dyddiad ar gyfer geni Crist yn anghywir.

Bu Herod farw 4 CC – a dyna felly wir ddyddiad geni Crist . . . sydd felly'n dwt iawn yn gosod diwedd y byd yn y flwyddyn 1996)!

A dyna ni – dyma'r cefndir Beiblaidd i'r llu coelion sydd am y Mileniwm. Dros y canrifoedd caed sawl awgrym fod y Milflwydd ar ddod. Awgrymodd Crist ei hun na fyddai'r farn fawr yn hir cyn dod – yn wir o fewn oes rhai o'r bobl a wrandawai arno – Matthew (xvi) 24-28:

Yn wir y dywedaf wrthych, Y mae rhai o'r sawl sydd yn sefyll yma, a'r ni phrofant angau, hyd oni welant Fab y Dyn yn dyfod yn ei frenhiniaeth.

Ceir datganiad tebyg iawn yn Marc (ix), 1.

Arweiniodd at bob math o gredoau od a gwallgo' fel y gwelwn ni yn y man ond arweiniodd at ysbrydoli pob math o weithiau celf a llên hefyd. Soniais am gywydd Siôn Cent *I'r Farn Fawr* eisoes ond ym myd celf caed campweithiau gan feistri'r canrifoedd yn portreadu'r digwyddiad hwnnw, gyda llawenydd i'r rhai achubwyd a phoenau Uffern i'r lleill. Ag enwi dim ond dyrnaid o arlunwyr a ysbrydolwyd gan y Datguddiad mae:

– Fra Angelico, Fflorens (1387-1455)
– Signorelli, Orvieto (1499-1500)
– Michaelangelo, Capel Sistine, 1536-41
– El Greco, Toledo (1541-1614)

. . . Ac fe ddaeth yr un dylanwad i Gymru ar ffurf 'Dawns Angau' a welir mewn eglwysi megis Llaneilian, sir Fôn.

Clywir dylanwad y Datguddiad yn *Requiems* y cyfansoddwyr mawr megis Mozart, Fauré a Verdi, sydd i gyd yn cynnwys adran y *Dies Irae* (Dydd y Farn). Yr un enwocaf o bosib, ac yn sicr y mwyaf dramatig – ac operatig yn wir – ydi'r Dies Irae o *Requiem* Verdi.

Yn anffodus, fodd bynnag, daeth Dydd y Farn yn anhymyg i lawer, a hynny oherwydd sêl grefyddol y rhai a gredai fod y Milflwydd gerllaw. Cawn olwg ar rai o'r credoau hynny yn y rhifyn nesaf.

(Llafar Gwlad, Rhif 70)

Diwedd y Byd: Credoau'r Milflwydd

Yn rhifyn 70 *Llafar Gwlad* cawsom gip ar gefndir diwinyddol y gred fod y Milflwydd yn rhagfynegi Diwedd y Byd a dyfodiad y Farn Fawr. Y tro hwn, gyda llawer o bobl yn credu mai eleni, 2001, yw gwir gychwyn y mileniwm newydd, cawn gip ar effaith y credoau hyn dros y canrifoedd.

I lawer o bobl, o ddyddiau Crist ymlaen, roedd y Milflwydd a Dydd y Farn gerllaw gyda gobaith am fywyd tragwyddol – ond i'r achubedig rai yn unig . . . Tua 1560 OC dechreuodd gŵr o'r enw Montanus bregethu yn Phrygia (canolbarth Twrci bellach). Arferai fynd i berlewyg, gan ragweld fod ail-ddyfodiad Crist yn agos ac y sefydlid y Gaersalem newydd yn Phrygia. Mewn patrwm a welir hyd heddiw gadawodd ei ddilynwyr eu trefi a'u pentrefi a mynd allan i'r diffeithwch i ddisgwyl y Milflwydd ac achubiaeth.

Er na ddigwyddodd, ni leihaodd cred dilynwyr Mantanus a pharhaodd y cwlt hyd y nawfed ganrif. Mae'n enghraifft wych o ffydd ddi-gwestiwn y credinwyr: mae'r milfwydd ar ddod, a phawb arall yn methu gweld yr arwyddion.

Yn ôl Norman Cohn yn *The Pursuit of the Millennium*:

Lledaenodd Montanistiaeth o Asia Leiaf i Affrica, Rhufain a hyd yn oed Gâl . . . Roedd eu ffydd yn y Gaersalem Newydd yn ddi-sigl a disgwylient hi'n fuan. Ymunodd Tertullian, diwinydd mwyaf y drydedd ganrif â'r sect a soniodd am ragfynegiad rhyfeddol yn Jwdea, lle gwelwyd dinas gaerog yn yr awyr bob bore am ddeugain dydd, sef arwydd sicr fod y Gaersalem Newydd ar ddod. Dyma'r un weledigaeth yn union a hupnoteiddiodd y lluoedd ar y Groesgad Boblogaidd wrth ymlafnio tua'r Jerwsalem ddaearol naw canrif yn ddiweddarach.

Gwerin bobl Ewrop aeth ar y Groesgad honno. Y ffugenw cyffredin arnyn nhw oedd Tafurs ac roeddent yn ymladd fel anifeiliaid rheibus gan ddefnyddio dim ond pladuriau a phastynau. Yn ôl traddodiad roeddent yn ganibaliaid, yn byw ar gnawd y gelyn ac yn ysu i ladd pob Moslem ac Iddew yn Jerwsalem, yn y gobaith o ladd y Gwrthgrist. Ystyrid y Moslemiaid yn ddiafoliaid a'r Iddewon yn lluoedd y Gwrthgrist, a lladdwyd miloedd ar ôl cipio Jerwsalem.

Ceir blas ar ysbryd ac agwedd y Groesgad Gyntaf a'r modd y lleddid Moslemiaid yng *Nghân Roland* o *Ystorya de Carola Magno* a gyfieithwyd i'r Gymraeg yn ystod yr Oesoedd Canol a'u diogelu yn Llyfr Coch Hergest. Yn yr hanes, pan fo Siarlymaen yn cipio Saragossa, mae'n anfon mil o'i ddynion drwy'r ddinas i chwilio am fosgau a synagogau, gan chwalu lluniau a delwau. Difethir yr adeiladau sicrhau na chânt eu defnyddio byth eto ar gyfer creu swynion aflan. Dygir y boblogaeth o flaen yr ymerawdwr a'i esgobion ar ôl hyn i dderbyn bedydd ac os gwrthodant rhoddir hwy i farwolaeth drwy grogi, llosgi neu gyda'r cledd.

Ers canrifoedd lawer, bu'r eglwys Gatholig yn bytheirio yn erbyn yr Iddewon, gyda diwinyddion mor ddylanwadol â Thomas Aquinas yn rhagweld mai Iddew o lwyth Dan fyddai'r Gwrthgrist. Genid y Gwrthgrist ym Mabilon, fe'i megid ym Mhalesteina a byddai'n gosod yr Iddewon uwchlaw pob cenedl arall drwy reoli o'u Teml. Credid mai'r Diafol ei hun oedd tad y Gwrthgrist a bod yr Iddewon yn ei addoli yn eu synagogau ar ffurf cath neu lyffant.

Nid oedd rhyfedd i hyn arwain at erlid yr Iddewon ledled Ewrop ac yn waeth fyth at 'pogroms' erchyll lle lleddid miloedd ar y tro. Credid yn gydwybodol eu bod yn atal buddugoliaeth i'r Gwrthgrist drwy wneud hyn. Parhaodd yr erlid hyd yn ddiweddar iawn – Rwsia cyn chwyldro 1917 er enghraifft – ac wrth gwrs Natsïaeth, lle difawyd yr Iddewon wrth eu miliynau yn siambrau nwy a ffwrneisi gwersylloedd megis Buchenwald ac Auschwitz. Roedd elfen Apocalyptaidd gref yn perthyn i'w math nhw o wallgofrwydd aflan – fel sydd i'w weld yn eu syniad o 'Reich' a barhâi am 'Fil o Flynyddoedd'.

Rhoddwyd hwb ysgubol i'r gred fod diwedd y byd gerllaw – a hynny i ddigwydd ychydig cyn y mileniwm presennol – gan Nostradamus, neu Michel de Nostradame (1503-1566). Ffoaduriaid Iddewig o Sbaen oedd ei deulu, a symudodd i Ffrainc er mwyn osgoi erledigaeth a throi yn Babyddion – er bod rhai cofianwyr yn awgrymu iddyn nhw barhau yn Iddewon cudd. Dyma i chi un o gymeriadau hynotaf ei gyfnod, yn gymysgedd o ddewin, meddyg, bardd, proffwyd a chrwydryn.

Yn 1555 cyhoeddodd ei gyfrol gyntaf o ragfynegiadau. Roedd yn honni mai rhodd gan Dduw oedd y gweledigaethau a'i fod yn eu cymhlethu rhag peryglu ei fywyd ac ennyn llid y Chwilys, lle gallai gael ei losgi fel heretic mewn *auto da* fe erchyll. Yn ôl rhai, fe gafodd ei allu o astudio'r Cabala Iddewig. I'w ddilynwyr – ac mae miliynau – fe ragwelodd y Chwyldro Ffrengig, Tân Mawr Llundain, Natsïaeth, Cromwell, Franco . . . a Diwedd y Byd.

Fe soniodd fod dau Wrthgrist wedi bod eisoes (sef Napoleon a Hitler yn ôl y gwybodusion) ond mae trydydd ar ddod:

Ni phery'r trydydd Gwrthgrist yn hir –
Saith mlynedd ar hugain o ryfel dros dir;
Lleddir herwyr, neu fe'u trawsgludir
Gwaed! Celanedd! Afonydd coch . . . a chesair!

Mae hyn, meddai, yn mynd i arwain at ddiwedd gwareiddiad:

Yn seithfed mis un naw naw naw
Daw o'r ffurfafen Frenin Braw;
Fe gyfyd eto deyrnas dinistr
A theyrnasu'r Diafol a'i luoedd sinistr.

Cofiwch chi, mae'n gysur ein bod ni'n dal yma – a'i fod o'n sôn bod Mil Blynyddoedd o heddwch i gychwyn yn 2025 . . . !

Dros y canrifoedd, nid Nostradamus yw'r unig un i gael ei siomi wrth gynnig dyddiad Diwedd y Byd. Yn yr 1840au yn America sefydlwyd sect gan William Miloler, cyn-filwr a gyhoeddodd y byddai Crist yn dychwelyd a'r apocalypse yn cychwyn rhywbryd rhwng 21Mawrth, 1843 a 21 Mawrth, 1844. Pan ddigwyddodd dim, dywedodd mai 22 Hydref, 1844 oedd y dyddiad. Erbyn hyn roedd ganddo 100,000 o ddilynwyr a phan ddigwyddodd dim yr eildro – 'Y Siomedigaeth Fawr' fel y'i gelwid – aed ati i gael esgus. A'r rheswm a ddyfeisiwyd! Roedd y broses wedi cychwyn, a Duw yn darllen y rhestr enwau yn Llyfr y Bywyd – ond mae honno'n broses hir a llafurus a daw'r milflwydd pan ddaw hynny i ben . . . !

Seilir cred y Mormoniaid, neu'r *Church of Jesus Christ of Latter-Day Saints* ar weledigaethau yr honodd Joseph Smith, sylfaenydd y sect iddo eu cael yn yr 1820au. Yn ôl Smith, daeth angel ato i'w rybuddio fod Crist ar fin dychwelyd i'r byd a'i fod ef wedi cael ei ddewis i wireddu dymuniad Duw drwy gasglu'r saint ynghyd yn y 'dyddiau olaf' a pharatoi dynolryw at y 'mil blynyddoedd'. Yn ôl y Mormoniaid, sefydlir prifddinas y Milflwydd yn America a symudodd y sect i Utah er mwyn sefydlu'r Seion Newydd yn barod ar gyfer teyrnasiad Crist oddi yno.

Yn ein dyddiau ni, y grŵp mwyaf sy'n credu bod y Milflwydd ar ddod yw Tystion Jehofa. Fe'u sefydlwyd gan Charles Taze Russell (1852-1916) ac un o hanfodion eu cred yw bod Satan yn teyrnasu ar hyn o bryd, a bod y llywodraethau seciwlar dan ei afael. Dehonglant lyfrau Daniel a Datguddiad fel amserlen guddiedig i ddynolryw ac edrychant ymlaen at frwydr Armageddon a chychwyn teyrnasiad Crist. Awgrymodd Russell y gallai hyn ddigwydd yn 1874 ac eto yn 1914 . . . Do caed Rhyfel Byd yn cychwyn y flwyddyn honno ond nid *diwedd* y byd; er hyn, deil ei ddilynwyr i gredu ac mae'n nhw'n dal i ddrymio drysau Cymru benbaladr bob penwythnos!

Yn y 70au cyhoeddodd gŵr o'r enw Hal Lindsey *The Late, Great Planet Earth*. Dyma'r ail lyfr mwyaf poblogaidd yn America ar ôl y Beibl. Gwerthodd 28 *miliwn* copi. Yn efengylwr pybyr, daeth i gredu fod pob gair yn y Beibl yn wir a bod ynddo ragfynegiadau amlwg am y dyfodol ac am Armageddon a Dydd y Farn yn anad dim. Yn ei ddehongliad ef o Lyfr Datguddiad, taflegrau yw mellt, bomiau niwclear yw cenllysg a hofrenyddion yn chwistrellu nwy gwenwynig yw 'locustiaid â chynffonnau sgorpion'. I Lindsey, rhagwelodd y Beibl Rwsia fawr, gomiwnyddol fel 'cenedl y Gogledd', a hyd yn oed esgyniad China fel 'cenedl y Dwyrain'.

Ysgrifennodd y llyfr ar gyfer pobl gyffredin, nid academyddion a chynnwys ragfynegi rhyfeddol. Yn ôl Lindsey, daw'r Gwrthgrist i rym drwy'r Gymuned Ewropeaidd, sy'n rheoli masnach y byd drwy orfodi pawb sydd am brynu neu werthu i gael tatŵ 666 ar ei gorff. Arwain hyn at ryfel niwclear, byd eang lle dinistrir pob dinas ond ar ôl yr Armageddon dychwel Crist i'r ddaear i warchod y Cristnogion. Ar ôl mil o flynyddoedd cyfyd Satan mewn gwrthryfel ond yn y diwedd fe'i trechir a chynigir bywyd tragwyddol i'r ffyddloniaid.

Gellid wfftio pobl am goelio dehongliad o'r fath fel rwtsh llwyr – ond does dim dwywaith iddo gael dylanwad rhyfeddol ar America – a hynny ar y lefel uchaf. Yn ôl pob sôn roedd Ronald Reagan yn credu Lindsey ac yn dadlau, er enghraifft, nad oedd pwrpas gwario ar wella'r amgylchedd gan y byddai'r cwbl yn lludw cyn bod llygredd yn gwneud drwg go iawn!

Yn 1997 fe gyhoeddodd Daniel Wojcik, Athro Llên Gwerin ym

Mhrifysgol Oregon, arolwg academaidd ond hynod ddarllenadwy ar apocalyptiaeth yn America dan y teitl *The End of the World as We Know It*. Mae llawer ohono'n berthnasol i'r byd i gyd – gan gynnwys Cymru – fel y gwelwn yn y man. Dengys, er enghraifft, fel y mae canran uchel (39%) o Americanwyr yn credu bod yr Apocalyps yn anorfod – ac ar y ffordd.

Nid efengylwyr Protestannaidd yw'r unig rai sy'n gweld diwedd y byd yn agosáu ac wedi ei ragfynegi yn Datguddiad: mae'r Pabyddion hwythau (neu rai ohonynt) yn credu'r un peth, a hynny ar sail Datguddiad (xii), 1:

A Rhyfeddod mawr a welwyd yn y nef; gwraig wedi ei gwisgo â'r haul, a'r lleuad dan ei thraed, ac ar ei phen goron o ddeuddeg seren.

Byth ers pan gychwynnodd yr Oes Atomig yn 1945, caed cannoedd o adroddiadau fod y Forwyn Fair wedi ymddangos gyda rhybudd fod diwedd y byd ar ddod – a hynny mewn llefydd fel Fatima (Portiwgal), Sbaen, Yr Eidal, Japan, Bosnia ac Efrog Newydd. Mae gweld y Forwyn Fair yn beth cymharol 'gyffredin' mewn llên gwerin Babyddol: yr hyn sy'n wahanol yn ystod ail hanner yr ugeinfed ganrif yw'r rhybudd apocalyptaidd.

Cred gyffredin mewn sawl rhan o'r byd – hyd yn oed a bod y Rhyfel Oer drosodd – yw y bydd y byd yn dod i ben mewn tanchwa niwclear. Pan daniwyd y bom atomig gyntaf ym Mecsico Newydd yng Ngorffennaf 1945, gwelwyd posibiliadau apocalyptaidd y ddyfais. Yn ôl y sôn; pan welodd Robert Oppenheimer, rheolwr y prosiect y cwmwl madarch cyntaf yn ffurfio, dyfynnodd y pennill canlynol o'r *Bhagavad Gita*, sy'n disgrifio'r duw Krishna ar ei ffurf ddinistriol:

Petai goleuni'r haul filwaith
Yn ffrwydro yn y ffurfafen,
Ymdebygai i sblander yr Un Hollalluog.
Myfi bellach yw Angau
Chwalwr bydoedd.

Gwelai llawer y gwyddonydd atomig fel cymeriad Ffawstaidd, a werthodd ei enaid neu fel athrylith gwallgo', wedi ymgolli'n lân mewn alcemi peryglus i ffrwyno grym y bydysawd ac yn fodlon peryglu'r holl fyd er mwyn cael y ddysg waharddedig. Ceir y feddylfryd hon yn nrama fawr Saunders Lewis, *Blodeuwedd*, lle portreadir y dewin Gwydion fel gwyddonydd yn ymyrryd â byd natur drwy greu Blodeuwedd, y ferch heb enaid, y ddyfais nas gellir ei rheoli:

> Yr wyt ti'n ddewin, Gwydion, yn ddwfn dy ddysg,
> Yn rymus a rhyfygus i rwymo natur
> A chwarae â'r pwerau sy yn y creigiau.
> I beth? I borthi chwant ...
>   ... Ond ti,
> Y gwyddon-ddewin, meistr cyfrinau y cread,
> ... Mynnaist blygu'r elfennau i foddio dy falchder,
> Herio tynged, rhoi hud ar donnau'r môr,
> Rheibio ysbryd y fforest ...

Cred apocalyptaidd arall o America yw eiddo'r Goroeswyr *(Survivalists)*, sef y dylid paratoi ar gyfer bywyd ar ôl Armageddon. Credant y medrant oroesi drwy fyw ar wahân, arfogi, hyfforddi, celcio bwyd a chreu cysgodfeydd all wrthsefyll tanchwa atomig.

Fel y dyfyd Wojcek: 'Ychydig iawn sydd wedi ei ysgrifennu amdanynt ac ni wyddys faint yn union sy'n byw fel hyn gan fod cyfrinachedd a byw ar wahân yn rhan o'u credo.' Un peth sy'n sicr yw bod y mwyafrif yn bobl adain dde – nifer yn ffasgwyr rhonc – sy'n edrych ymlaen at y rhyfel niwclear fel cyfle i ddifa eu 'gelynion', sy'n cynnwys yr Iddewon, y duon, Catholigion ac unrhyw un arall nad yw'n ffitio eu delwedd Aryaidd o'r hyn ddylai'r byd fod. Credant y gallant oroesi Armageddon drwy eu hymdrechion eu hunain, a chychwyn ail-boblogi byd gwyn perffaith fel Gardd Eden pan ddônt o'u cysgodfannau tanddaearol.

Un o gyfresi mwyaf poblogaidd y teledu yw *X-Files*, gyda'r slogan 'Mae'r gwir allan yna'. Yn seiliedig ar gredoau am y paranormal, mae yn y rhaglenni sawl cyfeiriad at UFO's a bod yr awdurdodau yn celu'r gwir amdanynt. Erbyn hyn mae mwy a mwy o bobl yn credu mewn UFOs, bodau o fydoedd eraill ac ati. Yn wir, mae E.T. ei hun yn hysbysebu llu o wasanaethau i BT!, a hynny â sêl efengylaidd. Awgrymodd Lindsey yn *The Late, Great Planet Earth* bod gweld UFOs yn rhan o gychwyn yr apocalyps ac awgrymodd Louis Farrakham, arweinydd 'Cenedl Islam' y bydd UFO yn cludo Elijah Muhammed, sylfaenydd y cwlt, i ddifa'r byd a theyrnasiad y dyn gwyn.

Fe welwyd y gred mewn UFOs – a diwedd y byd – ar ei eithaf erchyll yng nghwlt Llidiart y Nefoedd *('Heaven's Gate')* ac yn Uganda yn ddiweddar. Erbyn hyn, mae sectau yn aml yn asio darnau apocalyptig y Datguddiad gyda mythau cyfoes ein dyddiau ni, gan greu athrawiaeth ffrwydrol. Gwelwyd hyn gyda sect Llidiart y Nefoedd. Eu cred oedd fod y corff yn bodoli am amser byr iawn ar y ddaear ac yr adunid eu heneidiau â bodau goruwchnaturiol pan fyddent farw. Pan ymddangosodd comed Hale-Bopp credent fod yr amser hwnnw wedi dod a bod llong ofod yn cuddio yng nghynffon y gomed i fynd â hwy 'adref', felly roedd yn rhaid rhoi terfyn ar eu bywydau. Roedd yr apocalyps ar ddod â hwythau (fel pob sect o'r fath) yn credu eu bod wedi eu hachub, fel y gwelir yn y datganiad a baratowyd cyn hunanladdiad 39 o'r aelodau:

We came from the Level Above Human in distant space and we have now exited the bodies that we were wearing for our earthly task, to return to the world from whence we came – task completed. The distant space we refer to is what your religious literature would call the Kingdom of Heaven or the Kingdom of God. We came for the purpose of offering a doorway to the Kingdom of God at the End of this civilization, the end of this millennium.

Sect apocalyptaidd oedd *Aum Shiuri Kyo* ('Y Gwirionedd Eithaf') hefyd. Dyma'r sect ryddhaodd nwy nerfol yn nhwneli trenau rheilffordd tanddaearol Tokyo ym Mawrth, 1995. Yn ôl pob tebyg roedd gwyddonwyr y sect yn arbrofi ag arfau cemegol, laser, biolegol a chonfensiynol er mwyn gwireddu gweledigaeth eu harweinwyr bod Armageddon ar ddod.

Yn 1978, clywodd y byd am Jim Jones a'i 'Deml y Bobl' *('People's Temple')* pan laddodd 914 o'i ddilynwyr eu hunain (neu'r naill a'r llall) drwy yfed Kool-Aid a gynhwysai cyanide yn eu canolfan yn jyngl Guyana. Sect apocalyptaidd oedd hon a ddaeth dan sylw awdurdodau America a chyfryngau'r wlad honno oherwydd ei chredoau eithafol. Penderfynwyd ar hunan-laddiad fel gweithred arwrol a godai'r merthyron i lefel uwch o fodolaeth a'u rhyddhau o afael byd aflan oedd yn mynd ar ei ben i ddifancoll llwyr.

Yn 1999 daeth Sect y Deg Cyfamod a thref Kanuaga yn Uganda yn rhan o'r rhestr drist hon, pan laddwyd hyd at 600 o aelodau'r sect mewn tân erchyll. Yn ôl pob sôn, dywedid bod y Forwyn Fair wedi ei gweld yn y cyffiniau ac roedd yr arweinwyr wedi rhagweld diwedd y byd ar 31 Ragfyr, 1999. Pan na ddigwyddodd hyn, symudwyd y dyddiad i 31 Ragfyr, 2000 ac yn y cyfamser dechreuwyd sôn bod 'rhywbeth yn mynd i ddigwydd' ar 15 Mawrth. Ffarweliodd yr aelodau â'u teuluoedd nad oedd yn gredinwyr . . . a mynd i'w tranc tanllyd.

Fel y dywedodd Dr Florence Baigana, seiciatrydd o Uganda:

People have gaps in their lives, spiritual gaps, and they look for different ways of filling them like joining cults. Our history has made us more vulnerable because life has been very hard.

Yn hyn o beth dydyn nhw ddim yn eithriad. Mewn sawl gwlad, a sawl canrif, mae cred mewn bod ymysg yr achubedig rai yn yr Apocalyps wedi cynnig dihangfa i'r werin sathredig:

Apocalypticism is the province of the wretched, the downtrodden, the dispossessed, the political radical, the theological revolutionary and the self-proclaimed saviour – not the belief of people happily at the helm.
Stephen Jay Gould, *Questioning the Millennium*

Mi allwn ni, ddinasyddion soffistigedig 'Cŵl Cymru'r' unfed ganrif ar hugain honni nad ydym yn credu mewn nag apocalypse nag Armageddon yn ystyr Feiblaidd y gair. Ond tybed?

Ers y bedwaredd ganrif ar bymtheg gyda nofelau megis *The Last Man* gan Mary Shelley, a *The Time Machine*, H.G. Wells, rhagwelwyd y byddai dynolryw yn dinistrio'r byd drwy ei gweithgareddau. Sbardunwyd y gred apocalyptaidd hon gan wawr yr Oes Atomig wrth gwrs ond at hynny gellir ychwanegu rhagor megis yr effaith tŷ gwydr, Aids, cnydau GM, llygredd ac ati.

Yn y bôn, â dyfynnu'r *'Hotline of Doom'* (llinell 'gymorth' apocalyptaidd):

' . . . we don't need God to end it for us. The coming end will be a strictly do-it-yourself apocalypse'.

Gwêl llawer achosion neu arwyddion posib i ddiwedd y byd ac fel T.S.

Eliot yn ei gerdd *The Hollow Men*, awgrymir na ddaw'r byd i ben â chlec ond ag ochenaid:

> *This is the way the world ends*
> *This is the way the world ends*
> *This is the way the world ends*
> *Not with a bang but a whimper.*

Beth bynnag fo diwedd y byd, does dim dwywaith na fydd credoau'r milflwydd yn parhau tan y diwedd a sectau od a hynod yn credu mai hwy yn unig fydd yn goroesi'r Farn Fawr.

(heb ei chyhoeddi o'r blaen)

Nepal

Ers pan oeddwn i'n ddim o beth mae darllen am fynyddoedd, mynydda a mynyddwyr wedi rhoi mwynhad o'r mwyaf i mi. Drwy gyfrwng eu llyfrau medrais rannu anturiaethau cewri byd dringo megis George Mallory, Tensin Norgay, Doug Scott a Reinhold Messner, a hynny ar gewri ymhlith mynyddoedd, sef yr Himalaya, cartre'r duwiau i bobl Nepal.

Roedd gan Gymru le amlwg fel man cychwyn i ymgyrchoedd dringo yn yr Himalaya, ac yn fwyaf arbennig ymgyrchoedd dringo Everest, neu Sagarmatha (Mam y Bydysawd) fel y gelwir y mynydd mewn Nepali. Gadawodd Mallory ei enw ar glasur o ddringfa ar grib ar y Garn, uwchlaw Rhyd-ddu cyn mentro, a marw, ar y mynydd. Bu Charles Evans yntau a gweddill criw llwyddiannus 1953 yn ymarfer eu hoffer ocsigen ar lethrau Tryfan tra oeddent yn aros yng ngwesty enwog Penygwryd lle gwelir eu henwau ar y to uwchlaw'r bar.

Wedi fy magu yng nghanol yr Wyddfa a'i chriw, bu'n freuddwyd gen i erioed i weld yr Himalaya, ac erbyn hyn gwireddwyd y freuddwyd honno. Mae dau brif ddewis i'r teithiwr talog sydd am grwydro llwybrau'r Himalaya: naill ai i fynd mewn grŵp wedi'i drefnu gyda gorllewinwyr eraill, neu fynd ar eich liwt eich hun. Yr ail ddewis oedd yn apelio fwyaf at Helen, fy nghymar ar y pryd (a'm gwraig bellach) a minnau. Roedd y rheswm am hyn yn syml – drwy fynd yn annibynnol roedden ni'n mynd i gyfarfod mwy o bobl Nepal, cyfrannu mwy at yr economi, ac yn anad dim cael blas ar ddiwylliant unigryw pobl yr ucheldiroedd.

Fe ddechreuodd yr antur ar yr awyren:

'Cyn cychwyn fe offrymwn air o weddi, fel y gwnâi'r proffwyd Mohamed, bendith i'w enw, cyn cychwyn pob taith . . . '

Cawsom y cyfarwyddiadau cyn-hedfan rhyfedda eto, ond dyna'r drefn ar awyrennau P.I.A. o Bacistan – y dull rhataf o hedfan i Kathmandu, prifddinas Nepal. Yr anfantais oedd fod y daith yn 'sych', fel y canfu un o griw *Saga* (o bawb!) a oedd yn eistedd wrth ein hochr ac a oedd yn hedfan bob cam i Beijing.

'Would you like a drink, sir?'
'Yes please, I'll have a whisky.'

'I'm sorry sir, we have no alcohol on board.'
'That's all right, I'll have a glass of wine with my dinner.'

Dwi'n siŵr bod yr hen begor hwnnw'n falch o weld Tsieina ar y gorwel!

Roedd Kathmandu yn bopeth a ddychmygais am brifddinas yr Himalaya – a mwy. Mae ynddi dros 300,000 o eneidiau, mae'n fabel canoloesol bendigedig a'r hyn sy'n taro'r ymwelydd am y tro cyntaf yw'r sŵn a'r prysurdeb, yn geir, bysiau, tacsis tair olwyn a beiciau di-ri, a'r cyfan oll yn gwneud cymaint o sŵn ag y medran nhw wrth wau drwy strydoedd cul y ddinas.

Roedd gennym dridiau i ryfeddu at olygfeydd y ddinas, yn enwedig y temlau, lle telid parch i bopeth o lygod mawr at ferch fach (y Kum̩ari Devi) a oedd i fod yn ymgorfforiad o un o'r duwiesau. Misoedd Tachwedd a Rhagfyr yw dau o'r misoedd gorau i grwydro Nepal gan fod y mynyddoedd yn glir fel grisial ar ôl y monsŵn ac nid yw eira'r gaeaf wedi disgyn. Dyma hefyd dymor Deepavali, Gŵyl y Goleuni, pan fo Lacshmi, duwies cyfoeth, yn ymweld â phob tŷ sy'n ei chroesawu â chanhwyllau y tu allan i'r drws. Oherwydd ein diddordeb yn y diwylliant cawsom wahoddiad i gymryd rhan yn yr ŵyl gyda rhai o staff y gwesty bach lle'r oeddem yn aros. Treuliasom ein gyda'r nosau yn mynd o dŷ i dŷ yn ardal Thamel y ddinas lle ceid croeso i'r criw oedd yn canu a dawnsio, yn debyg iawn i gyfuniad o griw y Fari Lwyd a hel calennig yng Nghymru ers talwm.

Tan yn ddiweddar roedd yn rhaid cael trwydded i gerdded yn y mynyddoedd a rhaid oedd aberthu diwrnod i aros mewn cynffon hir o ddarpar trekkers i'w chael. Cawsom gyfle hefyd i ddod i adnabod Lakpa Lama, Sherpa o Solu Khumbu wrth droed Everest a oedd i'n tywys, a Gram Rai, porthor o ddwyrain Nepal a oedd i gynorthwyo gyda'r paciau.

Ein nod, fel sawl un arall, oedd cerdded y llwybr enwog sy'n mynd o amgylch copaon Annapurna. Mae'n daith hir a all gymryd hyd at dair wythnos, ond mae hefyd yn un o deithiau gorau'r Himalaya gan ei bod yn mynd drwy amrywiaeth o dirwedd a diwylliant, gan gyrchu cyrion gwastatir Tibet ar ochr ogleddol yr Himalaya. Mantais arall y daith yw bod digon o bentrefi'n cynnig lloches am bris rhesymol i deithwyr fel ni (yn wahanol i'r grwpiau sy'n gwersylla ar wahân). Mae hefyd elfen gref o antur yn perthyn i'r daith gan fod rhaid croesi bwlch 18,000 troedfedd y Thorung La, lle collodd sawl un ei fywyd dros y blynyddoedd oherwydd eira ac oerfel.

O'r diwedd roedd popeth yn barod, ac wedi taith fythgofiadwy a gychwynnodd yn blygeiniol mewn bws twristaidd oedd â theiars mor llyfn â thin babi (ac a gafodd sawl pyncjar ar y ffordd – ambell un uwchben dyfnjwn eitha trawiadol) dyma newid i 'fws lleol' (sef trwmbal hen lorri) am oriau cyn cyrraedd pen y llwybr ym mhentref Bhote Odar wedi iddi nosi. O hyn ymlaen cerdded oedd hi i fod, a hynny ar lwybrau nid annhebyg i lwybrau'r Wyddfa.

Nid Eryri mo'r fan yma fodd bynnag, a daeth hynny'n amlwg iawn y bore cyntaf pan welais dalp creigiog Manaslu (26,800 tr.) yn codi i'w gopa eiraog uwchlaw'r pentref. Edrychai'n ddigon agos i'w gyrraedd erbyn y prynhawn, ond mewn gwirionedd mae'r Himalaya mor fawr fel y cymerai ddyddiau lawer o gerdded caled i gyrraedd yn agos ato.

Buan iawn y setlodd y daith i batrwm cysurus o godi'n gynnar a chael paned o *chia* (te) cyn cerdded am rai oriau a chael brecwast (uwd neu grempog ran amlaf). Rhagor o gerdded wedyn cyn cinio (*dhal bhat*, sef lentils, reis ac ychydig o gyrri llysiau). Rhagor o gerdded eto yn y prynhawn cyn stopio mewn pentref oedd yn cynnig llety go lew. Mae disgrifio'r llwybrau fel rhai'r Wyddfa yn eitha addas gyda llaw, oherwydd mae'r daith yn croesi sawl crib a dyffryn ar y cychwyn nes bo rhywun yn aml yn mynd i fyny uchder yr Wyddfa (a disgyn yr un uchder!) cyn brecwast, cyn cinio, ac eto yn y prynhawn. Does ryfedd fod dringwyr yn cerdded at droed y mynyddoedd: mae'n ddull rhagorol o ddod yn heini a chynefino'n raddol â chodi i awyr deneuach y copaon. Yn ogystal â gweld rhagor o fynyddoedd yn ymddangos, mae i feidrolion fel ni y wefr hefyd o groesi afonydd sy'n llifo o rewlifau'r mynyddoedd, a hynny ar bontydd crog hynod simsan, megis yr un sy'n croesi afon Marsyandi.

Rhan fawr o fwynhad y daith yw dod i gysylltiad â diwylliannau gwahanol. Cychwynasom y daith yn nhiroedd llwyth y Gurung, sef cartref y Gurkhas enwog, a gwelir sawl un a fuddsoddodd ei bensiwn o'r fyddin mewn gwesty bychan sy'n cynnig llety i grwydriaid fel ni. Yna gwelir dylanwad Tibet a Bwdistiaeth cyn mynd i diroedd y Thakali – pobl fusnes hirben, ac yn olaf y Magar a'u ffermdai lliwgar a'u blodau.

Efallai fod sôn am westai yn gamarweiniol. Er y gwelir yr enw hwnnw ar arwyddion mewn sawl pentref (gan gynnwys un sy'n honni i'r enwog Jimi Hendrix aros ynddo), yr enw cyffredin arnynt yw 'tai te' oherwydd fe gynigir te yn ei amryfal ffurfiau i deithwyr, a hefyd fwyd a llety dros nos. Am bris rhesymol ceir stafell lle gellir noswylio'n gysurus mewn sach cysgu, bwyd blasus a chyfle unigryw i flasu'r diwylliant. Yn hyn o beth roedd Lakpa yn drysorfa o wybodaeth, ac yn amlach na pheidio treuliem y gyda'r nos yn y gegin – cysegr sancteiddiolaf y tŷ – yn gwrando ar hanesion am yr ieti, chwedlau am y duwiau ac anturiaethau ymgyrchoedd dringo. Dysgasom lawer am ddulliau coginio hefyd, gan ryfeddu at yr amrywiaeth dychmygus y gellid ei baratoi dros dân agored. Un o'm ffefrynnau i oedd bara Tibetaidd a chaws, a thatws a llysiau wedi'u ffrio.

Roedd pawb mewn hwyliau da nes dod i gyffiniau pentref o'r enw Tal a chyfarfod criw mawr o orllewinwyr yn dod i lawr o gyfeiriad y mynyddoedd. Ffrind i Lakpa oedd eu tywysydd a dywedodd eu bod wedi methu croesi bwlch Thorung La oherwydd eira. Ceisiodd grŵp arall fynd drwodd ar ôl deuddydd o luwchio trwm a bu dau borthor a cherddwr o Siapan farw o oerfel. Yr unig beth a allem obeithio oedd y byddai pethau'n gwella yn ystod y pum diwrnod a gymerai i ni gerdded at y bwlch.

Nid bygythiad eira oedd diwedd ein strach yn Tal. Erbyn hyn roedd annwyd wedi torri arna' i a'm trwyn yn llifo fel pistyll, ac yna i goroni'r cyfan roedd ein llety yn fyw o lygod mawr a'n cadwodd yn effro y rhan fwyaf o'r noson wrth iddynt redeg a gwichian drwy'r stafell. Roeddem yn falch iawn o ysgwyd llwch y pentref oddi ar ein hesgidiau drannoeth.

Uwchben Tal mae'r llwybr yn codi'n serth iawn ac ar yr un pryd mae'r tirwedd yn newid hefyd, o dyfiant jynglaidd y gwaelodion i goedwigoedd derw a phinwydd mwy Alpaidd yr olwg. Daw mwy o fynyddoedd i'r golwg hefyd megis Chulu (20,300 tr.), Annapurna II (26,000 tr.) a Manaslu unwaith eto.

Efallai y dylid sôn am ymolchi yn y fan yma – neu'n hytrach diffyg ymolchi! Fel sawl cerddwr arall, roeddem yn ceisio bod mor 'wyrdd' â phosib a golygai hyn ymolchi a golchi'n dillad lle'r oedd dŵr ar gael, sef ffrydiau ar ochr y llwybrau gan amlaf. Mae cawodydd poeth ar gael mewn sawl pentref ond rhaid torri coed i gynhesu'r dŵr, sy'n arwain at ddinoethi'r llethrau a chreu tirlithriadau. Slempan o ymolchi efo cadach gwlanen oedd y drefn felly, yn enwedig wrth godi'n uwch a'r dŵr yn oeri neu'n rhewi'n gorcyn. Er hyn mae'n dal yn bosib i ymolchi yn ystod y daith gan fod dŵr poeth, naturiol – sy'n drewi o swlffwr – yn codi o'r ddaear weithiau. Mae llecyn o'r fath ger pentref Chame a phrofiad rhyfedd iawn oedd gorwedd yn y dŵr berwedig ar lan afon rynllyd a lifai o rewlifau'r copaon uchel!

Daliai'r llwybr i godi'n ddramatig i fyny dyffryn Manang a bellach roeddem yng nghanol y mynyddoedd. Daeth Annapurua III (24,600 tr.) i'r golwg ar y chwith, pinaclau Chulu ar y dde a Tilicho (23,400 tr.) fel petai'n cau ceg y dyffryn. Er ei bod yn gynnes yn yr haul, roedd hi'n chwipio rhewi yn y cysgod. Wrth godi'n uwch eto bu'n rhaid inni groesi dau fwlch bychan, a pheth rhyfeddol oedd gweld y porthorion yn yr eira yn cario llwythi anferth gyda dim ond *flip-flops* am eu traed, neu hyd yn oed yn droednoeth.

Mae'n rhaid mai Manang yw un o'r lleoedd mwyaf rhyfeddol y gellir ymweld ag ef. Wyth diwrnod ar ôl cychwyn cerdded, roeddem bellach mewn ardal fynyddig sy'n hanner anialwch gan nad yw'r monsŵn yn ei gyrraedd oherwydd y mynyddoedd. Roedd dylanwad Bwdistiaeth i'w weld ym mhob man gyda bwa cerfiedig, stupa (creirfa) neu waliau gweddi hir a lliwgar wrth fynedfa bob pentref y cerddasom drwyddo. Yn y muriau hyn gosodir ugeiniau o olwynion paentiedig sy'n cael eu troi wrth gerdded o'u cwmpas, gan ofalu gwneud hynny i gyfeiriad bysedd cloc. Yng nghalon pob olwyn mae mantra megis *'Om mani padre hum'* ('Henffych y tlws ym mlodyn y lotws') wedi ei sgrifennu, ac wrth ei throi offrymir y weddi. Ar gyrion Manang saif clamp o *gompa* (mynachlog) y bu Lakpa'n sôn amdani ers dyddiau ac yr addawodd ein tywys o'i chwmpas.

Saif Manang 11,600 troedfedd uwchlaw'r môr a chawsom ein hatgoffa o'r uchder wrth gerdded i fyny'r allt serth olaf sy'n arwain at y pentref. Dim ond tua chan troedfedd ydoedd ac aethom ato yn ein sbîd. Ar unwaith trawyd y ddau ohonom gan ddiffyg egni sydyn a syfrdanol. Er llowcio gwynt i'n hysgyfaint doedd y corff ddim fel petai'n cael ei fodloni ac roedd yn union fel y dychmygwn y 'wal' anweledig honno a drewir gan redwyr marathon. Roedd yn rhybudd amserol i bwyllo o hyn ymlaen.

Y cynllun oedd treulio diwrnod ym Manang er mwyn i'n cyrff gynefino â'r uchder, oherwydd gall codi'n rhy gyflym fod yn beryglus tu hwnt gan fod y gwaed yn tewychu a gellir cael strôc. Yn ogystal â hyn byddai'n braf cael gorffwys rhag y cerdded, cael cyfle i olchi dillad a mwynhau'r golygfeydd.

Dim ond yn 1977 yr agorwyd Manang yn swyddogol i ymwelwyr. Daeth Maurice Herzog yma yn 1950 i chwilio am fwyd i'w dîm yn ystod yr ymgyrch Ffrengig i ddringo Annapurna I, y cyntaf o'r cewri 8,000+ metr i'w ddringo, ond bu'n rhaid iddo adael yn waglaw. Erbyn hyn, fodd bynnag ceir digonedd o ddewis o ran llety ac mae canolfan achub yma hyd yn oed sy'n cynnig cyngor buddiol i gerddwyr fel ni oedd am fentro dros y Thorung La, a oedd bellach wedi ailagor ac yn bosib ei groesi â gofal. Yn ddiddorol ddigon, meddyg o'r Almaen a wyddai am Eryri'n dda ar ôl bod yno'n dringo oedd y darlithydd.

Gan ei fod ar lethr, cyfyd Manang mewn haenau, ac i gyrraedd ein llofft yn y llety rhaid oedd dringo pedair ysgol. Nid oes cerbyd ag olwynion ar gyfyl y lle – dim berfa hyd yn oed! Roedd yr Himalaya'n codi'n uchel yn syth uwchben ac o'r gwesty edrychem i fyny at gopa Gangapurna (24,460 tr.) gyda Tarke Kang (23,600 tr.), Tilicho ac Annapurna IV (24,700 tr.) gerllaw. Roedd yr awyr mor glir nes ein bod yn teimlo y medrem gyffwrdd copaon ac anodd oedd dirnad eu gwir faint ac uchder hyd yn oed yma. Gwelsom rym arswydus yr Himalaya fodd bynnag pan ruodd afalans anferth i lawr wyneb Gangapurna.

Cyn mynd ymlaen roedd yn rhaid inni fynd i weld y fynachlog a chafodd Lakpa ei hagor inni'n unswydd. Roedd yn werth ei gweld, yn llawn lluniau wedi eu paentio â chymysgedd o gerrig lliwgar wedi eu powdro a'u cymysgu â gwynwy a chartrefai llyfrgell werthfawr o lyfrau prin a gludwyd o Tibet. Roeddem wedi cyfarfod nifer o ffoaduriaid o'r wlad drist ond hardd honno a bellach edmygem eu diwylliant a'u dycnwch fwyfwy. Un peth arall trawiadol am yr adeilad oedd caseg fedi nid annhebyg i'r 'Gwyntyll Gymreig' a welir yn yr Amgueddfa Werin yn Sain Ffagan.

Anelu am y Thorung La, 5,000 troedfedd uwchlaw oedd hi ar ôl hyn. Arhosir mewn pentref o'r enw Phedi (Troed yr Allt) cyn croesi'r bwlch, ond i gadw egni penderfynodd llawer – a ninnau yn eu plith – dorri'r daith drwy aros yn Churi Lathar cyn y pw`l serth at Phedi. Twll o le oedd hwn a'r 'gwesty' lle'r arhosem fawr gwell na murddun rhynllyd, a ninnau bellach 14,000 troedfedd i fyny.

Roedd y gwesty yn Phedi, er ei fod gyfuwch â Mont Blanc, yn well o lawer, efo tua 150 o stafelloedd. Y drefn oedd noswylio'n gynnar (tua 7.15), codi'n blygeiniol (4.45), a chychwyn am 5.30 gan fod yn rhaid croesi'r bwlch a mynd i lawr yr ochr arall yn ddiogel mewn diwrnod. Noson ddigon hir oedd honno, yn enwedig ar ôl cael fy neffro gan Helen druan yn chwydu ei pherfedd yn ystod y nos. Ai salwch uchder oedd o tybed?

Fore trannoeth teimlai'n well a phenderfynwyd parhau â'r daith. Mae'r llwybr yn codi'n serth iawn am tua awr ac yna rhaid croesi nifer o lethrau serth, eiraog, digon peryglus – tebyg iawn i Lwybr Llanberis uwchlaw'r Clogwyn Coch yn y gaeaf. Medrem gael gafael gweddol â'r esgidiau dringo yr oeddem yn wisgo ond yma roedd y dibrofiad yn dechrau nogio. O'r diwedd fodd bynnag, a'r gwynt bellach yn chwyrlïo o'n cwmpas, gwelsom gyfrwy pendant o'n blaenau gyda charneddi a baneri gweddi yn clecian yn y gwynt. Roeddem wedi cyrraedd y bwlch a'r golygfeydd yn syfrdanol, gyda chopaon o'n cwmpas ym mhobman. Doedd o ddim yn lle i fagu gwaed fodd bynnag, a chyn bo hir rhaid oedd cychwyn i lawr am Muktinath 6,000 o droedfeddi'n is, i lawr eira, rhew a sgri wedi rhewi.

Bu Muktinath yn gyrchfan i'r Hindŵ a'r Bwdist ers canrifoedd, a hynny oherwydd bod afon Kali Gandaki yn llifo gerllaw. Yn y pentref mae nwy naturiol yn codi o'r ddaear ac yn llosgi'n fflam las ers 2,200 mlynedd. Daw Nepaliaid a Hindwiaid o gyn belled â de India yma. Cyn 1959 a chipio Tibet gan Tsieina, gwelid pererinion o'r wlad honno hefyd a hyd yn oed heddiw gwelir ambell 'gladdedigaeth awyr' yma, lle gadewir i'r corff gael ei fwyta gan fwlturiaid duon yr Himalaya.

O Muktinath mae'n werth mynd am dro i dref hynafol Kagbeni, er ei bod yn mynd â rhywun ychydig o'i ffordd. Saif Kagbeni ar ffin brenhiniaeth Mustang, sy'n ymestyn i lwyfandir Tibet, ac ar y pryd roedd yn dal yn waharddedig i orllewinwyr fel ni. Profiad rhyfedd oedd sefyll ger y ffin a gweld carafán o fasnachwyr gyda yaks yn dod o gyfeiriad Tibet.

Anela'r llwybr bellach am Jomsom i lawr dyffryn y Kali Gandaki, hafn ddyfna'r byd gan ei bod yn torri rhwng Annapurna I ar y naill law a Dhaulagiri (26,700 tr.) ar y llaw arall. Mae'r cerdded yn hawdd ond bydd y gwynt yn codi bob prynhawn. Y peth olaf a ddisgwyliais yn Nepal oedd storm dywod, ond dyna a geir ac mae'n brofiad digon annifyr.

Mae'n bosib hedfan yn ôl i Kathmandu o Jomson gan fod stribed glanio yma ar gyfer yr awyrennau S.T.O.L. (*Short Take-Off and Landing*) a ddefnyddir yn y mynyddoedd, ond parhau i ddilyn yr hafn drwy bentrefi Morpha, Tukche, Larjung a Kalopani a wnaethom ni, gan geisio gorffen cerdded cyn y storm dywod ddyddiol.

Un o ryfeddodau'r hafn oedd ffosilau amonidau a elwir yn *saligram* gan y Nepaliaid. Dyma brawf pendant i'r Himalaya fod dan ddŵr unwaith, oherwydd creaduriaid môr oedden nhw, a hynny tua 100 miliwn o flynyddoedd yn ôl. Fe'u gwelir mewn sawl cartref yn y wlad fel amddiffyniad rhag Kali, duwies angau, yr un a roddodd ei henw i'r afon a ddilynem.

Dridiau ar ôl gadael y Thorung La roeddem yn disgwyl cyrraedd Tatopani, pentref sy'n enwog am ei bistyll poeth, ei goed orenau a lemonau a bwyd blasus. Ystyr Tatopani yw 'Dŵr Poeth' a dyma'n cyfle i ymolchi'n iawn cyn cael pryd bythgofiadwy, sef *burros* wedi eu gwneud â chaws *yak* a *chapatis*. Byddai'r rhain yn wych yng Nghaerdydd, ac yn y werddon hon yng nghanol yr Himalaya roeddent yn nefolaidd!

O Tatopani mae'r llwybr yn codi am chwe mil o droedfeddi, gan adael y Kali Gandaki ac anelu am Gorapani. Daw llawer o gerddwyr draw yma ar trek byr o Pokahara i gael cip ar gopaon Annapurna o ben Bryn Poon, un o olygfeydd enwocaf Nepal. Roedd yn niwl dopyn y noson cynt pan osodwyd y larwm i'n deffro fore trannoeth – ac felly'r oedd hi am 4.30 pan ddeffrôdd ei sŵn electronig ni o drwmgwsg. Dal i fynd am i lawr oedd hi felly, gan ddisgyn drwy'r tir amaeth terasog, ffrwythlon sydd mor nodweddiadol, ac anelu am Birethanti. Ar y ffordd gwelsom sawl fforddolyn blinderus yn straffaglian dringo, a theimlem yn hynod hunangyfiawn oherwydd erbyn hyn roedd y caledwaith drosodd a ninnau'n ffit fel dau gi bwtsiar!

Nid oeddem wedi gweld yr holl olygfeydd fodd bynnag ac roedd gan yr Himalaya un syrpreis ar ôl, a ddaeth i'r amlwg yn fuan ar ôl gadael Birthanti. Machhapuchhare – 'Cynffon y Pysgodyn' (23,200 tr.) oedd hwn ac un o fynyddoedd hardda'r byd. Yn fuan wedyn daeth copaon Annapurna i'r golwg, y naill ar ôl y llall, sef y mynyddoedd yr oeddem wedi bod yn cerdded o'u cwmpas ers tair wythnos bron.

O fewn dim roeddem wedi cyrraedd y 'Ffordd Heddwch' a godwyd gan y Tsieineaid rhwng Pokhara a Baglung. Profiad rhyfedd iawn ar ôl tawelwch llethol y mynyddoedd oedd gweld a chlywed loriäu a jîps eto, a'r cwbl yn rhagflas o'r newyddfyd blin yr oedd yn rhaid inni ddychwelyd iddo. Byddem wedi medru cael pàs yn hawdd iawn i Pokhara o'r fan honno ond llawer iawn gwell gennym oedd cwblhau'r daith ar droed trwy dir y Magar lle'r oedd tai deulawr sylweddol wedi eu paentio'n oren. Maent yn hynod hardd, gyda'u gerddi llawn blodau.

Sarangkot oedd pentref olaf y daith: o'r fan honno arwain dros dair mil o risiau i lawr am dref Pokhara sydd ar lan llyn hardd Phewa Tal. O fewn dim roeddem wedi cyrraedd diwedd y daith ac yn dathlu â jygeidiau o sudd ffrwythau ffres yn un o *juice joints* enwog y dref.

Y noson honno cawsom swper efo Lakpa a Gram Rai i ddiolch i'n cyfeillion am ein tywys yn ddiogel dros y Thorung La, ac am agor ein llygaid – a sawl drws – i roi cyfle inni gael cipolwg ar fywyd a diwylliant rhan unigryw o'r hen fyd yma. Teimlen ar ben y byd mewn mwy nag un ystyr.

(*Y Teithiwr Talog 2*, gol. Gwyn Erfyl)

Ysgrifau newydd ar Lên Gwerin

Dathlu'r Flwyddyn 1000

Robert M. Morris

Wrth ddathlu troad blwyddyn, canrif a milflwydd ar ddydd Calan 2000, un cof byw a erys gyda miliynau o bobl ledled y byd fu gwylio dydd cyntaf y flwyddyn yn ymledu fel llanw o heulwen boreuol o'r dwyrain tuag at y gorllewin. Bu holl bŵer cyfryngau torfol byd-eang yn hoelio sylw pob diwylliant a phob iaith at y rhyfeddod undydd hwn – rhyfeddod anweledig ac ansylweddol mewn sawl ystyr – ond un ag oblygiadau dwys i gonsyrn pobl am dreiglad amser, ac am y broses o goffau'r treiglo.[1]

Dichon y bu, yn ystod y flwyddyn honno, ambell un yn dyfalu sut y cawsai'r mileniwm blaenorol ei ddathlu, heb y rhwydwaith cyfathrebu parod, heb yr heip, heb na Dôm na Chronfa Mileniwm ddihysbydd.[2] Ond efallai mai'r cwestiwn amgenach fyddai: pwy *wyddai* am y mileniwm blaenorol, a phwy faliai yr un botwm corn yn ei gylch? Yn ddi-os roedd ambell un mewn gwewyr o bryder yn ei gylch, ac yn disgwyl pethau mawr – a phethau erchyll – yn ei sgîl. Ond pwy, a pham?[3]

Byd tra gwahanol i heddiw oedd byd y flwyddyn 1000. Sathrai'r flwyddyn ar gynffon y cyfnod a elwid gan haneswyr, hyd yn ddiweddar, yn 'Oesoedd Tywyll'.[4] Y rhesymau traddodiadol dros yr enw dirmygus hwn oedd bod y cyfnod yn un eithriadol o ryfelgar a gwaedlyd, a'i fod hefyd yn gyfnod prin iawn o ran tystiolaeth 'galed' a diamwys. Felly roedd yn 'dywyll' am ei fod yn dipyn o ddirgelwch ac yn dipyn o hunllef.[5] Wynebgaled tu hwnt oedd i ddeiliaid yr ugeinfed ganrif, o bob oes, ddirmygu oes arall am fod yn rhyfelgar a gwaedlyd; ond efallai bod gwell sail i'r honiad o ddiffyg tystiolaeth. Lleiafrif bychan iawn o'r boblogaeth oedd yn llythrennog yn y cyfnod wedi cwymp Ymerodraeth Rhufain yn y Gorllewin, ac mae'r prinder dogfennau ysgrifenedig o bob math hyd at tua 800 yn hynod o drawiadol, er i ddiwylliant llenyddol cyfoethog ddatblygu rhwng hynny a'r flwyddyn 1000.[6] Ond chwarae teg i'r ugeinfed ganrif, dyma oes a welodd gamau breision ym maes archaeoleg ac fe lwyddodd y ddisgyblaeth honno i lenwi rhai o'r bylchau yn ein gwybodaeth am y canrifoedd tywyll.[7] Llwyddodd ysgolheigion craff, hefyd, i ddehongli rhai o'r testunau llawysgrifol dyrys a dadleuol sy'n weddill o'r cyfnod. Bellach, mae haneswyr yn tueddu i roi enw mwy parchus – yr 'Oesoedd Canol Cynnar' – ar y cyfnod.

Peth cymharol ddiweddar yw'r ymwybyddiaeth fanwl sydd gennym heddiw o ddyddiad a blwyddyn, a'r duedd ynom i dadogi ar ddegawd neu ganrif rhyw nodweddion neilltuol ac unigryw. Mae'r idiomau Saesneg *'Roaring Twenties'* a *'Swinging Sixties'* – y sicraf eu gafael o'u bath – yn nodweddu'r duedd hon. Eto, mor ddiweddar ag Oes Victoria, pan oedd mwy o bobl yn llythrennog nag erioed o'r blaen, dengys dogfennau Cyfrifiadau Poblogaeth 1841, 1851 ac 1861 bod llawer o bobl yn ansicr o'u hunion oedran, hyd yn oed a chaniatau bod cyfrifwyr 1841 yn crynhoi oedrannau pobl i'r pumlwydd agosaf. Gellir olrhain hynt yr un unigolion, weithiau, o ddegawd i ddegawd â hwythau'n heneiddio weithiau wyth, weithiau bymtheg, weithiau bum mlynedd rhwng bob cyfrifiad.[8] Os felly'r oedd hi yn Oes Victoria, ni ellir disgwyl mwy gan yr Oesoedd Canol, pryd mai'r unig bobl llythrennog, bron, oedd clerigwyr yr Eglwys, yn offeiriaid neu'n fynaich. Hwy, hefyd, oedd yn gwybod orau am ddyfodiad y mileniwm – a'i oblygiadau enbyd.

Mae'n amlwg oddi wrth Arolwg mawr *Domesday*, yn 1086, nad oedd y defnydd o ddyddiadau pendant, nac ychwaith o dystiolaeth ddogfennol flaenorol, yn gyffredin, hyd yn oed mewn mater mor allweddol â daliadaeth tir.[9] Er bod arolygon dogfennol blaenorol ar gael iddynt, trwy gwestiynu hynafgwyr y cymunedau yr âi arolygwyr Wiliam Goncwerwr ati i gadarnhau pwy oedd biau pa dir, a gwelir yno'r cysyniad pwysig hwnnw o 'hyd cof cyfreithiol' ar waith.[10]

Gofynnid iddynt:
'Pwy oedd biau'r eiddo hwn pan fu farw'r Brenin Edward (sef Edward Gyffeswr, a fuasai farw ym mis Ionawr 1066)?'[11]

Cyffwrdd hyn â dull pwysig iawn o gadw cronoleg ar gof, sef cysylltu'r hyn y dymunir ei gofio â rhywbeth arall, neilltuol o gofiadwy a hysbys i bawb, megis teyrnasiad neu farwolaeth brenin, trychineb megis pla neu newyn. Erys adlais o hyn yn yr arfer o ddyddio deddf seneddol (yn y copi swyddogol, nid ar lafar) yn ôl blwyddyn teyrnasiad y brenin neu frenhines: fe wneir hynny heddiw. Enghreifftiau modern o ddigwyddiad enwog sy'n gallu procio pobl i gofio'n fanwl eu hamgylchiadau personol ar y pryd yw llofruddiaeth yr Arlywydd Kennedy yn 1963, cwymp mur Berlin yn 1989 a marwolaeth y Dywysoges Diana yn 1997.[12] Gellir ychwanegu Medi'r 11eg 2001 at y rhain erbyn hyn. Mewn cyfnod pan oedd bron pob tystiolaeth yn dystiolaeth lafar, roedd cofio cysylltiadau yn llinyn mesur cystal â dim.

Beth bynnag am hynny, roedd cnewyllyn bychan o bobl yn Ewrop yn sylweddoli, ymhell cyn y flwyddyn 1000, bod angen dulliau mwy pendant a mirain o ddyrannu amser ac o ddyddio achlysuron. Offeiriaid a mynaich dysgedig oedd y rhain, ac roedd mesur treiglad amser yn *gywir* o bwys mawr iddynt. Bu cryn stŵr pan dderbyniodd yr Ymerawdwr Siarlymaen gloc-dŵr mecanyddol yn rhodd gan y Swltan Arabaidd Harun ar-Raschid, a gofir yn bennaf fel symbylydd chwedlau'r '1001 o Nosweithiau'.[13] Fe ddangosai'r rhodd cymaint ar y blaen roedd gorchestion y byd Islamaidd mewn gwyddoniaeth a thechnoleg, a pha mor gyntefig oedd gwyddoniaeth a thechnoleg Ewrop ar y pryd, o gymharu'r ddau.[14]

Yn Lloegr, roedd y mynach dysgedig Beda Hen (c.673-735) wedi bod yn ymboeni am gronoleg ac amseryddiaeth trwy gydol ei yrfa,[15] a hynny am ddau reswm. Yn gyntaf, roedd yn hanesydd craff a diwylliedig, ac eithrio'i ragfarnau cwbl gignoeth yn erbyn ei gyd-Gristionogion, y Brythoniaid. Campwaith ei yrfa oedd ei *Historia Ecclesiastica Gentis Anglorum,* a orffennodd oddeutu 731.[16] Glaniad, gwladychiad a thwf y genedl Seisnig ym Mhrydain oedd is-destun yr hanes, ond y prif destun oedd sut y daeth y genedl honno yn Gristnogol ac yn rhan o gorlan ac awdurdod yr Eglwys Gatholig. Sylweddolodd Beda, yn ystod ei ymchwil, mor ansicr oedd cronoleg yr hanes a mor ddiffygiol oedd y ffynonellau llawysgrifol a ddaeth i'w law.[17]

Ail gonsyrn mawr Beda oedd sicrhau trefn ddibynadwy ar gyfer pennu dyddiadau gwyliau mawr yr Eglwys. O'r gwyliau hynny, y Pasg a berai'r dadlau mwyaf, gan mai gŵyl symudol ydoedd. Dyddiad traddodiadol y Pasg oedd y Sul cyntaf wedi'r lleuad llawn cyntaf ar ôl cyhydnos, neu *equinox* y gwanwyn. Ymhell cyn cyfnod Beda roedd dyddiad sefydlog wedi'i bennu ar gyfer y cyhydnos, sef 21 Mawrth; ac fe barodd hyn gryn drafferth. Nid oedd y Calendr swyddogol, a gawsai ei ddiwygio ddiwethaf gan Iwl Cesar, yn fesur cywir o wir hyd y flwyddyn, ac felly byddai baich cynyddol o anghysondeb rhyngddo a chalendr natur. Dros dalm o amser roedd y cyhydnos swyddogol a'r cyhydnos naturiol ym ymbellhau fwyfwy oddi wrth ei gilydd. Lluniodd Beda gloc-haul yn y fynachlog lle trigai, yn Jarrow, ar lan Afon Wear, a bu'n cofnodi gwawr a machlud o dymor i dymor ac o flwyddyn i flwyddyn am gyfnod maith er mwyn canfod beth oedd gwir hyd y flwyddyn seryddol.[18]

Nid Beda oedd y cyntaf o ddigon i geisio gwell trefn ar y calendr eglwysig. Ers cyfnod yr Eglwys Fore, buasai ysgolheigion yn ymrafael â phroblemau amseru'r gwyliau mawr yn ôl calendr y byd Rhufeinig. Canlyniad i'r ymchwil hwn fu datblygiad 'tablau'r Pasg', sef math o galendr ysgrifenedig yn ymestyn dros gyfnod o flynyddoedd, gyda lle gwag i nodi cyflwr y lleuad a materion tymhorol eraill a fyddai'n help i roi trefn gyson ar gylch y gwyliau.[19] Ceidwaid y tablau hyn oedd y mynaich, gan amlaf, gan mai eu llyfrgelloedd hwy oedd bas-data ysgrifenedig holl wareiddiad y gorllewin, a'u scriptoria hwy oedd rhyngrwyd yr Oesoedd Canol, yn cadw llawysgrifau, yn gwneud copïau o bopeth a ddeuai i'w dwylo ac yn dosbarthu copïau i fynachlogydd eraill trwy 'snêl-mêl' trafferthus a pheryglus yn cynnwys sgrepan a deudroed, neu efallai asyn, ar y gorau.[20]

Datblygiad o'r tablau Pasg oedd y croniclau blynyddol a gedwid yn y mynachlogydd. Tyfasant allan o'r arfer o nodi digwyddiadau o bwys, yn enwedig rhai eglwysig, ar linellau gweigion yn y tablau. Dros y canrifoedd daeth y croniclau hyn yn fwy cynhwysfawr ac yn fwy eang eu testunau, yn sôn am wleidyddiaeth a rhyfeloedd, brenhinoedd a thywysogion yn ogystal â hynt a helynt mawrion yr Eglwys.[21] Yn aml iawn ceid 'teulu' o groniclau perthynol, sef un cnewyllyn cynnar wedi ei gopïo gan sawl mynachlog arall a phob un yn ei ddiweddaru'n wahanol. Datblygwyd 'teulu' o groniclau pwysig yng Nghymru, wedi ei seilio ar gnewyllyn o Dyddewi a'i helaethu wedyn, yn cynnwys fersiwn o Abaty'r Hendy-gwyn ar Daf, ond gyda'r prif gainc yn Abaty Ystrad Fflur. Lladin oedd y gwaith gwreiddiol, yn ddi-os, sef yr *Annales Cambriae*, ond yn Ystrad Fflur fe luniwyd fersiwn Gymraeg sy'n enwog heddiw fel *Brut y Tywysogyon*.[22]

Cwestiwn dyrys arall oedd rhifo'r blynyddoedd – rhywbeth na wneid yn fanwl ar lafar gwlad – a phan wneid y peth ar lefel swyddogol er mwyn cofnodi effeithiol, y cur pen mwyaf oedd pennu'r man cychwyn. Am ganrifoedd bu'r Eglwys yn rhifo'r blynyddoedd o deyrnasiad yr Ymerawdwr Diocletian – un o erlidwyr mwyaf llym y Cristnogion. Dull o goffau merthyron y cyfnod tywyllaf yng nghanrifoedd yr erlid oedd hwn. Yna, yn 532 (yn ôl y cyfrif modern), cynigiodd yr ysgolhaig Dionysus Exiguus gynllun i rifo'r blynyddoedd o enedigaeth Crist, a thros y canrifoedd daeth y dull

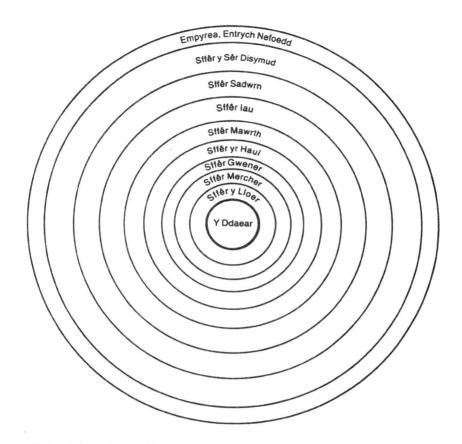

Dyluniad modern i ddangos syniad yr Oesoedd Canol o drefn y Cosmos

hwn i fri ledled Ewrop (er nad oedd pob gwlad Gristnogol wedi ei fabwysiadu cyn y flwyddyn 1000).[23] Rhoddwyd y rhif '1' i flwyddyn geni Crist *(Annus Dominus)*, sy'n ategu dadl rhai beirniaid mai yn 2001 y dylasid bod wedi dathlu'r mileniwm mewn gwirionedd. Nid oedd blwyddyn 'dim' yng nghronoleg yr Oesoedd Canol.

Os mai'r Eglwys oedd ceidwad y Calendr, hi hefyd oedd dehonglydd y Cosmos. Mater o athrawiaeth Eglwysig oedd patrwm y byd a'r sêr, nid mater o wyddoniaeth. Serch hynny, roedd sylfaen o arsylwi manwl a mathemateg cywrain y tu cefn i'r athrawiaeth: nid haniaeth yn unig ydoedd. Credai deallusion yr Oesoedd Canol bod y cosmos yn cynnwys wyth sffêr anweledig wedi eu lapio mesul un o gwmpas y ddaear – a honno, wrth reswm, yn y canol. Nodweddid saith o'r sfferau hyn gan gyrff symudol, yn dechrau gyda'r lleuad ac yn gorffen gyda'r blaned Sadwrn. Y rhain oedd y 'sêr symudol', y gellid gweld eu symudiadau â'r llygad. Cynhwysid yr haul yn eu plith yn y dybiaeth ei fod yntau'n cylchdroi o gwmpas y ddaear. Cydnabyddid pwysigrwydd arbennig yr haul trwy ei alw yn *primum mobilum* – y prif symudwr. Yn yr wythfed sffêr ceid y 'sêr disymud', sef y sêr go iawn na ellid gweld eu symudiadau â'r llygad. Cyfrifid y rhain gyda'i gilydd gan rai yn 'y Nefoedd Isaf'. Y tu draw i'r rhain, â llen o lesni dyfrllyd ('yr Ail Nef') yn ei led-guddio, roedd Entrych Nefoedd ('y Trydydd Nef') – cartref tragwyddol Duw, Crist, yr angylion a'r holl saint. Deillia'r hen ymadrodd 'y Seithfed Nef' oddi wrth raniadau pellach eto yn yr uchel-nefoedd.[24]

Claudius Ptolemaios (c.90-168 OC), daearyddwr o'r Aifft Roegaidd, oedd awdur y cynllun uchod o'r cosmos, a hynny ar sail mesuriadau seryddwyr Alexandria dros ganrifoedd o amser. Roedd llyfr o'i waith, yr *Almagest* ar gael yn Lladin erbyn y flwyddyn 1000. Yn y llyfr hwn ceid dehongliad o'r cosmos ar sail arsylwi craff a chyson gyda'r llygad, heb gymorth telesgop nac unrhyw gymhorthion gweld eraill. Ag ystyried hynny, roedd damcaniaeth Ptolemaios yn gwneud iawn â thystiolaeth yr hen seryddwyr Eifftaidd, ac hefyd yn gyson â dysgeidiaeth yr Eglwys Gristnogol ynglŷn â pherthynas nefoedd a daear. Roedd yr Eglwys wedi mabwysiadu syniadau Ptolemaios am eu bod yn gosod y ddaear a dynoliaeth, sef creadigaethau pennaf Duw, yng nghanol y pictiwr. I wneud y darlun yn fwy taclus fyth, ychwanegwyd y ddamcaniaeth mai Jerwsalem oedd canolbwynt y ddaear, fel roedd y ddaear yn ganolbwynt y cosmos.[25] Ymhellach fyth, adlewyrchid perthynas daear a nef ym mherthynas aelodau'r corff a'i gilydd. Dywedodd Otto, Esgob Freising yn yr Almaen o 1137 i 1158, bod ffurf ac osgo pobl yn arwyddocäol, gan eu bod yn sefyll gyda'u pennau, sy'n cynnwys y meddwl – sedd dealltwriaeth ac amgyffrediad o'r dwyfol – tua'r nef.[26] Soniai Raöul Glaber, mynach o Fwrgwyn a gaiff gryn sylw yn yr ysgrif hon, am y gyfatebiaeth rhwng nifer o 'bedwarebau' a oedd yn rhan fwriadol o gynllun Duw. Roedd popeth materol yn cynnwys pedair elfen sylfaenol. I bob elfen roedd synnwyr corfforol cyfatebol, nodwedd foesol gyfatebol ac un o'r Efengylau yn adlewyrchu pob cyfuniad. Gan hynny, roedd y person unigol yn 'fychanfyd', yn feicrocosm o'r greadigaeth gyfan:[27]

Elfen	Synnwyr	Rhinwedd	Efengyl
Ether *	Golwg a Chlyw	Doethineb	Ioan
Aer	Arogli	Dewrder	Luc
Dŵr	Blasu	Cymedroldeb	Marc
Daear	Cyffwrdd	Cyfiawnder	Matthew

* *nid 'tân', yn yr ystyr arferol, ond elfen eithriadol o bur â nodweddion tanllyd iddi, deunydd crai yr holl gosmos*

Un o fythau poblogaidd y byd modern yw bod pobl yr Oesoedd Canol i gyd yn tybio mai gwastad oedd y ddaear, neu ynteu fel dysgl â'i phen i lawr, i esbonio'r crymu ar wyneb y ddaear a oedd mor amlwg i forwyr profiadol.[28] Sonnir yn fynych am Columbus yn 'darganfod' bod y byd yn grwn yn 1492. Mewn gwirionedd, roedd y rhan fwyaf o ysgolheigion yr Oesoedd Canol eisoes yn credu mai pelen gron oedd y ddaear, ond ei bod yn belen sefydlog, gyda rhannau helaeth ohoni yn gwbl anghyfannedd. Dim ond hemisffêr y gogledd a oedd yn hysbys i ysgolheigion Ewrop, ac am fod yr hin yn cynhesu wrth ymbellhau tua'r de, credent bod llawer o hemisffêr y de yn rhy grasboeth i gynnal bywyd.[29] Roedd y ddaear wedi'i rhannu yn dri thraean, meddai'r doeth. Asia oedd y mwyaf o ran arwynebedd, ond nid o ran poblogaeth. Ewrop oedd yr ail o ran maint, ond yn flaenaf o ran poblogaeth. Deuai Affrica'n drydydd ar y ddau gyfrif. Hawliai *'control freaks'* yr Oesoedd Canol bod esboniad o darddiad pobman dan haul i'w gael nail ai yn yr Ysgrythur neu mewn llenyddiaeth glasurol. Deilliai enw Affrica o fab Affer, ŵyr i'r Patriarch Abraham. Dygai'r Aifft enw Aegyptus, brawd Danai, ac enwyd Asia ar ôl gwraig o'r enw hwnnw a drigai yno, yn rhywle.[30] Erbyn y nawfed ganrif daethai chwedl tarddiad i fri ymysg Cymry ysgolheigaidd hefyd – sef mai meibion Brutus, un o alltudion Caerdroea wedi'r cwymp, oedd yr hen Frythoniaid. Roedd mynych grwydradau fel y rheini a gofnodwyd yn arwrgerddi mawr Homer a Fersil wedi arwain Brutus a'i ddilynwyr, o'r diwedd, i Ynys Prydain. Y traddodiad hwn a roes yr enw 'Brut' (o Brutus) i groniclau hanesyddol y Brythoniaid a'r Cymry. Cofnodwyd y goel hon gan 'Nennius', awdur tybiedig yr *Historia Brittonum*, a luniwyd oddeutu 820–830. Helaethwyd y stori wedyn gan Sieffre o Fynwy yn ei ffantasi toreithiog *Historia Regum Britanniae*, a gwblhäwyd oddeutu 1136.[31]

Wrth i'r Oesoedd Canol fynd rhagddynt, fe ymledodd rhwydweithiau masnach Ewrop ymhellach. Llwyddodd y Llychlynwyr i gyrraedd America ar y naill law a'r Môr Du ar y llall, ac yn y drydedd ganrif ar ddeg aeth Marco Polo a'i frodyr ar eu taith enwog o Fenis i China.[32] Er hynny, ni dderbyniwyd y darganfyddiadau hyn i ganon athrawiaeth ysgolheigaidd, er iddynt esgor ar fath o lenyddiaeth boblogaidd, megis hanesion tybiedig Syr John Mandeville, a bortreadai'r byd tu draw i Ewrop wedi ei boblogi â'r creaduriaid rhyfeddaf.[33]

Yn y flwyddyn 1000, felly, roedd gorwelion y rhan fwyaf o Ewropeaid yn gyfyng iawn, ac eithrio'r Llychlynwyr, a roesant eu stamp ar y cyfnod hwnnw, a rhai o forwyr a masnachwyr cosmopolitan y Môr Canoldir.[34]

Credai'r Oesoedd Canol fod popeth yn y cread yn ffurfio patrwm o saernïaeth Duw ei hunan. Fel y soniwyd eisoes, roedd popeth ynddo wedi ei wneud o'r pedair elfen sylfaenol – dŵr, ether, aer a daear. Roedd yr elfennau hyn yn bresennol yng nghyrff pobl, hefyd.[35] Gan amlaf, roedd yr elfennau mewn cydbwysedd â'i gilydd, ond pan âi'r elfennau'n anghytbwys – pe byddai gormod o un elfen – yna fe allai afiechyd ddilyn.[36] Craidd meddygaeth y cyfnod oedd ceisio adfer y cydbwysedd hwn yn y corff. Dyna pam roedd cymaint o bwysau ar ysgarthu'r sustem a gwaedu'r claf – sef gollwng y gormodedd niweidiol o'r corff.

Ar lawr gwlad, serch hynny, roedd traddodiad annibynol o feddyginiaethau llysieuol a hyd yn oed o ddefodau hud a lledrith – yr hen hud paganaidd – yn dal i gael ei arfer. Mae Gerallt Gymro, bron i ddwy ganrif yn ddiweddarach na'r flwyddyn 1000, yn cyfeirio at goelion meddygol ei ddydd, ac at bwysigrwydd y 'dyn hysbys'. Cyfeiria hefyd at greiriau Cristnogol gwyrthiol, megis ffon Curig Sant, yn eglwys Garmon Sant yn Sain Harmon, ger Rhaeadr Gwy, a allai wella anhwylderau am rodd o geiniog (neu hanner-gwellhad am ddimai).[37]

Os oedd lefelau anweledig yn y gofod, roeddent i'w cael ym myd yr ysbryd, hefyd. Roedd llyfr dylanwadol o'r chweched ganrif, a gam-dadogwyd ar Ddionysus yr Areopagitiad, un o gyfoeswyr yr Apostol Paul, wedi portreadu grisiau'r byd ysbrydol. Dyma'r syniadau a ddaeth yn ddysgeidiaeth swyddogol yr Eglwys maes o law; ond roedd sail ysgrythurol i'r ddysgeidiaeth – yn Llyfr y Proffwyd Eseia ac yn Llyfr y Datguddiad yn arbennig.[38] Yn ôl y ddamcaniaeth hon, roedd naw dosbarth, neu naw Côr, o angylion yn addoli a gwasanaethu Duw. Roedd lle blaenllaw i'r Archangel Mihangel yn eu plith, er nad oedd yn y rhengoedd uchaf. Mihangel oedd wedi arwain yr angylion teyrngar yn erbyn Lwsiffer a'r angylion bradwrus yn eu gwrthryfel. Fe drechwyd y gwrthryfel, a bwriwyd Lwsiffer a'i holl lu i'r fall am eu rhyfyg eithaf.[39]

O'r llenyddiaeth esboniadol a phroffwydol hwn y tasgodd rhai o ofnau dwysaf deallusion Cristnogol ar drothwy'r flwyddyn 1000. Yn Llyfr y Datguddiad ceir cyfres o broffwydoliaethau o eiddo'r Sant Ioan, ar sail y gweledigaethau datguddiol a brofodd. Un o'r rheini oedd proffwydoliaeth rhyddhau Satan i'r byd:

Pan ddaw'r mil blynyddoedd i ben, caiff Satan ei ollwng yn rhydd o'i garchar, a daw allan i dwyllo'r cenhedloedd ym mhedwar ban y byd, sef lluoedd Gog a Magog, a'u casglu ynghyd i ryfel . . .

Llyfr y Datguddiad, Pennod 20, Adnodau 7-8,
Y Beibl Cymraeg Newydd 1988

Golygfa o frodwaith Bayeux yn dangos y comed, neu'r 'seren ddisglair'

Tyst pwysicaf y pryder hwn oedd Räoul Glaber, mynach o wlad Bwrgwyn. Bu'n teithio'n bur helaeth o fynachlog i fynachlog, a chofnododd y pryderon a leisiwyd gan glerigwyr a rhai lleygwyr, hefyd. Cofnododd 'arwyddion yr amserau', fel y gwelai ef hwy ym mlynyddoedd olaf yr mileniwm cyntaf.[40] Un o'r arwyddion hynny oedd seren wib amlwg iawn a fu'n gwanu trwy'r wybren serog yn 989. Gwelwyd y comed hwn, oblegid dyna ydoedd, drachefn yn 1066, blwyddyn brwydr Hastings, a cheir darlun ohono ym mrodwaith enwog Bayeux.[41] Ganrifoedd yn ddiweddarach fe ganfyddwyd patrwm ei ymddangosiadau gan Edmund Halley, a chafodd yr hen gomed enw – Comed Halley. Hefyd ar drothwy'r milflwydd fe losgwyd eglwys enwog Mont St Michel yn Normandie, rhywbeth a barodd fraw neilltuol oherwydd statws ei nawdd-sant, Mihangel, fel Archangel. Yn y flwyddyn 988 bu afon fawr o ddagrau yn llifo o gerflun o'r Forwyn Fair mewn abaty yn Orléans. Yn 993, ffrwydrodd Mynydd Vesuvius drachefn ac ar Noswyl Nadolig 997, gwelwyd draig enfawr yn y nen uwchben Auxerre, yng ngwlad Bwrgwyn.[42]

Roedd hierarchiaeth nefoedd a chosmos yn adlewyrchu i'r dim gred y cyfnod mewn byd o risiau a graddau. Roedd syniadau modern am ryddid personol yn gwbl estron yn yr oes honno: roedd gan bawb feistr neu arglwydd. Hyd yn oed mewn trefi a chymunedau lle roedd y dinasyddion yn cael eu cyfrif yn rhydd, roedd ganddynt ddyletswyddau i'r arglwydd a sefydlodd y gymuned.[43] Yn aml iawn byddai brenin, hyd yn oed, yn talu gwrogaeth i frenin arall, fel y gwnai brenhinoedd Cymru i frenin Lloegr o gyfnod Hywel Dda ymlaen.[44] Bu brenhinoedd Lloegr yn talu gwrogaeth i frenhinoedd Ffrainc am eu tiroedd yn Ffrainc o'r goncwest Normanaidd hyd at 1360, er yn rhyfela yn eu herbyn bob yn ail a pheidio.[45] Roedd y brenin mwyaf mawreddog, yntau yn atebol i Dduw. Un o destunau llosg yr Oesoedd Canol Cynnar oedd 'Gornest yr Arwisgiad' rhwng olynwyr Siarlymaen, fel 'Ymerawdwyr Rhufain Sanctaidd' a'r Babaeth ynglŷn â phwy oedd â'r hawl i eneinio ac arwisgo esgobion tiriogaethol, sef – a dyma graidd y ddadl – pwy oedd uwchlaw'r llall ar risiau statws, yr Ymerawdwr ynteu'r Pab?[46]

Fe dybiai rhywun y byddai byd a gredai mor angerddol mewn graddau yn fyd go lew o drefnus, ond prin y bu hynny'n wir ar unrhyw adeg trwy holl ganrifoedd yr Oesoedd Canol. Doedd harmonïau persain y cosmos ddim i'w clywed ym mywyd bob dydd. Yn y cronicl *Brut y Tywysogyon* fe gofnodir 80 o ddigwyddiadau unigol rhwng y flwyddyn 950 a'r flwyddyn 1000 – 65 o'r rhain yn weithredoedd o drais (rhywun yn cael ei ladd, gan amlaf). Yn eu plith roedd lladd Morgenau, Esgob Tyddewi, gan y Llychlynwyr yn 999:

'Gan imi fwyta cigoedd, yn gig y'm gwnaethpwyd', meddai rhith ohono wrth esgob yn Iwerddon, yn ôl Gerallt Gymro. Ymhlith y pymtheg digwyddiad arall roedd saith o farwolaethau, un bererindod, un pla, un newyn, un eira mawr, un ardrethiad gan y Cymry i dalu i'r Llychlynwyr ac un esgyniad i orsedd Gwynedd.[47] Byddai golygyddion newyddion ein cyfnod ni yn gysurus iawn yno.

Beth a wnâi natur cymdeithas yr Oesoedd Canol mor dreisgar? Doedd y peth ddim yn gyfyngedig i Gymru, fel y tystia'r rhan fwyaf o groniclau Ewropeaidd. Hawlia un hanesydd modern, Robert Bartlett, bod cymdeithas yn mynd trwy gyfnewidiadau pur fawr yn y cyfnod o boptu'r hen fileniwm.[48] Buasai cynnydd yn y boblogaeth, wedi canrifoedd o ddihoeni, yn enwedig yn sgîl y Fad Felen (pla biwbonig) yn y chweched a'r seithfed ganrif.[49] Dengys archeoleg amgylcheddol a dadansoddiadau o haenau iâ y Môr Arctic bod yr hinsawdd wedi bod yn cynhesu a thyneru ers canrifoedd cyn hyn, a'r tymor egino a thyfu ar gyfer cnydau felly'n ymestyn rhywfaint. Bwrdwn y dystiolaeth yw mai rywdro ar ôl 1250-1300 y dechreuodd y rhod droi drachefn, a bod y flwyddyn 1000 ar gynffon cyfnod maith o hin gynhesach na'n cyfnod ni, pan oedd gwinllannoedd yn gyffredin yng Nghymru a Lloegr. Wedi i gyfnod yr Hindda Fawr basio'i begwn, daeth yr hin yn oerach ac yn wlypach.[50] Dengys y croniclau mai tua'r unfed ganrif ar ddeg y newidiodd y Llychlynwyr eu hen batrwm, sef cyrchu ac ysbeilio ac yna mynd adref, i batrwm newydd o oresgyn tiroedd ac ymsefydlu yno – a'r rheini gan amlaf yn diroedd mwy deheuol. Tybed ai newid er gwaeth yn hinsawdd Llychlyn a barodd hyn? Dichon mai newid hin a barodd i wladfa fechan o Lychlynwyr a oedd wedi ymsefydlu yn yr Ynys Werdd yn yr unfed ganrif ar ddeg ddihoeni a threngi erbyn tua 1400.[51] Ni phrofwyd yr hin ar ei oeraf tan yr ail-ganrif ar bymtheg, a gelwir y cyfnod o tua 1550 i 1800 yn 'Oes Fechan yr Iâ' gan rai.

Roedd yr ymchwydd i feddiannu mwy o dir gan ryfelwyr pendefigaidd yn nodwedd cyffredin ledled Ewrop. Gwladychwyd bröydd mewndirol a fuasai'n anghyfannedd gynt wrth i'r boblogaeth gynyddu.[52] Roedd rhwymau cymdeithas, yn enwedig y drefn ffiwdal, yn rhoi mwy o fri ar yr arglwydd oedd â llu o bobl yn talu gwrogaeth iddo ac yn helpu i'w gynnal yn economaidd na'r arglwydd bychan a feddai lai o rym a dylanwad. Wrth dalu gwrogaeth, gweithred greiddiol y drefn ffiwdal, byddai dyn yn addo ffyddlondeb i'w arglwydd, yn dod yn 'ufudd ŵr hyd eithaf einioes ac aelod'. Yn gyfnewid am hyn fe roddid tir gan yr arglwydd i'w fasal newydd – ffon cynhaliaeth iddo ef, ei deulu, ei swyddogion a'r holl lafurwyr caeth a rhydd a fyddai'n trin y tir ar ei ran.[53] Byddai'r arglwydd yn cael deupeth yn ôl o'r fargen: gwasanaeth milwrol pan fyddai ei angen a thaliadau achlysurol, mewn cynnyrch, ar adeg gŵyl fel y Nadolig a'r Pasg neu i gyflenwi gwledd briodas. Rhoddai'r adnoddau hyn rym aruthrol i'r arglwydd – hyd yn oed byddin breifat at ei alw personol – a gwelid cystadlu llym am flaenoriaeth rhwng arglwyddi â'i gilydd. Un o ganlyniadau hyn oedd rhyfeloedd cartref, yn enwedig pan âi carfan o arglwyddi grymus yn drech na'r brenin ar y pryd. Bu sefyllfaoedd o'r fath yn Lloegr o fantais i frenhinoedd a thywysogion Cymreig sawl gwaith, yn enwedig i linach Gwynedd rhwng 1039 a 1272.[54]

Y sbardun hwn a wnâi i arglwydd neu dywysog Cymreig gasglu 'teulu' neu osgordd o filwyr personol o'i gwmpas, gan roi tir a chyfoeth iddynt, i'w cadw yn ei lys ac yn deyrngar iddo.[55] Yn nyddiau'r Gododdin, oddeutu'r chweched ganrif, 'medd oedd eu hancwyn', sef yr arwydd o gytundeb rhwng arglwydd a marchog. Rhydd Aneirin bwyslais ar ddrutwch y pris a dalasai'r 'trichant trwy beiriant yn catáu' am eu medd yn llys Gododdin.[56] Ganrifoedd yn ddiweddarach, roedd y weithred o gydyfed yn dal yn symbol ystyrlon o berthynas arglwydd â'i gadlu. Tua'r flwyddyn 1160, ceir awdl gan y bardd-dywysog Owain Cyfeiliog, o Bowys, yn gwahodd gwŷr ei osgordd i gyd-lowcio o'u cyrn yfed ac ail-lenwi'r cyrn i ddangos ei ddiolchgarwch yntau am eu dewrder yn y gad.[57] Yn ôl Gerallt Gymro, byddai 'teulu' o'r math hwn yn cael ei greu trwy faethu bechgyn o deuluoedd bonheddig ar aelwyd tywysog neu arglwydd pwysicach. Dyma pam, yn nhyb Gerallt, roedd teyrngarwch i arglwydd milwrol yn aml yn drech na theyrngarwch gwaed i rieni neu frodyr.[58] Brithwyd hanes Cymru yn yr Oesoedd Canol gan ryfeloedd rhwng brodyr o dras tywysogaidd â'i gilydd.

Sut le, ynteu, oedd llys Cymreig oddeutu'r flwyddyn 1000?

Cawn ddarluniau geiriol o'r llys yn Llyfrau Cyfraith Hywel Dda, a briodolir yn draddodiadol i'r cyfnod 942-950, er bod y llawysgrifau sydd mewn bod yn dyddio o'r ddeuddegfed ganrif ymlaen.[59] Does dim yn afresymol yn y traddodiad mai Hywel Dda ei hunan a alwodd am arolwg o arferion cyfreithiol ei deyrnas pan oedd yntau'n frenin y rhan fwyaf o'r wlad yn ystod ei flynyddoedd olaf. Serch hynny, credir heddiw mai ychwanegiad diweddarach o lawer yw'r Rhagair sy'n sôn am y cynulliad yn yr Hendy-gwyn ar Daf a rôl Blegywryd yr Ysgolhaig yn cofnodi a golygu'r gwaith.[60]

Yn y llawysgrifau ceir cyfrif o'r naw 'tŷ', neu adeilad, a ddylai fod yn rhan o'r llys:

- Y Neuadd
- Ystafell (neu siambr-gysgu)
- Bwyty (cegin)
- Stabl
- Cynghordy (porth allanol)
- Ysgubor
- Odyn
- Geudy (neu dŷ-bach)
- Hundy (ystafell gysgu)[61]

Defnyddio 'porth' y llys fel cyrchfan i dderbyn cwynion a gweinyddu barn : llun o Loegr yn yr 11G

Câi'r rhain eu gosod mewn grwp neu gylch gyda gwrthglawdd cadarn o'u cwmpas i amddiffyn y safle. Weithiau cysylltid y safle â rhyw fath o domen neu fwnt, megis Pen-y-Mwd yn Abergwyngregyn.[62] Dichon mai elfen ddiweddarach oedd hynny, o dan ddylanwad y Normaniaid; ond gwyddys i ambell i lys cynharach gael ei godi ar bentir cadarn, er mwyn ei amddiffyn. Enghraifft dda o hynny oedd 'Dinbych Penfro', sef Dinbych y Pysgod, a gofnodir mewn awdl enwog o'r ddegfed ganrif – 'Edmyg Dinbych' – ymhell cyn dyfodiad y Normaniaid.[63] Caer yw'r gair a ddefnyddia'r bardd amdani:

'Y mae caer brydferth ar fôr llydan,
Cadarnle anorthrech, môr o'i gylchyn . . .

Y mae caer brydferth sydd gan dyrfa'n
Gaer miri a mwstwr, a chan adar a waeddan'.
Llawen yw'r fintai yno ar Galan
O gylch arglwydd oedd hoyw-hael, beiddgar.'

(diweddariad Derec Llwyd Morgan yn *Yr Aelwyd Hon*, gol. Gwyn Thomas, Llyfrau'r Dryw, 1970)

Pe gallem sbecian trwy'r ddôr ar yr olygfa liwgar a stwrllyd hon, efalllai y gwelem y math o drefn a briodolai'r Llyfrau Cyfraith i lys brenin neu arglwydd. Adeilad mawr, hirsgwar fyddai'r neuadd, a chyplau neu nenffyrch o breniau praff yn cynnal y to gwellt. Llosgai tanllwyth o dân ar aelwyd agored yng nghanol y llawr pridd. Yn ystlysau'r neuadd, o boptu'r tân, ceid parwydydd pren yn rhyw ledrannu'r neuadd yn ddau.[64] Y rhan uchaf (o ran statws) oedd y rhan pellaf oddi wrth y drws. Yma y ceid seddau'r arglwydd a'i brif swyddogion. Y rhan isaf oedd yr hanner rhwng y parwydydd a'r drws, ac yma y lleolid gweddill yr osgordd ar adeg gwledd. Gosodid byrddau tresl o boptu'r tân, yn rhedeg yn gyfochrog â waliau'r neuadd ac yn pontio'r hanner uchaf a'r hanner isaf. Wrth y byrddau hyn yr eisteddai'r llys – pawb â'i briod le yn ôl ei radd a'i swydd. Sonia'r Llyfrau Cyfraith am bedwar ar hugain o swyddogion y Llys: y mwyafrif yn atebol i'r brenin a rhai i'r frenhines. Fel hyn y ceir hwy gan amlaf, er bod y drefn ym amrywio:

- Y Penteulu
- Offeiriaid y Teulu
- Y Distain
- Y Penhebogydd
- Ynad y Llys
- Y Pengwastrod (gofal y meirch)
- Y Gwas Ystafell
- Y Bardd Teulu
- Gostegwr y Llys
- Y Pencynydd (gofal yr helgwn)
- Meddydd (bragwr y medd)
- Meddyg
- Trulliad (bwtler, neu geidwad y gwinoedd)
- Drysor
- Cogydd
- Canhwyllydd
- Distain y Frenhines
- Offeiriad y Frenhines
- Pengwastrod y Frenhines
- Gwas Ystafell y Frenhines
- Llawforwyn y Frenhines
- Drysor y Frenhines
- Cogydd y Frenhines
- Canhwyllydd y Frenhines[65]

Ceid seddau-cadw ar gyfer pedwar ar ddeg o swyddogion neilltuol, pedwar yn y pen uchaf a deg yn y pen isaf, yn ôl eu statws. Rhoddid y lle blaenaf, wrth gwrs, i'r brenin a'r frenhines ac i'r 'Edling', sef etifedd y brenin. Byddai'r Llys yn ymgynnull yn ffurfiol ar alwad y Gostegydd. Tra eisteddai gweddill y Llys, byddai un swyddog pwysig, sef y Penteulu, ar ei draed ym mhen isaf y Neuadd yn sicrhau diogelwch y fynedfa a chadw trefn ar benboethion y gwarchodlu yn eu diod. Dyma'r teulu roedd yn ben arno – nid y teulu brenhinol. Capten y Giard ydoedd, mewn gwirionedd. Byddai'r Drysor Neuadd a'r Porthor, hefyd, wrth eu priod waith yn diogelu'r Neuadd rhag unrhyw oresgyniad sydyn o'r tywyllwch iasoer y tu allan.[66]

O ran cynhaliaeth y llys, roedd cyfoeth y tir a feddai'r arglwydd yn gefn i'r lletygarwch hael y ceisiai pob brenin ac arglwydd ei roi. Dyletswydd oedd hynny – mater o anrhydedd personol, hyd yn oed.

Croesewid pawb, yn cynnwys dieithriaid llwyr, a hynny'n ddigwestiwn. Rhydd Gwallter Map (c.1140 – c.1210) hanesyn yn ei lyfr *De Nugis Curialum* (Gwamalion y Llys) am arglwydd o Gymro a laddodd ei wraig am ei bod wedi tramgwyddo'i anrhydedd trwy ofyn i westai surbwch a hir ei arhosiad am ba hyd roedd am aros.[67] Soniai Gerallt Gymro, oddeutu 1194, fod arfer ymysg y Cymry o ddarparu dysgl o ddŵr i deithwyr olchi eu traed ar ôl iddynt gyrraedd (ac wedi iddynt ddiosg eu harfau wrth y drws); wedyn byddai un o ferched y tŷ yn canu'r delyn i'w diddanu tan amser bwyd. Doedd dim angen cyrsiau *Welcome Host* bryd hynny, mae'n amlwg.[68]

Roedd y llysoedd pwysicaf yn gysylltiedig â Maerdref – pencadlys y Cwmwd (a'r Cwmwd oedd yr uned lywodraethol sylfaenol). Yma ceid clwstwr o fythynnod yn perthyn i wŷr caeth yr arglwydd. Byddai tiroedd amaethyddol y trigolion, fel arfer, yn gaeau cryno o gwmpas y Faerdref, tra byddai tiroedd a thai y gwŷr rhydd ar wasgar ledled y cwmwd, wedi eu lleoli yn ôl ansawdd y tir, yn aml.[69] Yr aneddiadau unig hyn oedd y trefi rhydd. Byddai caeth a rhydd yn cyfrannu tuag at letygarwch yr arglwydd trwy arfer o'r enw 'dawn bwyd a gwestfa'. Yn ychwanegol i hynny, byddai gan yr arglwydd ei dir 'preifat' ei hun wrth ymyl y Faerdef – tir bwrdd. Cynnyrch y tir hwn, yn bennaf, a ai i gynnal y Llys a'i letygarwch hael. Y gwŷr caeth yn y Faerdref, yn ogystal â llafurwyr heb eu tir eu hunain, a fyddai'n trin y tir bwrdd ar ran yr arglwydd. Pobl y Faerdref, hefyd oedd yn trwsio a diddosi'r Neuadd ac adeiladau eraill y Llys erbyn y deuai'r arglwydd yno. Byddai pob arglwydd o bwys yn berchen ar sawl cwmwd ac yn cylchdroi o lys i lys er mwyn manteisio ar gynnyrch ei holl diroedd.[70]

Sylfaen hyn i gyd, fel y cyfeiriwyd eisoes, oedd rhwymau cymdeithas: diwylliant a gydnabyddai a derbyn gwahaniaeth gradd a statws, a dibyniaeth ar arglwydd pwerus. Ar ei fwyaf syml, sonid am gymdeithas wedi'i rhannu'n dri dosbarth: 'y rhai sy'n ymladd' (brenhinoedd, arglwyddi a marchogion), 'y rhai sy'n gweddio' (offeiriaid a mynaich) 'a'r rhai sy'n gweithio' (pawb arall).[71] Ymysg y rhai a weithiai, wedyn, ceid gwahaniaeth statws hynod bwysig rhwng y caeth (y mwyafrif) a'r rhydd (y lleiafrif). Serch hynny, doedd ansawdd bywyd beunyddiol y naill a'r llall ddim mor wahanol ag a dybir yn aml. Oddeutu'r flwyddyn 1000 fe luniwyd casgliad o ddeialogau Lladin syml, 'Ymgomiom Aelfric', fel cymorth dysgu'r iaith i fechgyn yr ysgolion mynachaidd a darpar-glerigwyr. Un ohonynt oedd 'Ymgom yr Aradwr', ac fe'i trosir yma:

*Lladd gwair ym mis Gorffennaf a chynaeafu ym mis Awst :
dwy olygfa o Galendr Seisnig o'r 11G*

'Nawr, ynte, aradwr, pa waith wyt ti'n ei wneud?

Rwy'n gweithio'n galed iawn. Fe af allan gyda'r wawr i yrru'r ychen i'r cae a'u ieuo wrth yr aradr. Rhag ofn fy arglwydd ni feiddiaf aros gartref hyn yn oed pan mae'r gaeaf yn oer iawn. Rhaid imi aredig acer lawn neu fwy bob diwrnod.

A oes gennyt gydymaith ?

Mae gennyf fachgen i fygwth yr ychen gyda'i ffon-brocio. Mae'n eithaf bloesg gan yr oerni a'r holl floeddio.

Beth arall wyt ti'n ei wneud ?

Mae'n rhaid imi gyrchu gwair i'r ychen, rhoi dŵr iddyn nhw a charthu'r beudai.

Trwm yw dy lafur !

Yn wir, a hynny am nad wyf yn rhydd!'[72]

Efallai mai awgrym sydd yng nghynffon yr ymgom na fyddai llafur amaethwr rhydd lawer yn llai, ond bod amgenach cymhelliant gan y gŵr rhydd i ddal ati yn nannedd yr oerni.

Cyfeiriodd y Dr Wendy Davies, yn ei hastudiaethau trwyadl ar yr Oesoedd Canol Cynnar yng Nghymru, at ansawdd rheibus ac ysbeilgar brenhiniaeth Gymreig trwy gydol y cyfnod.[73] Awgryma Kari Maund na allai brenhinoedd ddal eu gafael yn awenau grym oni baent yn filwyr medrus, o dras pendefigaidd ac yn gallu ennill a chadw cefnogaeth pendefigion blaenllaw eraill.[74] Ac eithrio ambell i unigolyn fel Hywel Dda, roedd diffyg mawr o ran gweledigaeth wleidyddol a gwladweini creadigol. Hyd yn oed yn achos brenin grymus fel Gruffudd ap Llywelyn (1039-1063) a lwyddodd i uno mwy o'r wlad o dan ei awdurdod na neb arall, hyd yn oed Hywel Dda, portreadir ef yn aml fel 'deryn drycin, yn teyrnasu trwy drais, yn trethu trwy ysbail ac yn llywodraethu o gefn ei geffyl. Serch hynny, gwêl Kari Maund ddoniau strategol a milwrol eithriadol ynddo, beth bynnag am weledigaeth.[75]

Oddeutu'r flwyddyn 1000, yn ddi-os, roedd Cymru'n ferw o ansefydlogrwydd gwleidyddol a gwrthdaro arfog. Llaciodd mab Hywel Dda ei afael ar Wynedd a buan yr aeth pethau rhwng y cŵn a'r brain yno, er i'w ŵyr, Maredudd ab Owain o Ddeheubarth, geisio adfer pŵer ei linach cyn ei farw yntau yn 999. Syrthiodd gorseddau Cymru i ddwylo'r naill ryfelwr pwerus ar ôl y llall, a'r rheini weithiau heb fod o ach brenhinol. Anturiaethwyr rhonc oedd rhai, yn achub eu cyfle ac yn cipio'r ysbail mwyaf oll – coron gwlad.[76] Enghraifft dda o hyn oedd gyrfa niwlog Aeddan ap Blegyrwyd, a fu mewn bri yng Ngwynedd o tua 1005 hyd 1018, p'run ai oedd yn frenin coronog ai peidio. Cipiodd yr awenau pan oedd yr etifedd agosaf o ran ach yn blentyn, a chadwodd hwy, trwy rym y cledd, am dair blynedd ar ddeg. Yn y diwedd fe'i diorseddwyd gan Lywelyn ap Seisyll a'i ladd. Talodd Aeddan bris chwerw am ei uchelgais: fe laddwyd ei bedwar mab gydag ef yn 1018. Cafodd Llywelyn ap Seisyll ganmoliaeth hael yn y croniclau, er mai cwta pum mlynedd o lonydd a gafodd wedi trechu Aeddan. Gwelid ef fel brenin o 'iawn ach', yn hytrach na chowboi wedi stwffio i'r brig.[77]

Ai rhyw dalwrn ceiliogod milain a di-weledigaeth oedd tröad y mileniwm diwethaf, felly? Ai Aeddan ap Blegywryd, oedd arwr nodweddiadol y flwyddyn 1000? Efallai am y tro, ond roedd yna amgenach sŵn ym mrig y morwydd. Ar draws gwledydd Cred, buasai ymdeimlad hir o fod mewn lle cyfyng yn barhaus, o fod yn hongian ar ddibyn ebargofiant, gyda dialedd y Northmyn ar y naill law a chledd Islam ar y llall; ac yn nes adref, holl ystrywiau'r diafol a pheryglon natur yn llechu tu ôl i bob coeden.[78] Yn ddiweddar iawn roedd lluoedd y Swltan wedi cyrchu hyd at ddinas Genoa, ac yn y flwyddyn 999 anrheithiwyd gwlad Dyfed gan y Northmyn. Cawsai eglwysi pwysig eu difrodi ganddynt, megis Clynnog Fawr (978) a Llanbadarn Fawr (988), a dioddefodd cadeirlan Tyddewi deirgwaith.[79] Yn y blynyddoedd wedi'r mileniwm fe ddechreuodd y llanw droi – wel, rhyw fymryn, ac yn boenus o araf – llosgwyd cadeirlan Bangor mor ddiweddar â 1073. Ond di-sail, yn y diwedd, fu pryderon gwaethaf eglwyswyr ynglŷn â'r mileniwm, fel 'chwilen y mileniwm' yn ein dyddiau ni. O'r rhyddhad hwnnw, yn ôl Räoul Glaber, fe ddeilliodd rhyw hyder newydd yn y byd Cristnogol Ewropeaidd.[80]

A dyma ni'n ôl efo'r mynach o Fwrgwyn. Cofnododd yntau ymateb gwlad ac eglwys i fethiant y proffwydoliaethau gwae ynglŷn â'r mileniwm.[81] Bu cryn ddadlau pa mor gyffredinol oedd y pryder hwn, hyd yn oed ymysg y deallusion llengar. Ai dim ond Räoul ei hunan oedd yn poeni? Ai canlyniad oedd yr adfywiad hwn i gynnydd mewn poblogaeth a chynnydd amaethyddol wrth i'r 'optimwm hinsoddol' gyrraedd ei anterth? Ni wyddom i sicrwydd. Rhaid cofio hefyd i Glaber fyw trwy *ddau* dröad mileniwm o bwys crefyddol mawr: yn 1033 dathlwyd milflwyddiant croeshoeliad ac atgyfodiad Iesu Grist. Ar ôl y trobwynt cyntaf o'r ddau, cafwyd gan Glaber y datganiad hynod hwn o rym adnewyddol gobaith:

'Yn union cyn y drydedd flwyddyn wedi'r milflwydd, trwy'r byd benbaladr ond yn enwedig yn yr Eidal a Gâl, dechreuodd pobl ailadeiladu eglwysi, er bod y rhai presennol gan amlaf yn gymwys ac wedi eu hadeiladu'n dda. Ond ymddengys fel pebai pob cymuned Gristnogol am ragori ar bawb arall yn ysblander eu hadeiladu. Roedd fel petai'r byd yn ymysgwyd yn rhydd ac yn gwisgo'i hunan ym mhobman â mantell wen o eglwysi.'[82]

Gallwn weld hyd heddiw gyfran, o leiaf, o'r hyn a wnaeth argraff mor ddofn ar y mynach syber. Ledled Ewrop, ac yn enwedig yn ne Ewrop, roedd ysbryd newydd yr Eglwys yn magu ffurf arbennig – yr eglwysi enfawr *Romanesque*, gyda'u bwâu crwn a'u pileri addurniedig. Ymhen y rhawg fe ddaeth yr arddull bensaernïol hon i wledydd Prydain, gyda chadeirlannau hardd fel Peterborough, Caerloyw a Durham yn enghreifftiau clodwiw. Ond nid y flwyddyn 1000 oedd man cychwyn y mudiad: daethai i fri yn yr Eidal a Sbaen erbyn tua 950.[83] Fe welir yr arddull *Romanesque* ar raddfa lai yn eglwys Abaty Margam, gyda'i borth gorllewinol danneddog hardd, ac ym mhorth gogleddol Cadeirlan Llandaf. Eironi rhyfeddol yw mai'r Normaniaid a ddygodd yr arddull *Romanesque* i Brydain – disgynyddion y Northmyn hynny a barodd fraw trwy wledydd Cred, ac a losgodd eglwysi megis Tyddewi a Phenmon, Bangor a Llanbadarn Fawr.

'Un wennol ni wna wanwyn' meddai'r hen air. Weithiau, mae hyd yn oed yr un wennol yn sobor o hwyr yn cyrraedd. Felly y bu yng Nghymru wedi'r milflwydd. Prin y byddai Räoul Glaber wedi gweld arwyddion o 'ymysgwyd yn rhydd' yng Nghymru Aeddan ap Blegywryd. Ond erbyn diwedd yr unfed ganrif ar ddeg roedd egin newydd yn y tir. Roedd y Cymry wedi wynebu corwynt y Norman ac yn dal i sefyll. Roeddynt wedi dysgu mabwysiadu syniadau a sgiliau eu gelynion ac yn dechrau meithrin amgenach syniad o swydd brenhiniaeth na thrwydded i ysbeilio.[84] Un o gewri'r cyfnod yma oedd Gruffudd ap Cynan, a brofodd chwerwedd alltudiaeth a charchar, a wrthsafodd y Normaniaid ac a deyrnasodd yn llwyddiannus fel Brenin Gwynedd o 1098 hyd ei farw yn 1137. Ymhen blynyddoedd wedyn fe ysgrifennwyd cofiant iddo, *Historia Gruffud vab Kenan*, gan rhyw glerigwr dienw – yr unig gofiant lled-gyfoes i frenin neu dywysog Cymreig. Ynddo fe geir y paragraff hynod hwn, sy'n iasol o arwyddocäol i'r sawl a ddarllennodd sylwadau Glaber:

'A Gruffudd yntau a wnaeth eglwysi mawr yn y llysoedd pennaf iddo ef ei hun, ac adeiladau y llysoedd a'r gwleddoedd yn wastad yn anrhydeddus. Pa beth hefyd; tywynnu a wnai Gwynedd wedyn o eglwysi gwyngalchog, fel y ffurfafen o sêr.'

Addaswyd o *Historia Gruffudd vab Kenan*, gol. D. Simon Evans, Gwasg Prifysgol Cymru, 1977

Fe ddaeth y wennol o'r diwedd, a bu gwanwyn am gyfnod, hyd nes y daeth gaeaf ingol arall i'n rhan, a Chilmeri oedd hwnnw.[85]

NODIADAU

BYRFODDAU:
Ibid: o'r un ffynhonell yn union ag uchod
Idem: o'r un cyhoeddiad gan yr awdur a enwir ag a nodwyd o'r blaen
Passim: aml i gyfeiriad yng nghorff y gwaith a enwir

1. GEARY, Patrick J., *Phantoms and Remembrance: Memory and Oblivion at the end of the First Millennium*, Princeton University Press 1994, tt.7-16.
2. RYAN, Keith (gol.), *The Official Commemorative Handbook for the Millennium*, Citroen/Wolf Communications 1999, passim.
3. a) BROOKE, Christopher, *Europe in the Central Middle Ages 962-1154*, Longman, ail arg. 1974, tt.1-2; cymharer sylwadau Brooke â:
   b) COLLINS, Roger, *Early Medieval Europe 300-1000*, Macmillan 1991, t.354.
4. DAVIES, Norman, *Europe: A History*, Oxford University Press 1996, tt.291-292.
5. DUMVILLE, David N., 'Sub-Roman Britain: History and Legend', yn *History*, Cyfrol 62, Rhif 205, 1977, t.173-192 passim: erthygl ddylanwadol dros ben a simsanodd hygrededd ffynonellau llenyddol Cymreig yr Oesoedd Tywyll am flynyddoedd wedyn.
6. HERLIHY, David (gol.), *Medieval Culture and Society*, Harper Torchbooks 1968, tt.xi-xiii.
7. HINTON, David A., *Archaeology, Economy and Society*, Seaby 1990, gweler Penodau I i V yn neilltuol.
8. WRIGLEY, E.A. a SCHOFIELD, R.S., *The Population History of England 1541-1871: A Reconstruction*, Cambridge University Press, ail arg. 1989, t.109.
9. HALLAM, Elizabeth, 'The Story of Domesday Book', yn *Domesday Book: England's Heritage Then and Now*, Phoebe Phillips Editions 1985, tt.11-18.
10. BLOCH, Marc, *Feudal Society* (cyf. L.A. Manyon), Cyfrol 1: *The Growth of Ties of Dependence*, Routledge & Kegan Paul, ail arg.1962, tt.113-116.
11. HALLAM, Elizabeth, idem, t.12.
12. BARNARD, Peter, *We Interrupt this Programme: Twenty News Stories that Marked the Century*, BBC Books 1999, tt.88-97, tt.208-209.
13. EASTON, Stewart C. a WIERUSZOWSKI, Helene, *The Era of Charlemagne*, Van Nostrand 1961, t.47.
14. WATT, W. Montgomery, *The Majesty that was Islam*, Sidgwick & Jackson 1974, tt.226-233.
15. DUNCAN, David Ewing, *The Calendar*, Fourth Estate 1999, tt.120-126.
16. a) SHERLEY-PRICE, Leo (gol./cyf.) *Bede: A History of the English Church and People*, Penguin 1955; gweler yn enwedig; Llyfr I, Pennod 22, tt.65-66 a Llyfr II, Pennod 2, tt.99-102.
    b) ROLLASON, DAVID, 'Bede's Ecclesiastical History of the English People' yn *The Historian*, The Historical Assocaition, rhif 73, Gwanwyn 2002, tt.6-10. Dywed Rollason: 'Bede was overtly hostile to them (y Brythoniaid) and believed them to be hostile to the Engliash ...' (t.9)
17. WARD, Benedicta, *The Venerable Bede*, Geoffrey Chapman 1990, tt.27-34.
18. DUNCAN, David Ewing, idem, tt.123-124.
19. BROOKE, Christopher, idem, tt.5-6.
20. a) RICHÉ, Pierre, *Daily Life in the World of Charlemagne* (cyf. J.A. McNamara), University of Pennsylvania Press 1988, tt.207-211.
    b) DE HAMEL, Christopher, *A History of Illuminated Manuscripts*, Phaidon Press 1994, tt.74-108.
21. HUGHES, Kathleen, 'The Welsh Latin Chronicles: *Annales Cambriae* and Related Texts'

yn *Celtic Britain in the Early Middle Ages: Studies in Welsh and Scottish Sources by the Late Kathleen Hughes*, gol. David N. Dumville, Boydell 1980, passim, ond gweler yn neilltuol y crynodeb o dwf cronicl, t.85.

22 Ibid, t.82.
23 DUNCAN, David Ewing, idem, 96-100.
24 a) HAMILTON, Bernard, *Religion in the Medieval West*, Edward Arnold 1986, tt.87-95.
    b) AQUINAS, Thomas, *Summa Theologica*, Argraffiad Encyclopaedia Britannica Inc. 1952, Cyfrol I, tt.339-377 ('Treatise on the Work of the Six Days'); gweler yn neilltuol tt.358-359, lle mae'r ysgolhaig mawr hwn o'r 13G yn trafod natur y cosmos.
25 HAMILTON, Bernard, idem, tt. 88-91.
26 BARBER, Malcolm, *The Two Cities: Medieval Europe 1050-1320*, Routledge 1993, t.432.
27 FRANCE, John (gol./cyf.), *Rodulfus Glaber: The Five Books of the Histories*, Clarendon Press 1989, tt.4-7.
28 a) Ibid, t.92.
    b) PHILLIPS, J.R.S., *The Medieval Expansion of Europe*, Oxford University Press, 1988, tt.3-14, 209.
29 a) BABINGTON, Churchill (gol.), *Polychronicon Ranulphi Higden Monachi Cestrensis*, Cyfrol 1, Rolls Series 1865, tt.46-52.
    b) PHILLIPS, J.R.S., idem, tt.196-197.
30 BABINGTON, Churchill (gol.), idem, t.79, t.130, t.154, t.168.
31 a) MORRIS, John (gol.), *Nennius: British History and the Welsh Annals*, Phillimore 1980, tt.18-20 (yn Saesneg), tt.59-61 (yn Lladin).
    b) JONES, John Owen (gol.), *O Lygad y Ffynnon*, Y Bala 1899, tt. 209-246 (cyfieithiad Cymraeg o Nennius ac awduron cynnar eraill).
    c) LOOMIS, R.S., *Celtic Myth and Arthurian Romance*, Constable (adargraffiad) 1995, tt.125-126, tt.344-349.
32 a) PHILLIPS, J.R.S., idem, tt.102-121.
    b) JONES, Gwyn, *A History of the Vikings*, Oxford University Press, ail arg. 1984, tt.304-306.
33 BRAMONT, Jules (gol.), *The Travels of Sir John Mandeville and the Journal of Friar Odoric* (1928), adarg. Heron Books (dim dyddiad), Cap.LXI, tt.157-158.
34 a) PHILLIPS, J.R.S., idem, tt.18-25.
    b) POUNDS, N.J.G., An Economic History of Europe, Longman, adarg. 1983, tt.97-100.
35 LEWIS, C.S., *The Discarded Image*, Cambridge University Press 1964 (adarg. Canto 1994), tt.3-4, 105-112.
36 BRYCE, Derek (gol.), *The Herbal Remedies of the Physicians of Myddfai: Translated by John Pughe*, Llanerch 1987, tt.134-138.
37 JONES, Thomas (gol./cyf.), *Gerallt Gymro*, Gwasg Prifysgol Cymru 1938, t.16 ('Hanes y Daith', Llyfr I, Pennod I), tt.195-196 ('Disgrifiad o Gymru', Llyfr I, Pennod XVI).
38 a) LEWIS, C.S., idem, tt.71-72.
    b) FRAYLING, Christopher, *Strange Landscape: A Jounrney through the Middle Ages*, BBC Books 1995, tt.159-205 (Pennod 4 – 'Circles of Light', yn trafod cosmoleg yr Oesoedd Canol trwy lygad y bardd Dantë).
39 BUSH, Douglas (gol.), *Milton's Poetical Works*, Oxford University Press 1966, tt.212-231 ('Paradise Lost', Llyfr 1; ceir hefyd Ragymadrodd rhyddiaith byr gan Milton – 'The Argument', tt.211-212).
40 FRANCE, John (gol.), *Rodulfus Glaber . . . etc., idem, passim.*
    a) Ibid, t.111.
    b) DENNY, Norman a FILMER-SANKEY, Josephine, *The Bayeux Tapestry: The*

Norman Conquest 1066, Collins/BCA 1985; dangosir y comed uwchben llys y Brenin Harold yn 1066 (dim rhifau tudalennau).
42 FRANCE, John (gol.), *Rodulfus Glaber . . . etc.*, idem, tt.111-112.
43 BARTLETT, Robert, *The Making of Europe: Conquest, Colonization and Cultural Change 950-1350*, Penguin 1994, tt.123-132 (trafodir y cyfyngiadau ar ryddid hyd yn oed mewn cymunedau 'rhyddion').
44 DAVIES, Wendy, *Wales in the Early Middle Ages*, Leicester University Press 1982, tt.112-116.
45 a) WARREN, W.L., *Henry II*, Methuen, adarg. 1991, tt..228-230.
    b) CLANCHY, M.T., *England and its Rulers 1066-1272*, Fontana 1983, tt.257-260.
46 TIERNEY, Brian, *The Crisis of Church and State*, Prentice Hall 1964, gweler yn neilltuol ddogfennau 14 a 15, tt.30-32.
47 a) JONES, Thomas (gol.), *Brut y Tywysogyon or the Chronicles of the Princes: Red Book of Hergest Version*, Gwasg Prifysgol Cymru 1955, tt.12-19.
    b) JONES, Thomas (gol./cyf.), *Gerallt Gymro*, idem, t.105 ('Hanes y Daith', Llyfr II, Pennod I).
48 BARTLETT, Robert, idem, tt.1-3.
49 a) JONES, Glyn Penrhyn, *Newyn a Haint yng Nghymru*, Llyfrfa'r Methodistiaid Calfinaidd 1962, tt. 46-50 ('Beth oedd y Fad Felen?').
    b) KEYS, David, *Catastrophe: An Investigation into the Origins of the Modern World*, Arrow Books 2000, passim (damcaniaeth uchelgeisiol bod y Fad Felen, newidiadau hinsawdd, concwest a dadfeiliad gwleidyddol byd-eang yn y 6ed a'r 7fed ganrif yn deillio o ffrwydrad folcanig enfawr rhwng ynysoedd Java a Sumatra yn 535 OC).
50 a) LAMB, Hubert H., *Climate, History and the Modern World*, Routledge, ail arg. 1995, tt.177-181.
    b) LE ROY LADURIE, Emmanuel, *Times of Feast, Times of Famine: A History of Climate since the Year 1000*, troswyd gan Barbara Bray, George Allen & Unwin 1972, tt.254-259.
51 a) LAMB, Hubert H., idem, tt.173-176.
    b) JONES, Gwyn, idem, tt.307-308.
52 a) BARTLETT, Robert, idem, tt.133-166.
    b) DAVIES, Wendy, idem, tt.43-47.
53 BLOCH, Marc, *Feudal Society*, idem, tt.145-147.
54 DAVIES, R.R., *The Age of Conquest: Wales 1063-1415*, Oxford University Press, ail arg. 1991, gweler yn neilltuol Benodau 3, 8, 11 a 12.
55 DAVIES, Wendy, idem, tt.68-71.
56 a) WILLIAMS, Ifor (gol.), *Canu Aneirin*, Gwasg Prifysgol Cymru 1938, t.3 ('Y Gododdin', Awdlau VI ac VIII), gweler hefyd y Rhagymadrodd, tt.xlviii-xlix ('Talu Medd').
    b) KOCH, John T. (gol.), *The Gododdin of Aneirin: Text and Context from Dark-Age North Britain*, Gwasg Prifysgol Cymru 1997, tt.58-59.
57 JONES, Owen, WILLIAMS, Edward a PUGHE, William Owen (gol'n.), *The Myvyrian Archaiology of Wales: Collected out of Ancient Manuscripts*, argraffiad Thomas Gee 1870, tt.190-192 (Awdl 'Hirlas Owain' o waith y Tywysog Owain Cyfeiliog).
58 JONES, Thomas, *Gerallt Gymro*, idem, tt.214-215 ('Disgrifiad o Gymru', Llyfr II, Pennod IV).
59 DAVIES, John, *Hanes Cymru*, Allen Lane / Penguin 1990, tt.86-92.
60 JENKINS, Dafydd (gol./cyf.), *The Laws of Hywel Dda*, Gwasg Gomer 1986, tt.xiii-xvi.
61 a) Ibid, t.41.
    b) WILIAM, Aled Rhys (gol.), Llyfr Iorwerth, Gwasg Prifysgol Cymru 1960, t.23.
62 JOHNSTONE, Neil, 'Llys and Maerdref: the Royal Courts of the Princes of Gwynedd', yn *Studia Celtica* XXXIV, 2000, tt.167-210.

63 WILLIAMS, Ifor, *The Beginnings of Welsh Poetry* (gol. Rachel Bromwich), Gwasg Prifysgol Cymru, ail arg. 1980, tt.155-172 ('The Praise of Tenby').
64 PEATE, Iorwerth C., *The Welsh House*, Hugh Evans & Sons Ltd. 1946, tt.113-126 ('The House of the Laws').
65 WILIAM, Aled Rhys, idem, t.1.
66 Ibid, tt.13-14 (Y Drysor), t.20 (Y Porthor).
67 JONES, Thomas (gol.) *Gerallt Gymro*, idem, tt.182-184 ('Disgrifiad o Gymru', Llyfr I, Pennod X).
68 HARTLAND, E. Sidney (gol.), 'Walter Map's *De Nugis Curialum*" (cyf. gan M.R. James), *Cymmrodorion Record Series*, No. IX, 1923, tt.99-100.
69 PRYCE, A. Huw, 'Frontier Wales c.1063-1282' yn *The Tempus History of Wales* (gol. Prys Morgan), Tempus 2001, t.78.
70 a) JONES, Glanville R.J., 'The Tribal System in Wales: A reassessment in the Light of Settlement Studies', *Cylchgrawn Hanes Cymru*, Cyfrol I 1961, tt.111-132; gweler yn neilltuol tt.119-120.
b) WILIAM, Aled Rhys, idem, t.64.
c) DAVIES, Wendy, idem, t.46.
71 KEEN, Maurice, *English Society in the Later Middle Ages 1348-1500*, Penguin Books 1990, tt.1-3.
72 TURRAL, J. (gol.), *Illustrations to British History 55BC – AD 1854*, Clarendon Press 1913, tt.24-25, (troswyd i'r Gymraeg o gyfieithiad Saesneg y golygydd o'r Lladin gwreiddiol).
73 DAVIES, Wendy, idem, t.125.
74 MAUND, Kari L., 'Dark Age Wales 383-c.1063' yn *The Tempus History of Wales*, idem, tt.55-57.
75 a) LLOYD, J.E., *A History of Wales: from the Earliest Times to the Edwardian Conquest*, Longman, Green & Co., 3ydd arg. 1939, Cyfrol II, tt.358-359.
b) MAUND, Kari L., idem, t.74.
76 a) LLOYD, J.E., idem, Cyfrol I, tt.343-352.
b) MAUND, Kari, *The Welsh Kings: the Medieval Rulers of Wales*, Tempus 2002, tt.63-70.
77 JONES, Thomas (gol.), *Brut y Tywysogyon: Peniarth Ms 20*, Gwasg Prifysgol Cymru 1941, tt.14-15.
78 FRANCE, John (gol.), idem, tt.32-39.
79 JONES, Thomas (gol.) *Brut y Tywysogyon or the Chronicle of the Princes*, idem, tt.17-29.
80 a) FRANCE, John (gol.), idem, tt.95-133 (Glaber, 'Historiarum Libri Quinque', Llyfr Tri, Rhagarweiniad Glaber a Phennodau i - vi).
b) LACEY, Robert a DANZIGER, Danny, *The Year 1000*, Little, Brown & Company 1999, tt. 179-192.
81 FRANCE, John (gol.), idem, tt.184-189 (Glaber, 'Historiarum Libri Quinque', Llyfr Pedwar, Pennod iv).
82 Ibid, tt.114-117 (Glaber, Historiarum Libri Quinque, Llyfr Tri, Pennod iv).
83 FOCILLON, Henri, *The Art of the West: Volume 1– Romanesque Art*, cyf. gan Donald King, Phaidon, ail arg. 1969, passim, ond gweler yn neilltuol tt.24-27.
84 DAVIES, John, idem, t.105.
85 WILLIAMS, J.E. Caerwyn, ROLANT, Eurys a LLWYD, Alan, *Llywelyn y Beirdd*, Cyhoeddiadau Barddas 1984; gweler yn neilltuol Gerdd X ('Marwnad Llywelyn ap Gruffudd' gan Gruffudd ab Yr Ynad Coch) a'i ddelweddau o aeaf a drycin a'r delwed dau o aeaf crebach yn awdlau modern Gerallt Lloyd Owen, 'Cilmeri' (Cerdd XXXVIII) a Gwynn ap Gwilym, 'Cilmeri' (Cerdd XXXI) yn ogystal â Cherdd XXXII ('Pedair Cerdd ar Drothwy 1982') gan Alan Llwyd.

Cesyg Medi y Celtiaid

Jan Grendall

BETH OEDD Y TRADDODIAD?
Dyma gasgliad o'r dystiolaeth sydd ar gael mewn gwahanol ffynonellau:

YR YSGUB OLAF
Parhaodd seremonïau'r Ysgub Olaf cyhyd ag y parhaodd cynaeafu'r ŷd â llaw. Credid fod yr Ysgub Olaf yn ymgorfforiad o Ysbryd y Cynhaeaf/yr Ŷd. Drwy dorri'r Ysgub lleddid yr Ysbryd. Hyd yn oed ar ôl i'r gred farw, parhaodd atgof am yr ofn hwn ym meddyliau'r cynaeafwyr. Credid ei bod yn anlwcus bod yr un a dorai'r Ysgub Olaf. Ar rai ffermydd arferid gadael yr Ysgub Olaf heb ei dorri. Safai'r cynaeafwyr mewn hanner cylch o'i gwmpas a thaflu eu crymanau tuag ato fesul un nes ei dorri. Amrywiai'r hyn a ddigwyddai i'r torrwr o ardal i ardal:
- Weithiau cai swm fach o arian
- Ambell dro câi hawliau arbennig
- Un o'r arferion hynaf oedd ei lapio yn yr ŷd yr oedd newydd ei dorri, ei sgytian a'i daflu i fyny ac i lawr gan ei gyd-gynaeafwyr yn y cae. Hwyl oedd hyn erbyn y diwedd ond yn y gorffennol Cyn-Gristnogol roedd yn fwy difrifol. Câi'r torrwr – neu ddieithryn yn ei le – ei ladd yn y fan a'r lle yn y cae er mwyn adfer bywyd Ysbryd y Cynhaeaf/yr Ŷd a fu farw pan dorwyd yr Ysgub Olaf.

Christine Hole, *British Folk Customs* (Hutchinson, 1976) t. 92

* * * *

Y CYNHAEAF ŶD

Cyn mecaneiddio ffermio roedd y cynhaeaf ŷd yn binacl blwyddyn ar y fferm i bawb a gymerai ran. Enillid y cynhaeaf yn erbyn pob anhawster dros y misoedd. Gynt roedd yn achlysur llawn hapusrwydd i ddynion a merched. Bellach dau neu dri sy'n gwneud y gwaith â pheiriannau ac y mae llawer o'r hen arferion wedi diflannu, gan aros fel atgof efallai.

Christine Hole, *British Folk Customs* (Hutchinson, 1976) t.92

* * * *

Y GASEG FEDI – Y PARCH. FRED JONES

Nid oes ond ychydig o'r hen arferion wedi goroesi'r cyfnewidiadau ym mywyd cymdeithasol Cymru. Gresyn hefyd farw o rai ohonynt, oblegid o edrych o'r pellter hawdd tybio bod llawer o swyn a pheth budd ynddynt. Nid oes i amaethyddiaeth heddiw y bri a fu iddi. Y mae'n wir mai bywyd caled oedd ar y fferm gynt, ond yr oedd iddo arferion difyr a llawer o fwyniant iach. Bu farw'r hen arferion tan ddylanwad golau gwell ac yn sŵn peiriannau a dyfodiad estroniaid tros glawdd Offa. Un ddefod a lynodd yn hir ac a fu farw o raid ydoedd: Y Gaseg Ben Fedi – Perthynai i'r cynhaeaf trwy Gymru ei ddefodau a'i wleddoedd. Yng Ngogledd Cymru yn gyffredin ceid gwleddoedd a elwid 'Boddi'r Cynhaeaf'. Yn sir Ddinbych gelwid y tusw olaf o ŷd ar gaeaf fferm yn Gaseg Fedi, ac yn sir Gaernarfon gelwid ef Y Wrach. Eithr tybiaf oddi wrth yr hanes a geir i fri mwy fod ar y Gaseg Ben Fedi yn siroedd Aberteifi a Chaerfyrddin nag yn unman arall. Ni fu'r ddefod farw'n llwyr yn sir Aberteifi hyd yn gymharol ddiweddar. Dywaid y Parchedig Fred Jones, B.A., B.D., wrthyf, iddo ef pan oedd yn hogyn, lai na hanner can mlynedd yn ôl, gystadlu â'r medelwyr mewn taflu'r cryman at y Gaseg ar fferm ei dad yng nghanolbarth Ceredigion. Ei ddisgrifiad ef o'r ddefod ydyw: 'Fe adewid rhyw droedfedd ysgwâr o'r cae diweddaf oll heb ei dorri. Wedyn fe blethid pen y tusw hwn, ar ei sefyll fel yr ydoedd, yn 'bleth dair'. Safai pawb wedyn ryw ddeg llath neu fwy oddi wrtho, a thaflai pob medelwr yn ei dro ei gryman ato, a'r sawl a'i torrai'n llwyr fyddai raid cario'r tusw i'r tŷ. Y gamp oedd taflu'r tusw hwnnw i'r ford swper heb i neb o'r merched oedd o gylch y tŷ ei weled; waeth os dôi'r merched i wybod gan bwy yr ydoedd, hanner boddid ef a dŵr, ac ond odid na theflid ef yn rhondyn i'r llyn! Pan oeddwn yn paratoi'r papur hwn mi welais adolygiad ar lyfr yn y Daily News and Leader, yn ymdrin â'r mater hwn ymhlith pethau eraill. Ni ddyfynnwn ychydig ohono ar y pen hwn:

'The common European superstition that whoever cuts the last corn must die soon is probably a faint reflection of the ancient rite of killing the corn spirit in the person of the last reaper; and we are told that till lately in Pembrokeshire the men used to aim their hatchets at the last 'neck' of corn left standing, and afterwards belabour or handle roughly the man who was caught with the 'neck' in his possession.'

Y Geninen, Cyf. XXXIII, t. 250.
Ysgrif y Parchedig Fred Jones, BA, BD

Gwahaniaethai'r ddefod beth yng ngwahanol rannau'r un sir hyd yn oed. Yng ngogledd Ceredigion byddai raid i'r sawl a dorrai'r tusw ei ddwyn i fferm yn y gymdogaeth a ddigwyddai fod 'ar ôl gyda'r cynhaeaf', a'i daflu i'r maes y gweithid ynddo ar y pryd. Ystyrid hyn yn sarhad mawr, a rhaid fyddai i'r troseddwr ddianc am ei einioes â chrymanau'r holl fedelwyr yn ei ddilyn.

* * * *

DUW AMAETH – AMAETHON

Y cyntaf o'r Anoethau a nodir gan Ysbaddaden Bencawr i Culhwch:
  'A weli di'r llwyn mawr draw?'
  'Gwelaf.'
  'Fe fynnaf ei ddiwreiddio o'r ddaear a'i losgi ar wyneb y tir hyd oni fyddo golosg hwnnw a'i ludw yn dail iddo, a'i aredig a'i hau nes y byddo'n aeddfed yn y bore erbyn amser codiad gwlith fel y'i gwneler yn fwyd a diod i'th westeion priodas di a'm merch. Ac fe fynnaf i wneud hynny oll mewn un diwrnod.'
  'Y mae hynny'n hawdd imi, er y tebygi di nad yw.'
  'Er iti gael hynny, y mae rhywbeth na chei. Nid oes amaethwr a amaetho'r tir hwnnw a'i baratoi ar wahân i Amaethon fab Dôn, gan mor arw yw. Ni ddaw ef gyda thi o'i fodd, ni elli dithau ei orfodi ef.'

Ifans, Dafydd a Rhiannon, *Y Mabinogion*
(Gwasg Gomer, 1980), t. 95

* * * *

TYFU ŶD – YR AIFFT

Tybia rhai mai yn yr Aifft y dechreuwyd tyfu ŷd fel cnwd cyntaf. Tyfai haidd a rhyg yn wyllt yno, fel mewn sawl gwlad arall.

Edrydd myth Eifftaidd sut y dysgodd Osiris (y duw a farnai'r meirw ac a gynrychiolid gan y lleuad), a'i chwaer-wraig Isis (y dduwies a ddyfeisiodd droelli a gwehyddu ac a gynrychiolid gan ddau gorn hir yn tyfu o un bonyn o'i phen) bobl i dyfu haidd a gwenith. Tynnodd Isis sylw ei gŵr at yr haidd a'r gwenith a dyfai'n wyllt yn y wlad a dysgodd Osiris ei bobl i aredig y tir ar ôl i lifogydd Afon Nîl gilio, hau a chynaeafu'r cnydau.

Un arall o dduwiau'r Eifftiaid oed Tefnut 'Y Poerwr', sef y glaw ac un arall oedd y duw pysgod Rem 'Yr Wylwr' y credid ei fod yn wylo dagrau ffrwythlon.

Gwelir yma'r cyswllt rhwng Afon Nîl a ffrwythlondeb a thyfu cnydau a hynny'n cael ei adlewyrchu yn y fytholeg.

John Owen Huws (nodyn personol)

* * * *

TYFU ŶD – BABILON

Y duw Ea-Oannes a ddysgodd y bobl sut i wneud popeth gan gynnwys tyfu ŷd.

Ishtar oedd mam-dduwies y bydysawd a chredid mai hi a gyflenwai fwyd dyn a chreadur. Ei mab oedd Thammuz, ysbryd y cynhaeaf. Credid ei fod yn dduw ifanc a oedd yn marw bob blwyddyn, ond yn atgyfodi fel ysbryd bywiol had yr ŷd a welid fel tyfiant gwyrdd ar ôl hau yn y gwanwyn. Credid y lladdai ysbrydion drwg y gaeaf a thywydd drwg, gan wneud aredig a hau yn bosib.

Cyfetyb Thammuz i'r duw Groegaidd Adonis a dethlid ei ŵyl yn Assyria, Alexandria, yr Aifft, Judea, Persia, Cyprus a Groeg am wyth niwrnod bob blwyddyn. Rhydd Lucian ddisgrifiad manwl o'r seremoni lle cludid ŷd, blodau, perlysiau, ffrwythau a changhennau coed yn seremonïol a'u taflu i'r môr neu ffowntan.

John Owen Huws (nodyn personol)

* * * *

TYFU ŶD/REIS : INDIA

Yn India credid bod Indra yn ymladd Vritra ac ysbrydion aflan sychder. Duw'r daran oedd Indra a deuai â glaw i diroedd sychion India. Ef oedd ysbryd y cynhaeaf a duw ffrwythlondeb. O drechu'r ysbrydion sychder deuai glaw gan adnewyddu'r ddaear a bwydo'r cynhaeaf reis. Adeg y cynhaeaf barlys yn y gwanwyn a'r cynhaeaf reis yn yr hydref cynhelid gwasanaethau diolchgarwch i'r duwiau. Pobid torth a wnaed â'r ŷd newydd i'w chyflwyno i Indra a'r duw Agni a ddaeth â'r had yn fyw.

John Owen Huws (nodyn personol)

* * * *

Mae'n amhosib dweud pa bryd neu yn lle y gwnaed cesyg medi gyntaf. Nid ydynt yn gyfyngedig i Gymru, gwledydd Prydain, na hyd yn oed Ewrop, ac fe'u ceir ledled y byd o Fecsico i'r Aifft. Addurniadol yn unig oeddynt weithiau, ond fel arfer roeddynt yn arwyddluniau o ffrwythlondeb adeg y cynhaeaf, a bu i'r swyddogaeth honno barhau trwy ddechrau'r ugeinfed ganrif.

Erbyn heddiw, yn anffodus, ystyrir y gaseg fedi yn eitem ffasiynol-wladaidd, ond cefais i yn sicr fy nysgu i'w gwneud fel traddodiad byw gan fy nhaid ac rwyf wedi cyfarfod â dynion oedrannus eraill a fu'n cynnal y traddodiad cynhaeaf yma hyd nes i'r crydcymalau neu golli tir roi terfyn ar eu gweithgarwch. Ni wn am yr un ffermwr modern sydd naill ai â'r amser na'r amynedd i barhau â'r traddodiad cynhaeaf hwn yn ei ffurf bur, er fod yr *'Old Cornwall Societies'*, yng Nghernyw, wedi adfywio'r seremoni *'crying the neck'*, a berfformir bellach mewn dull artiffisial a di-liw. Hwyrach fod rhai ffermwyr yn gwneud cesyg medi fel hobi, ond mae'r gwir draddodiad wedi marw.

Er na allwn bennu ar ba ddyddiad y cychwynnodd defodau cynhaeaf a chesyg medi, gellir dweud gyda sicrwydd eu bod wedi goroesi o ddefodau paganaidd, a oedd bron yn sicr yn gysylltiedig â defodau ffrwythlondeb. Damcaniaethir gan rai pobl fod y seremonïau gwreiddiol yn cynnwys aberth dynol, ond nid oes unrhyw brawf fod hyn yn wir; eto ni ellir gwrthod y posibilrwydd yn bendant. Ni chawn byth wybod y gwir. Erbyn oes Fictoria tybiwyd yn gyffredinol gan yr ofergoelus fod 'ysbryd yr ŷd' yn aros yn yr ysgub olaf o ŷd i'w thorri yn y cynhaeaf, a gwnaed y gaseg fedi ohoni yn draddodiadol.

Mae yna bosibilrwydd cryf fod y cesyg medi ym Mhrydain yn cael eu plethu ar y 1af Awst, hen ddiwrnod gŵyl Celtaidd a adwaenir gan y Gwyddelod fel *Lughnasadh* ac a gristnogeiddiwyd i Lammas *(Loaf-mass)* pryd y defnyddiwyd ŷd newydd y tymor i bobi 'torth-gyntaf' seremonïol; roedd Lughnasadh (mewn Manaweg – *Luanistyn*, Gaeleg yr Alban – *Lunasad*) yn un o'r pedair gŵyl gyn-Gristnogol fawr a gyflwynwyd gan y duw Lugh er cof am ei lys-fam Tailtu. Gwledd amaethyddol oedd i anrhydeddu cynaeafu cnydau.

Erbyn y ganrif ddiwethaf, er fod llawer o ofergoel yn parhau o amgylch y cynhaeaf a'r gaseg fedi, collwyd unrhyw arwyddocâd crefyddol dwfn. Serch hynny, mae yna gyswllt cryf rhyngddi â ffrwythlondeb o hyd, a chefais i yn bersonol brofiad o ddynes yn mynnu cael caseg fedi gennyf ar ôl ymdrechu'n hir ac yn ofer i ddechrau teulu. Mae'n ffaith gofnodedig iddi ddod yn feichiog yn fuan gan eni hogan fach iach. Yr ewyllys yn llywodraethu? Cyd-ddigwyddiad? Doedd y fam hapus yn sicr ddim yn credu hynny – iddi hi, y gaseg fedi piau'r clod.

Ystyriwyd hefyd fod y gaseg fedi yn dod â lwc dda. Gellir olrhain ffynhonnell y syniad hwn yn hawdd: fe'i gwnaed er ffrwythloni'r tir, ffrwythloni anifeiliaid, a hyd yn oed pobl; ac yn sicr roedd y gŵr a gâi gnydau da, diadell lewyrchus, a phlant iach, cryf i weithio iddo a pharhau ei linach yn berson lwcus.

Fel arfer, y gaseg fedi yw'r unig arwydd gweledol o'r seremonïau a oedd yn gysylltiedig â'r cynhaeaf sydd wedi neu sydd yn marw erbyn hyn. Amrywiadau ar yr un egwyddor oedd y rhan fwyaf o'r seremonïau hyn, gyda phob ardal yn datblygu mân amrywiadau a defodau neilltuol iddynt hwy. Byddwn yn delio â rhai o'r rhain dan benawdau rhanbarthol ymhellach ymlaen. Daeth newidiadau hefyd wrth i'r arferion cynaeafu newid, megis disodli'r cryman a ddefnyddiwyd i fedi mewn cyfnod cynharach gan y pladur, neu dyfu math gwahanol o ŷd.

Hefyd, er fod rhai mathau o gesyg medi (yn arbennig y droell 5 gwelltyn neu'r gaseg ddafn) i'w gweld trwy Brydain; cyfyngwyd eraill i rai ardaloedd, neu hyd yn oed i un fferm arbennig. Ac wrth gwrs, dibynnai llawer ar fedrusrwydd y gwehydd, a pha mor awyddus oedd eraill i ddysgu ei grefft. Mewn dim ond cenhedlaeth neu ddwy gellir colli dyluniad neu blethiad traddodiadol am byth. Yn aml ceir dryswch ym meddyliau pobl rhwng y Cyfarfod Diolchgarwch eglwysig a sefydlwyd gan y Parch. R.S. Hawker o Morwenstow yng Nghernyw, a'r Swper Cynhaeaf neu'r Cartref Cynhaeaf domestig. Yn y digwyddiadau sy'n arwain at ac yn cynnwys y dathliadau domestig yr ydym ni yn ymddiddori, gan mai yma y gwelwn y gaseg fedi yn cael ei gwneud.

Yn draddodiadol fe'i gwnaed o'r ystod olaf o ŷd i'w medi mewn cynhaeaf. Er fod rhai ffurfiau yn debyg eu siâp i bobl, a bod ystodiau cyfan weithiau yn cael eu haddurno fel 'morynion' neu 'fabanod', gweir neu blethir y gaseg fedi fel arfer ar ffurf gwyntyll, troell, tro dau welltyn neu ddolen yn ôl yr arfer lleol. Gall fod yn ddigon bach i'w gwisgo mewn twll botwm, neu'n ddigon mawr i gyrraedd ysgwydd dyn. Gall caseg fedi fod cyn symled â thywysennau o ŷd wedi eu clymu ynghyd a'u haddurno â blodau neu â rhubanau; fe'i ceir yn aml fel dim ond plethiad syml o dro dau welltyn, ond gall fod yn gelfyddydwaith mor gymhleth ag unrhyw beth â geir yn unman, yn galw am grefft ac amynedd eithriadol i gyflawni'r effaith a fwriedir.

Ond ni ellir cael caseg fedi tan i'r cynhaeaf ddod i ben, felly rhaid dechrau archwilio defodau'r cynhaeaf yn y fan honno.

Yn wreiddiol defnyddiwyd crymanau i gynaeafu'r ŷd, ac fe gâi ei dorri yn uwch i fyny'r goes am y rheswm syml nad oedd yn hawdd iawn gweithio am oriau bwygilydd yn eich cwman i gyrraedd y bonion. Gwnaeth y pladur y gwaith o dorri'r ŷd yn llawer haws.

Weithiau câi'r caeau eu torri mewn stribedi ac weithiau mewn patrwm cylchog, ond câi'r tywysennau olaf eu torri gyda defod arbennig bob amser, a elwid fel arfer yn *'crying the neck'*.

Byddai'r merched yn aml yn gweithio ochr yn ochr â'r dynion os oedd llafur yn brin, ac mae yna rywfaint o dystiolaeth mai'r merched a wnâi'r torri i gyd mewn cyfnod cynnar iawn; ond yn ddiweddarach, gweithgarwch gwrywaidd oedd yn sicr, gyda chryn gystadleuaeth am y swydd o ben medelwr a sefydlai'r cyflymdra i eraill ei ddilyn; a gwae unrhyw ddyn a hawliai'r anrhydedd, heb feddu ar y nerth, y grefft neu'r stamina i arwain y cae! Mae yna hanesion am yr ail fedelwr, a weithiai wrth ymyl yr arweinydd, yn 'torri i mewn' i sodlau'r arweinydd gyda'i bladur os oedd yna arafu. Mewn llyfr dyddiedig 1896, ceir hanes sgwrs a gynhaliwyd yng Nghernyw rhwng Lisbeth Gendall a Becky Bownance am ymgais aflwyddiannus i dorri i mewn i'r pen-medelwr, ac iddo yntau yn ei dro archolli dwylo ei gystadleuydd.

Yn y dyddiau hynny, mewn rhai amgylchiadau, câi'r pen medelwr hawlio cusan gan wraig y tŷ, neu'r forwyn dlysaf, ac mae'n siŵr fod hyn yn atsain o'r gwryw trechaf yn mynnu eu hawliau cyplysu, wedi ei liniaru i lefel derbyniol. Cysylltwyd diwedd y cynhaeaf erioed â phartïon yfed trwm ac â chwaraeon lled-rywiol, yn y caeau ac yn y swper cynhaeaf. Yn aml, câi clymau cariad bychain ar ffurf cesyg medi eu cyfnewid rhwng cariadon, megis y gwneir gyda chardiau Ffolant heddiw. Ar ôl medelu'r cae, y cyfan ar wahân i un ystod fechan o ŷd, roedd yn amser i'r ddefod dorri. O'r ystod hon y câi'r gaseg fedi ei gwneud yn iawn. Sonnir am yr amrywiadau niferus ar y ddefod dorri dan y penawdau rhanbarthol yn ddiweddarach yn y llyfr.

Gyda dulliau ffermio modern a mecanyddiaeth, caiff y gwellt i gyd ei wasgu, fel nad yw'n ymarferol plethu cesyg medi bellach. Heblaw hyn, nid yw'r mathau modern o ŷd mor addas i dechnegau plethu. Ar un adeg tyfai'r ŷd yn dalach; roedd y coesau'n deneuach, a'r tywysennau'n llai, gan roi grawn llai swmpus. Erbyn heddiw, mae'r ffermwyr yn chwilio am fwy o gynnyrch felly mae'r tywysennau, sy'n fwy ac yn drymach, angen coesau byr, trwchus i'w gynnal. Gan mai dim ond rhan uchaf y gwellt a ddefnyddir i blethu, i lawr at y cwlwm cyntaf (y chwydd cyntaf yn y goes), dim ond darn byr iawn o wellt plethu sydd ar gael mewn cnydau modern. Ac mae'r trwch ychwanegol yn wal y goes yn ei gwneud yn fwy anodd i'w plethu'n llyfn.

Wrth i ofergoelion bylu, aeth y defodau torri a phlethu yn ddibwrpas i bob diben difrifol, ond gyda'r diddordeb newydd yn y gaseg fedi fel crefft, mae rhai ffermwyr bellach yn tyfu ŷd yn arbennig i wehyddion, gan hau mathau hen ffasiwn megis square-heads master, elite neu marris widgeon. Mae rhai hyd yn oed yn tyfu'r gwenith barfog hardd, emmer, y gwyddom y câi ei dyfu ym Mhrydain yn yr Oes Haearn.

Gall prynu tywysennau ŷd fod yn ddrud; rhaid iddynt gael eu torri â llaw, eu sych ac yna eu postio allan, gyda'r postio yn costio mwy na'r ŷd ei hun yn aml. Rhaid i'r sawl sy'n gwneud y gaseg fedi wedyn ei gwneud â llaw i gyd, gan fod hon yn un grefft na ellir ei mecaneiddio. Fel yn yr hen ddyddiau, mae ansawdd y gwellt yn dibynnu yn y pen draw ar y tywydd ac ansawdd y gaseg fedi yn dibynnu ar y gwellt; nid all hyd yn oed y gweithiwr mwyaf crefftus wneud fawr ag ŷd gwael, wedi llwydo, sy'n hollti ac yn torri pan fo'n sych ac yn edrych yn hyll, yn smotiog ac yn ddi-sglein. Erys rhai pethau heb newid.

CYMRU

Roedd casglu'r cynhaeaf yn weithgarwch cymunedol mewn llawer ardal, gan ddilyn yr hen arfer canoloesol o gymhortha. Mae'r mecaneiddio mewn amaethyddiaeth wedi lleihau'r ddibyniaeth ar gymdogion a oedd unwaith yn rhan bwysig o drefn y cynhaeaf, a chollwyd llawer o draddodiadau yn enw cynnydd.

Goroesodd arfer y fedel wenith hwyaf yn rhannau dwyreiniol a gogleddol Cymru, gyda'r ffermwyr yn cytuno ymlaen llaw i beidio â thorri eu ŷd ar yr un diwrnod i gyd, er mwyn galluogi pob un i helpu'r lleill. Cynhaliwyd y swper cynhaeaf ar ddiwedd y cynhaeaf ac un o'r hoff fwydydd ynddo oedd whipod wedi ei wneud o fara, blawd, cyrens, rhesin a siwgwr.

I gwblhau'r dathliadau ceid dawnsio, canu a gemau, gydag un gêm o'r enw Rhibo yn arbennig o boblogaidd: safai dynion mewn dwy linell gan ddal dwylo gyda'r rhes gyferbyn â hwy. Gorweddai dyn a dynes ar hyd breichiau'r dynion ac fe'u taflwyd i'r awyr a'u dal eto ym mreichiau'r taflwyr.

Fel arfer rhoddwyd rhoddion i'r rhai a fu'n helpu gyda'r cynhaeaf, tatws efallai, neu ysgub o'r ŷd a fedelwyd. Mewn un ardal derbyniai pob dyn dipyn o dybaco a rhoddwyd cannwyll i bob dynes, ond rhodd o ewyllys da oedd hyn, nid tâl; nid oedd unrhyw dâl yn ofynnol am gyfnewid llafur.

Wrth fedi'r ysgub olaf, roedd y seremoni Gymreig yn debyg i eraill yn Iwerddon a Chernyw.

Megis mewn llawer rhan o Iwerddon, câi'r coesau o wenith a oedd ar ôl eu plethu weithiau lle safent, cyn eu torri, a thaflwyd crymanau at yr ŷd o bellter o ddeg neu hyd yn oed ugain llath. Byddai'r medelwr wedyn yn ceisio cuddio'r ŷd a dorrwyd gan fynd ag ef i'r tŷ yn llechwraidd, tra byddai merched gyda bwceidiau o ddŵr yn ceisio dod o hyd iddo er mwyn taflu'r dŵr trosto. Mewn rhai ardaloedd galwyd yr ŷd olaf hwn y gaseg ben fedi, a châi'r gaseg ei hongian wrth drawst yn y ffermdy tan y cynhaeaf dilynol.

Hwyrach fod y syniad fod ysbryd yr ŷd yn byw yn y coesau olaf i'w torri yn cael ei adlewyrchu yn y ffaith fod y gwningen olaf i'w chanfod yn yr ŷd cyn ei dorri yn cael ei hystyried yn arbennig yn ardal Llansilin.

Nid fel y gaseg y câi'r ŷd olaf i'w dorri ei adnabod bob amser. Yn sir Benfro fe'i adwaenid fel Gwrach, ac wrth ei dorri byddid yn galw:

Bore y codais hi
Hwyr y dilynais hi
Mi ces hi, mi ces hi.

Byddai'r medelwyr eraill yn gofyn 'Beth gest ti?, a byddai'r pen medelwr yn ateb 'Gwrach, Gwrach, Gwrach'. Mae'r alwad hon yn debyg iawn i alwad y gwddf a glywid yn Nyfnaint a Chernyw. Roedd yna amrywiadau ar yr alwad, ac mewn rhannau o sir Gaerfyrddin, galwai'r pen medelwr 'Pen medi bach, mi ces' a'r criw o amgylch yn ateb 'Ar i gwar hi'.

Er mai'r arfer cyffredinol oedd hongian y gwellt olaf i'w dorri yn y ffermdy, ceir amrywiadau rhanbarthol a ganiatâi i'r grawn gael ei gymysgu gyda had ar gyfer yr hau nesaf, er mwyn 'dysgu'r ŷd i dyfu', ac mewn ardaloedd eraill, câi ei gymryd i fferm gyfagos a oedd ag ŷd heb ei dorri, a'i daflu ar lawr yn ddirmygus gerbron y gweithwyr nad oeddynt eto wedi medi eu cynhaeaf. (Mae hyn yn ymddangos yn hollol groes i'r traddodiad cymhortha.) Credai rhai y byddai ceffylau gwyllt yn dod â bwyta neu sathru ar gnydau'r fferm olaf i fedi.

Os câi cludwr yr ŷd ei ddal gan weision ffermydd eraill, weithiau câi ei glymu a'i daflu i afon neu nant, felly rhaid fyddai dianc ar frys. Mae gwlychu'r medelwr yn thema sy'n digwydd dro ar ôl tro yn y defodau cynhaeaf a thybir ei bod yn symbolaidd o'r tywydd yn y dyfodol. Roedd cael ei wlychu yn sarhad mawr i'r dyn, a hyd yn oed pan fyddai merched gyda bwceidiau o ddŵr yn rhedeg ar ei ôl, roedd yn bwysig iddo gadw allan o'u ffordd a chadw'n sych. Gwrthodwyd cwrw hyd yn oed yn y swper i rai medelwyr a wlychwyd os aethant i'r tŷ yn wlyb, neu rhoddwyd hwy i eistedd ar waelod y bwrdd i bawb eu gwawdio.

Nid oedd unrhyw reolau caeth ynglŷn â'r modd o drin naill ai'r ŷd olaf a dorrwyd, na'i fedelwr. Roedd i bob ardal ei thraddodiadau ei hun. Weithiau byddid yn mynd â'r gaseg i'r plwyf nesaf a'i rhoi gerbron y ffermwr, a gallai'r cludwr hawlio swllt; ond yn sir Gaerfyrddin rhaid oedd ei chadw o fewn terfynau'r fferm. Yn sir Benfro ni ellid anfon y gaseg ond at ffermwr a oedd â'i dir rhwng fferm y sawl a'i hanfonai â'r môr. Mewn ardaloedd eraill trosglwyddwyd y gaseg a wnaed gyntaf o un fferm i un arall a oedd ag ŷd heb ei fedi, hyd nes y byddai'r dyn olaf i fedi yn cael ei adael gyda'r ffigur a'r gwarth o fod yn olaf i dorri ei ŷd. Mewn rhannau o swydd Amwythig, anfonwyd caseg fyw o gig a gwaed!

Megis mewn rhannau eraill o Brydain, roedd yna lawer iawn o gusanu adeg y cynhaeaf gyda chofnodion am ferched ifanc yn cael eu rholio yn y gwellt neu ar lawr y sgubor gan eu cariadon.

Mae'r math o gaseg fedi a gysylltir â Chymru fel arfer ar ffurf gwyntyll fflat, ond mae yna amrywiadau hyd yn oed i hyn. Mae'r wyntyll fwyaf cyfarwydd ar ffurf lletem, ac fe'i gwnaed o wenith; ond ceir hefyd wyntyllau cul, siâp cwilsyn, a gwyntyllau hirion a wnaed yn fwy cyffredin o farlys, ceirch neu ryg. Gwahaniaetha hyd yn oed ymyl gloi'r gwyntyllau yn ôl y gwneuthurwr, gyda rhai â chlo sengl, ac eraill un dwbl.

Gyda wyntyll siâp lletem, defnyddir yr ŷd i'w lawn hyd at y cwlwm. Gyda'r cwilsyn, er mwyn ei gadw'n gul, torrir y gwellt sy'n ymestyn o'r gaseg i gyd-fynd â phob gwelltyn newydd a blethir i mewn.

Byddai'n anghyfiawnder â gweithwyr cesyg medi Cymru i beidio â sôn ond am y patrymau mwyaf cyfarwydd. Defnyddir troellau hir 5 gwelltyn hefyd. Yn Llan-non mae'r blethen hon tua 28 modfedd o hyd ac oddeutu 2 fodfedd ogylch, ac o'r brig mae dwy fraich o'r un plethiad yn dolennu i lawr, i'w clymu i'r naill ochr o'r prif ffigur gyda rhubanau cochion. Mewn ardaloedd eraill, gweir plethen 5 gwelltyn dynn, tua 10 modfedd o hyd.

Yn sir Gaerfyrddin, plethir ceirch islaw'r pennau, gyda digon o wellt i roi plethen 2 fodfedd o led ac 1 fodfedd o drwch.

Ceir hefyd gesyg medi o ddolenni wedi eu cydblethu yng Nghymru.

CERNYW

Yr enw Cernyweg am y gaseg fedi yw *pedn-yar* (pen iâr). Cofnodwyd y seremoni *'crying the neck'* lawer o weithiau yng Nghernyw, ac fel arfer galwyd y swper cynhaeaf a gynhaliwyd ar ei hôl yn *goldize* (gyda'r amrywiadau *dickly-dize* a *nickly thies*), yn golygu gwledd y tasau.

Yn 1771, ar faenor Tehidy, ymddengys mai merched y berfformiai'r medelu yn bennaf, gyda'r dynion yn clymu ac yn torri (h.y. yn ffurfio'r sopynnau). Cawn gofnod diddorol yma mewn llyfr cyfrifon, *'Paid for 3 doz of bread for Cuttynge ye Neck of Wheat 3s 0d.'*

O gofnodion diweddarach gwyddom fod y 'gwddf' yn cael ei dorri un ai gan y pen medelwr gyda'i bladur, neu gan dîm o ddynion yn taflu crymanau at y coesau. Heb fawr o amrywiadau, câi'r gwddf ei ddal yn uchel wedyn gan y torrwr gyda gwaedd o, 'I 'ave 'un, I 'ave 'un, I 'ave 'un'. I hyn byddai'r lleill yn galw 'What 'ave 'ee?, what 'ave 'ee?, what 'ave 'ee? Yr ateb fyddai, 'a neck, a neck, a neck'.

Byddai'r medelwr wedyn fel arfer yn rhedeg yn ôl i'r ffermdy gyda merched â bwceidiau o ddŵr ar ei ôl. Os câi ei wlychu, tybiwyd fod hynny'n darogan blwyddyn wlyb, ond pe cyrhaeddai'r tŷ yn sych, byddai blwyddyn braf yn dilyn, a gallai hawlio cusan gan y ddynes a ddewisai.

Dywedir wrthym fod blodau a rhubanau lliwgar (melyn o ddewis) yn cael eu defnyddio i addurno'r cesyg medi a'r sopynnau/bychau (mows) a gâi eu gadael yn sefyll allan ar yr arish yn y moway. Yr hoff flodau a ddewisid oedd creulys, cedowydd a gold yr ŷd, ac fel arfer caent eu rhoi yn yr ŷd gan wraig y ffermwr.

Ar ôl i'r sopyn/bwch gael ei wneud, codid yr ysgub frig *(crow sheaf)* olaf ar bicfforch *(pike)*, a'i dal yn uchel cyn ei gosod yn ei lle gyda gwaedd, a oedd yn debyg weithiau i siant y gwddf, ond mewn ardaloedd eraill gwelwn y geiriau,

If it's a crown, I'll wear it,
If it's a cross, I'll bear it.

ac mewn rhanbarth arall,

*The crow sheaf is in, tis time to begin
To drink strong beer, and we've got it here.*

Cofnodwyd nifer o lwncdestunau cynhaeaf yng Nghernyw, ac mae'r rhan fwyaf ohonynt yn adlewyrchu'r yfed alcohol trwm a'r tueddiadau cariadus a gâi eu hamlygu ar yr adeg yma,

1. *Health and no grumbling
   Safe home and no stumbling.*

2. *Health and prosperity, peace and goodwill,
   I always liked kissing and so I do still.*

Hwyrach fod trydydd llwncdestun yn cyfeirio at enw Cernyweg y gaseg fedi, *Y Pedn Yar*.

3. *Here's to the Black Hen.*

Chwaraeai'r bwyd yn ogystal â'r yfed a'r cusanu ran bwysig yn nathliadau'r cynhaeaf.

Yn swper y cynhaeaf câi *tash* (tusw bychan) o flodau ei hongian uwchben y bwrdd swper, a rhoddai'r un breintiau â'r uchelwydd adeg y Nadolig. Byddid yn bwyta'r bwyd arferol megis pasteiod a theisennau *saffern* (saffrwm) wrth gwrs, ond y prif saig oedd pwdin arbennig a oedd, yn ôl un adroddiad, yn 'debyg i bwdin Nadolig'. Nid oes rysait i'r pwdin hwn wedi goroesi, ond math ar bwdin bara oedd bron yn sicr, gan fod y swper ei hun mewn rhai ardaloedd yn cael ei alw yn '*whitpot*' (y *whipod* Cymreig). Cynhwysion sylfaenol *whitpot* yw llefrith, blawd, triog a bara, ond adeg y cynhaeaf gwyddom fod '*figgies*' yn cael eu hychwanegu (nid ffigys, ond cyrens, swltanas a rhesin), ynghyd â chynhwysion bras eraill, felly roedd y cynnwys yn debyg i'r hyn sydd mewn pwdin Nadolig. Wrth ddisgrifio un pwdin, dywedwyd ei fod mor fawr ag '*osgit*' (casgen 50 galwyn, a oedd yn or-ddweud, does bosib!).

Yr hoff ddiodydd oedd seidr a chwrw pillas, seidr o'r afalau, a'r cwrw o fath o geirch sydd bellach yn brin, *avena nuda* (pillas) a oedd gynt yn brif fwyd i'r bobl dlotaf. Mae'r math yma o ŷd a esgeuluswyd yn rhagorol i'w blethu, a dywedir mai dyma'r math gorau ar gyfer plethau a bandiau gwellt i wneud bonedau. Gan nad oedd iddo blisgyn, nid oedd angen ei ddyrnu. Roedd yn felysach na cheirch eraill, ac yn ddiweddarach daeth yn boblogaidd ar gyfer tewhau moch a lloi, ond fe'i defnyddiwyd yn bennaf gan wragedd tŷ i wneud pillas gurts, math ar uwd. Fe'i defnyddiwyd hefyd i wneud diod gref iawn ac anghyfreithlon, felly câi cnydau eu difetha yn aml gan wŷr y tollau, heb ystyriaeth i'r caledi a'r dioddefaint a achoswyd i'r teuluoedd a oedd ei angen am fwyd.

Hwyrach mai at y grawn yma y cyfeiria'r pos-odli mewn Cernyweg a gofnodwyd gan Price yn y 18fed ganrif,

Flo vye gennes en Miz-Merh,
Ni trehes e bigel en Miz-east
E a roz fowl dho Proanter Powl
Miz-du ken Nadelik.

Ganwyd plentyn ym mis Mawrth
Torasom ei fogail yn mis Awst,
Achosodd gwymp i berson Paul,
Yn y mis du cyn y Nadolig.

Plannwyd y grawn ym mis Mawrth, fe'u cynaeafwyd ym mis Awst, a gwnaed cwrw ohono a achosodd i'r person feddwi!

Yng Nghernyw, yn wahanol i'r rhanbarthau eraill, byddid yn gwaredu'r gaseg fedi fel arfer cyn y Nadolig trwy ei rhoi i'r fuwch odro neu'r bustach gorau ar y fferm.

Cofnodwyd yn ardal Truro fod gwenith barfog, er nad ystyriwyd ef cystal fel cnwd, yn ffefryn mawr ar gyfer plethu'r gaseg os oedd ar gael.

Ymddangosodd nifer o batrymau Cernyweg amlwg, a hwyrach mai'r un mwyaf anarferol yw'r un o Nancledra lle mae'r gwddf sylfaenol yn rhannu'n bedair braich wedi eu plygu cyn ail-uno i ffurfio'r cyfanwaith.

Y 'cwlwm' lleiaf yw'r twll botwm dau welltyn, a'r mwyaf yw'r un o St Neot sy'n cyrraedd at yr ysgwydd.

Casglwyd sawl math o fodrwy blethedig oddi wrth ffermwr a ddaeth o Indian Queens (pentref yng Nghernyw a enwyd ar ôl Pocohontas, pendefiges un o lwythi'r Indiaid Cochion) a dywedodd nad oedd angen i'r modrwyau fod ond yn ddigon mawr i allu cusanu'r morynion trwyddynt! Yng Ngorllewin Cernyw, roedd y droell 5 neu 7 gwelltyn yn gyffredin, ond roedd gan Truro, Menheniot, Stratton, Polzeath a North Hill eu patrymau eu hunain.

O'r rhain, yr un o Polzeath yw'r hawsaf i'w wneud, gan mai clwstwr da o wenith yw (tua 2 neu 3 dyrnaid mawr o wellt) wedi ei glymu islaw'r tywysennau, gyda 3 braich drwchus blethedig (plethen 'wallt' syml o 3 tres) yn dolennu allan o dan y tywysennau ac wedi eu clymu ar y canol. Cofnodwyd yr un patrwm yn Bodmin.

Mae i Straton, gerllaw arfordir Gogledd Cernyw, groes fflat, siâp gwyntyll, ac mae'r patrwm yn amrywiad ar y wyntyll Gymreig fwy adnabyddus.

Dysgwyd y patrwm o Menheniot oddi wrth hen ŵr a gadwai wenyn, ac roedd yntau yn ei dro wedi ei ddysgu oddi wrth wraig ffermwr a gadwai wenyn hefyd.

Dywedir wrthym gan Baring Gould yn y ganrif ddiwethaf am y 'dyn bychan o wellt' a gâi ei wneud yn Alternun, cyffelyb mae'n debyg i'r *'kern babby'*, ysgub wedi ei gwisgo gyda breichiau a phen garw. Yn North Hill disgrifiwyd fel yr oedd y gaseg yn cael ei dirdroi yn 4 dolen gyda thywysennau'r ŷd yn y canol.

IWERDDON

Mae addurniadau a phlethwaith gwellt yn Iwerddon yn disgyn i ddau gategori mewn blwyddyn, sef yr hyn sy'n perthyn i'r cynhaeaf a'r hyn sy'n perthyn i'r gwanwyn, ar gyfer Dydd Gŵyl Santes Brigid. Gan eu bod yn wahanol iawn ym mhob ffordd bron, ar wahân i'r ffaith y defnyddir gwellt yn y ddau arfer tymhorol, rhaid ymdrin â hwy ar wahân. Fe ddechreuwn gydag arferion y cynhaeaf.

Yr enw mwyaf cyffredin i'r gaseg fedi Wyddelig yw cailleach, sy'n cyfateb i'r Wrach Gymreig. Gwnaed clymau bychan hefyd, a modelau bychain o dasau ŷd i'w harddangos mewn cyfarfodydd diolchgarwch yn yr eglwysi.

Câi cailleach y Gwyddelod ei blethu fel arfer tra'r oedd yn dal i sefyll yn y cae ŷd. Megis ar dir mawr Prydain, fe'i torrwyd yn wreiddiol â'r cryman, trwy ei daflu ato, ond yn fwy diweddar defnyddiwyd y pladur. Nodir mewn un cofnod *'In the 'oul days, they shouted something, then they cheered, but I have no memory of what it was now'*. Heb unrhyw amheuaeth, dilynai'r waedd yr un patrwm â'r waedd i'r wrach a'r 'gwddf'.

Dywedwyd wrth y plant fod y cailleach mewn gwirionedd yn fyw ac yn cuddio yn yr ŷd. Pe rhedai sgwarnog o'r darn olaf o ŷd i gael ei dorri, dywedwyd wrth y plant mai ysbryd y *cailleach* ydoedd wedi ei drawsnewid i ffurf sgwarnog, (roedd yn gred gyffredinol y gallai gwrachod ymgymryd â ffurf sgwarnog fel y mynnent). Mae'n bur debyg mai'r un yw'r gred hon am sgwarnogod â'r ofergoel Gymreig am gwningod. Yng Nghymru, trosglwyddwyd y rôl a chwaraewyd yn wreiddiol gan sgwarnogod i gwningod. (Ar adeg y Goresgyniad Normanaidd y cyflwynwyd cwningod i Brydain gyntaf, ond maent bellach yn niferus. Mae sgwarnogod yn brin iawn bellach.)

Nid oes unrhyw gofnod am geisio gwlychu'r pen medelwr, neu dorrwr y *cailleach*, fel a oedd yn gyffredin ar dir mawr Prydain, ac nid ymddengys fod yna unrhyw gystadleuaeth draddodiadol am y swydd o ben medelwr, ond yn Tullgarron rhoddwyd rhodd o ryw fath, un alcoholaidd yn aml, i'r dyn a lwyddai i daflu ei gryman i dorri'r *cailleach* (ymgeisiai lawer, methai llawer!).

Serch hynny, awgrymir mai'r gwryw hwn oedd y trechaf i ryw raddau gan fod y gwellt a blethwyd, yn Tanderagee ac yn Granemore, yn cael ei hongian o gwmpas gwddf perchennog y fferm gan y torrwr, a fygythiai un ai ei grogi neu ei dagu oni thalwyd dirwy o ryw fath (e.e. 'diodydd i bawb'). Yn y mwyafrif o blwyfi, fodd bynnag, hongianwyd y cailleach o gwmpas gwddf gwraig y ffermwr, a dywedwyd wrth y plant iddo gael ei blethu er mwyn ei chrogi. Mae hyn yn sicr fel pe'n awgrymu rhyw fath o aberth dynol mewn cyfnod paganaidd, a bod atsain o hynny'n parhau yn y cof gwerin.

Un arfer a rannai'r Gwyddelod gyda'r Cymry oedd y gystadleuaeth draddodiadol rhwng ffermwyr. O blwyf Killevy cawn y cyfnod ' . . . *a man would often say to the people who were working for him: "If ye can finish the day we will be in front of . . . an' I'll provide ye with an extra pint"*. Nobody wanted to be the last then, an' sometimes two days work would be done in one.'

Galwyd y swper a ddilynai'r cynhaeaf yn Churn. Yn ystod y swper hwn câi'r *cailleach* ei hongian gyda'r coesau i'r chwith a'r grawn i'r dde. Rhaid oedd ei gadw o leiaf tan y gwanwyn, pryd y gellid tynnu'r grawn a'i hau. Os câi ei gadw tan y cynhaeaf dilynol, byddid yn bwydo'r grawn i'r anifeiliaid neu'r ffowls. Yn y naill achos neu'r llall, ni ellid ei losgi na'i ddinistrio oni bo'r grawn wedi ei gymryd allan yn gyntaf a'i ddefnyddio'n anrhydeddus.

Megis yng Nghernyw, gwnaed clymau cariad allan o ŷd. Rwyf wedi darganfod mwy o amrywiaeth o glymau traddodiadol yn Iwerddon nag mewn unrhyw wlad arall, a gwahaniaethwyd yma rhwng y clymau go-iawn i'w gwisgo gan y dynion, a'r rhai a wnaed fel addurniadau i ferched. Dim ond gwellt a geid yng nghlymau'r dynion, gyda'r pennau wedi eu tynnu i ffwrdd. Yng nghlymau'r merched, roedd y dywysen yn dal ar yr ŷd.

Nid oes gan y *Biddy Boys* (Bechgyn Santes Brighid/SantesFfraid) o'r traddodiad Gwyddelig unrhyw gysylltiad â'r cynhaeaf; nodwedd oeddynt yn hytrach o ŵyl y gwanwyn. Ar ddechrau mis Chwefror, gwnaed y croesau Santes Ffraid o wellt a defnyddiai'r dynion wellt i wneud gwisgoedd a gorchuddion addurniadol i'r pen a'r corff.

Yn ôl traddodiad, roedd Santes Ffraid yn eistedd wrth ochr ei thad paganaidd a oedd yn marw a gwyliai ef hi yn plygu gwellt (neu gawn yn ôl rhai) i siâp croes. Gofynnodd iddi beth a wnâi ac eglurodd wrtho am y groes Gristnogol, gan ei drosi i'r ffydd cyn iddo farw. Gadawodd Santes Ffraid rybudd, yn ôl yr hyn a ddywedir, i'r rhai oedd heb un o'i chroesau yn eu tai – byddai pob math o anffawd yn dod i ran y teulu, ni fyddai'r fuwch yn bwrw llo, byddai'r cnydau'n methu, ac yn y blaen. Os oedd teulu'n rhy dlawd i fod â'i gae ŷd ei hun, byddid yn dod â chroes i fewn oddi wrth gymydog mwy cefnog o leiaf unwaith y flwyddyn. Câi croesau o wahanol gynlluniau eu defnyddio i addurno'r biddy boys a gwyryf ifanc neu ddelw o ferch yn cynrychioli Santes Ffraid bob amser.

Mewn un rhan yn unig o Kerry y mae'r arfer i'w weld wedi para. Yma mae'r dynion yn gwisgo crysau gwynion, a throwsusau gyda sasiau amryliw, croesau a rubanau lliw ar hyd y gwrymiau. Mae'r hetiau'n ysblennydd, a phob hynaf yr aelod o'r grŵp Biddy, mwyaf rhyfeddol y bo'r benwisg.

Mewn cyfnodau cynharach cynhaliai'r grwpiau seremonïau crefyddol ym mhob tŷ yr ymwelent ag ef, ond bellach nid ydynt yn ymweld ond gyda dyrnaid o gerddorion ac yn dawnsio (setiau Kerry fel arfer).

Yn draddodiadol, rhoddwyd croes i wraig y tŷ; weithiau gadawyd y groes hon, wedi ei phinio fel arfer i'r to gwellt uwchlaw'r drws nes y byddai wedi pydru. Mewn rhai ardaloedd, dechreuwyd y casgliad wrth briodi a byddai'n parhau hyd nes i farwolaeth ddod â'r bartneriaeth i ben. Mewn ardaloedd eraill, newidiwyd y groes yn flynyddol. Yn yr hen ddyddiau, pe bai delw o Brighid yn cael ei gymryd i'r tŷ, byddid yn taro pin i mewn i un o'i breichiau.

Bellach rhoddir arian tuag at barti a gynhelir gan y bechgyn ar ôl defodau'r diwrnod.

Dangosodd dynion o ran arall o Kerry i mi sut y byddent yn gwisgo i fyny i'r ŵyl. Roedd ganddynt wellt yn eu botias, yn dod allan o lewys eu cotiau a oedd wedi eu clymu o gwmpas y canol ac yn eu hetiau, gan eu gwneud eu hunain yn ddynion gwellt go-iawn.

Nid ymddengys fod yna unrhyw arfer Cymreig sy'n cyfateb i'r ŵyl hon, ond mae gan Aberteifi ei Sadwrn Barlys yn y gwanwyn (sy'n fwy adnabyddus bellach am ei orymdaith meirch) ac ar un adeg roedd gan gariad a wrthodwyd gan hogan wamal neu faldodus yr hawl i osod delw o wellt ar ei drws yn y gwanwyn.

Yng Nghernyw mae'n bosib iawn fod yna ŵyl gyffelyb, gyda'r *Jack o'Lent*, neu *Joan the Wad*, a elwid yn anghywir yn *'queen of the Cornish piskies'*, er ei fod mewn gwirionedd yn cyfeirio at y Jooan (John/Jack Cernyweg) a wnaed o wad o wellt, yn cael ei orymdeithio trwy'r caeau o ŷd a oedd newydd eu hau a'i losgi'n ddiweddarach, yn debyg iawn i Guto Ffowc.

Yn swydd Galway, gwnaed crios (gwregys) o wellt a'i addurno â chroesau gwellt. Rhaid oedd i ddeiliad y tŷ ymlusgo trwy'r gwregys tra'r oedd ar ffurf dolen er mwyn sicrhau bendith y santes am y flwyddyn i ddod.

Yr unig ddefod sy'n gyffredin i arferion gwellt y gwanwyn a'r hydref oedd defnyddio'r grawn o'r tywysennau ŷd, pe câi'r rhain eu gadael ar y croesau, wrth hau y tro nesaf er mwyn hyrwyddo ffrwythlondeb y cnydau. Yn swydd Corc, câi'r groes ei phinio i daten a'i gosod wedyn ym mondo'r tŷ. Y grawn o'r groes a'r daten oedd y cyntaf i'w hau o'r cnydau.

Os câi'r croesau eu llosgi, dywedwyd fod i'w lludw y gallu i wella.

Gellir rhannu'r croesau yn bum prif fath:

1. Y Deimwnt
2. Y Swastica
3. `Y Teir-braich
4. Y Groes Gydblethog
5. Y Groes Ladin

Yn aml cysylltir nifer o'r croesau hyn wrth y fframiau i wneud patrymau mwy cymhleth.

YR ALBAN

Ni fu tyfu gwenith yn nodweddiadol o'r Alban erioed, ond bu ceirch yn gnwd poblogaidd ar hyd yr oesoedd. Oherwydd y prinder o wenith, nid oes cymaint o gesyg medi neu offrymau cynhaeaf wedi eu cofnodi, ond mae rhai patrymau yn bod.

Er enghraifft, ceir y *Klyack* o Speyside a wneir o geirch, tua deg ar hugain o wellt wedi eu clymu islaw'r pennau a'u rhannu'n dri, yn ddigon tebyg i'r saeth lydan. Rhoddir dwy res o wellt i orwedd ar groes dros y rhain, tua deg i bob rhan groes, a chlymir pob cydiad â rosetiau glas.

Hefyd yn yr Alban fe welwn y *Gabhar Bhacach* (gafr gloff), sopyn mawr o geirch wedi eu clymu ar ffurf gafr. Ceir patrwm cyffelyb yng ngwledydd Llychlyn.

Cofnodwyd hefyd forwyn o ŷd sy'n debyg i'r hyn a geir mewn rhanbarthau eraill (h.y. ysgub gyfan o ŷd wedi ei llunio ar ffurf dynol bras a'i gwisgo weithiau mewn shifft) yn yr Alban.

Gwnaed y forwyn hon ar noswyl Gŵyl Fair a'i rhoi i orffwys mewn

basged fawr wrth ochr y tân, a elwid *Brid's Bed*. Gadawyd pasten pren wrth ei hochr, a byddai'r wraig dda yn llafarganu dair gwaith, *'Brid is com, Brid is welcome'*. Yna âi'r teulu i'r gwely. Y bore wedyn, archwiliwyd lludw'r tân i ganfod a oedd Brid wedi gadael ôl y pastwn ynddynt, argoel o lwc dda. Gan fod hyn yn digwydd ar noswyl Gŵyl Fair (2il Chwefror) a bod *Biddy Boys* Iwerddon yn gorymdeithio delw gwellt o Brighid ar y 1af Chwefror, mae'r cyswllt rhwng y ddau yn ymddangos yn fwy na chyd-ddigwyddiad. Mae'n amlwg fod yr hen dduwies Geltaidd, Brighid, Brid, (neu gydag unrhyw amrywiad arall yn y sillafiad) a gafodd ei christnogeiddio'n 'santes' yn ddiweddarach yn llywyddu tros ddefod baganaidd yn ymwneud â gwellt mewn gŵyl wanwyn, ar adeg hau mae'n debyg.

Amrywiad arall ar forwyn yr Alban fyddai cyflwyno'r ffigur gwellt i'r ferch dlysaf a oedd yn bresennol, a byddai hithau wedyn yn ei gario i'r swper a adwaenwyd fel y *Maiden Feast*.

Roedd gwaith gwefus (gweler y rhan am sgepiau gwenyn) hefyd yn wybyddus yn yr Alban. Yn Ynysoedd Orkney yn arbennig, roedd yn boblogaidd i wneud cadeiriau cryfion, cadarn. Defnyddiwyd rhwng 5-10 ysgub o wellt ceirch gyda'r un arfau â'r rhai a oedd yn ofynnol i sgep gwenyn. Gwnaed ffrâm y cadeiriau o bren, ond ffurfiwyd y seddau a'r cefnau o waith gwefus wedi ei rwymo'n dynn. Mae'r pwythau rhedeg yn blwm i fyny ac i lawr y cefn am gryfder. Roedd y cadeiriau'n isel, ac yn aml roedd i'r cefnau uchel gwfl uwch eu pen, fel cysgod rhag drafftiau hwyrach.

LLYDAW

Tyfir gwenith o ansawdd da yn Llydaw, felly yn ddamcaniaethol dylai fod yna ddigonedd o batrymau cesyg medi o'r wlad honno, ond er holi a holi, prin ofnadwy oedd y wybodaeth a ddarganfyddwyd.

Yn Llydaw, gwisgwyd ffafrau yn yr un modd ag yng Nghernyw ac Iwerddon, ond roedd yna reolau gwahanol mewn grym wrth eu gwneud.

Defnyddiwyd nifer cyfartal o wellt wrth blethu ffafr dynes, a nifer afrwydd i ffafr dyn. Defnyddiwyd rubanau glas i'r cwlwm gwryw, a rubanau coch i'r un benywaidd.

Mae rhai rhigymau Llydewig am hau a chynaeafu cnydau wedi goroesi. Am hau ceirch noeth (*Avena Nuda Pilad*), fe gawn:

Pa gan arran e kreiz ar prad
Neuze vez poent gounid peb had
Nemet al lann hag ar pilad.

Pan fo'r llyffant yn crawcian yn y ddôl
Dyna'r amser i hau'r hadau i gyd
Ac eithrio eithin a pilad.

Mae'r rhigwm Llydewig arall yn eich cymell i dorri barlys ar ŵyl St They neu St Tei (yr ail Sul yng Ngorffennaf).

Da c'houel Sant Tay
E laker ar falz en aiz.

Yng ngŵyl St Tay
Rhowch y pladur yn yr ŷd.

Er gwaethaf prinder gwybodaeth o Lydaw, mae'r chwilio'n parhau am arferion a chesyg medi a oedd unwaith, mae'n siwr, yn rhan o fywyd ardaloedd gwledig Llydaw.

YNYS MANAW

Yr eitem mwyaf cyfarwydd o wellt neu frwyn yn Ynys Manaw yw'r cawell gwenyn. Cawell cau, hecsagonal ydyw (ond wedi ei weu o saith gwelltyn), gyda drws llawr yn ei waelod. Daliwyd gwenynen, ei rhoi yn y cawell a chau'r drws. Câi hwn wedyn ei hongian uwchben crud y baban. Roedd sŵn mwmian y wenynen i fod i sio'r baban i gysgu.

Lois Blake:
Arloeswraig Dawnsio Gwerin yng Nghymru

Robin Gwyndaf

Hyfrydwch arbennig i mi yw cael cyfrannu i'r gyfrol hon a thalu teyrnged i John Owen Huws. Ar Ddydd Gŵyl Dewi, 1985, cyhoeddwyd gennyf erthygl ar y testun 'Trysori ein Llên Gwerin', gan gyfeirio at Gymdeithas Llafar Gwlad i'w sefydlu ym Mhlas Tan-y-Bwlch, 8-10 Mawrth, yr un flwyddyn. Fel Llywydd cyntaf y gymdeithas newydd honno, derbyniais gan John bob cydweithrediad a chefnogaeth, a'r un modd hefyd yn ei swydd fel golygydd ardderchog y cylchgrawn *Llafar Gwlad*, a minnau yn y blynyddoedd cynnar yn olygydd ymgynghorol. Mawr oedd fy mraint, a mawr fy niolch. 'Trysori ein Llên Gwerin' – a dyna'n union a wnaeth John Owen Huws. Fel y gwyddom, yr oedd ganddo ystod eang o ddiddordebau, ac un o'r diddordebau hynny oedd defod a dawns. Cofiaf yn dda fel yr arferai ddychwelyd o rai o'i deithiau tramor gan sôn yn fyrlymus am yr arferion a'r dawnsfeydd diddorol a welsai. Tybiais, felly, mai addas iawn yn y gyfrol hon fyddai dal ar y cyfle i dalu teyrnged hefyd i wraig nodedig a oedd ar lawer ystyr yn bur debyg i John, sef Lois Blake. Yr oedd hithau yn berson diwylliedig a thalentog, cymwynasgar a brwd. O ran tras, Saesnes ronc ydoedd, ond un a welodd hefyd werth cynhenid yn niwylliant gwerin Cymru, ac yn arbennig yn ei dawnsfeydd gwerin.

Ganed Lois Blake yn Streatham, Llundain, 21 Mai 1890, a'i henw llawn cofrestredig oedd Lois Agnes Fownes Turner. Enw'i mam oedd Amy Dickes, ac enw'i thad oedd Henry Fownes Turner, cyfrifydd ac aelod o deulu gwneuthurwyr menyg. Roedd ef yn fab i Agnes (bu f. 1887) a Benjamin Brecknell Turner (1815-1894), y ffotograffydd enwog. Cyhoeddwyd casgliad cynhwysfawr o'i ffotograffau yn 2001 gan Amgueddfa Victoria ac Albert, Llundain, dan y teitl: *Benjamin Brecknell Turner: Rural England through a Victorian Lens*.[1] Bu farw mam Lois pan oedd hi yn deirblwydd oed ac fe'i maged gan Mary Watt (chwaer i'w thad), a James Watt. Cafodd gyfle gan ei modryb a'i hewyrth i deithio'n helaeth yn Ewrop a derbyniodd hefyd gwrs eang o addysg. Bu yn Ysgol Uwchradd Clapham, Llundain; Ysgol Breswyl Sant Felix, Southwold (1902-08); a thua blwyddyn mewn ysgol yn Geneva yn astudio coginio, garddio a Ffrangeg. O 1909 hyd 1912 bu'n astudio hanes yng Ngholeg Royal Holloway, Llundain. Er ei bod yn fyfyrwraig alluog, gadawodd cyn eistedd ei harholiadau, oherwydd nad oedd ganddi, yn ôl ei merch, Felicity, yr amynedd digonol. Bu hefyd am gyfnod llai yn y London School of Economics. Cyfnodau byrion wedyn o addysgu mewn ysgolion, gwneud gwaith cymdeithasol, a gweithio i'r Weinyddiaeth Lafur a'r Bwrdd Masnach.

O ysgol a choleg i faes y gad yn Serbia, Romania a Rwsia; priodi a byw yn Llundain, Lerpwl, Llangwm, Tafarn y Pric (Corwen), Bryste a Marshfield

Yna o Awst 1916 hyd Ebrill 1917, a'r Ail Ryfel Byd yn ei anterth, bu gyda Ysbyty Merched yr Alban (Scottish Women's Hospital), o dan arweiniad ac ysbrydoliaeth Dr Elsie Inglis, y Prif Swyddog Iechyd. Yn rhan o'r Uned yr oedd 50 o wragedd o Loegr, 13 o'r Alban, 5 o Iwerddon, a 3 o Gymru. Gwasanaethodd y gwragedd hyn yn Serbia, Romania a Rwsia gyda dewrder ac ymroddiad nodedig. Bu Lois (Turner) yn ei thro yn gweithio yn y gegin fel coginwraig, fel nyrs ar y wardiau, ac fel gyrwraig cerbyd ar faes y gad, gan brofi min un o'r gaeafau oeraf a gafodd Rwsia erioed (1916-17). Cofnododd rai o'i phrofiadau hi ei hun a'i chyd-wasanaethyddion mewn dyddiadur manwl. Cefais gyfle i ddarllen rhannau o'r dyddiadur hwn a sgrifennodd mewn dwy gyfrol daclus wedi'u haddurno gan frasddarluniau o eiddo Lois Turner ei hun. Y mae'r cyfan yn dystiolaeth werthfawr dros ben, a defnyddiwyd detholiadau o'r dyddiadur gan Audrey Fawcett Cahill, golygydd y gyfrol *Between the Lines: Letters and Diaries from Elsie Inglis's Russian Unit* (1999).[2]

Wrth ddychwelyd o Petrograd (St Petersburg) ar y 18fed o Ragfyr, 1916 cyfarfu Lois â Leonard James Blake, peiriannydd a phensaer morwrol. Yr oedd ar ei ffordd adref i Loegr o Hong Kong ac yn teithio ar y trên drwy Siberia. Priododd y ddau yn niwedd 1917 a symud i fyw i Heol Doughty yn Llundain. Ganed eu mab, James, 18 Medi 1918. Yr oedd yn Is-Gyrnol *(Wing Commander)* gyda'r Llu Awyr yn ystod yr

Ail Ryfel Byd, ond, er mawr ofid i'r teulu, bu farw yn yr Eidal, 16 Hydref 1945. Ganed Felicity, eu merch, 25 Rhagfyr 1920. Buont yn byw yn Waterloo, Lerpwl, 1920-30, ac ym Melysfan, Llangwm, 1930-50. Yn 1950 dychwelyd i Lerpwl, ond rhwng 1950 a 1956, buont hefyd yn rhentu hen dŷ diddorol o'r enw Tafarn y Pric, ger Corwen. Deuent yno yn arbennig i fwrw Sul a threulio amser hapus iawn yng nghwmni cyfeillion lawer, gan gynnwys Peggy ac Austen Goodman, perchnogion y tŷ. Bu farw Leonard James Blake yn 1959, ac yn 1960 symudodd Lois i fyw at ei merch, Felicity, ym Mryste. Yna, yn 1965, aeth y ddwy i fyw i Marshfield, ger Chippenham, swydd De Caerloyw, ardal enwog am ei dawnsio gwerin a'i mud-chwaraewyr *(mummers)*. Yno y bu farw, 19 Tachwedd 1974. Cynhaliwyd y gwasanaeth angladdol yn Eglwys Marshfield ac Amlosgfa Haycombe, Caerfaddon. Yn ystod y gwasanaeth chwaraewyd un o hoff alawon Lois Blake, sef 'Meillionen', ac meddai'r Parch. John Prior yn ei deyrnged yn yr Amlosgfa:

'There are some from Wales [present] who will know her as President of the Welsh Folk Dance Society and its leading light. Here was a revival which she encouraged and which used her gifts in the pursuit of whatsoever is lovely, true, honest and of good report.'[3]

Byw yn Llangwm; dylanwad y Sipsiwn Cymreig, a chyflwyno dawns y Fedwen Haf

Yr oedd y blynyddoedd a dreuliodd Lois Blake yn Llangwm, 1930-50, yn rhai hapus tu hwnt. Yr oeddent hefyd yn flynyddoedd allweddol yn hanes gweithgarwch diflino yr ymfudwraig ddawnus o Loegr ac yn hanes adfywiad dawnsio gwerin yng Nghymru. Meddai Felicity, ei merch, mewn erthygl yn *Dawns*, Cylchgrawn Cymdeithas Ddawns Werin Cymru:

'It was in Llangwm that mother really came to know and to love the Welsh people . . . Despite its remoteness, mother took part in, and enjoyed all the activities of this very Welsh little village . . . My memories of the 1930s include Llangwm's Mayday celebrations. Mother taught the children to dance around the maypole, and we had a May queen, and a small band playing from a horse drawn

farm cart, a pig chase, and all the fun of the fair. This took place twice only, in 1932 and 1933, and then was forgotten . . .
That the children enjoyed dancing was clearly demonstrated when the Llangwm school leavers begged my mother to give them evening classes. Of course, in those days, no good chapel member could countenance folk dancing, and some children were forbidden to have anything to do with 'that wicked Englishwoman who is teaching all our young people to sin'. It is difficult to realise how little entertainment there was for young people, no television, cinemas or discos, so the Aelwyd, the W.I.'s, the G.F.S. [Cymdeithas Gyfeillgar y Merched: Girls Friendly Society], and evening classes were very important.'[4]

Yn lled fuan wedi i Lois Blake symud i fyw i Langwm cynhaliwyd seremoni ar odre'r Foel Goch a wnaeth argraff fawr arni, er nad oedd yn bresennol ei hunan. Yma ar yr unfed ar hugain o Dachwedd 1931 y chwalwyd llwch y Dr John Sampson, cyn-Lyfrgellydd Prifysgol Lerpwl a phrif hanesydd y Sipsiwn Cymreig. Daeth tyrfa fawr i'r gwasanaeth, gan gynnwys T Gwynn Jones ac Augustus John, yr arlunydd, a nifer luosog o Sipsiwn yn cario eu telynau a'u ffidlau i fyny'r mynydd. Yr oedd James a Felicity, plant Lois Blake, hefyd yn bresennol. I gloi'r gwasanaeth canodd Reuben Roberts, mab John Roberts, 'Telynor Cymru', gainc Dafydd y Garreg Wen ar ei delyn. Hon oedd hoff alaw John Sampson, y *Romano Rai*. Yr oedd y Sipsiwn Cymreig wedi trysori a diogelu hen alawon y delyn a'r ffidil, llawer ohonynt yn alawon dawns, a bu gwybod hynny yn anogaeth i Lois Blake, mae'n sicr, i ymchwilio ymhellach i draddodiad y ddawns werin yng Nghymru.

Pan ddaeth Lois Blake i fyw i Langwm yn 1930, prifathro ifanc yr ysgol oedd David Williams. Yr oedd ef yn fawr ei ddiddordeb mewn cerddoriaeth a rhoes bob cefnogaeth i Lois Blake gynnal gwersi dawnsio yn yr ysgol bob nos Fercher. A dyma ddisgrifiad o'r dathliadau Gŵyl Fai a gafwyd yn Llangwm yn y flwyddyn 1932 ac y cyfeiriwyd atynt eisoes gan Felicity Blake. Cyhoeddwyd y disgrifiad mewn ysgrif, 'Yn Llangwm Ers Talwm', yn y cylchgrawn *Dawns*, ac yr oedd yn seiliedig ar atgofion Mrs Annie Williams, Wrecsam, priod David Williams:

'Wedi wythnosau o ymarfer yr oedd y paratoadau wedi eu

cwblhau ar gyfer Gŵyl Fai a phawb a phopeth yn barod i gynnal y peth newydd hwn – y cyntaf o fewn cof pawb yn yr ardal. Cafwyd trol fawr wastad o un o'r ffermydd gyda digon o le arni ac wedi ei haddurno â rhubanau lliw a baneri o lawer math. Arni yr oedd Mr Williams ei hun wrth yr harmoniwm a phlant yr ysgol yn barod i ganu'r organau ceg. Yn y cae lle'r oedd diwedd y daith yr oedd y polyn yn sefyll a Dilys y Post a Harri Edwards, Betws Gwerful Goch, wrth eu telynau. Dawnsiodd y plant o amgylch y Fedwen Fai yn llwyddiannus iawn, pob un yn eu dillad gorau ac yn gwisgo pympiau gwynion. Gwnaeth yr oedolion eu dawns hwythau hefyd gyda'r merched yn gwisgo ffrogiau llaes newydd sbon a'r dynion drowsusau llwyd cyffredin a chrysau gwynion.'[5]

Dysgu am ddawnsio gwerin a hyrwyddo'r traddodiad yng Nghymru

Yr oedd Lois Blake wedi ymddiddori er yn ifanc iawn mewn dawnsio gwerin. Yn Ysgol Clapham, Llundain, rhwng saith ac un ar ddeg mlwydd oed, bu'n mynychu dosbarthiadau i ddysgu dawnsio a chwarae'r tamborin a'r castanetau. Yn fuan wedyn daeth cyfle am y tro cyntaf i weld disgyblion cynnar Cecil Sharp (1859-1924) yn cyflwyno rhai o ddawnsfeydd Lloegr.[6] Yr oedd yn fawr ei hedmygedd o waith mawr arloeswyr megis Cecil Sharp, Douglas Kennedy a Maud Karpeles, ac, o 1920 i 1930 yn arbennig, bu'n aelod gweithgar o'r English Folk Dance Society a sefydlwyd yn 1911. Daeth yn fwyfwy cybyddus hefyd â'r traddodiad dawnsio cyfoethog mewn gwledydd eraill yn Ewrop. Yna wedi symud i Langwm ymroes o ddifri i ddysgu popeth a allai am y traddodiad dawnsio yng Nghymru yn ogystal.

Bryd hynny, yn y tridegau cynnar, yr oedd y traddodiad hwnnw bron ag edwino'n llwyr, yn bennaf oherwydd y gwrthwynebiad i ddawnsio yn sgîl diwygiadau crefyddol y bedwaredd ganrif ar bymtheg a dechrau'r ugeinfed ganrif a hefyd oherwydd dyfodiad y Chwyldro Diwydiannol, gan beri newidiadau pellgyrhaeddol yn natur yr ardaloedd gwledig.[7] Fodd bynnag, drwy gymorth personau megis W.S. Gwynn Williams, Llangollen, awdur y gyfrol bwysig *Welsh National Music and Dance* (1932), a thrwy lawer o ymchwil bersonol ei hunan, gan gynnwys, bid siwr, ddarllen cyfrol Hugh Mellor, *Welsh Folk Dances: An Inquiry* (1935), daeth Lois Blake yn fuan i weld gwerth arbennig y traddodiad dawns yng Nghymru. Dysgodd am William

Jones (1729-95), yr amaethwr radicalaidd o Ddyffryn Banw a gofnododd ddawnsfeydd Llangadfan. Dysgodd hefyd am weithgarwch nodedig Augusta Waddington Hall, 'Arglwyddes Llanofer', 'Gwenynen Gwent' (1802-96), a'i chefnogaeth i'r iaith a'r diwylliant gwerin, gan gynnwys dawnsio gwerin. Ac wedi'r dysgu, ei boddhad mawr oedd cael rhannu'r traddodiad coll hwn ag eraill.

Rhannu, gan ddechrau yn ei chynefin newydd hi ei hun. Plant ac ieuenctid Uwchaled oedd y rhai cyntaf i roi cynnig ar rai o'r dawnsfeydd yr oedd hi wedi'u hail-ddarganfod. Yn ogystal â dysgu plant ac ieuenctid Llangwm i ddawnsio yn yr ysgol – yr Ysgol Frics – ac ar fin nos yn yr hen Ysgol Gerrig, y Neuadd Fach, teithiai ar ei beic i Gerrigydrudion a Dinmael ganol gaeaf i gynnal dosbarthiadau. Bydd eraill o'r to hŷn, o bosibl, yn ei chofio hefyd yn teithio'n frwd – fel Jehu medd rhai! – yn ei hen Forris 12 i bentrefi a threfi hwnt ac yma yng Nghymru i hyrwyddo'r diddordeb cynyddol mewn dawnsio. Yr oedd yn gefnogydd selog i Sefydliad y Merched, a chyda chydweithrediad parod personau megis Miss Mabel Elizabeth Roberts, o Landegai, a benodwyd yn athrawes ifanc yn Ysgol Llangwm, 10 Ionawr 1933, rhoes wersi mewn dawnsio gwerin i aelodau'r gangen newydd a ffurfiwyd yn y pentref yn 1931. Fel Trefnydd Sirol Gwirfoddol ('Voluntary County Organiser', VCO), ymwelai â phob rhan o sir Ddinbych i gynnal dosbarthiadau mewn clytwaith, coginio (*'haybox cookery'*) a dawnsio.[8]

Yn ystod y tridegau cynnar daeth Lois Blake i adnabod Ruth Herbert Lewis (y Fonesig Herbert Lewis), Plas Penucha, Caerwys, ac i wybod am ei diddordeb mawr hithau mewn canu a dawnsio gwerin. Hi a roes fanylion Dawnsio Morris, neu Gadi Ha, iddi, a'i pherswadio hefyd i gyd-drefnu'r dawnsio yn Yr Wyddgrug yn 1936 ar achlysur dathlu canmlwyddiant geni Daniel Owen. Testun balchder arbennig i'r gymwynaswraig o Loegr oedd gweld cymaint â 150 o blant ysgol o Ogledd Cymru yn cyflwyno Dawns Llanofer yn y dathliad hwnnw.[9]

Yr oedd gan Lois Blake ddosbarth dawnsio arbennig yng Nghorwen, gyda phersonau megis Austen Goodman, Gwenllian Berwyn a'r gantores Beatrice Jones yn aelodau brwd ohono. Dyma'r cwmni dawns cyntaf o Gymru, hyd y gwn i, i fentro perfformio y tu hwnt i ffiniau'r wlad. Yr oedd hynny yn ystod Haf 1948 pan dderbyniodd Lois Blake wahoddiad i ddarlithio yng Ngŵyl Canu a Dawnsio Gwerin Prydain yng Nghaeredin, gŵyl wedi'i threfnu gan Gymdeithas Anthropolegol Llên Gwerin yr Alban. Teitl ei darlith

*Cyflwyno siarter eglwys newydd i Iesu Grist a'i angylion:
Edgar, brenin Lloegr yw hwn yn 966 (Gweler ysgrif Robert M. Morris)*

Pedair caseg ben-fedi draddodiadol a luniwyd yn 1979.
Lluniau: Amgueddfa Werin Cymru

Detholiad o gesyg medi. (Gweler ysgrif Ian Grendall)

Lois Blake

Lois Blake a rhai o arloeswyr dawnsio gwerin Cymru

Melysfan, Llangwm

Tafarn y Pric, ger Corwen

Clawr un o lyfrau Lois Blake, a ddyluniwyd gan yr awdur ei hun

Lluniau: Amgueddfa Werin Cymru

(Gweler erthygl Robin Gwyndaf)

Mrs Melchior, 'Offeiriad' Ffynnon Teilo Sant, Llandeilo, Llwydiarth ger Maenclochog, 1898

Clytiau ar goeden: Ffynnon Santes Anne, Trylech, Mynwy, 1988.

Ffynnon Gwenffrewi, Treffynnon. (Gweler ysgrif Eirlys a Ken Gruffydd)

*Plant yn Llangynwyd, Morgannwg c.1910 yn Hel Calennig.
Llun: Amgueddga Werin Cymru (Gweler ysgrif Tecwyn Vaughan Jones)*

Y fydwraig draddodiadol a'r fydwraig broffesiynol, tua 1902

Digriflun Thomas Rowlandson o'r fydwraig draddodiadol, tua 1780.

Ann Sandbrook, Trallwyn-uchaf, widwith draddodiadol ardal Mynachlog-ddu yn y dauddegau (yn eistedd)
(trwy garedigrwydd Beti Davies, Penrallt, Mynachlog ddu)

Evelyn Wyn Jones, bydwraig wedi'i hyfforddi yn gwasanaethu yn y Rhondda yn y tridegau a'r gyntaf i roi 'gas and air' i fam wrth esgor yng Nghymru
(trwy garedigrwydd Margaret Lon Jones, Heol Parc-maen, Caerfyrddin)

oedd 'The General Characteristics of Welsh Folk Dance', ac fe'i cyhoeddwyd yn ddiweddarach yn Dawns.[10] Y dawnsfeydd a gyflwynwyd gan y cwmni o Gorwen (yn bennaf yn ystod y ddarlith) oedd y 'Welsh Reel' a 'Rhif Wyth' (dawnsfeydd Llanofer), 'Dawns Croesoswallt', a 'Meillionen', neu 'Meillionen Meirionnydd', fel y'i gelwid ar adegau.[11]

Gwnaeth Austen Goodman, un o brif gefnogwyr y cwmni dawns o Gorwen (a'r cwmni dawns o Langollen wedi hynny), gyfraniad eithriadol o bwysig i hyrwyddo dawnsio gwerin. Yn y pumdegau a'r chwedegau cynnar, o dan ddylanwad Lois Blake yn arbennig, bu'n ddiwyd ryfeddol yn galw mewn twmpathau dawns hwnt ac yma yn siroedd Dinbych a Meirionnydd – fel y gŵyr awdur yr erthygl hon yn dda. Yr oedd ef yn un o 'hogie'r wlad', 'hogie Llangwm', a fu'n 'cicio sodle' yn y twmpathau poblogaidd hyn ac yn ceisio, o leiaf, er mor ddibrofiad, ddysgu rhai o'r dawnsfeydd. Dawnsio gwerin ar nos Sadwrn, capel ar fore Sul – dyna'r patrwm bryd hynny.[12]

Lois Blake ac Urdd Gobaith Cymru

Prin fod angen dweud mai'r Urdd oedd prif symbylydd y twmpathau dawns. A dyma wedd arall ar gyfraniad Lois Blake: y cydweithio eithriadol o lwyddiannus a fu rhyngddi hi â'r Urdd am flynyddoedd lawer. Y mae'r stori'n dechrau gydag un o brif gymwynaswyr dawnsio gwerin yng Nghymru yn y dyddiau cynnar, Gwennant Gillespie (Davies cyn priodi). Fe'i penodwyd hi ar staff yr Urdd yn 1943, ac erbyn 1946 roedd hi'n Ddirprwy i'r Cyfarwyddwr, R.E. Griffith, ac yn gyfrifol am Wersyll Llangrannog. Yn ystod Gwyliau'r Nadolig 1948 trefnodd Aduniad Swyddogion Llangrannog ym Mhantyfedwen, plasty yn y Borth, ger Aberystwyth, a oedd newydd ei gyflwyno'n rhodd i'r Urdd yn 1947 gan [Syr] David James a'i alw ar ôl enw ei hen gartref. I'r aduniad hanesyddol hwn rhoes Gwennant wahoddiad i'r wraig o Loegr i gyflwyno dawnsfeydd gwerin Cymreig, megis Robin Ddiog, Arglwydd Caernarfon, Y Delyn Newydd, Croen y Ddafad Felan a Jac-y-do. Dyma ddechrau cysylltiad maith a ffrwythlon rhwng Lois Blake a'r Urdd, ac mewn mwy nag un erthygl yn y cylchgrawn *Dawns* y mae Gwennant Gillespie wedi mynegi dyled fawr yr Urdd iddi.[13]

Yn yr un modd yr oedd Lois Blake hithau yn fawr ei dyled i'r Urdd. Er pwysiced y gwaith ymchwil a wnaed ganddi hi yn ail-ddarganfod hen ddawnsfeydd Cymreig mewn llyfr a llawysgrif ac yn ymweld â llyfrgelloedd ac amgueddfeydd, gan gynnwys yr Amgueddfa Brydeinig yn Llundain, esgyrn sychion fyddai'r dawnsfeydd hyn heb gwmnïau i'w perfformio. Meddai Gwennant Gillespie yn ei herthygl 'Ein Dyled i'r Gorffennol':

> 'O'r dechrau i gyd, roedd Lois Blake yn rhagweld mai'r Urdd, yn bennaf – fel mudiad Cymreig pobl ifanc – a allai anadlu anadl einioes yn y dawnsiau. Heb y brwdfrydedd hwnnw, dawnsiau ar bapur yn unig fyddai gennym heddiw.'[14]

Afraid dweud, felly, mor aruthrol bwysig oedd cyfraniad yr Urdd yn ystod ail hanner yr ugeinfed ganrif yn hyrwyddo dawnsio gwerin yng Nghymru, drwy gyfrwng Adrannau ac Aelwydydd, eisteddfodau a gwyliau ysgolion undydd a chyrsiau hyfforddi. A'r un modd drwy gefnogaeth werthfawr personau megis Alice E Williams; Gwyn Williams, Bangor; Tomi Scourfield; Aneurin Jenkins-Jones; Evan Isaac; Iwan Bryn Williams ac Alwyn Samuel. Rhwng 1950-56 yr oedd Alice Williams (a ddaeth yn ei thro yn Llywydd Cymdeithas Ddawns Werin Cymru) yn Drefnydd yr Urdd, yn gyntaf yn sir Gaernarfon ac yna yn y ddwy sir, Caernarfon a Môn. Yn y pumdegau hi oedd hyfforddwraig cwmni dawns cenedlaethol yr Urdd, a Gwennant Davies yn drefnydd.[15] Bu Lois Blake hithau bob amser yn fawr ei chefnogaeth a'i chymorth i Alice Williams a gweithwyr eraill yr Urdd.

Felly hefyd rhoes Lois Blake bob anogaeth i'r Gwyliau Gwerin Cenedlaethol a drefnid gan yr Urdd bob yn ail flwyddyn (Corwen, 1958;[16] Hwlffordd, 1960; Caerdydd, 1962; Aberafan, 1964; Wrecsam, 1966; Gwaun-cae-gurwen, 1968; Maesteg, 1970). Bu'n gefn yn ogystal i gyrsiau hyfforddi ac i gystadlaethau dawnsio gwerin yn Eisteddfodau'r Urdd, gan wasanaethu fel beirniad droeon. Yn 1952 cyflwynodd ddarlun hardd o'i gwaith, darlun o arfbeisiau siroedd Cymru, yn wobr ar gyfer cystadleuaeth dawnsio gwerin i Aelwydydd yn Eisteddfod Genedlaethol yr Urdd.[17]

Lois Blake; Cymdeithas Ddawns Werin Cymru, a'r Eisteddfod Genedlaethol

Mor gynnar ag 1926 sefydlwyd Cymdeithas Ddawns Werin Cymru, gyda'r bwriad, yn ôl y *South Wales News*, i ymchwilio i 'hitherto unknown resources of old folklore, song and tradition.'[18] Ond ni ddaeth dim o'r cynlluniau canmoladwy hyn, a buan y diddymwyd y Gymdeithas. Trafodwyd y syniad o sefydlu cymdeithas genedlaethol i hyrwyddo dawnsio gwerin yng Nghymru droeon wedi hynny gan Lois Blake a W.S. Gwynn Williams, ond daeth yr Ail Ryfel Byd i lesteirio unrhyw weithredu pendant. Er bod Cymdeithas Alawon Gwerin Cymru wedi'i sefydlu mor gynnar ag 1908, bu raid aros hyd 1949 cyn y gwireddwyd y freuddwyd i sefydlu Cymdeithas Ddawns Werin Cymru. Yn Amwythig y bu'r cyfarfod sefydlu hanesyddol hwnnw, ar wahoddiad Enid Daniels Jones, gyda Lois Blake, W.S. Gwynn Williams ac W. Emrys Cleaver yn bresennol. Bu Enid Daniels Jones, Trefnydd Ymarfer Corff sir Ddinbych, yn Ysgrifennydd diwyd i'r Gymdeithas am naw mlynedd, pan olynwyd hi gan Frances Môn Jones, un arall o gymwynaswyr arloesol dawnsio gwerin yng Nghymru. Penodwyd W. Emrys Cleaver yn Drysorydd a W.S. Gwynn Williams yn Gadeirydd. Roedd sefydlu Cymdeithas Ddawns Werin Cymru i Lois Blake yn benllanw ei gweithgarwch. Bu'n Llywydd o'r dechrau hyd flwyddyn ei marwolaeth, a gwasanaethodd y Gymdeithas gydag ymroddiad cwbl nodedig. O 1950 i 1956 defnyddiai ei chyfeiriad yn Nhafarn y Pric, Corwen, a soniodd ei merch, Felicity, wrthyf mor falch yr oedd ei mam o gael cyfeiriad yng Nghymru ar gyfer gohebiaeth swyddogol y Gymdeithas newydd.

Un o lwyddiannau cynnar Cymdeithas Ddawns Werin Cymru oedd Cyrsiau Hyfforddi Pantyfedwen a gynhelid yn flynyddol yn ystod tymor y Pasg. Bu gan Lois Blake ran allweddol yn y llwyddiant hwn, a rhoes ddisgrifiad lled fanwl o'r cwrs cyntaf (1951) yn rhifyn cyntaf *Cylchlythyr* y Gymdeithas (1953). Ymhlith y dawnsfeydd y buwyd yn eu hymarfer ar y cwrs yr oedd: Esgob Bangor, Arglwydd Caernarfon, Oswestry Wake, Ap Shenkin, Meillionen, Croen y Ddafad Felan, Dawnsfeydd Morris, Rhif Wyth, a Dawns Llanofer.[19] Meddai Emrys Cleaver mewn adroddiad o'i eiddo yntau am bedwaredd 'Ysgol Breswyl Pantyfedwen' (1954), gan gyfeirio yn arbennig at Lois Blake:

'Ni warafun i neb imi roi'r lle blaenaf iddi. Hebddi hi, ni buasai dawnsiau Cymreig, Cymdeithas Ddawns Werin Cymru na Phantyfedwen.'[20]

Ac meddai eto yn ei adroddiad am gwrs 1955:

'Yr oedd Mrs Blake yno, y pennaf ohonynt, yn ei hafiaeth fel erioed. Mawr yw ein dyled yng Nghymru i Mrs Blake. Hi, yn anad neb, yw'r gannwyll gynn ym mywyd Cymdeithas Ddawns Werin Cymru o'r cychwyn, a hi yw dehonglydd pob dawns Gymreig ac ysbrydiaeth pob ymarfer.'[21]

Yn yr un modd, bu cysylltiad Lois Blake â'r Eisteddfod Genedlaethol yn un ffrwythlon tu hwnt. Bydd ymwelwyr â'r Eisteddfod yn cofio'n dda ei gweld ym mhabell y Gymdeithas Ddawns Werin o flwyddyn i flwyddyn: y wraig fechan, fyrlymus, bonheddig a brwd, yn llawn serchowgrwydd a chroeso. Bu'n beirniadu'n gyson yn adran dawnsio gwerin, ac yn Eisteddfod Caerdydd, 1960, cafodd ei hanrhydeddu gan Orsedd y Beirdd drwy ei derbyn i Urdd Ofydd. Yn 1979 cyflwynodd y Gymdeithas Ddawns Dlws Coffa Lois Blake yn wobr yn Adran Dawnsio Gwerin yr Eisteddfod Genedlaethol. Cynlluniwyd y tlws gan Adriano Candelori, o Lanelli, myfyriwr yng Ngholeg Celf Caerfyrddin.[22]

Catherine Margretta Thomas;
Lois Blake a Dawnsfeydd Nantgarw

Adeg sefydlu Cymdeithas Ddawns Werin Cymru roedd Dr Ceinwen H. Thomas yn athrawes ym Mryn-mawr, sir Frycheiniog. Soniodd wrth Walter Dowding, aelod o Gwmni Dawns Bryn-mawr, am ei mam, Catherine Margretta Thomas (1880-1972), ac fel yr oedd hi yn cofio'r hen ddawnsfeydd yn Nantgarw a'r cyffiniau ym Morgannwg. Aeth Walter Dowding i weld Margretta Thomas, a chyda chymorth ei merch gwnaeth nodiadau manwl o'r dawnsfeydd a'u trosglwyddo i Lois Blake. Hyfrydwch arbennig i mi, fel i eraill o'm cydweithwyr yn Amgueddfa Werin Cymru a llawer o'i chydnabod, fu cael cwmni'r wraig ryfeddol o Nantgarw a dal ar y cyfle i gofnodi ar dâp gyfran fechan o'i thystiolaeth lafar amhrisiadwy yn ymwneud â bywyd a diwylliant gwerin cyfoethog yr ardal. Dyma ychydig ddyfyniadau o'i hatgofion byw:

'Odd ffair yn Caerffili a ffair yn y Ton . . . Yn Gaerffili a ffair y Ton welas i'r dawnsfeydd. A chi'n gweld, odd hi'n bechod echryslon i ddawnsio pan o'n i'n blentyn. Ond o'n i yn lico gweld dawnso yn yng ngalon . . .

Odd gennym ni hefyd beth o'n ni'n galw 'noson ddifyr' yn y pentra. Llawer noson ddifyr. Odd pob un â'i gylch – odd pawb yn ffrindia, ond odd ryw gylch i bawb, chi'n gweld. Ac o'n nhw'n dod – sen ni'n mynd iddi tai nhw weitha, a nhw'n dod i'n tŷ ni. A fi welas hen wraig yn dawnso 'Cwymp Llywelyn'. Ac fi welas hen ŵr yn dawnso 'Y Marchog' a dawnso 'Cilog y Rhetyn' . . .
Odd Edmwnd, 'y mrawd, â whistl dun. Odd â'n gallu whara jest popith. Odd â'n whara acordion a whistl dun a phopith. A os basa Eli y telynor dall ddim adra, o'n nhw'n moyn Edmwnd, a nhw'n mynd i gornel Cae'r Dyffryn, lawr man'yn. A chi'n clywad y whistl dun, y plant yn ritag i weld nhw'n marfar dawnso. A tyna lle welas i Dawns Blota Nantgarw.'[23]

Manteisiodd Lois Blake i'r eithaf ar dystiolaeth eithriadol o werthfawr Margretta Thomas, a chyda chymorth parod Dr Ceinwen H. Thomas unwaith yn rhagor, trefnodd y dawnsfeydd ar gyfer eu perfformio, a gwnaed hynny gydag arddeliad ym mhedwerydd Cwrs y Gymdeithas Ddawns ym Mhantyfedwen, Pasg 1954.[24] Ar y cyd â W.S. Gwynn Williams, golygodd Lois Blake y dawnsfeydd a'u cyhoeddi'n llyfryn, *Nantgarw Dances* (1954), yn cynnwys: Dawns Flodau Nantgarw, Gŵyl Ifan a Rali Twm Siôn.[25] Erbyn 1960 roedd Lois Blake wedi trefnu a golygu tair dawns arall: Ffair Caerffili, Dawns y Pelau, a Cheiliog y Rhedyn, ac fe'u cyhoeddwyd gan y Gymdeithas Ddawns yn llyfryn dwyieithog: *Ffair Caerffili a Dawnsiau Eraill o Nantgarw*.[26] Cyhoeddwyd hefyd yng nghylchgrawn y Gymdeithas sawl erthygl ar Nantgarw a chefndir y dawnsfeydd, ac ar Catherine Margretta ei hun, yn bennaf gan ei merch, Dr Ceinwen H. Thomas.[27]

Cyhoeddiadau Lois Blake ym maes Dawnsio Gwerin

Wedi cyfeirio eisoes at y ddau gasgliad o ddawnsfeydd Nantgarw, dyma'r man priodol i nodi mai un o brif gymwynasau Lois Blake oedd trefnu'r dawnsfeydd gwerin Cymreig ar gyfer eu cyhoeddi a'u perfformio. Yn y maes hwn bu'r bartneriaeth rhyngddi hi a W.S. Gwynn Williams, Llangollen, o'r dechrau yn un eithriadol o ffrwythlon: y ddau ohonynt, gan amlaf, yn cyd-drefnu a golygu'r dawnsfeydd, a Chwmni Gwynn, Llangollen, yn eu cyhoeddi. Y cyhoeddiad cyntaf oedd *The Llangadfan Dances* (1936), dawnsfeydd o gasgliad William Jones (1729-95), Llangadfan, wedi'u diogelu ymhlith papurau Edward Jones, 'Bardd y Brenin' (1752-1824), ac yn cynnwys Ally Grogan, Lumps of Pudding, a The Roaring Hornpipe. Yn 1938 cyhoeddwyd *Welsh Morris and Other Country Dances*. Yna, yn 1948, *Welch Whim: Five Dances from Walsh's Compleat Country Dancing Master* (1719), ac yn 1950 cyhoeddwyd *Meillionen and the Three Sheepskins* (Croen y Ddafad Felan): *Two Dances from Walsh's Compleat Country Dancing Master* (1718 and 1735). Cwmni Gwynn, Llangollen, hefyd a gyhoeddodd ddau lyfryn gwerthfawr Lois Blake: *Welsh Folk Dance and Costume* (arg. 1af 1948, 3ydd arg. 1965),[28] a *Traditional Dance and Customs in Wales* (1972). Un cyhoeddiad arall y dylid ei nodi (gan Gymdeithas Ddawns Werin Cymru y tro hwn) yw *Pont Caerodor: Set Dance by Lois Blake* (1964).

Yn ogystal â'r cyhoeddiadau a enwyd eisoes, bu Lois Blake hefyd yn ddiwyd iawn yn cyfrannu'n gyson i *Gylchlythyr* Cymdeithas Ddawns Werin Cymru, rhifau 1-7 (1953-60), a *Dawns*, cylchgrawn y Gymdeithas, o 1960 hyd 1974, blwyddyn ei marw. Yn rhifynnau cynharaf y *Cylchlythyr a Dawns* bu'n ysgrifennu'n frwd am Gyrsiau Pantyfedwen[29] ac am lwyddiannau'r Gwyliau Gwerin.[30] Yn ei swydd fel Llywydd bu droeon yn cyfarch ac yn annog y darllenwyr ar dudalennau'r *Cylchlythyr a Dawns* a chyfrannodd hefyd liaws o ysgrifau byrion diddorol a thra phwysig ar amrywiaeth mawr o bynciau ac mewn arddull fyw. Yn ychwanegol at rai eitemau y cyfeiriwyd atynt eisoes, dyma deitlau'r prif gyfraniadau hynny yn nhrefn eu cyhoeddi: 'The Welsh Ball';[31] 'The Tune and the Dance';[32] 'Gwisg a Defodaeth';[33] 'Wales has no "Shawl Dance" ';[34] 'Caerdroea' ('this beautiful tune' – nodyn am yr alaw, yr hen chwarae, a labrinth muriau Caerdroea);[35] 'Leonard S Bardwell';[36] '1949-1970' [twf y Gymdeithas Ddawns Werin];[37] 'The Mari Lwyd';[38] 'Violet Alford, 1881-1972';[39] 'The Folk Play';[40] 'Lois Blake on Adjudication'[41].

Ymddiddori mewn arlunio, byd natur a barddoni

Bu Lois Blake yn beirniadu cystadlaethau dawnsio gwerin yn Eisteddfod yr Urdd a'r Eisteddfod Genedlaethol droeon; yn Eisteddfod Gydwladol Llangollen, 1948-54, ac yn eisteddfodau taleithiol Môn a Phowys ac un neu ddwy eisteddfod leol, megis Eisteddfod Dyffryn Conwy, Llanrwst.[42] Yr oedd hefyd yn arlunydd dawnus, a bu'n ymarfer ei dawn yn gyson. Mor gynnar ag 1916-17, pan wasanaethai gyda Ysbyty Merched yr Alban yn Serbia, Romania a Rwsia, yr oedd, fel y nodwyd eisoes, wedi addurno rhai tudalennau o'i dyddiaduron â mân ddarluniau mewn inc, ac atgynhyrchwyd dau ohonynt yng nghyfrol Audrey Fawcett Cahill, *Between the Lines: Letters and Diaries from Elsie Inglis's Russian Unit* (1999).[43] Paratoes gardiau cyfarch a mapiau lliw o Gymru ar gyfer Mudiad Sefydliad y Merched; er enghraifft, ei map hardd o sir Ddinbych a gyhoeddwyd hefyd gan ganghennau sir Ddinbych ar ffurf lliain llestri. Am flynyddoedd bu'n cynllunio cardiau Nadolig i Gymdeithas Ddawns Werin Cymru; yr oedd yn arfer ganddi addurno rhai o'i chyhoeddiadau â mân ddarluniau, a hi a gynlluniodd glawr ei llyfryn *Welsh Folk Dance and Costume* (1948). Ymddiddorai yn ogystal mewn byd natur ac yr oedd, afraid dweud, yn hoff ryfeddol o gefn gwlad. Dyna oedd un o'r prif resymau dros symud i fyw o Lerpwl i Langwm yn 1930. Flynyddoedd yn ddiweddarach ysgrifennodd bennod ar flodau a phlanhigion ardal Marshfield ar gyfer llyfryn a gyhoeddwyd gan y gangen leol o Sefydliad y Merched.[44]

Diddordeb achlysurol arall oedd barddoni. Ysgrifennodd rai cerddi yn ferch ifanc yn ei dyddiaduron, 1916-17, ac yng nghanol erchyllterau'r Rhyfel Byd Cyntaf y mae un neu ddwy o'r cerddi hyn yn adlewyrchu ei hiwmor cynhenid. Enghraifft deg yw ei pharodi ar y Drydedd Salm ar Hugain, 'Yr Arglwydd yw fy mugail' – parodi sy'n ein hatgoffa hefyd iddi hi ei hun fod am gyfnod yn gyrru cerbydau ar faes y gad:

> This Ford is my car, I shall not want another.
> It maketh me to lie down in wet places;
> It soureth my soul.
> Its rods and its brakes discomfort me;
> Its tanks runneth over.
> It prepareth a breakdown for me in the presence of mine enemies;
> It maketh me to walk in the path of ridicule for its name sake.
> Yea, though I run down the valleys, I am towed up the hills.
> Surely to goodness, if this thing follows me all the days of my life,
> I shall dwell in the house of the mad for ever.[45]

'Trees' yw teitl un o'i cherddi eraill mwyaf diddorol. Cyfieithwyd y gerdd hon i'r Gymraeg gan R. Bryn Williams, ac argraffwyd y ddwy ar un dudalen, gefn wrth gefn, wedi'i dylunio'n hardd mewn lliw gan Lois Blake ei hun. Y mae'r geiriau a'r arlunwaith yn adlewyrchu'n amlwg iawn ei diddordeb byw mewn byd natur. Cyfeiriaf at un gerdd arall. Yn sgîl cynnal Gŵyl Symud a Dawns yn Mhafiliwn Gerddi Sophia, Caerdydd, 1973, fel hyn, bron ar derfyn ei hoes ac yn arddull yr hen ganeuon gwerin, y canodd Lois Blake y pennill hwn ar y testun 'Who was Sophia?'

> Down by Sophia Gardens
> My love and I did meet;
> She was so light and airy,
> So nimble were her feet.
> She tossed her flowers so gaily,
> And no one leapt so high,
> I lost my heart completely
> When she came dancing by.[46]

'Hi oedd y sbardun, y ddolen gyswllt a'r ysbrydoliaeth'; 'today we must preserve what has been handed down to us'

Yr oedd Lois Blake yn berson annibynnol ei barn a rhyddfrydol ei syniadau; yn berson hoffus, llawn hiwmor, unplyg a diffuant. Drwy gydol ei hoes bu'n hoff ryfeddol o bobl, ac yn arbennig plant ac ieuenctid. Meddai ei merch, Felicity, amdani yn ei hysgrif goffa iddi ym mis Gorffennaf 1975, gan gyfeirio yn gyntaf at y cyfnod cynnar yn Llangwm:

> 'She was a cub master at Dinmael, she helped with the G.F.S. and with the Guides, and even in her last decade at Marshfield, a boy of 9 years wrote an essay about her as his favourite old person . . . Mother set no store by the pomp and circumstance of this world; she would have been happy for her ashes to be scattered on Foel Goch (our mountain) [Llangwm]. Certainly, she would have wanted no memorial, only for such dancing as we saw at Bala last October, or at St Fagans this June.'[47]

Yn rhifyn 1974-75 o *Dawns* talwyd sawl teyrnged i Lois Blake. 'Brenhines Dawns Werin Cymru' yw teitl ysgrif R.E. Griffith, Cyfarwyddwr Urdd Gobaith Cymru.[48] Meddai Gwennant Gillespie hithau yn ei hysgrif 'What the Urdd Owes to Mrs Blake':

'At the Aberystwyth Gŵyl Werin in 1973, it was our pleasure and privilege to pay public tribute to Mrs Blake's unique contribution to the Urdd and to the life of Wales. In her modest and unpretentious manner she had worked quietly and diligently on behalf of Wales for more than forty years. No one was better pleased than she was to see the interest, that began shakily, developing, broadening and deepening until Welsh folk-dancing today has become a living and creative factor very different from the dry bones she began to work upon in the early thirties. And it was she, above all others, who was responsible for restoring to the youth of Wales an important part of their lost heritage.'[49]

Ac meddai Gwennant Gillespie eto, y tro hwn mewn erthygl Gymraeg, 'Ein Dyled i'r Gorffennol': 'A thra bu byw Lois Blake, hi oedd y sbardun, y ddolen gyswllt a'r ysbrydoliaeth. Hebddi hi, fyddai atgyfodiad dawnsio gwerin yng Nghymru ddim wedi digwydd.'[50] A dyma ran o deyrnged W. Emrys Cleaver, un arall o brif gymwynaswyr dawnsio a chanu gwerin Cymru, a gŵr a fu'n cydweithio'n agos â Lois Blake o'r dechrau:

'We mourn the loss of our diligent President, this notable English lady of genius who was an artist in many fields. Of a lovable character, she was the idol of everyone who knew her.'[51]

Roedd Alice E. Williams yn athrawes ifanc ym Mhenmachno yn ail hanner pedwardegau'r ugeinfed ganrif, a dyna pryd y clywodd sôn gyntaf am y Saesnes ddiwylliedig oedd yn byw yn Llangwm. Trefnodd i'w chyfarfod un min nos wedi'r ysgol, ac fel hyn mewn ysgrif, 'Atgofion Cynnar ein Llywydd', y mae'n disgrifio'n fyw iawn y cyfarfyddiad cofiadwy hwnnw:

'Disgwyliais gyfarfod â gwraig luniaidd ieuanc, ond gwraig wargrwm mewn tipyn o oedran a ymddangosodd – gwallt coch syth bin a'r arian yn ymblethu ynddo. Gwahoddodd fi i'w char, a ffwrdd â ni am Bentrefoelas a hithau'n siarad bymtheg y dwsin am ddawnsio. Prin y gallwn ei deall gan goethder ei hacen Saesneg. Roedd hi'n holi am wneud *'hey'*. Gwair oedd *'hay'* i mi bryd hynny, ac ofnaf na ddeallais o gwbl mai pleth a olygai nes iddi gyfeirio at 'Rif Wyth' (ynganiad unigryw, credwch fi!). Dyma stopio'r car wrth ochr y ffordd, ac allan â hi i ddangos i mi sut oedd gwneud yr *'hey'* i bedwar yn 'Ril Gŵyr'. Dim ond dwy oeddem ni, ond roedd dwy gasgen 'coal-tar' wrth ochr y ffordd, a gwau o gwmpas y rheiny y buom. Dim ond ni'n dwy oedd yn symud, wrth gwrs! Dyna fy medydd o ddŵr a thân i gymhlethdodau ffigyrau dawnsio, a'm cyfarfod cyntaf gyda'r wyrth o wraig y deuthum i'w hadnabod, ei hedmygu a'i charu yn fawr iawn.'[52]

Yn y portread hwn o'r wraig o Loegr a ymserchodd gymaint yng Nghymru a'i diwylliant rhof y gair olaf iddi hi ei hun. Mewn ysgrif o'i heiddo yn trafod yr Eisteddfod Genedlaethol a dawnsio gwerin, meddai: ' . . . today we must preserve what has been handed down to us.'[53] Dyna Lois Blake i'r dim: gwraig gymwynasgar, gydwybodol, yn ymglywed yn angerddol â'r alwad i drysori'r dreftadaeth, er mwyn eraill ac er mwyn y dyfodol.

Dathlu hanner canfed pen-blwydd Cymdeithas Ddawns Werin Cymru a dadorchuddio cofeb i Lois Blake yn Llangwm

Yn 1999 yr oedd Cymdeithas Ddawns Werin Cymru yn dathlu ei hanner canfed pen-blwydd, ac yn y Neuadd Ddawns yn Eisteddfod Genedlaethol Môn, 7 Awst, cyflwynwyd 'Rhaglen Deyrnged . . . i Anrhydeddu Cyfraniad Arloesol Lois Blake (1890-1974) i Ddawnsio Gwerin yng Nghymru'. Trefnwyd y rhaglen ardderchog hon gan Dr Prydwen Elfed Owens ac Owen Huw Roberts, ac yr oedd plant a rhai o drigolion Llangwm yn amlwg ymhlith y cyfranwyr. Cafwyd portread o fywyd Lois Blake gan dair o wragedd yr ardal (y sgript o waith Dorothy Jones yn seiliedig ar ymchwil Dr Aled Lloyd Davies); cyflwyniad dramatig gan ddisgyblion Ysgol Llangwm (y sgript gan y Brifathrawes, Meri Jones); a theyrnged ar gân gan Barti Cerdd Dant o'r ysgol (geiriau gan Dorothy Jones, a'r plant wedi'u hyfforddi gan Rhian Jones, athrawes). Paratowyd hefyd arddangosfa gan Alan Maxwell a disgyblion Ysgol Llangwm.

Nos Wener a dydd Sadwrn, 17-18 Medi 1999, bu'r Gymdeithas Ddawns Werin yn parhau â'r dathliadau, yn bennaf y tro hwn yn Llangollen a'r cyffiniau. Yna, ddydd Sul, 19 Medi, o dan lywyddiaeth Emrys Jones, Pen y Bont, cafwyd gwasanaeth arbennig yng Nghapel y Groes, Llangwm, i ddiolch am fywyd a gwaith Lois Blake. Fe gofir yn hir am y diwrnod hwnnw: Capel y Groes o dan ei sang; Gwennant

Gillespie yn dwyn i gof gyfraniad cyfoethog Lois Blake, a phlant yr Ysgol yn cyflwyno inni ddarlun byw a diddorol iawn ar lafar ac ar gân o fywyd a gweithgarwch y wraig fechan, fyrlymus o Felysfan, Llangwm. Un eitem oedd parti cerdd dant a'r geiriau gan Dorothy Jones, Llangwm. Dyma'r pennill cyntaf a'r ddau olaf:

> Roedd 'na wreigan fach erstalwm,
> Saesnes ronc yn byw yn Llangwm,
> Ei dileit oedd dawnsio gwerin
> Gyda'r tamborîn a'r delyn . . .
>
> Gylch-o-gylch y fedwen brydferth,
> Plethu'n gain heb unrhyw drafferth;
> Pawb yn dilyn gan wneud patrwm –
> Dyna arfer plantos Llangwm.
>
> Heddiw talwn deyrnged iddi
> Am roi bri ar ddawnsiau Cymru;
> Buasai rhain ar goll ers talwm
> Heb y wreigan fach o Langwm.[54]

O'r capel aeth y gynulleidfa i lawr Allt y Groes i'r Llan at y Neuadd – y Gorlan Ddiwylliant. Ar dalcen y Neuadd roedd llechen las wedi'i gosod gan Gymdeithas Ddawns Werin Cymru i gydnabod cyfraniad arloesol Lois Blake i Ddawnsio Gwerin, gyda'r geiriau ar y garreg wedi'u cerfio'n gain gan Ieuan Rees, Rhydaman. Dadorchuddiwyd y gofeb gan ferch Lois Blake, Felicity, un o Is-Lywyddion y Gymdeithas. Yna i gloi gweithgareddau'r dydd cafwyd gwledd o fwyd a dawnsio a fyddai wedi rhoi boddhad mawr i Lois Blake. Wrth i minnau yn awr ddwyn y bennod hon i ben, un peth yn unig sydd i'w ychwanegu: hyfrydwch arbennig i mi fel brodor o Langwm yw cael dal ar y cyfle hwn i dalu teyrnged i un o brif gymwynaswyr ein diwylliant, ac, ar ran holl garedigion dawnsio gwerin yng Nghymru, i ddweud yn syml: 'diolch o galon'.[55]

NODIADAU

1. Yr awdur yw Martin Barnes.
2. Cyhoeddwyd gan The Pentland Press, Caeredin, Caergrawnt a Durham.
3. 'In Memoriam: Lois Blake. Words Spoken at the Funeral on St Cecilia's Day, 22 November 1974', gan John Prior. Mae'r anerchiad, mewn llawysgrifen, ar gadw gan Felicity Blake. Seiliwyd y sylwadau bywgraffyddol am Lois Blake yn y bennod hon, yn bennaf, ar nodiadau a sgrifennwyd gan ei merch Felicity, Hydref 1995, fel ymateb i'm llythyr, dyddiedig 2 Hydref 1995; ar sgwrs a gafwyd gyda Felicity yn Marshfield, 24 Medi 2001; ac ar ei hysgrif, 'Lois Blake: 1890 to 1974', yn Dawns, 1974-75, tt. 8-9.
4. Dawns, 1974-75, t. 8-9.
5. Dawns, 1977-78, t. 10.
6. 'Lois Blake', gan Gwennant Gillespie (yn seiliedig ar nodiadau a dderbyniodd gan LB), Dawns, 1987-88, tt. 16-18.
7. Gw. Emma Lile, *Troed yn Ôl a Throed Ymlaen: Dawnsio Gwerin yng Nghymru - A Step in Time: Folk Dancing in Wales*, Caerdydd, 1999, tt. 23-5.
8. Felicity Blake, Dawns, 1974-75, t. 9.
9. Gw. Dawns, 1987-88, tt. 16-18.
10. Dawns, 1974-75, tt. 19-26.
11. Gw. erthygl Gwennant Gillespie, 'Ein Dyled i'r Gorffennol', Dawns, 2001, t. 4-5.
12. Cyhoeddwyd coffâd byr i Austen Goodman yn Dawns, 1975-76, tt. 26-7.
13. Gw. Dawns, 1974-75, tt. 12-14; 1987-88, tt. 16-18; 2001, tt. 4-9.
14. Dawns, 2001, t. 7.
15. Am bortread byr o Alice E Williams, gw. Dawns, 1987-88, t. 3.
16. Gw. Lois Blake, 'Gŵyl Werin Genedlaethol Corwen, June 14th 1958', *Cylchlythyr* Cymdeithas Ddawns Werin Cymru, rhif 6, 1958, t. 4.
17. Gw. Gwennant Davies, 'Yr Urdd a'r Ddawns Werin', *Cylchlythyr*, rhif 1, 1953, tt. 10-11. Am gysylltiad Lois Blake â'r Urdd, yn ychwanegol at yr erthyglau y cyfeiriwyd atynt eisoes, gw. Alice E. Williams, 'Yr Urdd a'r Ddawns Werin', Cylchlythyr, rhif 3, 1955, t. 12.
18. A.G.R., 'Folk Dance Revival in Wales', *South Wales News*, 17 Mehefin 1926.
19. *Cylchlythyr*, rhif 1, 1953, tt. 5-6. Ail-gyhoeddwyd erthygl Lois Blake yn Dawns, 1999, tt. 21-22. Ceir disgrifiad o'r pedwerydd cwrs gan Lois Blake yn Cylchlythyr, rhif 2, 1954, tt. 10-11. Am wybodaeth bellach parthed Arglwydd Caernarfon, gw. nodyn Lois Blake, 'My Lord of Caernarvon', Dawns, 1975-76, t. 27.
20. *Cylchlythyr*, rhif 2, 1954, tt. 5-6.
21. *Cylchlythyr*, rhif 3, 1955, t. 6.
22. Gw. Jean Huw Jones, 'Tlws Coffa Lois Blake', Dawns, 1994-95, tt. 8-11, yn cynnwys llun o'r tlws.
23. Tâp Amgueddfa Werin Cymru (AWC) 74. Recordiwyd Ebrill 1955, gan Vincent H. Phillips.
24. Gw. Emrys Cleaver, 'Ysgol Breswyl Pantyfedwen', *Cylchlythyr*, rhif 2, 1954, tt. 5-6.
25. Cwmni Cyhoeddi Gwynn, Llangollen.
26. Y teitl Saesneg yw: *Ffair Caerffili and Other Dances from Nantgarw: Recollected by Mrs Margretta Thomas and Compiled by Lois Blake*, Llanrhaeadr-ym-Mochnant, 1960.
27. Gw. Ceinwen H. Thomas, 'Nantgarw in the 1880's', *Cylchlythyr*, rhif 5, 1957, tt. 7-10; Gwyn Williams (Bangor), 'Dawnsiau Nantgarw', *Cylchlythyr*, rhif 5, 1957, tt. 10-11; Ceinwen H Thomas, 'Catherine Margretta Thomas' a 'Dawnsiau Nantgarw' (erthyglau dwyieithog), Dawns, 1973-74, tt. 2-25 (ail-gyhoeddwyd yn Dawns, 1997-98, tt. 5-56). Cyhoeddwyd hefyd 'The Background to the Nantgarw Dances', o lyfryn Lois Blake, *Traditional Dance and Customs in Wales*, Dawns, 1999, tt. 24-5, a nodiadau gan Lois Blake

ar Ddawns Flodau Nantgarw, yn *Dawns*, 1999, t. 26.
28 Y cyfeiriad gyda'r cyflwyniad i'r argraffiad cyntaf (1948) yw Melysfan, Llangwm. Y cyfeiriad gyda'r ail-argraffiad estynedig (1954) yw Tafarn y Pric, Corwen, a'r cyfeiriad gyda'r trydydd argraffiad (1965) yw Marshfield.
29 *Cylchlythyr*, rhif 1, 1953, tt. 5-6; rhif 2, 1954, tt. 10-11.
30 *Cylchlythyr*, rhif 6, 1958, t. 4 (Corwen, 1958); *Dawns*, 1960-61, tt. 4-5 (Hwlffordd, 1960); *Dawns*, 1965-66, t. 14 (Wrecsam 1966); a *Dawns*, 1970-71, t. 5 (Corwen 1970).
31 *Cylchlythyr*, rhif 3, 1955, tt. 7-8.
32 *Cylchlythyr*, rhif 7, 1959-60, tt. 10-11, 14-15.
33 *Dawns*, 1961-62, tt. 15-16.
34 *Dawns*, 1962-63, tt. 3-5.
35 *Dawns*, 1967-68, t. 18.
36 *Dawns*, 1967-68, t. 15.
37 *Dawns*, 1969-70, tt. 5-6.
38 *Dawns*, 1969-70, tt. 11-13.
38 *Dawns*, 1971-72, t. 4.
40 *Dawns*, 1972-73, tt. 26-7.
41 *Dawns*, 1989-90, tt. 9-10.
42 Yn 2001 cyflwynodd Miss Felicity Blake i Amgueddfa Werin Cymru gasgliad o fatho dynnau a dderbyniodd ei mam fel beirniad eisteddfodol (AWC F.02.3).
43 Darlun o'r Kremlin, *Between the Lines*, t. 26, a darlun o lond lori o 'English bluejackets'. Dyma ddyfyniad o ddyddiadur Lois Turner: 'As we were going down the Nevsky we suddenly saw two lorries full of English bluejackets – we were awfully bucked, and rushed after them shaking them by the hand, – they were tremendously cheered all along.' (*Between the Lines*, t. 229.)
44 Felicity Blake, 'Lois Blake: 1890-1974', *Dawns*, 1974-75, tt. 10-11.
45 O ddyddiadur Lois Blake, 1916-17, ar gadw gan ei merch, Felicity Blake, Marshfield.
46 Felicity Blake, 'Lois Blake, 1890-1974', *Dawns*, 1974-75, t. 11.
47 *ibid*, tt. 9, 11.
48 *Dawns*, 1974-75, tt. 14-19. Cyhoeddwyd gyntaf yn *Blodau'r Ffair*, rhif 32, Nadolig 1970.
49 *Dawns*, 1974-75, t. 14.
50 *Dawns*, 2001, t. 7.
51 *Dawns*, 1974-75, t. 5. Cyfaill arall i Lois Blake a dalodd deyrnged iddi yn rhifyn *Dawns*, 1974-75 (tt. 6-7), oedd Austen Goodman.
52 Dawns, 1989-90, t. 6.
53 Cylchlythyr, rhif 4, 1956, tt. 4-5.
54 Cyhoeddwyd y penillion a chrynodeb o hanes y dathlu yn Llangwm yn Y Bedol, Hydref 1999.
55 Carwn ddiolch yn ddiffuant i'r personau a ganlyn am lawer iawn o gymorth a dderbyniais wrth baratoi'r erthygl hon: Felicity Blake, Marshfield; fy nghydweithwyr Emma Lile a Meinwen Ruddock; Howard Williams, Clynnog Fawr; fy mhriod, Eleri Gwyndaf.

Gŵyl Mabsant

T. Llew Jones

Ymysg hen arferion rhyfedd ein cyndeidiau, mae'n siwr gen i mai'r Ŵyl Mabsant oedd un o'r mwyaf anesboniadwy o'r cyfan i gyd.

Meddai Hugh Evans yn *Cwm Eithin* (tud. 145) 'Un o wyliau hynaf Cymru oedd yr Ŵyl Fabsant. Mae'n syn mor anodd yw cael ei tharddiad a'i hanes, a'r dull y dethlid hi. Ceir digon o gyfeiriadau condemniol ati ddechrau y ganrif ddiwethaf a diwedd y ganrif o'r blaen, ond beth bynnag oedd hi, diddorol iawn i lawer fuasai darluniad gweddol fanwl ohoni'.

Nid yw'r sefyllfa (hyd y gwn i), wedi newid fawr ddim ers i Hugh Evans sgrifennu'r geiriau yna ymhell dros dri ugain mlynedd yn ôl. Ac eto fe fu i'r Ŵyl Mabsant le mwy canolog a phwysig ym mywyd pobol ar hyd y canrifoedd na'r un ddefod arall bron. Felly, wedi hir betruso, dyma fi'n mentro cynnig rhai sylwadau ar y pwnc dyrys yma.

Yn gyntaf ynglŷn â'r enw – gŵyl mabsant. Rwy'n teimlo'n weddol siwr mai gŵyl mabwys-sant ydoedd yn wreiddiol – sef gŵyl sant mabwysiedig eglwys arbennig – *'patronal feast'* yn Saesneg. Credaf mai 'adopted' yw ystyr mabwys yma, ac mae Geiriadur Bodfan yn rhoi hen ystyr 'adoption' i'r gair mabwys. Talfyriad, felly yw gwylmabsant ac fe'i talfyrrwyd ymhellach gydag amser i 'glabsant', 'glasbant' ac yn y blaen. Galwodd rhywun hi yn 'wylmabsatan' oherwydd y drygioni a'r rhialtwch a oedd ynglŷn â hi yn aml. Ond yn fy marn i, roedd bathwr yr enw yna yn tybio'n gyfeiliornus mai 'mab' – *'son'* oedd yr elfen flaenaf yn yr enw. Efallai fod hyn yn wir hefyd am Hugh Evans a ddefnyddiodd y ffurf 'gwylfabsant'.

Dyna ddigon am yr enw, am y tro beth bynnag. Yn awr at yr ŵyl ei hun a'i nodweddion. Yr hyn sy'n anodd iawn ei egluro yw'r ddeuoliaeth ryfedd a berthynai iddi. Dechreuai'n aml gyda gwylnos yn yr eglwys yng ngolau canhwyllau – pan geid gwasanaeth a gweddïau – weithiau trwy gydol y nos. Yn dilyn wedyn fe fyddai tridiau, mwy neu lai, yn cael eu rhoi i chwaraeon, dawnsio a phob math o oferedd. Roedd hi'n union fel petai mynychu'r eglwys yn gyntaf yn rhoi hawl i bobl wedyn i gymryd rhan yn yr holl rialtwch paganaidd a ddilynai. Fe ddywed awdur *Cwm Eithin* hyn amdani, 'Gallai mai gŵyl baganaidd oedd ar y cyntaf'. Rwyf fi'n cytuno â hyn.

Roedd yr ŵyl mabsant yn flynyddol yn denu tyrfaoedd o bell ac agos. Deuai perthnasau'r plwyfolion ar ymweliad yn ystod yr ŵyl a byddai rhaid eu lletya a'u bwydo yn ystod cyfnod eu harhosiad. Achosai hyn gryn drafferth a chost i'r plwyfolion, a darllenais yn rhywle y byddai rhai ohonynt yn gwario mwy o'u harian prin yn ystod yr ŵyl mabsant nag a warient trwy weddill y flwyddyn.

Gan fod yr hen ffermdai a'r tyddynnod mor gyfyng byddai lletya'r holl ymwelwyr yn broblem. Mae Hugh Evans ac eraill yn sôn am wely arbennig – gwely gwylmabsant – a fyddai'n cael ei ddarparu ar gyfer yr ymwelwyr â'r ŵyl. Nid oedd yn ddim ond matres wedi ei gosod ar y llawr fel gwely-dros-dro. Meddai Hugh Evans, 'Clywais fy nain yn dywedyd wrth i rai ei holi beth oedd ystyr gwely gwylmabsant, y defnyddid llofft yr ŷd, llofft yr ystabal, llawr yr ysgubor, a'r cywlas os byddai'n wag, i wneud gwelâu pan oedd yr hen ŵyl yn ei gogoniant . . . Gwely ardderchog oedd gwely gwylmabsant; dim perygl i neb frifo wrth syrthio dros yr erchwyn pan fyddai'n orlawn.'

Mae'n anodd i ni heddiw ddychmygu effaith y mewnlifiad blynyddol yma ar y pentrefi bach a mawr a oedd wedi tyfu o gwmpas yr eglwysi. Am rai dyddiau – wythnos gyfan weithiau – byddai pob gwaith ond yr hanfodol megis godro a choginio yn cael ei roi heibio. Dyma ddisgrifiad Robert Jones, Rhoslan o'r hyn a ddigwyddai yn ystod yr ŵyl:

> Yr oedd mewn llawer o ardaloedd un Sul pennodol yn y flwyddyn a elwid gwylmabsant, ac yr oedd hwnnw yn un o brif wyliau y diafol; casglai ynghyd at eu cyfeillion luaws o ieuengtyd gwammal o bell ac agos, i wledda, meddwi, canu, dawnsio, a phob gloddest. Parhai y cyfarfod hwn yn gyffredin o brynhawn Sadwrn hyd nos Fawrth.

Yn y gyfrol *Hen Gof* (Gwasg Carreg Gwalch, tud. 48), rwy'n tynnu sylw at ŵyl debyg iawn i'r wylmabsant, y sonnir amdani yn *The Folklore of Orkney and Shetland* gan Marwick. Geilw'r awdur yr ŵyl honno yn 'Kirkwall Lammas Market' – a dyma ddywed amdani:

> *Kirkwall Lammas Market used to attract people from every corner of the islands. The floors of empty houses were strewn with straw – free lodgings*

> *for those who did not mind sleeping with a crowd of strangers. Couples would agree to be sweethearts for the period of the fair, during which they behaved as married couples. They were known as Lammas brothers and sisters.*

Yn awr, er mai sôn am ŵyl, neu ffair, yn gysylltiedig â Chalan Awst y mae Marwick, nid oes amheuaeth yn fy meddwl i nad yw'n ddisgrifiad cywir o'r hyn oedd yn digwydd yn yr wylmabsant gyntefig hefyd. A dyma ddyfyniad o Irish Folk Ways, Estyn Evans.

> *During the week beginning on the 26th August, is held the notorious Donnybrook Fair, professedly for the sale of horses and black cattle, but really for vulgar dissipation and formerly for criminal outrage and the most revolting debauchery.*

Cododd Estyn Evans y geiriau yna o'r Parliamentary Gazetteer am 1845, ac mae ef ei hun yn ychwanegu'r geiriau hyn:

> *The absence of moral restraint which led to extremes of lawlessness . . . was a normal characteristic accompaniment of these periodic folk gatherings. Their purpose appears to be cathartic, but that there is a lingering fertility magic underlying the excitement . . .*

Fe aeth llawer o'r hen wyliau mabsant yn ffeiriau go iawn gydag amser ac y mae nifer ohonynt yn parhau i gael eu cynnal yn flynyddol. Yn wir, mae lle i gredu mai gŵyl mabsant oedd y Kirkwall Lammas Market yn y lle cyntaf. Mae'r enw, Kirkwall, yn arwyddocaol yma, gan mai o gwmpas muriau'r eglwys ac yn y mynwentydd y cynhelid yr hen ŵyl mabsant. Efallai, yn wir, mai ffair oedd yr hen ŵyl mewn cyfnod cyn-gristnogol. Fel y gwyddom mae'r ffair yn hen iawn yn niwylliant y Celtiaid – yn hŷn na Christnogaeth o dipyn.

Pan ddaeth Sant Awstin i Brydain yn 597 OC, roedd wedi derbyn cynghorion cynhwysfawr ar sut i ymddwyn ar ôl cyrraedd gan y Pab Gregory, y gŵr a'i danfonodd. Mae'r cynghorion hyn ar glawr. Ni ddylid, meddai'r Pab, dynnu i lawr y temlau paganaidd yn y wlad. Byddai'n ddigon i ddinistrio'r delwau oedd ynddynt:

> *Therefore let these places of heathen worship be sprinkled with holy water: let altars be built and relics placed under them: for if these temples are*

> *well-built, it is fit the property of them should be altered; that the worship of devils be abolished, and the solemnity changed to the service of the true God . . .*

Trwy wneud hyn, meddai'r Pab, fe fyddai'r brodorion yn fwy tebyg o barhau i'w fynychu. Yna mae Gregory yn cynghori ymhellach, fel hyn – a dyma ni'n dod at darddiad yr ŵyl mabsant, yn fy marn i:

> *Upon the anniversary of the saints, whose relics are lodged there, or upon the return of the day the church was consecrated, the people shall make them booths about those churches lately rescued from idolatry, provide an entertainment and keep a Christian holy-day; not sacrificing their cattle to the devil, but killing them for their own refreshment and praising God for the blessing; that thus, by allowing them some satisfactions of sense, they may relish Christianity the better . . .*

Onid yw'r geiriau uchod, o eiddo'r Pab Gregory, yn dangos i ni darddiad yr ŵyl mabsant?

Mae'n debygol felly, mai clymu gŵyl y mabwys-sant wrth ŵyl a oedd wedi bod yn gysylltiedig â theml baganaidd a wnâi'r Cristnogion, fel y gwnaethant gyda llawer o hen wyliau eraill. Mae'n siwr mai'r gobaith oedd y byddai'r ŵyl yn cael gwared o'r elfennau paganaidd a berthynai iddi – gydag amser. Ond fe aeth canrifoedd heibio cyn i hynny ddigwydd! Yr oedd y trefniant a fodolai wrth fodd y werin, wrth gwrs. Roedd y bobl gyffredin yn barod iawn i dalu gwrogaeth i'r grefydd newydd tra bod rhyddid iddynt barhau â'r hen wyliau a'r dathliadau paganaidd.

Roedd yna gyfaddawd hwylus – tyrrai'r bobl i'r eglwys i gynnal gwylnos a gwasanaethau crefyddol hyd doriad gwawr. Trannoeth roedd yr un bobl yn troi'n ôl at 'grefydd y gwydd a'r gog', chwedl Dafydd ap Gwilym. Gwelir yr un cyfaddawdu diddorol rhwng Cristnogaeth a phaganiaeth mewn sawl rhan o'r byd hyd heddiw, megis Pabyddiaeth a 'voodoo' yn cyd-fyw yn hapus yn Haiti.

Yn y cyfnod cyn-gristnogol arferai'r hen Geltiaid, ein cyndeidiau ni, gynnal eu gwyliau a'u ffeiriau gerllaw llynnoedd a ffynhonnau. Yr oedd y mannau hyn yn gysegredig ac yno y byddent yn addoli eu duwiau a'u duwiesau ac yn aberthu iddynt. A dyma'r union fannau a ddewisodd cenhadon y grefydd newydd i sefydlu eu heglwysi, wrth gwrs! Ac yn amlach na pheidio byddai'r ffynhonnau'n cael eu henwi o'r newydd ag enwau'r mabwys-seintiau neu rywrai eraill o gymeriadau amlwg y ffydd Gristnogol, yn enwedig os oedd sôn fod dŵr y ffynhonnau hynny yn llesol i iechyd.

Fe fyddai'r mabwys-sant yn dod gyda'i greiriau, a'i 'fuchedd' – sef hanes ei fywyd a'i waith, a fyddai'n cynnwys nifer helaeth o 'wyrthiau' fel arfer. Mae 'buchedd' Dewi Sant yn sôn am y ddaear yn codi o dan ei draed yn Llanddewi Brefi, a buchedd yr enwog Sant Columba yn sôn amdano'n cyflawni gwyrth trwy ymladd ag ysbryd, neu dduw'r ffynnon ac yn ei drechu. Roedd hi'n oes y gwyrthiau! Medrai'r hen dduwiau pagan eu cyflawni, ac nid wiw i seintiau'r grefydd newydd fod ar ei hôl hi!

Bu'r seintiau a'r cenhadon cynnar yn llwyddiannus iawn. Bu rhaid i'r hen 'grefydd' gilio. Ond nid enillwyd y maes yn llwyr chwaith – hyd y dydd heddiw.

I lawn ddeall arwyddocâd yr Ŵyl Mabsant, rhaid edrych yn fwy manwl ar rai o'r arferion oedd ynghlwm wrthi. Un elfen gyffredin oedd y *gloddesta* afreolus a ddilynai'r noswyl yn yr eglwys. Yn awr, y gair Saesneg am loddest yw 'orgy', ac fe geir llawer o sôn am y ddefod ddemonig yma mewn llyfrau ar fytholeg a llên gwerin. Cytuna'r arbenigwyr mai defod baganaidd yw hi a'i bod hi'n bennaf yn gysylltiedig â chymunedau amaethyddol 'slawer dydd. Mae rhyw ddirgelwch mawr yn perthyn i'r 'orgy' ac mae'r syniadau paganaidd tu ôl iddi wedi goroesi bron hyd at ein dyddiau ni. Dyma a ddywed Mircea Elaide (Patterns in Comparative Religion, tud. 420):

> *At the most elementary level of religious life there is the orgy, for it symbolizes a return to the amorphous and the indistinct, to a state in which all attributes disappear and contraries are merged.*

Ac eto ar dudalennau 357-8 mae'n dweud hyn:

> *The orgy sets flowing the sacred energy of life. Until quite recently the Holi (India) preserved all the marks of the collective orgy, let loose to excite and bring to boiling point the forces of creation and reproduction throughout nature. All decency was forgotten, for the matter was far more serious than mere respect for norms and customs, it was a question of ensuring that life should go on.*

Eto:

> *The Hos of north eastern India practised tremendous orgies during harvest, which they justified by the idea that vicious tendencies were aroused in both men and women and must be satisfied if the equilibrium of the community were to be established. The debauchery common during harvest in central and southern Europe was condemned by a great many councils, noteably the Council of Auxerre in 590.*

'Orgy' neu loddest oedd y Satwrnalia – yr hen ŵyl Rufeinig a gychwynnai ar y 19eg o Ragfyr ac a barhâi am wythnos. Yn ystod yr ŵyl yma byddai cyfraith a threfn yn cael eu hanwybyddu'n llwyr, a byddai anrhefn yn rheoli. Bryd hynny ai'r meistr yn was a'r gwas yn feistr, a'r wraig rinweddol yn butain. Gŵyl y duw Sadwrn oedd hi – sef duw'r hau a'r medi.

Mae'n anodd dweud sut y daeth y gwyliau mabsant yn gysylltiedig â'r math uchod o ymddwyn, ond mae'n ffaith ddi-droi'n-ôl eu bod nhw ar hyd y canrifoedd wedi bod yn rhannol yn wyliau crefyddol, eglwysig ac yn rhannol yn loddestau paganaidd.

Ond gyda'r blynyddoedd fe ddaeth yr hen wyliau hyn yn fwy gwareiddiedig, wrth gwrs. Fe ddaeth Piwritaniaeth i erlid yr elfennau mwyaf anllad a berthynai iddyn nhw. Aeth y dawnsfeydd yn fwy gweddus a'r chwaraeon yn fwy trefnus a chystadleuol. Ond fe arhosodd cysgodion yr hen farbareiddiwch bron hyd at ein dyddiau ni.

Dywed M.A. Courtney *(Folklore and Legends of Cornwall)* fod math o ŵyl mabsant yn cael ei chynnal yn Crowan, Gorllewin Cernyw, tua 1890 ac mai'r enw arni oedd 'Taking Day'. Dyfynnaf o'r gyfrol:

> *Taking Day . . . is still duly observed at Crowan . . . Annually on the Sunday evening previous to Praze-an-beeble fair, large numbers of the young folk repair to the parish church, and at the conclusion of the service they hasten to Clowance Park, where large crowds assemble, collected chiefly from the neighbouring villages of Leeds-town, Carnell-green, Nancegollan, Blackrock and Praze. Here the sterner sex select their partners for the forthcoming fair . . . Many a happy wedding has resulted from the opportunity afforded for selection on 'Taking Day' in Clowance Park.*

Mae'n ddiddorol sylwi fod yr awdur uchod yn cytuno â Hugh Evans pan ddywed am 'Taking Day', ' . . . *An old custom about which history tells us nothing.'*

Rhaid tynnu sylw cyn terfynu, at un arferiad pwysig arall a oedd yn rhan o'r ŵyl mabsant. Rwy'n cyfeirio at yr arfer o ddwyn llwythi o frwyn i'r eglwys ar y prynhawn Sadwrn cyn cychwyn swyddogol yr ŵyl y diwrnod canlynol – sef dydd Sul. Mae Christina Hole *(A Dictionary of British Folk Customs)* yn dweud wrthym y byddai lloriau'r hen eglwysi'n cael eu gorchuddio â brwyn, er mwyn glendid ac er mwyn cynhesrwydd. A phan ddeuai'r ŵyl mabsant flynyddol, byddent yn cael gwared o'r hen frwyn ac yn gwasgaru brwyn newydd, glân a phersawrus ar y lloriau i gyd, ac weithiau ar y beddau yn y fynwent hefyd.

Fe fyddai yna lawer o rwysg a seremoni ynghlwm wrth y cywain brwyn yma. 'Rushbearing' yw'r enw Saesneg arno, a dyma ddisgrifiad Christina Hole o'r hyn a ddigwyddai.

> *Every part of the parish contributed its quota of sweet-smelling rushes, sometimes carried in bundles by young women in white, but more often piled high in decorated harvest-wains, and held in place by flower-covered ropes ... The best horses in the village were chosen to draw the carts; Morris usually preceded them, and children and young people walked beside them carrying garlands which were hung in the church after the new rushes had been laid down.*

Diwrnod tebyg i ddiwrnod carnifal yn ein dyddiau ni oedd achlysur cludo'r brwyn. Roedd e'n ddiwrnod arbennig i'r plant hefyd. Byddent yn cael gwisgo'u dillad gorau, a'r rheini'n ddillad newydd yn aml, a byddai'r merched yn eu ffrogiau lliwgar – yn ôl un hen adroddiad – yn shew werth ei gweld.

Ar ôl gorffen addurno'r eglwys a rhoi'r brwyn ar y lloriau, byddai gweddill y prynhawn yn eiddo i'r plant a'r bobl ifainc yn bennaf a chaent hwyl wrth gymryd rhan mewn chwaraeon a mabolgampau.

Yn awr, wrth derfynu, fe garwn allu cytuno â Christina Hole mai unig bwrpas y cludo brwyn i'r eglwys oedd er mwyn glendid a gwresogrwydd. Ond mae'n rhaid i mi gyfaddef mod i'n amau hynny'n fawr. Yr oedd i'r brwyn (bythwyrdd) eu harwyddocâd paganaidd. Roedd eu gwyrddlesni'n symbol o fywyd tragwyddol – fel roedd yr ywen yn y fynwent hefyd. Dyna pam y byddent yn rhoi brwyn ar y beddau, yn ogystal ag ar loriau'r eglwys.

Fel rhan o seremoni 'cludo'r brwyn' byddai'r merched yn gwneud addurniadau o frwyn a blodau (ar ffurf croesau yn bennaf), a'r rheini'n cael eu gosod tu fewn i'r eglwys i'w harddu ar gyfer trannoeth. Mae yna ddigon o sôn mewn llên gwerin am wneud pethau o frwyn a gwellt a fyddai'n cael eu gwisgo neu eu cadw – i ddod â lwc i'r perchen. Rwy'n cofio ni'n blant yn plethu 'cwlwm cariad' o frwyn 'slawer dydd, ac mae sôn am wŷr ifainc yn rhoi modrwyau brwyn i'w cariadon a hynny'n arwydd eu bod yn briod i bob pwrpas. Mae Estyn Evans *(Irish Folk Ways)* yn sôn am 'Groesau Sant Ffraid' sef y Santes Gristnogol a oedd yn wreiddiol yn dduwies baganaidd. Ei dydd gŵyl hi yw'r cyntaf o Chwefror, ac ar noswyl y dydd hwnnw – sef y dydd olaf o Ionawr

> *. . . On that day rushes are fashioned into protective charms known as Bridget's Crosses . . . Bridget's Crosses are believed to protect the house and the livestock from harm and fire. No evil spirit could pass the charm, which was therefore hung above the door of the house or byre.*

Tynnais sylw at yr arferion uchod er mwyn ceisio profi nad gweithred syml – er mwyn glendid a gwresogrwydd – oedd y ddefod flynyddol o gywain, neu gludo, brwyn i'r eglwys, na'r arfer o addurno ei thu mewn â chroesau brwyn a blodau. Defod o natur baganaidd oedd hi, er ei bod hi ynghlwm wrth ŵyl Gristnogol – fel yr oedd Croesau Sant Ffraid ynghlwm wrth ddydd gŵyl y Santes Gristnogol a oedd wedi bod cyn hynny yn dduwies baganaidd.

Yn awr rwyf am gynnig eglurhad posibl ar yr arferiad o gywain brwyn ac o addurno'r eglwys â brwyn a blodau. Rwyf am awgrymu, yn ddigon petrusgar, fod yna ddolen gyswllt rhwng yr arfer yma a'r hen ddefod gyntefig o addurno ffynhonnau. Y mae Hazlitt (*Dictionary of Faiths and Folklore*) yn lled-awgrymu fod yna gysylltiad rhwng y 'wake' (gŵyl mabsant) a'r hyn a eilw yn *'Waking the Well'*. O gofio gorchymyn y Pab Gregory (OC 601) ynglŷn â throi'r hen demlau paganaidd yn eglwysi Cristnogol yn hytrach na'u tynnu i lawr; ac o gofio fod rheini fynychaf yn ymyl ffynhonnau a oedd yn gysegredig i dduwiau neu dduwiesau Celtaidd, onid yw'n rhesymol i ni gredu fod rhan o hen ŵyl baganaidd, a oedd yn cynnwys addurno'r ffynnon wedi cael ei mabwysiadu gan yr ŵyl Gristnogol a oedd yn dathlu penblwydd y nawdd-sant neu ben-blwydd cysegru'r eglwys?

Fe brofodd yr hen grefydd baganaidd yn ymwneud â dŵr a ffynhonnau – *'the cult of water'* fel y geilw Elaide hi, yn faen tramgwydd i'r grefydd newydd o'r dechrau, fel y dengys y dyfyniad isod o'r gyfrol *Patterns in Comparative Religion* (tud. 200):

> *The cult of water . . . displays a remarkable continuity. No religious revolution has ever put a stop to it; fed by popular devotion, the cult . . . came to be tolerated even by Christianity after the fruitless persecution of it in the Middle Ages . . . Ecclesiastical prohibitions were made over and over again, from the second Council of Arles 443 or 452 – until the Council of Treves in 1227.*

Cyn gadael y gyfrol uchod, rhaid dyfynnu hanesyn a geir ynddi – sydd yn tueddu i brofi fod fy namcaniaeth – mai symud o'r ffynnon i'r eglwys a wnaeth hen ddefod y *'Rushbearing'*. Dyma'r hanesyn yng ngeiriau'r awdur ei hun.

> *And finally I think I should recall the ritual that took place at the lake of Saint Andeol (in the Aubrac Mountains) described by Saint Gregory of*

Tours (AD 544-95).
The men came in their carts and feasted for three days by the lakeside, bringing as offerings linen, fragments of clothing, woollen thread, cheese, cakes and so on. On the fourth day there was a ritual storm with rain (clearly it was a primitive rite to induce rain). A priest, Parthenius, having in vain tried to convince the peasants to give up this pagan ceremonial, built a church to which the men eventually brought the offerings intended for the lake.

Dyma sut y bu hi, felly. Fe aeth y Cristnogion ati (gyda chefnogaeth penaethiaid y bobl) – i fabwysiadu'r hen demlau paganaidd a'u troi'n eglwysi'r Ffydd Newydd. Yna cafodd pob eglwys ei mabwys-sant i fod yn nawdd ac yn ysbrydoliaeth i'r gynulleidfa. Yna fe fabwysiadwyd y ffynhonnau lle bu'r cynulliadau paganaidd, gan eu cysegru i seintiau neu santesau Cristnogol: Ffynnon Bedr, Ffynnon Fair, Ffynnon Ddewi ac yn y blaen. Yn aml iawn, mae'n siwr, mabwyssant yr eglwys newydd a fyddai'n rhoi ei enw (neu ei henw) i'r ffynnon gyfagos hefyd. Nid gwaith anodd, felly, fyddai trosglwyddo'r hen ddefod o addurno'r ffynnon – a oedd yn ddefod baganaidd – a'i gwneud yn ddefod o 'wisgo'r' eglwys â brwyn, a thrwy hynny ei gwneud yn weithred Gristnogol. Wrth gwrs, nid yw'n debygol y byddai hynna'n digwydd yn rheolaidd. Mewn lleiafrif o eglwysi y mae yna sôn am y seremoni o gludo brwyn, ac mae'r hyn a ddywedais ar y dechrau – am yr ŵyl mabsant yn cychwyn gyda gwylnos yn yr eglwys – yn wir am y rhan fwyaf. Mae'n werth sylwi hefyd fod yr hen seremoni o addurno ffynhonnau yn parhau o hyd mewn mannau.

Wrth gau pen y mwdwl, fe garwn gyfeirio unwaith eto at y tyrru o bob man i'r ŵyl mabsant. Dywed mwy nag un ffynhonnell wrthym mai perthnasau'r plwyfolion yn dod ynghyd oedd llawer o'r rhain, a gallwn ddychmygu hen gyfnod pell yn ôl, pan oedd pobol yn byw yn llwythau paganaidd – a'r rheini'n ymgasglu i ddathlu un ŵyl fawr, flynyddol gyda'i gilydd yn ymyl llyn neu ffynnon gysegredig. Byddent yn dod â'u gwartheg a'u ceffylau gyda hwy, a nwyddau i'w gwerthu a'u cyfnewid. Byddai yno fabolgampau ac ymrysonau – a rasus ceffylau. Ac am fod yna brynu a gwerthu a chyfnewid yn mynd ymlaen, fe aeth safle'r ŵyl, gydag amser, yn ffair. Am ei bod yn ŵyl baganaidd, fe ai llawer o rialtwch a gloddesta ymlaen yn y gwyliau hyn.

Yna fe ddaeth cenhadon Cristnogol i hawlio'r ffynnon neu'r llyn yn ogystal â'r tir o'u cwmpas. Codwyd eglwysi ar safleoedd yr hen wyliau paganaidd, neu fe drowyd yr hen demlau'n eglwysi. Yna cyhoeddwyd gŵyl Gristnogol yn y gobaith y byddai hynny, gydag amser, yn diddymu'r un baganaidd. Ond nid felly y bu yn hanes yr ŵyl mabsant. Cymysgedd rhyfedd o'r paganaidd a'r Cristnogol fu hi ar hyd y canrifoedd.

Defodau paganaidd ein ffynhonnau sanctaidd

Eirlys a Ken Lloyd Gruffydd

Tybed faint ohonoch all ymfalchïo yn y ffaith i chi gael eich bedyddio gyda dŵr o ffynnon sanctaidd a gyrchwyd i'r capel neu'r eglwys i'r union bwrpas? Dyma fu'r drefn am dros fil o flynyddoedd, ers pan sefydlwyd yr Eglwys Gatholig yng Nghymru a'i heglwysi yn cynnwys bedyddfeini. Cyn hynny, arferiad Cristnogion cynnar Oes y Seintiau (c.500 – c.800 OC) oedd cyflawni'r ddefod mewn nant neu ffynnon sanctaidd a honno, gan amlaf, wedi ei chysegru i sant arbennig. Does dim tystiolaeth wedi goroesi o sut y cyflawnwyd y weithred ond gallwn ddychmygu i ddŵr gael ei dywallt dros unigolyn neu ei fod wedi'i drochi yn llygad y ffynnon.

Gwyddom oddi wrth chwedloniaeth cynharaf Iwerddon ei bod hi'n arferiad gosod corff un o dras brenhinol mewn ffynnon ac yngan llafar-gân drosto yn y gobaith y byddai'n atgyfodi.[1] Mae'n debygol y byddai swynion addas yn cael eu hadrodd neu eu canu mewn seremonïau bedyddio hefyd. Gallwn glywed adlais o hyn yn y traddodiadau a geir yn ardal Rhaeadr Gwy ym Mhowys. Yno aed â phlant newydd-anedig at afonig a elwid yn *Bwca's Wave* yn ogystal ag at Ffynnon Fair.[2] Mae'n bur debyg fod y defodau yn *Bwca's Wave* wedi goroesi yn ddigyfnewid o'r cyfnod Celtaidd tra bod yr hyn a ddigwyddai wrth Ffynnon Fair yn cynrychioli'r ffydd Gristnogol, er fod ei wraidd i'w ganfod mewn defodau paganaidd, fel y gwelwn yn y man. Mae peth amheuaeth, fodd bynnag, am ddilysrwydd y geiriau a genid wrth Ffynnon Fair adeg bedyddio:

Ffrimpanffro, ffrimpanffro.
Sali bwli la.[3]

Wrth astudio'r gorffennol, daw'n amlwg ei bod yn arferiad cyffredinol i goncwerwyr fabwysiadu llawer o ddefodau'r brodorion wedi goresgyn gwlad a hynny er mwyn bodloni'r trigolion. Mae'n bosib mai'r enghraifft orau o hyn yw'r modd yr adeiladwyd eglwysi Cristnogol ar fannau a fu'n gysegredig i'r hen dduwiau paganaidd ers

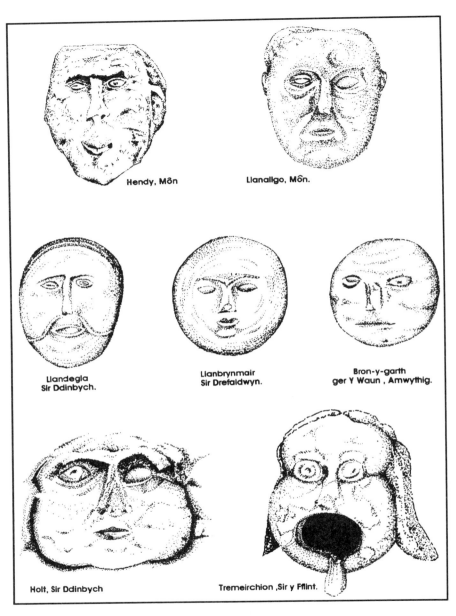

Penglogau cerrig yn gysylltiedig â dŵr a ffynhonnau

cyn cof. Yn yr un modd, mabwysiadwyd yr arferiad o addoli dŵr yn ei amryfal ffyrdd. Awgrymwyd bod pobl Oes Newydd y Cerrig wedi codi eu meini hirion, eu cromlechi a'u cylchoedd cerrig yn fwriadol yn agos at darddiad dŵr.[4] Mae digon o dystiolaeth fod y Celtiaid yn addoli dŵr o ganol yr Oes Efydd (c.1400 CC), hyd ddiwedd Oes y Seintiau. Roedd corsydd, llynnoedd a ffynhonnau yn fannau cysegredig ganddynt. Canfyddent ddŵr fel rhoddwr a chymerwr bywyd. Edrychent ar darddiad afon neu ffynnon fel man lle y gellid camu o'r byd yma i Annwfn y Mabinogion. Dros Ewrop gyfan, cawn dystiolaeth fod trysorau fel gemwaith, arfau, a pheiriau neu grochannau wedi eu darganfod mewn dyfroedd o bob math a maint. Yn ddi-os, dyma ebyrth-bethau y Celtiaid i'w hoff dduwiau. Y duwiau a'r duwiesau a berchid fwyaf yng Nghymru oedd Hafren (yr afon hwyaf a'r mwyaf llydan), ac Aerfen, amddiffynnydd y Ddyfrdwy.

Pwy a ŵyr faint o enwau personol hen dduwiau'r gorffennol sydd heddiw yn cael eu cysylltu'n barchus ddigon gyda rhai o'n ffynhonnau ond a sancteiddiwyd gyda dyfodiad Cristnogaeth. Yn Iwerddon, er enghraifft, duwiesau Celtaidd oedd y Santes Ann a'r Santes Brigid yn wreiddiol ac fe'u hadnabyddid fel Anu a Bridi, a'r ddwy â chysylltiadau agos iawn â ffynhonnau. Tybed ai dyna sydd gennym yn yr enwau Gwenfaen, Gwenfrewi a Gwenfyl, gyda'r arddodiad **gwen** 'sanctaidd' yn dangos iddynt gael troedigaeth? Parhaodd y broses yma o ailenwi ymhell wedi i'r Eglwys Geltaidd roi nawdd seintiau Cymreig fel Allgo, Brothen, Cybi, Dewi, ac eraill dros yr hen ffynhonnau paganaidd. Gyda dyfodiad y Normaniaid gwelwn gyfnod arall o ailgysegru eglwysi a ffynhonnau sanctaidd. Daeth enwau seintiau o'r ysgrythurau i'r amlwg, yn enwedig y Santes Fair. Dyma pam fod mwy o ffynhonnau wedi eu cysegru i Fair nag i Ddewi, ein nawdd-sant, yng Nghymru heddiw.

* * *

Yn y byd Celtaidd, roedd cysylltiad agos rhwng addoli dŵr a'r parch aruthrol a ddangosid at y penglog dynol. Cyfrifid y pen fel y rhan bwysicaf o'r corff dynol a phwysleisiwyd hyn gan haneswyr Rhufeinig sy'n dweud fod penglog gelyn newydd ei ladd yn cael ei ddefnyddio fel cwpan i yfed ohono. Roedd hefyd yn arferiad i addurno penglogau o'r fath ag aur.[5] Credent fod y pen yn gallu byw yn annibynnol ar y corff, ac wrth yfed o benglog trosglwyddid holl alluoedd a rhinweddau'r ymadawedig i'r sawl a'i lladdodd. Yn y modd yma gallent gael doethineb, y ddawn i broffwydo, ffrwythlondeb i genhedlu plant, ac yn berthnasol i'r cyswllt hwn, y gallu i iacháu. Ceir digon o dystiolaeth o yfed o benglogau yn yr Alban, Iwerddon a Chymru tan ganol y bedwaredd ganrif ar bymtheg. Yr enwocaf o'r creiriau hyn oedd Penglog Teilo Sant a ddefnyddid ger Ffynnon Deilo, Maenclochog, Penfro. Yno roedd yr hyn a ystyrid yn benglog y sant o'r chweched ganrif a byddai pawb afiach a yfai ohono yn gwella o'r diciâu a'r pâs. Roedd gan y ffynnon geidwad parhaol a'i ddyletswydd oedd gweinyddu'r ddefod o godi'r dŵr o'r ffynnon a'i osod ar wefusau'r claf er mwyn iddo wella. Defnyddid penglog tebyg wrth Ffynnon Llandyfâi, sir Benfro, ond dywedid bod yr arferiad bron â diflannu erbyn dechrau'r bedwaredd ganrif ar bymtheg.[6] Tybed faint o drigolion ardaloedd eraill a ddefnyddiodd benglogau i yfed ohonynt. Ni chawn fyth wybod.[7]

Gellid yn hawdd olrhain gallu'r penglog dynol i iacháu o'i gefndir paganaidd i gyd-destun Cristnogol ac mae hyn yn esbonio pam fod cysylltiad amlwg rhwng pennau seintiau a dyfroedd bendithiol. Hwyrach mai'r traddodiad enwocaf yw hwnnw o Dreffynnon, sir y Fflint, am y Santes Gwenfrewi. Wedi iddi wrthod ffafrau rhywiol i dywysog lleol, aeth yntau'n gandryll a'i dienyddio â'i gleddyf. Ar yr union fan lle disgynnodd ei phen dywedwyd i ffynnon o ddŵr glân, gloyw godi, sef Ffynnon Gwenfrewi. Daeth ei hewythr, Beuno Sant, heibio ac ailgysylltu ei phen i'w chorff. Bu fyw am bymtheg mlynedd arall.

Ceir stori gyffelyb am y Santes Eluned a gysylltir â Ffynnon Penginger, Aberhonddu. Yno, arferai'r ymwelwyr â'r ffynnon adrodd Gweddi'r Arglwydd cyn yfed ohoni ac yna, yn wyrthiol, dywedid i flewyn o wallt merch ymddangos ar garreg gerllaw. Credid fod gan y pen rinweddau swyngyfareddol a datblygodd defodau dewinol i'w ddiogelu.[8] Ceir ffynhonnau eraill sy'n gysylltiedig â seintiau a ferthyrwyd megis Degyman Sant yn Rhoscrowdder, Penfro; Santes Ddunawd yn ardal Tyddewi; Santes Ddigwg ger Clynnog Fawr, Arfon; Santes Tybïe yn Llandybïe, sir Gaerfyrddin a Tydecho Sant yng Ngharthbeibio, Maldwyn. Ceir hanes diddorol am Ffynnon Merthyr Cynog, Brycheiniog. Yno dywedir i Gynog Sant benlinio i weddïo uwchben y ffynnon ond daeth dihiryn heibio a'i ddienyddio. Disgynnodd ei ben i'r ffynnon ac fe sychodd honno!

O bryd i'w gilydd darganfuwyd penglogau carreg wedi eu naddu mewn ambell nant neu ffynnon. Gallwn glywed adlais o'r hen fyd Celtaidd yma ac mae enghreifftiau o bennau wedi eu gwneud o bren i'w cael ledled Ewrop. Heb amheuaeth gosodwyd y gwrthrychau hyn mewn dŵr yn wreiddiol i amddiffyn tarddiad y dŵr. Yn ddiweddarach mabwysiadwyd hwy i gynrychioli'r sant Cristnogol a gysylltir â'r ffynnon. Gwyddom i un o'r pennau cerfiedig yma fod mewn twll yn y wal ger Ffynnon Dydecho tan iddi ddiflannu o gwmpas 1850. Darganfuwyd un arall nepell o Ffynnon Allgo, Môn, un ger rhaeadr yn ardal Rhuthun, un arall yn Llanbryn-mair oedd yn amlwg wedi treulio peth amser mewn dŵr, a chwech ger Ffynnon Degla, Llandegla, sir Ddinbych. Tybed faint ohonynt sydd wedi eu colli am byth a faint sy'n aros eto i'w darganfod?[9]

* * *

Cyfeiriwyd eisoes at geidwad y ffynnon ger Ffynnon Deilo, Penfro. Roedd offeiriaid ger ffynhonnau eraill yn gofalu am y ffynnon a chyfarwyddo'r sawl a ddeuai atynt sut i ymateb wrth yfed y dŵr, neu pan fyddai'r dŵr yn 'chwerthin' neu yn symud. Fel arfer byddent yn byw ger y ffynnon a dyma a geid yn Ffynnon Beris, Nant Peris; Ffynnon Fyw, Mynytho, Llŷn a Ffynnon Gybi, Llangybi, Eifionydd. Roedd offeiriades warcheidiol o'r enw Grasi yn gofalu am Ffynnon Glasfryn, neu Ffynnon Grasi fel ei gelwid, yn Eifionydd. Doedd gan ymwelwr â Ffynnon Eilian, sir Ddinbych, fawr o feddwl o'r hen wreigan oedd yn gofalu am y ffynnon honno yn 1815:

Near the Well resided some worthless and infamous wretch, who officiated as priestess. [10]

Tybed ai adlais yw'r offeiriades yma o'r hen gred a oroesodd o'r cyfnod paganaidd fod bodau goruwchnaturiol yn gwarchod y ffynhonnau? Anodd yw bod yn sicr ond gwyddom nad oes yr un tŷ neu fwthyn a gartrefai geidwad ffynnon yn hŷn na'r ail ganrif ar bymtheg. Mae ymchwil diweddar yn awgrymu y cedwid penglog Teilo Sant yn Eglwys Gadeiriol Llandaf tan gyfnod gwrthryfel Owain Glyndŵr (1400-1410) ac ni ddaeth i Landeilo Llwydiarth yn sir Benfro tan tua 1450. Ni allai'r arfer o'i ddefnyddio i godi dŵr iachusol o'r ffynnon fod yn hŷn na diwedd cyfnod yr Oesoedd Canol.[11] Mae gwybodaeth o'r fath yn gwneud i ni amau nad yw'r traddodiad hwn, a dderbyniwyd yn ddigwestiwn gan haneswyr ac astudwyr llên gwerin am flynyddoedd, yn un hynafol iawn.[12] Ond eto mae'n bosib mai penglog Teilo Sant yw'r unig enghraifft gymharol ddiweddar o hyn.

Cymerwyd cryn ofal wrth adeiladu rhai ffynhonnau. Mae gan nifer ohonynt waliau o'u cwmpas a grisiau yn mynd i lawr at y dŵr, ac yn achlysurol ceid baddon i ymdrochi ynddo. Mae'r nodweddion pensaernïol a ymgorfforwyd ynddynt yn cynnwys bwâu, fel yn Ffynnon Antwn, Llansteffan, sir Gaerfyrddin. Yno roedd cerflun o'r sant i'w weld ar un adeg mewn agen ym mur y ffynnon a silff gerllaw a grëwyd yn bwrpasol i roi offrwm arni.[13] Ceir agennau syml mewn muriau ffynhonnau mewn amryw o ardaloedd yng Nghymru, ond bellach anghofiwyd am eu pwrpas gwreiddiol. Dwed Thomas Pennant yn 1770 fod delwau bychain ar ffurf dynol mewn rhes i'w gweld ym mur Ffynnon Ddyfnog, Llanrhaeadr Dyffryn Clwyd, i gynorthwyo'r pererinion a fynychai'r fan yr adeg honno.[14]

Mewn nifer o ffynhonnau, ceid mannau gweigion yn adeiladwaith y muriau lle gellid cadw cwpanau i yfed ohonynt. Yn Ffynnon Gofan ar lan y môr yn sir Benfro, cadwyd cragen llygad maharen yn adeiladwaith y ffynnon. Yn Ffynnon Beris, Gwynedd, roedd tri hafn sylweddol eu maint wedi'u hadeiladu ym muriau'r ffynnon a darn mawr o risfaen gwyn ym mhob un ohonynt. Roedd gwynder y cerrig yn ymgais i rwystro ysbrydion drwg rhag halogi dŵr y ffynnon. Yn yr un modd, byddwn yn gosod cerrig gwynion ar feddau i gadw'r drwg draw.

Mae'n amlwg fod ymdrechion Harri'r Wythfed i sefydlu'r Eglwys Anglicanaidd wedi bod yn broses bur ara' deg yng Nghymru. Un o'r prif resymau dros fabwysiadu'r gyfundrefn newydd oedd i ddileu arferion Pabyddol. Cludwyd cerflun o'r Forwyn Fair o Ffynnon Penrhys, Morgannwg i Lundain a'i losgi'n gyhoeddus yn 1538, ond yng nghyd-destun y ffynhonnau, bach iawn oedd effaith y Diwygiad Protestanaidd (1535-1603) ar y werin bobl. Er i'r plwyfolion weld muriau amryliw'r eglwysi yn cael eu gwyngalchu, y ffenestri gwydr lliw yn cael eu torri'n deilchion a'r cerfluniau mewnol yn cael eu dinistrio, dim ond yr uchelwyr a'r gwybodusion a adweithiodd yn gadarnhaol i'r gyfundrefn newydd. Bychanodd y bardd Dafydd Benwyn (bl. 1575) yr hen draddodiad fel hyn:

Delwau'n wir, hudolion ynt,
Diddim yw credu ynddynt.[15]

Daliodd y werin, fodd bynnag, at yr hen draddodiad o ymweld â ffynhonnau am waredigaeth a iachâd o amrywiol glefydau. Trefnwyd pererindodau at ffynhonnau mor ddiweddar â 1600 a chyhoeddwyd hynny o flaen llaw gan bencerddi:

> ... *who at the direccon of some ould gentlewooman do ordenarilie geave the somons of the time Certaine for such meatings?*[16]

Tybed pwy oedd yr hen wreigan yma – gwrach neu offeiriades?

Nid yw'n syndod darganfod fod y ffynhonnau yn cael eu haddurno gyda blodau a dail ar adegau o'r flwyddyn fel gweithred o ddiolch i sant y ffynnon am ei haelioni. Rhaid cydnabod fod arferion fel hyn â'u gwreiddiau yn y cyfnod cyn-Gristnogol. Roedd arferion o'r fath yn gyffredin ymhlith y Groegiaid a'r Rhufeiniaid ac yn ei awdl i'r ffynnon gysegredig *Blanduisa*, pwysleisiodd Homer (bl. 750 CC): 'Lle rhed ffrwd neu afon dylwn godi allorau i offrymu aberth'.[17] Roedd gan y Rhufeiniaid ŵyl gyffelyb i'w duwies *Fontinalia* pryd yr aberthwyd llysiau iddi ddechrau'r hydref.[18] Yn Lloegr, ni addurnir y ffynhonnau yn hwyrach na Mai 29,[19] ond yng Nghymru roedd yn arferiad gwneud hynny ar ddiwrnod gŵyl mabsant y ffynnon yn ogystal ag ar adegau eraill. Pwysleisiwyd mai dim ond unwaith y flwyddyn yr addurnid Ffynnon Chad yng Nghresffordd ger Wrecsam,[20] tra defnyddid brigau o'r goeden bocs *(Acer negundo)* yn unig i addurno Ffynnon Gewydd, Diserth, Maesyfed. Felly hefyd Ffynnon Ddenis yn Llanisien yng Nghaerdydd, lle defnyddid uchelwydd i'r pwrpas. Nid yw'n rhyfedd darganfod, felly, mai ar ddechrau blwyddyn newydd y câi'r ddwy ffynnon olaf yma eu haddurno.[21] Y gerddinen a ddefnyddid i addurno *Priest's Well*, Narberth, sir Benfro[22] – coeden a ddefnyddid yn aml i wrthweithio gwrachyddiaeth ac a fabwysiadwyd ar adegau i ddewino dŵr yn lle'r gollen arferol. Mae'n bosib mai fel arwydd o freuder bywyd dynol y defnyddid torchau o bren bytholwyrdd fel addurniadau.[23]

Yn ôl pob tebyg pan oedd bri mawr ar Ffynnon Eilian, sir Ddinbych, ceisid cael y ceidwad i addurno'r ffynnon ar bob achlysur posibl. Ar ddechrau'r bedwaredd ganrif ar bymtheg byddai cryn lawer o arian yn newid dwylo ger y ffynnon hon a byddai'n rhaid talu yn ychwanegol er mwyn sicrhau fod y ceidwad yn gwneud ymdrech arbennig i addurno'r tarddiad. Ni adawodd y ffynnon fawr o argraff ar Edward Pugh (m.1813) pan ymwelodd â hi. Yno gwelodd wraig ifanc a'i ffedog yn llawn dail yn paratoi'r ffynnon ar gyfer dyfodiad ymwelwyr. Holodd hi yn drwyadl am ei defnydd o'r dail, natur y ddefod arfaethedig ac yn y blaen ond roedd ei hatebion yn feistrolgar o annelwig. Yn anhapus gyda'r croesholi, trodd y wraig ar ei sawdl a brysiodd i ffwrdd.[24]

* * *

Mae swydd Derby ac ardal Penrhyd yn Cumbria yn enwog am ddull arall o addurno ffynhonnau, sef hongian cadachau ar goed a llwyni sy'n tyfu dros neu wrth ymyl y dŵr. Fel arfer coed derw, gwern, ywen, ac amrywiol lwyni drain yw'r rhain. Priodolir y math yma o ddefod eto i'r hen oes baganaidd ond prin yw'r enghreifftiau ohoni yng Nghymru. Nododd Syr John Rhys fod ffynhonnau o'r fath yn ymddangos mewn ardaloedd lle mae nifer sylweddol o henebion o'r cyn oesau i'w gweld o hyd,[25] ond nid oes prawf pendant fod cysylltiad rhyngddynt. Ni allai Francis Jones ddarganfod unrhyw enghraifft o'r arferiad yma yng Nghymru cyn diwedd y ddeunawfed ganrif.[26] O gofio hyn, byddai'n ddiddorol darganfod pryd y cafodd Castle Ragwell ger Treowman, Penfro, ei enw gan fod adroddiadau am bererinion yn cyfnewid carpiau yno.[27]

Arferai pobl ag anafiadau amrywiol, clwyfau llidiog, crawn, defaid neu bothelli ar y croen i drochi cerpyn yn nŵr y ffynnon ac yna ei rwbio ar y briw. Wedyn, rhoddid arian neu bin yn y ffynnon cyn taenu'r clwt ar frigau'r goeden fel ger Ffynnon Ann yn Nhrelech, Mynwy, neu ar wrych fel wrth Ffynnon Fyllin, Llanfyllin, Maldwyn; Ffynnon Cae Moch rhwng Llangrallo a Phenybont ar Ogwr a Ffynnon Fflamwydden, Llancarfan, Morgannwg. Ystyr 'fflamwydden' yw *inflamation,* a gellid dychmygu'r rhyddhad a geid wrth roi'r clwt gwlyb oer ar y croen gwenfflam poenus. Fel y dwedodd un bardd am y ffynnon hon:

Caf hongian ar y perthi
Ryw ddarn o racsyn, fel bo'r Llan
Yn gwybod am y miri.[28]

Pwrpas hongian y clytiau 'budr' ar y pren oedd y byddent, wrth bydru a diflannu, yn achosi i'r aflwydd fynd ymaith. Cred rhai fod y salwch yn cael ei drosglwyddo i'r goeden a'i bod hithau, yn ei thro, yn dod yn wrthrych cysegredig.²⁹ Onid oedd tyfiant gwyrdd i'w gael ger ffynnon, arferid gwthio'r darnau o glytiau rhwng cerrig wal gyfagos neu, fel wrth Ffynnon Anwen, Llanrhaeadr Dyffryn Clwyd, mewn agennau ym muriau'r ffynnon.³⁰ ³¹ Yn ein henghreifftiau o Gymru, ceir gwahaniaethau bychain yn y dull o rwymo'r cadachau. Yn Ffynnon Eilian, sir Ddinbych, defnyddid gwlân ond lliain neu gotwm ger Ffynnon Macros, nepell o'r môr yn Yr As Fach, Morgannwg.³²

Ceid defnydd arall i gerpyn, hances neu bluen yn Ffynnon Gybi, Eifionydd. Yno dodid un o'r tri uchod i nofio ar wyneb y dŵr i weld a fyddai person yn gwella o salwch neu beidio. Pe symudai'r gwrthrych i'r de, roedd gobaith am wellhad ond os mai i'r gogledd y tueddai, yna doedd fawr o obaith i'r claf druan. Rhoddid dilledyn cyfan ar wyneb y dŵr yn Ffynnon Gelynnin, Dyffryn Conwy; Ffynnon Gwynedd, Aber-erch, ger Pwllheli a Ffynnon Fyllin, Llanfyllin. Gellid darganfod os oedd eich cariad yn ddidwyll drwy osod hances ar wyneb y dŵr yn Ffynnon Ddwynwen, Llanddwyn, Môn. Pe bai'r hances yn suddo, yna ni fyddai llawer o ddyfodol i'r berthynas.³³

Bara brown a fwrid ar wyneb y dŵr yn Ffynnon Bedrog, Llanbedrog, Llŷn a hynny er mwyn darganfod os oedd person yn lleidr. Galwyd enwau rhai unigolion tebygol a phan enwid y lleidr byddai'r bara'n siŵr o suddo. Defnyddid bara hefyd yn Ffynnon Beris, Nant Peris, i gael arwydd os mai da neu ddrwg fyddai canlyniad gweithred, ond yno roedd rhaid gwylio symudiad pysgodyn yn y dŵr yn ogystal.³⁴

* * *

Defnyddid adar ger ffynhonnau hefyd, yn ogystal â chadachau, i waredu rhywun o afiechyd drwy ei drosglwyddo. Yr enghraifft orau o hyn oedd y ddefod wrth Ffynnon Degla yn Llandegla, sir Ddinbych. Credid fod rhinwedd yn y ffynnon i wella'r *epilepsi* neu 'Clefyd Tecla' fel y'i gelwid yn y Gymraeg. Yn ôl Lhuyd (1699), a Maddox (c.1740), y drefn fyddai i'r claf fynd at y ffynnon ar ôl machlud haul gan gario basged wellt yn cynnwys ceiliog os mai dyn oedd y claf, iâr os mai gwraig, ceiliog ifanc i lanc a chywen i eneth. Rhaid oedd cerdded dair gwaith o amgylch y ffynnon gan adrodd Gweddi'r Arglwydd cyn rhoi'r traed a'r dwylo yn y dŵr. Yna, eid at yr eglwys lle ceid defod debyg gyda'r claf yn cylchu'r eglwys dair gwaith ac adrodd y weddi fel cynt. Yna, roedd rhaid mynd i'r eglwys, rhoi pig yr aderyn yng ngheg y claf a chysgu'r nos o dan yr allor. Pe byddai croen y claf yn dywyllach yn y bore, credid ei fod wedi cael bendith o'r driniaeth. Rhoddid darn o arian ym mlwch y tlodion cyn mynd a gadael yr aderyn yn yr eglwys.[35]

Cofnodwyd defod debyg ger Ffynnon Ddeifer ym Modfari, Dyffryn Clwyd ond bod tipyn mwy o rwysg a rhodres ger y ffynnon honno. Dim ond plant a ddygid ati a hynny ar Ddydd Iau Dyrchafael i'w gwella o'r arferiad o grio yn y nos. Roedd y ddefod yn unigryw. Roedd rhaid cerdded o gwmpas y ffynnon naw o weithiau a throchid y plant yn y ffynnon mewn tair o'r pedair congl. Wedi hynny, darllenid y Litani, y Deg Gorchymyn, un o'r Epistolau a rhannau priodol o'r Efengylau. Os mai bachgen oedd yn cael ei roi yn y dŵr, offrymid ceiliog – ond iâr os mai merch oedd yn cael y driniaeth.[36]

Gellir dadlau mai arlliw o ddefod baganaidd oedd y defnydd o'r adar wrth y ddwy ffynnon hon. Gan nad oes tystiolaeth fod yr adar wedi dioddef mewn unrhyw ffordd,[37] gellir dadlau eu bod yn cynrychioli'r bwch dihangol Beiblaidd neu'r bwytäwr pechodau a'u bod yn rhyddhau'r claf yn llwyddiannus o afael y drwg wrth iddo 'ymolchi â dŵr mewn lle sanctaidd.'[38] Ar y llaw arall, roedd y ceiliogod a offrymid ger Ffynnon Gaffo yn Llangaffo, Môn, er mwyn gwella crio'r plant, yn gwneud pryd blasus i'r ficer cyn y byddai'r crio'n peidio!

* * *

Un dull a ddefnyddid o gael gwared ar anhwylder ar y croen fel crachod, swigod neu ddefaid oedd eu pigo â phin ac yna gollwng y pin i'r ffynnon. Gwelwn fod cysylltiad rhwng yr arferid hwn â'r hen ddefod Geltaidd o offrymu gwrthrychau metel i dduwiau'r dyfroedd. Mae'r enghraifft orau o hyn o Gymru yn dyddio o'r ganrif gyntaf cyn Crist. Yn Llyn Cerrig Bach, Môn, darganfyddwyd nifer o wrthrychau metel gwerthfawr a phob un ohonynt wedi'i falu'n fwriadol fel rhan o'r aberth. Ganrifoedd wedi hynny, roedd rhaid i'r werin fodloni ar aberthu pethau metel oedd yn llawer llai gwerthfawr, fel pinnau a darnau o arian, i dduwiau'r ffynhonnau. Yn aml, byddai'r pin a'r darn arian wedi ei blygu cyn ei daflu i'r dŵr fel na ellid eu defnyddio wedyn, ond roeddent yn fodd o ddweud diolch a gofyn am ddymuniad o'r byd materol i'r byd ysbrydol. Pwrpas defnyddio'r pin yn y modd hwn oedd i drosglwyddo'r aflwydd i'r byd goruwchnaturiol.

Roedd yr arfer o ddymuno i ddafad ddiflannu o'r croen yn gyffredin drwy Ewrop ac mae wedi parhau felly tan heddiw. Deuai lluoedd at Ffynnon Gynhafal, Llangynhafal, Dyffryn Clwyd i waredu eu hunain o'r tyfiant annymunol ar y croen. Ger Ffynnon Cae Garw, Pistyll, Llŷn roedd rhaid defnyddio pin newydd i bob dafad.[39] Yn aml, ceid nifer sylweddol o binnau mewn ffynnon ond fe'i cyfrifid yn hynod o beryglus i'w cyffwrdd ac mewn ambell ffynnon fel un Tydecho, Maldwyn, fe'u cyfrifid yn sanctaidd a byddai'n sarhad ar y ffynnon i'w codi oddi yno.[40] Byddai unrhyw un a gyffyrddai yn y pinnau yn Ffynnon Gwynwy, Dyffryn Conwy yn sicr o gael y defaid i gyd ar ei gorff mewn byr amser.[41]

Daeth y defnydd o binnau i'r amlwg yn ystod cyfnod olaf yr Oesoedd Canol. Tan y bedwaredd ganrif ar ddeg, fodd bynnag, nid oedd modd eu prynu ond ar ddau ddiwrnod cyntaf y flwyddyn.[42] Byddai'r werin yn offrymu pinnau yn y ffynhonnau er mwyn sicrhau iechyd da neu gynaeafau toreithiog neu'n syml fel arwydd o ddiolchgarwch tra byddid yn adrodd gweddi i'r sant y cysegrwyd y ffynnon iddo. Ar Fynydd Rhiw, Llŷn, mae Ffynnon Saint a byddai merched y fro yn mynd ati bob blwyddyn ar Ddydd Iau Dyrchafael i olchi eu llygaid. Cyn ymadael, byddent yn taflu pinnau i'r dŵr fel offrwm.[43] Yn Ffynnon Saint, Criccieth, offrymid goriadau i'r Santes Catherine ar Sul y Pasg. Gellid defnyddio pigau'r ddraenen ddu yn Ffynnon Saethon, Llŷn er mwyn darganfod os oedd eich cariad yn ffyddlon. Pe bai'r pigau'n suddo, yna nid oedd y cariad yn ddidwyll.[44] Yn wir, gallwn yn hawdd gredu mai pigau'r drain oedd pinnau'r tlodion.

* * *

Roedd y dyn cyntefig yn byw yn agos iawn at natur a byddai wedi sylwi fod dyfroedd ffynnon yn cynhyrfu'n achlysurol wrth i ddŵr newydd lifo iddi. Credid fod rhinweddau arbennig i iacháu'r claf yn y dŵr hwn, yn debyg iawn i'r hyn a geid ym mhwll Bethesda, Jeriwsalem fel y'i disgrifir yn Ioan 5:4, lle disgwylid i'r cyntaf i'r dŵr gael ei iacháu. Yn ôl un gerdd gan fardd anhysbys o'r bedwaredd ganrif ar ddeg, roedd yr un peth yn wir hefyd am Ffynnon Gwenfrewi, Treffynnon er nad y cyntaf i'r dŵr yn unig oedd yn cael gwellhad yma:

A'i main a wnâi wyrthiau mawr,
Yn eu berw, yno y bwrir –
Enwog waith, iawn yw a gwir –
Dynion wrth eu dadeni.[45]

Yn Nhreffynnon arferai'r claf yfed o'r ffynnon ei hun yn gyntaf ac yna ymdrochi yn y baddon o leiaf dair gwaith,[46] gyda chyfeillion yn cario'r anabl ar eu cefnau i'r dŵr. Tra byddid yn gwneud hynny, adroddid gweddïau ac roedd yn ofynnol iddynt gynnal gwylnos yn yr eglwys yn ogystal.[47] Roedd hi'n arferiad i aros i'r dyfroedd gynhyrfu wrth Ffynnon Aelhaearn, Llŷn; Ffynnon Ann, Tryleg, Mynwy a Ffynnon Gybi, Eifionydd. Roedd cynhyrfiad y dyfroedd yn arwyddocaol iawn i gariadon wrth Grochan Dwynwen, Môn. Pe yfent y dŵr tra oedd yn cynhyrfu, byddai eu cariad yn para am byth. Roedd yfed o ddyfroedd bywiol Ffynnon Elfod, Abergele yn sicrhau bywyd am flwyddyn arall.[48]

Arferiad arall o'r Oesoedd Canol oedd cynnal gwylnosau yn eglwys y plwyf. Parhaodd hyn hyd ddechrau'r bedwaredd ganrif ar bymtheg, nid yn unig yn Nhreffynnon ond hefyd yng Nghlynnog Fawr, Arfon.[49] Ambell dro defnyddid tŷ annedd i wylio'r claf fel yn Llangelynnin, Dyffryn Conwy. Yr arfer yno oedd i blant gwan eu hiechyd gael eu trochi yn Ffynnon Gelynnin a'u cyrchu i ffermdy cyfagos lle cedwid ystafell yn arbennig yno ar gyfer y ddefod o wylio. Felly hefyd yn Ffynnon Saint, Llanddulas, sir Ddinbych a Ffynnon Ffos Ana, sir Gaerfyrddin.[50] Cred rhai mai'r arferiad hynafol a arweiniodd i'r wylnos yn yr eglwys oedd yr un a geid ger Ffynnon Gybi, Llangybi, Ceredigion. Ar ôl bod yn y ffynnon, arferai'r claf fynd at gromlech gyfagos o'r enw Bryn Llech a chysgu noson oddi tani. Ceid hefyd yr arferiad o gysgu ger carreg fedd yn y fynwent ar ôl ymweld â Ffynnon Geler, Llangeler, sir Gaerfyrddin.[51]

* * *

Arferiad hynafol arall ymhlith y Celtiaid oedd rhoi pysgod neu lysywen mewn ffynhonnau. Roedd creaduriaid o'r fath yn sanctaidd ac yn ymgorfforiad o ysbryd y ffynnon. Etifeddwyd eu doniau goruwchnaturiol gan seintiau cynnar.[52] Mae llenyddiaeth gynnar Iwerddon yn cyfeirio at yr 'eog gwybodus' ac mae'r brithyllod a'r llyswennod yn y ffynhonnau yno i hyrwyddo cysylltiad â'r byd anweledig. Ym Môn, ceid brithyll nid yn unig yng Nghrochan Dwynwen ond yn Ffynnon Fair, Llanddwyn a Ffynnon Frân Fendigaid yn Aberffraw. Roedd pysgodyn yn Ffynnon Gwyfan, Diserth, sir y Fflint a Ffynnon Wennog, Ceredigion a dau yn Ffynnon Beris, Nant Peris. Yno, roedd rhaid talu ceiniogau i hen wraig er mwyn iddi gynorthwyo ymwelwyr i ddehongli symudiadau'r pysgod yn y ffynnon. Pe ymddangosai un tra oedd y claf yn yfed neu'n ymolchi yn y dŵr, byddai'n siwr o wella, ond pe baent yn cuddio yng ngherrig y ffynnon, fodd bynnag, nid oedd y rhagolygon mor ffafriol. Ceisiai rhai ymwelwyr demtio'r pysgod i ddod atynt drwy daflu bara i'r dŵr. Pe cyffyrddai'r brithyll â pherson, yna byddai'n siŵr o wella.

Roedd brithyll a llysywen anferth yn Ffynnon Gybi, Eifionydd ac roeddynt yn fawr eu parch gan y trigolion. Pan gymerwyd y llysywen o'r ffynnon gan unigolion drygionus yn yr 1890au, credai'r werin fod llawer o rinwedd y ffynnon wedi diflannu hefyd.[53] Roedd llysywen i'w chael yn Ffynnon Gybi, Caergybi ac mewn ffynhonnau eraill ym Môn a gysegrwyd i Elaeth Sant – un yn Amlwch a'r llall yng Ngwaredog. Yn sir Benfro, roedd Ffynnon Llan-lwy hefyd yn nodedig am ei llysywen.

* * *

Ymwelid â ffynhonnau nid yn unig er mwyn gwellhad neu ddarogan, ond yn ogystal i geisio llwyddiant ym myd cariad. Meddai Sion Tudur c.1595:

> Llawer morwyn o Gymru
> ai ffynnon wenvrewy
> yn vawr i bryd ar garv
> a hynny yn rhith offrymu.[54]

Y ddefod gyffredinol oedd yfed o'r ffynnon, enwi'r un a ddymunid, dweud gweddi fach ac yna rhoi pin yn y dŵr. Dyma a geid yn Ffynnon Maen Du, Aberhonddu hefyd

> Mi af i'r ffynnon heddiw
> A phinau yn fy llaw
> I erfyn ar fy nghariad
> I beidio a chadw draw.[55]

Wrth Ffynnon Saethon ar Fynydd Mynytho, Llŷn roedd disgwyl i'r pin nofio ar wyneb y dŵr fel arwydd y byddai'r garwriaeth yn llwyddo.⁵⁶ Ond nid yw llwybr cariad yn un esmwyth a ger Ffynnon Fair, Aberdaron, Llŷn a Ffynnon Lochwyd, Ynys Gybi, Môn roedd rhaid mynd i lawr at y ffynnon ar waelod y graig ger y môr. Y gamp wedyn oedd dringo'r clogwyn i fyny o'r ffynnon a llond ceg o ddŵr a hynny heb golli dim na'i lyncu. Wedi cyrraedd y brig yn Llŷn, roedd rhaid i'r darpar ŵr redeg at Gapel Mair gerllaw a cherdded o gwmpas yr adeilad dair gwaith. Wrth ddringo i fyny o Ffynnon Lochwyd, roedd rhaid cario dyrnaid o dywod yn ogystal â llond ceg o ddŵr a thasg y carwr ifanc wedi cyrraedd pen y clogwyn oedd rhedeg at garreg fawr o'r enw Allor Lochwyd a phoeri'r dŵr arni.⁵⁷ Ym Mynwy, byddai'n arferiad i'r briodferch, mor fuan â phosib wedi'r briodas, ymweld â'r ffynnon a roddai ddŵr i'r cartref a thaflu pin iddi. Deuai anlwc o beidio â gwneud hyn.⁵⁸ Byddai'r pâr priodasol yn rhedeg ras at Ffynnon Geneu, Llangatwg, Brycheiniog gan y byddai'r cyntaf i yfed o'r ffynnon yn feistr corn ar y cymar am weddill eu bywyd priodasol.⁵⁹

I'r sawl oedd yn anlwcus mewn cariad, ceid cyngor fel eiddo'r seryddwr Robert Richard yn 1830:

Cais llyffant melyn a dos at ffynnon yr hon fydd a'i gofer yn rhedeg tua'r deheu: dos ar dy liniau a gweddio, wedyn cymer y llyffant a dyro ynddo ddeuddeg o binau melynion newydd, fel mewn pincws, a saf a'th gefn at y ffynnon, a thafl ef dros dy ben i'r ffynnon a henwa yr hwn neu yr hon yr ydwyt yn ei hoffi, wrth ei daflu; yna dos ymaith.⁶⁰

Os bu defod a'i gwreiddiau mewn paganiaeth ac ofergoeliaeth erioed, dyma hi!

Roedd ffynhonnau a gysylltid â rheibio a dadreibio yn rhai enwog. Galwyd Ffynnon Llandyfeisant, sir Gaerfyrddin yn 'Ffynnon Reibio' gan y trigolion⁶¹ a byddai gwrachod Llanddona, Môn yn arfer mynd at Ffynnon Oer i reibio drwy adrodd rhigymau melltithiol.⁶² Ond roedd y ddwy ffynnon enwocaf am eu galluoedd rheibiol wedi eu cysegru i'r un sant – Ffynnon Eilian, Llaneilian, Môn a Ffynnon Eilian yn Llaneilian-yn-Rhos, sir Ddinbych. Ym Môn rhoddid arian a cherrig yn y ffynnon wrth felltithio person a phe llwyddai'r sawl a reibiwyd i ddod o hyd iddynt a'u tynnu oddi yno, câi ei ddadreibio. Credid ei bod yn anlwcus iawn i gadw arian a ddefnyddid i reibio.[63] Tan ganol y ddeunawfed ganrif, ffynnon rinweddol oedd Ffynnon Eilian, sir Ddinbych, ond erbyn 1770 roedd yn cael yr enw o fod yn ffynnon reibio bwerus iawn. Erbyn 1818, disodlwyd offeiriades y ffynnon gan John Evans, a welodd ei gyfle i wneud arian drwy godi pum swllt am reibio rhywun drwy osod ei enw yn y ffynnon. Ysgrifennid enw'r truan ar ddarn o lechen, plwm neu bapur a'i osod yn y ffynnon. Cofnodwyd manylion yr achos mewn llyfr, tra yfai'r sawl a ddaeth ati i reibio dŵr o'r ffynnon a chael ei daenellu â'r dŵr. Yna, darllenid rhannau o'r Beibl gan offeiriad y ffynnon ac ar adegau teflid delwau i'r dŵr i gyfeiliant cytgan o swynion annealladwy. Yn naturiol, roedd codi'r felltith yn costio teirgwaith cymaint â'i gosod ac roedd y ddefod o dynnu allan o'r ffynnon yn un eithriadol o gymhleth. Roedd rhaid i'r sawl a ddymunai gael rhyddhad fynd at y ffynnon ar hyd llwybr gwahanol i'r hyn a gerddodd eisoes, yna roedd rhaid iddo sefyll ar garreg ger y ffynnon gan wneud dymuniad tawel. Roedd rhaid iddo yfed y dŵr o bowlen bren a thywallt peth ohono dros ei ben. Teflid swllt i'r ffynnon cyn cerdded o'i chwmpas deirgwaith gyda'r cloc, a theirgwaith yn erbyn y cloc, cyn syrthio ar ei liniau ac adrodd Gweddi'r Arglwydd. Deuai ymwelwyr at y ffynnon hon o Fôn i Fynwy ac o rannau o Loegr hefyd.[64] Anodd esbonio sut y newidiodd dwy ffynnon sanctaidd fel hyn i fod yn fannau lle'r oedd drwg yn teyrnasu.[65]

* * *

Ceid enwau diddorol ar nifer o ffynhonnau ac arferion digon rhyfedd yn gysylltiedig â rhai ohonynt. Ger Ffynnon Pechod, Llangaffo, Môn roedd yn draddodiad i'r rhai a giliodd oddi wrth y ffydd gael eu chwipio bob cam o'r eglwys at groesffordd rhyw filltir i ffwrdd a elwid 'Y Chwipin'. Yna, aed â nhw i'w glanhau yn y ffynnon lle y disgwylid iddynt gyffesu eu holl bechodau yn erbyn yr eglwys.[66] Ar waethaf eu henwau arswydus fel Ffynnon Angau, sir Gaerfyrddin a Ffynnon y Cythraul, Cwm Pennant, Eifionydd, daeth y ffynhonnau hyn yn rhai parchus ddigon. Diddorol yw sylwi nad yw'r trigolion yn barod i yfed dŵr Ffynnon Estyn, Llaniestyn, Môn oherwydd iddi ar un adeg fod yn ffynnon swyno.[67] Drwy fynd ac ymolchi yn nyfroedd Ffynnon Fair, Llanfairfechan, roedd yn bosib gwrthweithio effaith swyn a chael amddiffynfa rhag cael eich rheibio eto.[68] Roedd yfed dŵr o Ffynnon Fair, Llanfaircaereinion yn amddiffyn y person rhag cael ei reibio a'i witsio.[69]

Er i'r canrifoedd lithro heibio, mae peth o 'flas y cynfyd yn aros fel hen win' o gwmpas ein ffynhonnau sanctaidd o hyd. Maent yn hŷn na gwareiddiad ac felly yn ein clymu â'n cyndadau cyntefig. Arhosodd llawer o'r hen ddefodau yn barchus ddigon fel rhan o'n llên gwerin, ond o edrych arnynt yn fanylach, gwelwn mai defodau paganaidd ydynt yn y bôn, ac mae'n siŵr fod rhywfaint o'r pagan yn aros ym mhob un ohonom ninnau hefyd.

NODIADAU

1. M.J. GREEN, *Celtic Myths* (1993), 17.
2. F[RANCIS] JONES, *The Holy Wells of Wales* (Caerdydd, 1957), 81.
3. *Ibid.*, 102. Does wnelo'r gair 'ffrimpan' ddim i'w wneud â phadell ffrio. Gweler Ken Lloyd Gruffydd, 'Dirgelwch rhigwm Ffynnon Fair, Rhaeadr,' *Llafar Gwlad*, 12 (1986).
4. E. ESTYN EVANS, *Irish Heritage* (Dundalk, 1943), 163. Yn ei *Celtic Folklore Welsh and Manx* (1901), I, 358, fe aeth Syr John Rhys gam ymhellach gan awgrymu bod yna gysylltiad agos rhwng henebion cerrig a ffynhonnau ble defnyddid carpiau fel offrymau.
5. F. DELANEY, *The Celts* (1986), 168; J. & C. Bord, *Sacred Waters : Holy Wells and Water Lore in Britain and Ireland* (1985), 7.
6. F JONES, *op.cit.*, 115-6, 206.
7. Yn ardal Dolgellau, rhwng 1344 ag o leiaf 1590, dywedid fod penglog y bardd Gruffudd ap Adda ap Dafydd wedi ei ddefnyddio i ddal dŵr rhinweddol a allai iachau 'pas a doluriau eraill'. Fe'i cedwid yn ddiogel mewn eglwys yno. Capel Ysbyty Gwanas fyddai wedi bod yn briodol gan iddo gael ei gysegru i Ioan Fedyddiwr! (I. Williams & T. Roberts, *Cywyddau Dafydd ap Gwilym a'i gyfoeswyr* (Bangor, 1914), lxxxvi ii-ix.)
8. R. CAVENDISH (gol.), *Man, Myth and Magic* (1970-3), 1201.
9. Er enghraifft, yn 1841 ceid cyfeiriad at 'nant a red o Ffynnon y benglog i ffin Llandanwg, ar yr ochr gogledd-orllewinol i lawr hyd Llanfair Isaf'. Yr Archifdy Gwladol, Papurau'r Swyddfa Gartref, 107/1427. Sylwer i amryw o'r cerfluniau o benglogau a ddangosir yn y traethawd hwn ddangos un llygaid ar agor a'r llall ar gau, neu'n wincian. Mae yna hen goel na ddylid ymddiried mewn person o'r fath, hyd yn oed os mai eich brawd yw. I. Opie & M. Tatem, *A Dictionary of Superstitions* (Rhydychen, 1989), 144.
10. P. ROBERTS, *Cambrian Popular Antiquities of Wales* (1815), 246.
11. KEMMIS BUCKLEY, 'St Teilo's Skull', *Source*, Ail Gyfres, 2 (1994), 9-12; A Bailey, *The Legend of Saint Teilo's Skull* (Llangolman, 1998), 3-17.
12. Am farn feirniadol ar y pwnc gweler, T. Gray Hulse, 'St Teilo & the Head Cult', *Source, ibid*, 14-16.
13. *Archaeologia Cambrensis*, X (1879), 29.
14. T. PENNANT, *Tours through Wales* (gol. J. Rhys, Rhydychen, 1883), II, 180.
15. W. AMBROSE BEBB, *Machlud yr Oesoedd Canol* (Abertawe, 1951), 95.
16. *Calendar of Manuscripts relating to Wales in the British Museum*, II, 72.
17. R.C. HOPE, *The Legendary Lore of the Holy Wells of England* (1893), 47.

18 J.M. MACKINLAY, *Folk-lore of Scottish Lochs and Springs* (1893), 209-10.
19 L. SPENCE, *Myth and Ritual in Dance, Game and Rhyme* (1947), 153.
20 *Archaeologia Cambrensis*, X (1879), 29.
21 F. JONES, *op.cit.* 91-2.
22 *Ibid.*, 89.
23 R.C. HOPE, *op.cit.*, 42.
24 E. PUGH, *Cambria Depicta* (1816), 19-20.
25 J. RHYS, *op.cit.*, I, 358.
26 F. JONES, *op.cit.*, 94.
27 *Ibid.*, 211. Yr hen enw ar Ragwell yn Llancarfan, Morgannwg oedd Ffynnon y Clwyf. G.O. Pierce, *The Place-names of Dinas Powys Hundred* (Caerdydd, 1968), 78.
28 F. JONES, *op.cit.*, 87.
29 J.A. MACCULLOCH, *The Religion of the Ancient Celts* (arg. 1991), 194.
30 J. RHYS, *op.cit.*, I, 362.
31 F. JONES, *op.cit.*, 95.
32 J. RHYS, *op.cit.*, I, 356.
33 F JONES. *op.cit.*, 108, 111, 150.
34 *Ibid.*, 109, 114.
35 E. LHUYD, *Parochialia [1699]*, III, 146; Llyfrgell Genedlaethol Cymru, Dog. 3290D.
36 F. JONES, op.cit. 105.
37 W. SYKES, *British Goblins* (arg. Wakefield, 1973), 350.
38 Lefiticws 16, 21-4.
39 J. RHYS, op.cit., I, 361.
40 *The Cambrian Register* (1796), 385.
41 J. RHYS, *op.cit.*, I, 361.
42 G. UDEN & R. YGLESIAS, *Cabbages and Kings : A book of incidental history* (Harmsworth, 1978), 144. Ni ddaeth y defnydd o binnau yn boblogaidd tan y cyfnod rhwng 1830 a 1850 pan eu cynhyrchwyd ar raddfa fasnachol gyda pheiriannau.
43 J. JONES, *Llên Gwerin Sir Gaernarfon* (Caernarfon, 1908), 186.
44 J. RHYS, *op.cit.*, I, 364.
45 Golyga 'wrth' yn y linell olaf 'er mwyn'. H. Lewis, T. Roberts & I. Williams, *Cywyddau Iolo Goch ac eraill* (Caerdydd, arg. 1979), 105, 355.
46 Tro'r rhif 'tri' i fyny'n barhaol mewn defodau yn ymwneud â ffynhonnau ond mae ei darddiad yn dywyll. Y gorau y gallwn wneud yw nodi'r ffaith i'r Celtiaid ei ystyried yn 'rhif lwcus', tra cynghora'r Iesu (Mathew 28, 19) y dylid bedyddio 'yn enw y Tad, a'r Mab, a'r Ysbryd Glân'.
47 A.W. WADE-EVANS, *Vitae Sanctorum Britaniae et Genealogiae* (Caerdydd, 1944), 300-1.
48 F. JONES, *op.cit.*, 108, 112.
49 Yn 1660, dywed i'r driniaeth gael ei ailadrodd ar dri Gwener yn olynol. E.R. Henken, *Traditions of the Welsh Saints* (Caergrawnt, 1987), 81.
50 F. JONES, *op.cit.*, 16, 101, 176.
51 Ar Ynys Llanddwyn, mae yna garreg o'r enw 'Gwely Esmwyth' ble rhoddi claf i gysgu dros nos ar ôl bod yn Ffynnon Dwynwen.
52 J.A. MACCULLOCH, *The Celtic and Scandinavian Religions* (arg. 1993), 16.
53 J. RHYS, *op.cit.*, I, 366. Yn ôl Edward Lhuyd, op.cit., II, 92, 'fe gaed hevyd yn Ffynnon y Beili [Yr Wyddgrug] 2 Lysywen anferthol o vaint'.
54 T.H. PARRY-WILLIAMS, *Canu Rhydd Cynnar* (Caerdydd, 1932), 190.

55 E. & K. LLOYD GRUFFYDD, *Ffynhonnau Cymru* (1999), II, 8.
56 *Ibid.*, 42.
57 G.N. EVANS, *Religion and politics in mid-eighteenth century Anglesey* (Caerdydd 1953), 57-8; W. Williams, *Hynafiaethau a thraddodiadau plwyf Llanberis a'r amgylchoedd* (Llanberis, 1892), 47; E. Hyde Hall, *A Description of Caernarvonshire*, 1809-1811 (gol. E.G. Jones, Caernarfon, 1952), 311.
58 F. JONES, *op.cit.*, 113.
59 *Ibid.*, 145.
60 G.M. RICHARDS (gol.), *Meddai Syr Ifor*, 93.
61 F. JONES, *op.cit.*, 171.
62 E. OWEN, *Welsh Folk-lore* (arg. Wakefield, 1976), 223.
63 Llyfrgell Genedlaethol Cymru, Dog. 3290D.
64 B.R. PARRY, 'Ffynnon Eilian', *Trafodion Cymdeithas Hanes Sir Ddinbych*, 14 (1965), 185-96.
65 S. BARING-GOULD & J. FISHER, *Lives of the British Saints* (1908), II, 435-40.
66 G.T. JONES & T. ROBERTS, *Enwau Lleoedd Môn* (Bangor, 1996), 75.
67 A. ROSS, *Folklore of Wales* (Stroud, 2001), 85.
68 F. JONES, *op.cit.*, 150.
69 Gwybodaeth oddi ar arwydd ger y ffynnon.

LLYFRYDDIAETH PELLACH

G. BOWEN (gol.), *Y Gwareiddiad Celtaidd* (Llandysul, 1987).
N.K. CHADWICK, *The Celts* (1971).
M.J. GREEN, *Symbol & Image in Celtic Religious Art* (1992)
E. GRUFFYDD, *Ffynhonnau Cymru, Cyfrol I : Y Canolbarth* (Llanrwst, 1997).
M. DILLON & N.K. CHADWICK, *The Celtic Realms* (1973).
A. ROSS, *Pagan Celtic Britain* (arg. 1992).

'Calennig a Chalennig a Blwyddyn Newydd Dda': Y Plentyn ar Ddydd Calan yng Nghymru

Tecwyn Vaughan Jones

Bu Hel Calennig yn un o gonglfeini arferion tymhorol plant – hwn yw'r arfer sydd wedi goroesi, trwy groen ei ddannedd, ac mae'r arfer yn dal yn gyfarwydd i'r rhelyw, yn sicr yn y cof os nad mewn arfer. Hel Calennig oedd penllanw arferion Gwyliau'r plant hyd at flynyddoedd cynnar yr ugeinfed ganrif a hyn – mewn adeg pan fo'r Flwyddyn Newydd a'r dathliadau cysylltiedig yn llawer mwy amlwg a phwysig na'r rheiny a gysylltid â'r Nadolig.

Yn ystod yr ugeinfed ganrif symudodd canolbwynt Y Gwyliau (sef y deuddeg niwrnod o wyliau oedd yn ymestyn o noswyl Nadolig hydd nos yr Ystwyll) o'r Flwyddyn Newydd i'r Nadolig a mabwysiadwyd traddodiadau oeddynt eisoes wedi eu sefydlu yn Lloegr a nifer o wledydd Ewrop heb sôn am America. Yn sgîl y newidiadau hyn daeth y Goeden Nadolig, Siôn Corn, y cerdyn Nadolig, anrhegion Nadolig, y twrci, a phob math o fwydydd estron eraill i gystadlu â hen ŵyl werin Y Calan a ddibynnai ar amgylchiadau cymunedol oeddynt eisoes yn prysur ddarfod o'r tir onid wedi diflannu'n llwyr erbyn canol yr ugeinfed ganrif. Hon oedd yr hen gymdeithasol gymdogol a ystyrid gan rai fel sylfaen pob llên gwerin.

Wedi dweud hyn traddodiad a phroses ddeinamig yw llên gwerin, ac mae'r arferion yn addasu a newid i gyd-fynd â dyheadau a gofynion cyfoes. Perthyn arferion i'w hoes a'u cenhedlaeth ac mewn cymdeithas lewyrchus, obeithiol sy'n edrych i'r dyfodol, a'i hen arferion i ebargofiant fel bo'r angen a daw eraill, neu addasiad o'r hen rai, yn ganllawiau i fywyd cymdeithasol a theuluol. Mae arferion gwerin mor fyw heddiw ag erioed.

Wrth sefydlu a chynnal *Llafar Gwlad* am gyhyd o flynyddoedd, profodd John Owen Huws pa mor lliwgar, deniadol a chwbl angenrheidiol yw arferion gwerin o bob math yn y Gymru gyfoes;

chwedlau dinesig (*urban legends*) i ffrwyno ein hofnau, arferion tymhorol newydd i gynnal ein hymdeimlad o gymuned, arferion teuluol sy'n dal yn gynsail i'r uned fregus honno yn ein cymdeithas, coelion di-ben-draw sy'n helpu i ffrwyno a lleddfu ein hofnau am yr anwybod, dywediadau, tafod llithrig, cam ddweud, storïau cyfoes, jôcs, ac yn y blaen. Mae gennym gronfa sylweddol o lên gwerin sylweddol iawn yn y Gymru gyfoes sydd ar dafod leferydd pob un ohonom er gwaethaf ein tueddiad i gondemnio llên gwerin fel atgof o'r gorffennol a rhywbeth efallai sy'n ein cadw yn ôl rhag bod yn gyflawn aelodau o'r pentref global! Rhad arnom am fethu deall pwysigrwydd a natur traddodiad yn ein bywyd bob dydd! Bu *Llafar Gwlad* yn chwa o awyr iach dros yr ugain mlynedd diwethaf a diolch i John am sylweddoli gwir ystyr a dylanwad llên gwerin yn ein bywyd cyfoes ac am wneud yn siwr fod ein cynnyrch ni heddiw yn y maes hwn yn cael ei gofnodi fel y gwnaeth pobl fel Cadrawd, Ab Ithel, Ceiriog, J. Ceredig Davies ac yn y blaen yn y bedwared ganrif ar bymtheg, a Iorwerth Peate, T. Gwyn Jones, Trefor M. Owen ac wrth gwrs yr Amgueddfa Werin yn yr ugeinfed ganrif.

Ar hyd y canrifoedd bu'r Flwyddyn Newydd yn gyfnod od ac ansicr i'r rhelyw o'r boblogaeth. Dyma gyfnod ffiniol pryd y ceir ymdeimlad o raniad pendant rhwng y gorffennol a'r dyfodol a'r unigolyn yn cael ei dynnu rhwng y ddau. Mae llwybr bywyd yn llawn o bontydd sy'n rhaid eu croesi: gadael cartref, symud tŷ, profedigaethau ac yn y blaen ac mae cymdeithas yn darparu defodau priodol fel cymorth i'r unigolyn oroesi a dod i delerau gyda sefyllfaoedd newydd yn ei fywyd. Mae ofn yr anwybod gyda ni ers cyn cof ac mae hwn yn un o'n greddfau mwyaf grymus. Does ryfedd felly fod gennym fel hil bob math o arferion a defodau i'n helpu i oroesi ac i geisio ffrwyno'r ofnau hyn. Yr adeg hon o'r flwyddyn ceir pryder, tristwch hwyrach, o edrych yn ôl dros y flwyddyn a fu, gyda'i galar neu'i hapusrwydd.

Yr adeg hon o'r flwyddyn wrth gwrs, ceir ymwybyddiaeth ingol o dreigl amser. Mae'n hen arfer hwyrach i unigolyn gloriannu ei fywyd ar adeg felly, cyn croesi'r ffin i amser arall gan weld yr hyn a gyflawnwyd a hwyrach sylweddoli fod cymaint i'w wneud o hyd. Ceir anobaith a gobaith yn brwydro am oruchafiaeth wrth edrych ymlaen i'r Flwyddyn Newydd.

Yn naturiol, mewn cyfnod sy'n draddodiadol yn un mor ansicr o ran teimladau, does ryfedd fod ein llên gwerin yn darparu toreth o goelion ac arferion Blwyddyn Newydd i'n cynorthwyo i wrthsefyll yr ofnau hyn a'n rhoi mewn ysbryd cadarnhaol i wynebu ein tynged. Mae addunedau Blwyddyn Newydd er enghraifft yn gynnig gwych i roi'r drol yn ôl ar y llwybr. Roedd coelion yn rhan o'r broses hon o ymgryfhau i wynebu tynged, a cheid gwaharddiadau di-rif mewn perthynas ag ymddygiad ar y dydd Calan ei hun. Petai unigolyn yn dilyn y rhain oll byddai mewn gwell hwyliau o leiaf, i wynebu ei dynged.

Yn gyffredinol ar ddydd Calan, dylid codi'n fore, peidio golchi, glanhau'r tŷ na bwrw gormod o amser yn coginio. Ystyrid fod popeth a wneid ar y dydd hwn yn batrwm o fywyd yr unigolyn dros y flwyddyn i ddod! Dim benthyg arian, yn wir ni ddylid benthyg dim ar y dydd hwn, a beth bynnag a wneir dros eraill dylid ei gyflawni yn glên a chymwynasgar. Ceir traddodiadau eraill yn gosod rheolau a chanllawiau pendant i greadur sigledig, ofnus ac ansicr. Yn ogystal, ceid coelion parthed y person cyntaf i groesi rhiniog y cartref – dylai hwn fod yn fachgen pryd tywyll a dylid ei arwain i'r tŷ a'i gael i gyflawni rhyw ddyletswydd fel arwydd ei fod wedi bod yn bresennol – procio'r tân, yfed paned o de, bwyta cyflaith neu ysgwyd llaw a chyfarch pawb. Hwyrach y dylai ddod â rhyw anrheg i'w hebrwng – darn o lo neu halen ac wrth gwrs, pe deuai i mewn drwy ddrws y ffrynt, dylasai adael drwy'r cefn. Ystyrid merched a bechgyn pryd coch yn bethau anlwcus a dylid eu cadw o'r golwg tan hanner dydd o leiaf ar ddydd Calan! Mewn rhai ardaloedd ceid cyfyngiadau pellach ar y rhai fyddai'n galw. Yn Nhrefdraeth, sir Benfro: 'rhaid i'r bachgen a welir gyntaf fod a'r enw Dafydd, Ifan, Siôn neu Siencyn, neu os yn ferch, Siân, Sioned, Mair neu Marged'. Does dim modd dweud bellach pa mor gyffredin oedd yr arferion a'r coelion hyn ac i ba ardal y'i cyfyngid. Mae ein gwybodaeth o arferion gwerin yn glytwaith o wybodaeth ac yn dibynnu ar unigolion sydd fel rheol yn cofnodi eu bro eu hunain.

Er bod nifer o arferion yn gysylltiedig â Nos a Dydd Calan yng Nghymru, rwyf am ganolbwyntio ar un arfer sy'n perthyn i'r plant sef Hel Calennig. Arfer syml oedd hwn, ond un i'w gymryd o ddifrif a pherchid pob defod gysylltiedig yn ofalus gan ddilyn canllawiau traddodiad ardal leol i'r dim. Yr oedd plant ledled Cymru ar eu traed ymhell cyn y wawr ar ddydd Calan ac yn y tywyllwch heidient yn grwpiau bychain er mwyn cynllunio eu taith. Amrywiai maint y grwpiau o ardal i ardal ac fel rheol doedd fawr o newid yn aelodaeth oni bai bod brawd neu chwaer fach wedi dod i oedran hel, ac angen grŵp i fod yn rhan ohono. Rhoed y drefn i lawr i'r rhai bach newydd a gwae iddynt pe baent yn gwyro oddi wrth dymuniadau y rhai hŷn yn y grŵp. Fel rheol, dilynid yr un llwybr yn flynyddol gan alw yn yr un tai â'r llynedd – roeddent yn adnabod eu pobl yn iawn a gwyddent ble ceid yr anrhegion gorau. Felly, ar fore oer a'r plant wedi'u lapio fel nionyn, cychwynnent o gwmpas y tai yn eu hardal leol. Wrth gwrs, byddai nifer o grwpiau mewn un ardal ac yn aml byddai eu llwybrau yn croesi ond fel rheol ni elwid yn yr un tŷ yr un pryd. Lleiaf yn y byd y byddai'r grŵp, yna mwyaf tebygol oedd hi y ceid anrheg well neu fwy o'r hyn a gynigid.

Wedi cyrraedd y tŷ cyntaf, cnocid ar y drws. Ymhen ysbaid, deuai'r perchennog i'r drws a chyda'i gilydd dechreuai'r plant adrodd neu lafarganu rhigwm oedd yn gofyn am Galennig, sef anrheg blwyddyn newydd. Weithiau âi hon ymlaen am hydoedd yn bennill ar ôl pennill, ac weithiau ceid brawddeg neu ffrâs swta... Wedi'r llafarganu, ceid rhyw sgwrs gyda'r perchennog: 'Plant pwy ydach chi tybed? Ble da'ch chi wedi bod? Be gawsoch chi yn y fan honno? Ble da'ch chi'n mynd?' ac yn y blaen. Gwyddai'r perchennog yn iawn yr atebion cyn gofyn, ond roedd hyn yn rhan o'r ddefod. Petai wyneb newydd yn y grŵp, telid mwy o sylw i hwnnw, hwyrach. Yn y diwedd, rhoddid anrheg ac amrywiai safon a gwerth hwn o dŷ i dŷ.

Rhaid cofio mai nos Galan oedd noswaith fawr gwneud cyflaith yng Nghymru ac felly roedd cyflaith yn anochel yn anrheg gyson a phoblogaidd a gwyddai'r plant yn union pwy fyddai'n dda am wneud cyflaith. Soniodd un hen wraig wrthyf eu bod yn galw mewn un tŷ lle rhoddid taffi triog fel anrheg a hwnnw yn wlyb a diflas heb fawr o siwgr ynddo. Wedi mynd rownd y gornel, rhoddid hwnnw i'r ci ac yntau yn ei lowcio fel pe bai y taffi gorau yn y byd! Eto, daliai'r plant i alw yn y tŷ hwn, yr oedd traddodiad yn mynnu hynny, a phwy a ŵyr, hwyrach y byddai wedi cael rysáit arall ar gyfer gwneud taffi erbyn y flwyddyn nesaf!

Anrhegion cyffredin fyddai ffrwythau a chnau, losin neu dda-da, minceg neu deisen gartref. Wrth gwrs ceid ceiniogau yn ogystal ac weithiau, ceiniogau newydd a'r rheiny wedi'u cael yn arbennig o'r banc ar gyfer eu rhoi fel Calennig. Mewn rhai trefi, byddai'r banciau yn gofalu fod ceiniogau newydd ar gael ar gyfer Calennig. Rhoddid yr holl anrhegion mewn bagiau bach (yn cau gydag incil fel rheol), a'r rheiny weithiau wedi eu gwneud o galico gwyn yn arbennig ar gyfer yr achlysur a'u cario o gwmpas y gwddf.

Wedi rhodio'r llwybr o dŷ i dŷ drwy'r bore deuai'r arfer i ben am hanner dydd... ac roedd hon yn rheol bendant a di-wyro ym mhob rhan o Gymru ar wahân i rannau o Geredigion! Yno byddai plant yn hel drwy'r dydd. Yn ôl y diweddar Margaret Jenkins, Pennant, Ceredigion byddai'r plant 'yn hel drwy'r dydd, neu hyd nes bod y daith arferol wedi ei chwblhau. Y bechgyn yn mynd i hel yn gyntaf – doedd neb yn yr ardal hon eisiau gweld merch beth cyntaf ar ddydd Calan, [er nad oedd wahaniaeth erbyn pan oeddwn i'n ei chyfweld ym mis Medi 1977]. Yn amser fy nhad (c.1870) byddai tlodion neu druenusion y plwy yn mynd o gwmpas...'

Cwm Gwaun yw'r unig ardal yng Nghymru yn y cyfnod diweddar hyd y gwn i, sy'n dal i gadw'r arfer o Hel Calennig ar yr Hen Ddydd Calan, sef Ionawr 13eg gan gadw at yr hen drefn ac yn gwrthod y calendr newydd a ddaeth i rym cyn belled yn ôl â 1752!

Byddai'r plant y gorffen gyda'r hel o gyrraedd 12 i 13 oed fel arfer.

Ym Morgannwg, ceid cofnod o blant yn cludo gwrthrych a elwid yn Galennig. Pan ddeuai'r perchennog at y drws cynigid hwn iddo yn ôl y ddefod ond fe'i dychwelid i'r plentyn bob amser.

> 'Nodwedd amlycaf Dydd Calan yw gweld plant y gymdogaeth yn ffurfio grwpiau bychain ac yn dymuno o dŷ i dŷ iechyd da a golud am y flwyddyn i ddod. Symbylir hyn gan bob plentyn trwy iddo gario yn ei law afal a grawn wedi ei wthio iddo, hwnnw wedi ei liwio a'i addurno gan frigyn o unrhyw goeden fytholwyrdd. Cynhelid yr afal, pan nad yw'n cael ei gario, ar dri sgiwer byr, a bydd y pedwerydd sgiwer ar gyfer y perchennog i'w gario rhag malu'r addurniadau'. (*Gentleman's Magazine*, 1819)

Amrywiai'r ymateb i'r plant yn ôl yr ardal a chlywais am un hen wag ym Mlaenau Ffestiniog a arferai gynhesu dimeiau ar raw dân nes eu bod yn wynias a'u taflu wedyn ar y palmant o flaen y plant a'r oedolion yn cael hwyl fawr o weld y plant yn sgrialu amdanynt ond yn methu eu codi! Roedd hyn yn arfer mewn sawl ardal, yn ôl y sôn. Roedd siopau yn darged poblogaidd i blant ar y dydd hwn yn ogystal, a chadwai rhai o'r siopwyr hen stoc neu losin rhad ar gyfer y plant. Yn ôl traddodiad, pe byddai merch yn y grŵp dylai guddio fel mai bachgen a welai'r perchennog gyntaf wrth ateb y drws – câi ymuno â'r grŵp wedyn. Yn ôl y sôn câi bechgyn pryd coch yr un driniaeth mewn rhai ardaloedd.

Yn ardal Llandderfel c.1890 'byddai'r plant yn mynd yn dyrfa at y

Plasau a'r siopau yn unig ac yna ffurfio hanner cylch o gwmpas y drws. Rhoddid ceiniog i bawb gan amlaf neu oren neu wicsen gyrrens.'

Dyna'r arfer, ond fel gyda phob defod mae iddi gyd-destun ac ystyr nad yw'n amlwg ar yr olwg gyntaf. Mewn rhai ardaloedd yng ngogledd-orllewin Cymru, mae'r arfer yn dal, ond mae'r niferoedd wedi lleihau a gellir dadlau fod yr hen arfer bellach wedi mynd i ebargofiant. Does dim syndod, oherwydd mae gwreiddiau'r arfer a'r amgylchiadau roddodd fodolaeth iddo wedi hen ddiflannu – yn wir, diflannodd gyda dyfodiad y Chwyldro Diwydiannol. Yr hyn sy'n peri syndod yw fod yr arfer wedi goroesi hyd at ddiwedd yr 20ed ganrif.

Grym traddodiad yn hytrach na swyddogaeth sydd wedi cynnal Hel Calennig dros y ganrif ddiwethaf. Deilliodd yr arfer mewn cymdeithas glòs, gyd-ddibynnol, wledig – 'cymdeithas gymdogol lle ceir cynulleidfa barod ei chlust a hir ei hamynedd,' lle'r oedd pawb yn adnabod ei gilydd a phawb yn gwybod ei le. Mewn cymdeithas felly roedd cardota yn arfer pwysig, amlwg, derbyniol a disgwyliedig. Dyna oedd y drefn. Roedd ffodusion cymdeithas yn rhoi ac yn rhannu ar yr adegau hynny pan oedd traddodiad yn mynnu hynny. Yn wir roedd nifer o ddyddiau yn ystod y flwyddyn, fel y'u rhestrwyd ar ddechrau'r erthygl hon, pan ddisgwylid y math hwn o roi. Sonia W. Davies, yn ei thraethawd ar 'Lên Gwerin Meirionnydd' (Cyfansoddiadau Eisteddfod Genedlaethol Blaenau Ffestiniog, 1898) fel y byddai y tai wyrcws ym Meirionnydd yn anfon eu deiliaid allan ar yr heolydd ar y dyddiau hynny er mwyn iddynt gael cyfle i gardota. Ceir llawer o sôn am blant yn mynd o gwmpas gyda'u mamau os oedd y teulu yn debygol o fod yn un tlawd iawn. Safai'r fam o hirbell ond o fewn golwg y perchennog a'r plant wedyn yn cnocio'r drws. Ar adegau fel hyn yn ôl Davies, derbyniai'r plant fwyd maethlon megis menyn, siwgr, llaeth, cig neu fara ceirch. Yr oedd swyddogaeth wreiddiol yr arfer hwn yn perthyn i gyd-destun llawer gwahanol pan oedd cymdeithasgarwch wedi ei wau i strwythur y gymdeithas ei hun.

Gyda'r Chwyldro Diwydiannol a thwf Anghydffurfiaeth, newidiodd y pwyslais. Disgwylid i'r unigolyn fod yn llawer mwy cydwybodol ynglŷn â'i dynged – dylai weithio ar ei iachawdwriaeth ei hun trwy ddarllen ei Feibl; dylai sicrhau dyfodol taclus iddo'i hun a'i deulu trwy chwys ei wyneb, ac roedd cardota – hyd yn oed y cardota cymdeithasol – yn rhywbeth i'w gondemnio a'i danseilio. Gosodwyd yr unigolyn ar bedastl, a bellach roedd yn gyfrifol am ei dynged ei hun yn hytrach na bod yn gaeth i reolau cymdeithas draddodiadol oedd wedi ei dynghedu ar sail teulu a gorffennol. Roedd y gymdeithas newydd yn gwobrwyo crefft, dyfalbarhad a gwaith caled – yn ddamcaniaethol, beth bynnag, ac roedd pobl oes Fictoria yn gweld yr hen drefn gymdeithasol wledig fel rhywbeth i gael gwared arni am byth, ac felly y bu i raddau helaeth.

Roedd Hel Calennig yn un o arferion yr hen ffordd o fyw ac ar sail hynny amrywia'r ymateb tuag at yr arfer. Yn yr ardaloedd gwledig, parhaodd yr arfer yn fyw a derbyniol hyd ymhell i'r ugeinfed ganrif ond yn yr ardaloedd diwydiannol, datblygodd stigma o'i gwmpas – yn enwedig o blith pobl y capel. Dyma arfer dirmygus oedd i'w weld fel petai'n clodfori cardota ac yn tanseilio hunan-barch yr unigolyn, oedd bellach yn gysegredig. Yn aml, ceid y rheini yn rhoi Calennig i blant pobl eraill petaent yn dod o gwmpas i hel ond yn gwahardd eu plant eu hunain rhag mynd i hel! Soniodd gwraig wrthyf ym Methesda sut oedd hi yno, tua 1900: 'Byddai Mam yn wastad yn gwneud cyflaith Nos Galan ar gyfer y plant bore wedyn, ond fuasai fyw i mi feddwl am fynd i hel fy hun gan ein bod yn bobl capel a doedd pobl capel ddim yn gadael i'w plant fynd i hel'. Yn sir Aberteifi, soniodd amryw wrthyf am blant y 'tai bach', sef tai'r pentrefi, yn mynd o gwmpas y ffermydd i Hel Calennig ond fyddai plant y ffermwyr eu hunain byth yn mynd.

Roedd Rhagluniaeth, yn ôl y wedd newydd, yn ffromi ar dlodi; roedd cywilydd yn perthyn i'r cyflwr hwnnw ac yn aml, fe'i hystyrid fel arwydd o fethiant beth bynnag oedd y rheswm drosto. Roedd y wyrcws ei hun, un o sefydliadau oes Fictoria, yn symbol o'r ofn a'r gwaradwydd a gysylltid â'r cyflwr o fod yn dlawd ac roedd yn fygythiad real a gweladwy ym mhob tref yng Nghymru. Wrth gwrs fod pobl yn rhoi cymorth i'w gilydd, wrth gwrs fod amgylchiadau pobl yn wahanol – a chydnabyddid hynny. Crëwyd y syniad o elusen yn oes Fictoria ac amlygwyd hynny mewn mudiadau cymdeithasol oedd yn hynod o dderbyniol yn yr 19eg ganrif. Dyma'r ffordd 'gywir' i roi cymorth i'r tlodion nid eu hannog i fynd o gwmpas i gardota fel y gwnâi arferion cymdeithasol y gorffennol.

Prin fod unrhyw arfer arall a berthyn i blant Cymru wedi bod yn gyfrwng i greu cymaint o lenyddiaeth lafar â'r arfer o Hel Calennig. Fel gyda phob llenyddiaeth, gellir gwneud astudiaeth feirniadol o'r lenyddiaeth hon – llenyddiaeth fynegiadol ar ffurf rhigymau a brawddegau cwta fel rheol. Yr un yw byrdwn y rhigymau hyn – gofyn am gardod neu Galennig, disgrifio cyflwr, truenus fel rheol, y sawl sy'n gofyn, rhoi rheswm dros anrhegu a disgrifio'r canlyniad petai dim anrheg yn dilyn. Mewn rhai o'r rhigymau ceir disgrifiad o'r llwybr a ddilynai'r plant, cyflwr y plant, ac yn wir ceir atgoffa perchennog y tŷ fod rhoi anrheg yn draddodiad ac nad oedd modd herio ffawd trwy wrthod...

Llafargenid y rhigwm canlynol yn Rhydwilym, sir Benfro yn y 1930au:

Blwyddyn Newydd dda'i chi, bob un, trwy'r tŷ,
Rhowch galennig yn galonnog i blant bach sydd heb un geiniog,
Ceiniog ne' ddime', p'un a fynnoch chithe',
Ceiniog sy' ore,
Blwyddyn Newydd Dda i chi

A hon eto yn ardal Llanychâr tua 1900:

Deffrowch benteulu, tima'r flwyddyn newy'
Wedi dod adre o fewn i'n drwse,
Drwse ynghloion
Wedi eu paro drost y nos.
Plant ifanc ŷm ni
Gellenwch ni'r tŷ,
Gellenwch ni'n gloi
Ne' tima ni'n ffoi.
Trwy'r baw a'r llaca
Ddaethom ni yma,
Dan bigo'n coese
Trwy'r eithin gwaethe.
Meistres fach fwyn
Gwrandewch ar ein cwyn,
Plant ifenc ŷm ni
Gellenwch ni'r tŷ,
Gellenwch ni'n gloi
Ne' tima ni'n ffoi.
Ceinog ne' ddime
P'un a fynnoch chwithe,
Ceinog sy' ore,
Blwyddyn Newydd Dda i chwi bob un

Yn Rhydaman c. 1940 cynhwysid enw'r teulu wrth lafarganu:

Blwyddyn Newydd Dda i chwi
Ac i bawb sy' yn y tŷ.
Blwyddyn Newydd Dda i chwi,
(Mr a Mrs Jones) a'r teulu i gyd.

Yn Llanarthne, sir Gaerfyrddin tua 1920au gwahoddir y teulu i godi a wynebu'r Flwyddyn Newydd trwy ganu:

Blwyddyn Newydd Dda i chwi *(tair gwaith)*
Hir oes ac iechyd *(tair gwaith)*
A roddo Duw i chwi.
O codwch a goleuwch
A hefyd cynnwch dân,
Rhowch groeso i'r Flwyddyn Newydd
Na welsoch 'rioed o'r blân.
O, codwch a goleuwch
A hefyd cynnwch dân,
Rhowch groeso i'r Flwyddyn Newydd
Na welsoch 'rioed o'r blân.

Roedd nifer o rigymau gofyn syml yn perthyn i bob ardal ond nid oes fawr o dystiolaeth sut y byddai'r plant yn amrywio eu *'repertoire'* o rigymau o un tŷ i'r nesaf. Tybed os oedd hyn yn amrywio yn ôl pa mor adnabyddus oedd y teulu i'r plant neu faint oedd y teuluoedd yn gwerthfawrogi ymdrechion y plant.

Llafargenid y rhigwm syml hwn yn Nhreforys hyd at y 1950au:

Blwyddyn Newydd Dda i chwi
Ac i bawb sydd yn y tŷ.
Dyma yw 'nymuniad i,
Blwyddyn Newydd Dda i chwi.

Ac yng Nghaeo, sir Gaerfyrddin yn yr un cyfnod:

C'lennig, C'lennig bore dydd y Calan
'Nawr yw'r amser i rannu'r arian!

Neu:

> Mae heddiw'n fore dydd ein Calan
> I ddyfod ar eich traws
> I ofyn am y geiniog
> Neu doc o fara 'chaws.

Yng Nghwm Tawe yn y 1930au:

> Blwyddyn Newydd Dda i chwi
> A phawb drwy'r tŷ,
> Gwyliau Llawen i chwi i gyd

Ym Mlaenau Ffestiniog hyd at y 1960au:

> 'Nghlennig i'n gyfan ar fore dydd Calan
> Blwyddyn Newydd Dda i chwi.

Neu yn syml:

> 'Nghlennig i a 'Nghlennig i a Blwyddyn Newydd Dda i chi

Yng Nghaerfyrddin ceid canu'r rhigwm canlynol c. 1910:

> Plant bach Cymru ydym ni
> Yn canu ein carolau,
> Peidiwch chi â gyrru'r ci
> I redeg ar ein holau.
> Blwyddyn newydd Dda i chi
> A phawb o'r teulu serchog,
> Dewch benteulu atom ni
> A rhowch i ni geiniog.

Yng Nghaeo eto, cenid yn ogystal:

> O dyma ni yn awr yn dod
> I ganu clod yn llon,
> I chwi sydd yma'n y tŷ
> Ar ddechrau'r flwyddyn hon.

Blwyddyn Newydd Dda i chi
Ac i bawb sydd yn y tŷ,
Dyna yw nymuniad i
Blwyddyn Newydd Dda i chi.

Ym Mrynberian, sir Benfro c. 1920 llafargenid:

Deffrowch, deffrowch, gyfeillion mwyn
A dewch yn nes i wrando'm cwyn.
A'm cwyn yw cael dod mewn i'r tŷ

Neu:

Mae'r Flwyddyn Newydd wedi dod
Er mwyn cael gwledda gyda chwi
Mae'n bryd i ni seinio'i chlod,
O, codwch ein cyfeillion (*tair gwaith*)
I agor y drws i ni.

Yn Llan-bryn Mair c.1900 llafargenid:

Mi godais yn fore, mi gerddes yn ffyrnig
At dŷ (Mr Jones) i 'mofyn am g'lennig.
Os gwelwch yn dda roi swllt neu chwe cheiniog
Mi fyddaf yn fodlon ar ddime neu geiniog!

Neu:

Dyma Ddydd Calan eto yn dyfod ar eich traws
I 'mofyn am y geiniog, neu glwt a fara 'chaws.
Peidiwch â bod yn sarrug, a pheidiwch droi eich gwedd,
Ond cyn Dydd Calan eto bydd llawer yn eu bedd.

Ac yn Nhrefeglwys yn sir Drefaldwyn c. 1900, gan amcanu fod ffon ar un adeg yn llaw'r deisyfwr a'i fod yn ei tharo ar y llawr:

> 'Nghlennig i'n gyfan a'r fore Dydd Calan
> Unwaith, dwywaith, tair,
> Clennig i mi, clennig i'r ffon, a chlennig i minnau i fynd adref.
> Gŵr y tŷ a'r teulu da, a welwch chi'n dda ga'i glennig?

Yn ôl William Davies yn ei erthygl ar 'Lên Gwerin Meirion', sonia fod y rhigwm canlynol yn cael ei llafarganu gan drigolion y wyrcws pan aent o gwmpas eu hardal leol ar ddydd Calan yn casglu Calennig:

> Calennig wyf yn 'mofyn
> Dydd Calan, ddechrau'r flwyddyn,
> A bendith fyth fo ar eich tŷ
> Os tycia i'm gael tocyn.
>
> Calennig i mi, Calennig i'r ffon
> Calennig i fwyta'r noswaith hon,
> Calennig i'm tad am glytio'm sgidia
> Calennig i mam am drwsio'm sana.
>
> Rhowch galennig yn galonnog
> I ddyn gwan sydd heb un geiniog,
> Gymeint roddwch, rhowch yn ddiddig,
> Peidiwch grwgnach am ryw 'chydig!

Soniodd un wraig wrthyf yn Nhregaron fod 'pobl dlawd iawn yn Hel Calennig y dydd cyn y dydd Calan, megis mynd o gwmpas y ffermydd yn cardota'. Hyn tua 1890.

Yn 1977, cofnodais ar lafar y rhigymau canlynol gan y diweddar Kate Davies, Maes-y-meillion, Pren-gwyn ger Llandysul a arferai eu canu neu eu hadrodd pan yn blentyn yn yr ardal honno ar ddechrau'r ugeinfed ganrif:

> Mi godes heddiw'n fore o bentre bach Pren-gwyn
> I ofyn am Galennig cael towlu'r gaeaf hyn,
> Rwy'n mynd i wasanaethu pan ddelo dechrau haf,
> Cewch lonydd ar ôl 'leni

O rhowch galennig braf.
Blwyddyn Newydd Dda.

Yn ôl Mrs Davies, cyfansoddwyd hon ar gyfer yr achlysur gan fardd lleol ddiwedd y 19eg ganrif.

Soniodd yn ogystal am yr arfer ymysg pobl ifanc i fynd o gwmpas yn gwneud direidi a chanu am galennig yn ystod y nos – ar ôl hanner nos. Fel gyda llawer o'r arferion tymhorol lle byddai pobl yn troi dulliau ymddwyn beunyddiol ar eu pennau ac ymddwyn yn hollol groes i ddisgwyliadau – yn enw traddodiad, wrth gwrs – arferid traws-wisgo a pharddu o wynebau mewn ymdrech ddiniwed i fod yn anhysbys. Felly oedd hi gyda phobl ifanc ardal Pren-gwyn, aent o gwmpas yng nghorff y nos i chwilio Calennig a chanu'r rhigymau canlynol:

> Rwy'n dod yn hy' at ddrws eich tŷ
> I ofyn am Galennig,
> A peidiwch chwi bod yn hir cyn dod,
> A rhowch yn deg a diddig.
>
> Gyfeillion cu oedd gyda ni,
> Ar ddechrau'r hen flwyddyn,
> Maent heddiw'n gorwedd yn dawel iawn
> O sŵn caniadau'r dyffryn.
>
> Blwyddyn Newydd Dda (*tair gwaith*)

Roedd hel yn ystod y nos yn gyffredin iawn ymysg pobl ifanc a cheir tystiolaeth o Benegoes, sir Drefaldwyn am 'griwiau o ryw 6 neu 7 yn mynd o gwmpas i hel yn ystod y nos'. Yn Ystradfellte, sir Frycheiniog byddai 'bechgyn ifanc yn dod o gwmpas y ffermydd yn ystod y nos a byddem yn taflu arian iddynt o ffenestri'r lloftydd' (c.1920) ac felly yn ardal Ffair Rhos, Ceredigion.

Roedd y criw direidus a aent i hel yn ystod y nos yn llawer mwy ymosodol pe baent yn cael eu gwrthod neu yn methu â chael ymateb. Roedd pob math o driciau ganddynt – codi a symud clwydi, gadael anifeiliaid yn rhydd, rhoi gwrthrychau i lawr simneiau gan greu llanast o huddygl ac yn y blaen... Gyda'r plant yn ddiweddarach yn y bore, nid oeddynt hwythau yn ymateb mor glên petai rhywun yn gwrthod a cheid ffrâs neu ddwy digon ffraeth i daflu dicter:

> Blwyddyn Newydd Ddrwg
> Llond tŷ o fwg!

Neu yn Stiniog (cof personol!)

> Blwyddyn Newydd gas
> Llond tŷ o gachu

Nid oedd hon yn odli, ond roedd yn hynod effeithiol!

Soniodd un casglwr wrthyf am hel ym Mlaenau Ffestiniog c.1950.
    'Fel arfer, byddwn yn osgoi tai lle'r oedd Saeson wedi dod i fyw – toeddan nhw ddim yn deall beth oedden ni'n neud. Ond un tro cofiaf yn dda i ni alw mewn tŷ lle'r oedd Sais wedi ymddeol iddo. Roedd hwn yn greadur clên a meddyliem y byddai'n hael petaem yn esbonio'r arfer. Cyn mynd yno hwyrach y dylem fod wedi meddwl sut i esbonio beth yn union oedd Calennig yn Saesneg. Gofynnais i am Glennig a chael ymateb. *'What is that?'* A dyma fy ffrind yn dweud: *'We've come to collect our gift?'* Trodd i mewn i'r tŷ a dod yn ôl mewn munud a rhoi pisyn deuswllt yn llaw pob un ohonom. Doedd neb rioed wedi rhoi cymaint â hyn ac nid oeddem yn gwybod sut i ymateb ond gwenodd y Sais ac aethom ninnau ymlaen i ganu clodydd y Saeson drwy'r dydd! Wn i ddim hyd heddiw beth oedd tu cefn i'w feddwl ac os oedd wedi deall yn iawn beth oeddan ni'n neud!'
    Diflannodd yr hen arfer o fynd o gwmpas i hel fwy neu lai, ond mae'r term Calennig yn dal i fod yn gyfystyr a'r gair anrheg yng nghyd-destun y Flwyddyn Newydd o leiaf. Erbyn heddiw Nos Calan Gaeaf, yw'r noson fawr i hel ymysg plant. Gwêl rhai yr arfer hwn fel enghraifft arall o ddylanwadau Eingl Americanaidd a hwyrach mai gwir hyn yn y cyd-destun cyfoes. Ond cofier fod plant Cymru wedi bod yn hel ar yr adeg hon, o'r flwyddyn ymhell cyn fod sôn am ddulliau torfol o gyfathrebu a throsglwyddo gwybodaeth – daw'r hen arferion yn ôl ar newydd wedd a chyda swyddogaeth tra gwahanol.

Mynwenta yng Nghaerdydd

Gwenllian Awbery

Wrth fynwenta yng Nghaerdydd, fe'm trawyd droeon gan y cerddi Cymraeg sydd i'w gweld ar gerrig beddi yn yr ardal annisgwyl hon. Bûm yn eu casglu ym mynwentydd eglwysi Caerdydd, yn y plwyfi sydd erbyn hyn yn ffurfio rhan o'r ddinas: ym mynwent yr Eglwys Gadeiriol yn Llandaf, ac ym mynwentydd eglwysi Llaneirwg, Llanisien, Llysfaen, Radyr, Rhymni, Sain Ffagan, a'r ddwy sydd yn yr Eglwys Newydd, sef mynwent yr hen eglwys, murddun erbyn hyn, a mynwent yr eglwys fodern. Ni chafwyd unrhyw gerddi Cymraeg ym mynwentydd eglwysi Caerau, Llanedern na'r Rhath, nac ym mynwent eglwys Sant Ioan yng nghanol y ddinas ar waethaf chwilio'n ddyfal. Casglwyd cerddi hefyd yn y mynwentydd sydd yn gysylltiedig â hen gapeli'r Bedyddwyr yn yr ardal hon, sef Ararat yn yr Eglwys Newydd, Caersalem yn Llaneirwg, Tabernacl yng nghanol y ddinas, a chapel Llysfaen.[1]

Yn y drafodaeth sydd yn dilyn fe garwn ganolbwyntio ar yr arysgrifau sydd yn dyddio o'r cyfnod cyn 1900, gan roi o'r neilltu am y tro y cerddi a ddewiswyd ers dechrau'r ugeinfed ganrif. Rhaid dechrau yn rhywle, a gobeithiaf y daw cyfle eto i drafod cerddi'r ganrif ddiwethaf yn yr ardal hon.[2]

ENGLYNION

Yn draddodiadol fe roir y sylw pennaf, wrth drafod y cerddi a welir mewn arysgrifau, i'r englyn. Cyhoeddwyd nifer o gasgliadau o'r englynion hyn, ond ni fu neb yn pori ym mynwentydd Caerdydd. Mae'n ddiddorol nodi imi gasglu 23 o englynion gwahanol yn yr ardal hon. Mae rhai o'r rhain yn ymddangos fwy nag unwaith, ac felly cyfanswm yr enghreifftiau a gasglwyd yw 28. Cafwyd hefyd un cwpled mewn cynghanedd, ac un llinell unigol mewn cynghanedd, hon yn ymddangos ddwywaith; ni lwyddwyd i olrhain y rhain i englynion adnabyddus, ond mae'n bosib wrth gwrs y bydd modd gwneud hyn yn y pen draw.

Mae'n drawiadol nad yw'r tri englyn cynharaf a gasglwyd, hyd y gwn i, wedi eu cofnodi o'r blaen, er eu bod i'w gweld yn achlysurol ym mynwentydd y de-ddwyrain. Ni wyddys ychwaith pwy a'u lluniodd.

Yr un wedd yn dy fedd canfod finna	ESFf,1741
Mi fynnwn ut wybod	
Mau pawb oll o'u Pybyllod	
Ur rhwyd hwn ma'n Rhaid dod.	

Dan gudd mae fym grudd mewn gro – ar waelod	ELlg,1817
Oer wely 'rwyf heno	
Holl Ieuengctyd can druan dro	
'N iach heddyw chwi ddewch uddo.[3]	

Gwel Ddyn derfyn dy yrfa – dasg rhyfedd	ELlg,1815
Dysg rifo dy ddyddiau	
Dy oriau cyfyng daw cofia	
Cais heddwch doeth dy Dduw da.[4]	

Wrth i ni ddod at ganol y bedwaredd ganrif ar bymtheg, mae'r darlun yn newid, ac fe gawn nifer o englynion gan feirdd adnabyddus, er nad yw'r arysgrif ar y garreg fel rheol yn crybwyll enw'r bardd. Ceir dwy enghraifft o englyn gan William Edwards (Gwilym Callestr, neu Wil Ysgeifiog):

Yr Ion bia rhoi bywyd – cu anadl	ERa,1847
Ac einioes ac iechyd,	
Hawl a fedd i alw o fyd	
Man y myno mewn mynyd.[5]	

a dwy enghraifft o englyn enwog Edward Richard.

Trallodau beiau bywyd – ni welais	CT,1854
Na wylwch o'm plegyd	
Wyf iach o bob afiechyd	
Ag yn fy medd gwyn fy myd.[6]	

Mae yna ddau o englynion Owen Willliams (Owain Gwyrfai):

> Rhodiais ddoe mewn anrhydedd – a heddyw   CT,1855
>   Fe'm huddwyd i'r dyfnfedd;
>   Ddoe yn gawr, heddyw'n gorwedd;
>   Ddoe'n y byd, heddyw'n y bedd!

> Blodyn ar wyneb-ledu – a wywodd   CT,1858
>   Ow, Oh! fel y darfu:
>   Ei wedd deg yn y bedd dû,
>   Pwy edrych arno'n pydru.

Dwy linell gyntaf un o englynion y Parch David Jones (Dewi Arfon) yn unig a geir yma:

> Er cof ond pwy all gofio y fath un   ESFf,1890
>   Fyth, heb dori i wylo.

a dwy linell olaf un o englynion John Jenkins (Ioan Siencyn, neu y Bardd Bach).

> Arafwch mae'i'n daith rifedd,   CT,1856
> Symmid o'r bywyd i'r bedd.

Nid yw awdur pob un o englynion y cyfnod hwn yn hysbys fodd bynnag, ac fe welwn rai yn dal i godi na ellir eu priodoli i fardd penodol.

> Echdoe yr oeddwn mewn nychdod – yn eiddil   CT,1864
>   Yn nydd fy mabandod;
>   Ddoe yn heini ddyn hynod
>   Hed ... mewn bedd ym ... d.

> Gwel! dan sêl fe'm gosodwyd, – i garchar   EEG,1853
>   Oer angeu fe'm dygwyd,
>   Hyd y farn y byddaf fyd,
>   Nes câf weled fy anwylyd.

Ni wyddys ychwaith pwy yw awdur y cwpled isod, na'r llinell gynganeddol

> Gwan a llaith ar daith yw dyn
> Llaes yw ar wedd llysieuyn.
>   ELlsfn,1869

> Y bedd yw diwedd hir daith.[7]   EEN(i),17?4

Mae'r llinell hon yn debyg iawn i linell gyntaf nifer o englynion adnabyddus, ond ni lwyddwyd i'w olrhain yn y ffurf arbennig a welir yma i englyn penodol.

Ochr yn ochr â'r englynion "cyffredinol" hyn, fel welir rhai sydd yn amlwg wedi eu llunio i goffáu unigolion blaenllaw yn y gymdeithas. Dyma gofeb, er enghraifft, i Samuel Evans, a adwaenid hefyd fel Gomer neu Gomerydd.[8]

> Athronydd lawn lythreniaeth – y Gymraeg   CT,1856
>   Gomer oedd, a'i phenaeth:
> Uniawn iawn ei threfnu wnaeth
> Yn rheol o unrhywiaeth.

> Y Gymraeg wen am Gomer gu – di nawdd
>   Ydyw'n weddw'i gladdu:
> Erchyll fwlch ac archoll fu
> Cau amrant llygad Cymru.
>   *Meiriadog*

Ar feddi y Parch. David Edwards (Dewi Isan), a'r Parch. William Williams fe welwn hefyd englynion pwrpasol.

> Dewi Isan roed eisoes – yn ei fedd   CLlsfn,1873
>   Mae'r fam a'i phlant eirioes
> A ninau'n dwyn ein heinioes
> A'i ol ef yn fawr ein loes.
>   *DWE*

> Rho Williams at farwolion – gweinidog   CA,1875
>   Hynodawl a ffyddlawn,
> Sydd alar i dduwiolion
> A gloes hir i eglwys Ion.

Yn achos rhai o'r rhain fe welwn enw neu enw barddol yr awdur, ond bydd angen cryn waith chwilota i draddodiad llenyddol y fro os ydym am wybod pwy yn union oedd y beirdd lleol hyn. Dyma enghreifftiau eraill lle y gwewyd enw'r person a goffeir i mewn i'r gerdd.

> Mewn daiar yma'n las, – yn gorwedd   CT,1855
>   Dan gareg mae Tomas:
> Yn fwnai Duw i fyny del,
> Y trysor o'r tir isel.

> Rhyw loes fèr i Lewis fu – byr ennyd   EEN(i),1866
>   A'i Brynwr wnai'i gyrchu
> At y côr a seintiau cu
> A'i'n gynnar iawn i ganu.

> O'r gwŷl Edward mor gul ydyw – y ty   CLlsfn,1874
>   Tawel lle mae heddyw
> Aeth i'r bedd o blith rhai byw
> Dyna wael-ran dynol ryw.
>   *Eurglawdd*

> Yma'n Iesu mae noswyl – y Fair hoff   CLlsfn,1889
>   Fu wawr haf i'w phreswyl:
> Mam uchel glod, – hynod wyl,
> A'r dyner briod anwyl.
>   *Gwilym Elian*

Nodwyd hefyd ddau englyn arall o'r math hwn ond gan fod y cerrig wedi eu difrodi dros y blynyddoedd ni ellir eu darllen yn rhwydd.[9]

    Ambell waith ymddengys bod englyn wedi ei gynfansoddi yn arbennig, er nad yw yn cyfeirio at enw'r ymadawedig. Dyma un, er enghraifft, sydd yn cyfeirio at y ffaith bod y rhieni a'r plant yn gorwedd yn yr un bedd, fel y nodir yng ngweddill yr arysgrif.

> Dau ben yma gyd hunant – yn y llaid
>   Gyda llwch eu mwyn blant
>   ... ynghyd i gyd hwy gant
>   I Dduw am ei faddeuant.
>   *B. Bowen*

EEN(i),1853

Enghraifft arall debyg yw hon, er nad yw gweddill yr arysgrif yn ddigon clir i ni fedru cael gwybod beth yn union oedd yr amgylchiadau teuluol.

> Y brodyr hyn a'u bryd ar hêdd - rodient
>   Mewn cariad ... medd:
> Un galon yn ... goledd,
> Un yma'n byw un mewn bêdd.

ESFf,1865

CERDDI RHYDD

Nid englynion yn unig sydd i'w gweld ar gerrig beddi yn yr ardal hon. Fe gasglwyd 37 o wahanol gerddi rhydd yma hefyd, a chan fod rhai o'r rhain yn codi mwy nag unwaith, y cyfanswm terfynol yw 42. Mae eu themâu yn amrywiol, breuder bywyd, ffarwel i deulu a chydnabod, a gobaith am iechydwriaeth a bywyd gwell. Nid oes modd yma wneud mwy na rhoi rhagflas o'r cerddi hyn.

Yn nifer o'r penillion y marw sydd yn annerch y byw, ac yn eu hatgoffa mai byr a brau yw bywyd.

> Cofia ddyn wrth fyned heibio
> Fel rwyt tithau minau fuo
> Lle rwyf finau tithau ddeui
> Cofia ddyn mai marw fyddi.

EEG,1890

Gwelwyd y pennill hwn ddwywaith, gyda mân amrywiadau yn unig, ac unwaith hefyd yn dechrau a gorffen "cofia ferch" yn hytrach na "cofia ddyn".[10] Tebyg iawn yw pennill arall, a welwyd ddwywaith hefyd.

> Sylwch iengctyd wrth fyn'd heibio
> Ar y bedd rwy'n gorwedd ynddo
> Mor wir a bod fy nghorph i yma
> Dyma'r modd y byddwch chwitha.

ERa,1835

Mewn trydedd enghraifft y mae'r pennill wedi ei eirio yn y lluosog, "y bedd gorweddwn ynddo / ein cyrph ni",[11] a'r un neges ar ffurf wahanol a geir yn y pennill nesaf:

> Darllenydd, pwy bynnag wyt cais gofio,   EEG,1849
> Mai byr yw'r fuchedd hon, cai 'mado,
> Ac am na wyddost, pa awr daw Angau,
> Cais heddwch duw, yn enw'r meichiau.

Annerch yr henoed, nid yr ifanc, y mae pennill arall, sydd yn anffodus wedi erydu, fel nad oes modd darllen gweddill y gerdd ar ôl y bedair llinell gyntaf:

> Chwi henaint oll sydd yma'n...   EEN(i),1812
> Fel gwelwch fi cewch chwythau fod...
> Daw Angau sydd er maint eich...
> Ich rhwymo'n fyd ai oerllyd la...

Fe gawn yr un trafferth wrth ddarllen pennill arall, lle mae'r dechrau a'r diwedd yn glir, ond y canol wedi erydu:

> Nid yw y mur ond tenau a gwan   CLlsfn,1832
> Rhwng yma ac anfarwoldeb...
> Ac wrth ddechrau'r siwrnai faith
> Ar ben y daith yr ydym.

Thema arall sydd yn codi yn gyson yw ffarwelio â theulu a chydnabod. Ffarwelio â phriod y mae'r marw weithiau, fel yn y penillion hyn:

> Ffarwel ei ti fy Ffrynd a mriod,   CLlsfn,1815
> Y mai pob cwlwm wedi Dattod,
> Cofia dithau sydd etto yna:
> Y dewi di i'r man rwf inau,
> Llef am Iesu yn cyffaill ei ti;
> Cyn y delo dydd caledi.

> Ffarwel briod anwyl iawn EEG,1840
> Tros ennyd fechan ymadawn
> Henffych i'r dydd cawn eto gwrdd
> Yn Salem fry oddautu'r bwrdd.

> Ffarwel fy mhriod anwyl iawn EEN(i),1849
> Anneddu ngyd byth mwy ni chawn
> Fe ddaeth i ben fy ngwaith i gyd
> A'm taith trafferthus yn y byd.

Ffarwelio â'r plant a welir dro arall:

> Ein hanwyl blant rhai anwyl iawn; ELlg,1875
> Eich gweled yma mwy ni chawn,
> Ond cawn eich gwel'd mewn nefol wlâd,
> A gwledda'n nghŷd wrth fwrdd ein Tad.

Nid yw pob enghraifft mor benodol, ac weithiau fe welir ffarwelio mwy cyffredinol, fel yn y penillion hyn:

> Ffarwel i chwi gynt a gerais EEN(i),1828
> Nid ywch cwmp'ni, nid ywch gwedd
> Nid yw r cariad sy'n eich calon
> Ragor nâ d'od hyd y bedd
> Pan del angeu chwi ffowch ymaith
> Da i mi fod gennyf Dduw
> Ffrynd fo gydaf wedi marw
> Hwnnw garaf fi yn fyw.

> Ffarwel deithio tir a moroedd CT,1851
> Hwyr a boreu dydd a nos;
> Ffarwel bob ryw storom arw,
> Ffarwel bob ryw chwerw loes;
> Ar ryw ddiwrnod fe ddaeth cerbyd,
> Tragwyddolfryd i fy nol;
> Yn uniongyrchol hedais iddo,
> Or siwrnai hon ddoi byth yn nol.

Yn achos dwy gerdd fe gawn y sawl a goffeir yn siarad fel dyn byw sydd yn paratoi i farw ac yn myfyrio am ei ffawd. Yn un o'r rhain, dyn yn ei henaint yw'r bardd, yn amlwg wedi paratoi'r gerdd ar gyfer ei garreg fedd ei hun:[12]

> Ar fy naith yr wyf er's dyddiau   ELln,1858
> Tros bedwar igain o flynyddau:
> O Arglwydd tirion gwna fi'n barod
> Cyn dêl angeu i'm cyfarfod.
> Pan dêl angeu i fyn'd a'm bywyd,
> Rhanna rhwng fy ngorph am enaid,
> Ymado'r byd a phob rhyw undeb,
> Gwynebu barn a thrgwyddoldeb.
>   *Sion Wiliam, a'i cant.*

Os hen ddyn oedd Sion William, dyn ifanc 18 oed sydd yn y nesaf yn siarad am ei salwch a'i farwolaeth, a'r arysgrif yn tystio iddo gyfansoddi'r gerdd ychydig cyn iddo farw.

> Trwm fy nghystudd trwm fy nghalar   CT,1860
> Trwm fy nghofid yn y byd
> Trwm yw^r ergyd nawr yn disgyn
> Colli^m iechyd oll i gyd.
>
> Y mae^r cyfnod bron a dyfod
> Rhaid im fadel am hoff dad
> Gan obeithio etto gwrddyd
> Draw ar diroedd Canaan rad.
>
> Ni bydd yno rhaid ymadail
> Ni bydd rhaid ffarwelio byth
> Ond cyd oesi gyda^r Iesu
> I dragwyddoldeb mawr dilyth.

Gobaith am fywyd tragwyddol ac iechydwriaeth sydd mewn penillion eraill, yn cyferbynnu marwolaeth â'r byd i ddod. Yn aml iawn fe welir y rhain ar fedd plentyn, yn gysur i'r rhieni.

Fy nhad a mam, na alarwch   EEN(i),184?
Ddim mwy o f'achos i:
Er i'r angeu'n gynnar
Droi nghorff i'r ddaear ddu
Mae f'enaid yn y nefoedd
'Does achos bod yn drist
Diarswyd ar yr orsedd
Y 'ngwmpni Iesu Grist.

Fy nhad, fy mam na wylwch   CLlsfn,1857
Er i mi'ch gado chwi
Mae'n enaid yn bodoli
Yn mlith y nefol lu.

Fel blodeuyn yn ymagor   CLlsfn,1878
Ydoedd yma gyda ni,
Ond llaw ddwyfol a'i trawsblanodd
I'r baradwys nefol fry.

Nid yw yr heirdd deg flodau hyn,   CT,1854
Sy'n cael mor syn eu symud
Ond dangos i ni pa mor hardd
Blagura gardd y bywyd.

Teimladau mwy cyffredinol o obaith sydd yn achos penillion eraill.

Does yma ond y corph o glai   EEG,1828
Mae'r enaid fry yn llawenhau.[13]

Iechawdwriaeth yw fy ngysur   EEN(i),1807
Iechawdwriaeth yw fy hedd
A sgrifenwch iechawdwriaeth
Yn eon ar fy ngareg bedd
A phan codwyf ...
Iechawdwriaeth fydd fy ngân.

Diangodd o afael helbulon y llawr   EEN(i),1858
I gôl ei Iachawdwr – a'i fraint sydd yn fawr
Y geiriau diweddaf o'i enau a gaed
"Cael heddwch cydwybod ai churo ...w'r gwaed".
       Evan Evans, Melin Gruffydd

Gwedi gadael plant a phriod   CT,1857
Mae'i chorph yn gorwedd yn y beddrod
A'i henaid ynghaersalem newydd
Yn cartrefi gyda'r Arglwydd.

Gorwedd wyf yn   ERh,1865
wael fy ngwedd.
Mewn ty pridd y
mae fy annedd,
mewn gobaeth cryf
Caf ddod i'r lan,
Ar ddelw in duw
yn morau'r farn.

Pridd o'r pridd ystyria heb gel   ESFf,1875
Daw pridd i'r Pridd am hynny gwel
Lle'r ...dd mewn Pridd yn llaith
Nes cyfyd pridd o'r Pridd eilwaith.

Glaniodd Ann yn mro goleuni   CLlsfn,1894
Cafodd delyn aur i'w llaw
Ni yr ochor yma'n wylo,
Hithau'n canu'r ochor draw.

Ambell waith fe fydd y gerdd yn datgelu rhywfaint o hanes y sawl a goffeir – ei henw yn yr enghraifft diwethaf uchod, nodweddion cymeriad dro arall.

Bu yn ddiwyd trwy fywyd tosturiau wrth dlawd   CC,1850
A'r gweithiwr oedd dano a barchai fel brawd
Ond hyn yw ein cysur 'ngwyneb pob sarn
I'r Arglwydd Dduw dystio mai efe bia barn.

>   Gwraig rhynweddol, cyfaill ffyddlon,　　　　ESFf,1871
>   Sydd yn gorwedd yn y bedd,
>   Mam anwylaf, anwyl dirion,
>   Cer et ... d ar new ... dd.

>   Tad tyner a gwr tirion　　　　　　　　　　CT,1857
>   A chyfaill ffyddlon y bu
>   Ar wir grefydd ei fryd rhoddodd
>   Ym mhorau oes ufudd a fu.
>   　　　　　　*Un ai Hadwaenai*

Morwr oedd y gwr a fu farw yn achos y pennill isod, un o'r ychydig cerddi sydd yn cyfeirio at yrfa'r sawl a goffeir.

>   Er dianc o beryglau'r mor,　　　　　　　　CT,1861
>   Wr tawel diddrwg, daeth i'w fedd,
>   Ei enaid hwyliodd gyda'r Ior
>   Draw i ddymunol hafan hedd.

Mae ffurf y cerddi rhydd hyn yn dra amrywiol, fel y gwelir o'r enghreifftiau uchod, ond efallai y dylid tynnu sylw at y ffaith y ceir un triban yn eu plith. Prin yw tribannau ar gerrig beddi, ac mae'n ddiddorol sylwi bod un yn codi yma.[14]

>   O dyma olaf annedd　　　　　　　　　　　CLlsfn,1861
>   Gwraig hoff oedd lawn o rinwedd
>   Gorwedd mae mewn beddrod erch
>   A'i hanwyl ferch yn unwedd.

TAFODIAITH

Ar y cyfan yr iaith safonol a geir yn y cerddi hyn, ond o bryd i'w gilydd fe welwn dafodiaith y de-ddwyrain yn brigo mewn ffordd tra diddorol. Ystyriwn batrwm yr odli yn un o'r englynion cynnar a nodwyd uchod.

>   Gwel Ddyn derfyn dy yrfa – dasg rhyfedd　　ELlg,1815
>   　　　Dysg rifo dy ddyddiau
>   　　Dy oriau cyfyng daw cofia
>   　　Cais heddwch doeth dy Dduw da.

Yma mae *gyrfa, cofia* a *da* yn odli â *dyddiau* – sefyllfa gwbl amhosib yn yr iaith lenyddol, ond un naturiol yn y de-ddwyrain o ystyried mai'r ffurf lafar ar y lluosog fyddai *dyddia*, a'r dafodiaith yn troi'r ddeusain ar ddiwedd y gair yn sain *a* syml. Yma fe "gywirwyd" sillafiad y gair ar y garreg, ond gellir gweld mai odl lafar leol oedd hon yn wreiddiol.[15] Gwelwn yr un nodwedd yn codi yn un o'r cerddi rhydd hefyd.

>Sylwch iengctyd wrth fyn'd heibio   ERa,1835
>Ar y bedd rwy'n gorwedd ynddo
>Mor wir a bod fy nghorph i yma
>Dyma'r modd y byddwch chwitha.

Dyma'r gair *yma*, yn odli a *chwitha*, lle mae'r *au* safonol ar ddiwedd y gair wedi ildio i'r ynganiad lleol *a*. Mewn enghraifft arall o'r un gerdd fe gawn y sillafiad safonol *chwithau*, ond gan fod yr odl ag *yma* yn aros, yr un yw'r cefndir tafodieithol.[16]

Gall nodweddion tafodieithol eraill ddylanwadu ar y patrwm odli yn y cerddi hyn. Yn y de, er enghraifft, mae'r ddeusain *oe* mewn gair unsill yn troi'n *o* hir, a hyn yn egluro'r parodrwydd i odli *nos* a *loes*, neu yn hytrach *nos* a *los* yn llafar y de. Sylwn hefyd bod rhaid wrth y llafariad ychwanegol llafar yn *storom* i roi'r sillaf ychwanegol sydd ei hangen yn y drydedd linell.

>Ffarwel deithio tir a moroedd,   CT,1851
>Hwyr a boreu dydd a nos;
>Ffarwel bob rhyw storom arw,
>Ffarwel bob rhyw chwerw loes;

Yn yr un ffordd mae ambell gerdd yn odli geiriau fel *ni* a *fry* - geiriau sydd yn cynnwys yr un sain *i* yn llafar y de, gan fod y dafodiaith wedi colli'r *u/y* ogleddol.

>Fel blodeuyn yn ymagor   CLlsfn,1878
>Ydoedd yma gyda ni,
>Ond llaw ddwyfol a'i trawsblanodd
>I'r baradwys nefol fry.

Nid y patrwm odli yn unig sydd yn datgelu nodweddion tafodieithol. O edrych yn ofalus ar y sillafu a ddefnyddir gallwn weld nodweddion llafar eraill yn y cefndir. Yn y de-ddwyrain, er enghraifft, mae yna duedd i golli'r sain *h* ar lafar, a hyn mewn clymau sydd yn deillio o'r treiglad trwynol yn ogystal ag ar ddechrau gair. Dyma sydd i'w weld yn y gerdd hon isod, gyda'r ffurf leol ar *fy ngysur, fy ngareg* a *fy ngân*.

    Iechawdwriaeth yw fy ngysur   EEN(i),1807
    Iechawdwriaeth yw fy hedd
    A sgrifenwch iechawdwriaeth
    Yn eon ar fy ngareg bedd
    A phan codwyf ...
    Iechawdwriaeth fydd fy ngân.

Mae'n amlwg bod siaradwyr y dafodiaith yn ymwybodol o'r ffaith bod colli *h* yn y ffurfiau hyn yn ansafonol, oherwydd o dro i dro fe welwn enghreifftiau o orgywiro, lle rhoddwyd yr *h* yn y ffurf dreigledig, er na ddylai fod yno mewn gwirionedd.

    Trwm fy nghystudd trwm fy nghalar   CT,1860
    Trwm fy nghofid yn y byd
    Trwm(yw^r ergyd nawr yn disgyn
    Colli^m iechyd oll i gyd.

Mae'r ffurf *fy nghystudd* yn gywir wrth gwrs, ond *fy ngalar* a *fy ngofid* a ddisgwylid, ac mae'r *h* ychwanegol yn y rhain yn arwydd o ansicrwydd tafodieithol. Yr un ansicrwydd a gorgywiro sydd yn egluro'r treiglad anghywir *fy mhedd* yn un enghraifft o englyn Edward Richard.

    Trallodau ... beiau bywyd ni welais   EEG,185?
        Na wylwch ...plegid
    Rwy ... o bob ...
    Ac yn fy mhedd gwyn fy ... myd

Gellid ymhelaethu ar y nodweddion tafodieithol hyn, ond ni ellir yma wneud mwy na rhoi blas yr elfen dafodieithol sydd yn dangos bod tinc y de-ddwyrain i'w chlywed yn glir yn yr ardal hon yn y cyfnod pan grewyd yr arysgrifau.

NODIADAU

1. Bûm yn ymweld yn bersonol â phob un o'r mynwentydd hyn ar wahân i fynwent capel y Tabernacl; carwn ddiolch i Robin Gwyndaf am rannu ei wybodaeth am y cofebau sydd yn y fynwent honno gyda mi. Ni fu'n bosib hyd yn hyn ymweld â hen fynwent Bethania, sef capel y Methodistiaid yn Llaneirwg, gan ei bod ar glo, a thasg as gyfer y dyfodol yw cofnodi'r cerddi Cymraeg sydd i'w gweld ym mynwentydd modern Caerdydd, sef mynwent y Mynydd Bychan, y Fynwent Orllewinol, a'r Ddraenen.
2. Er hwylustod, yn y drafodaeth isod nodir ym mha fynwent y cofnodwyd cerddi unigol gan ddefnyddio byrfoddau. Defnyddir E i ddynodi mynwent eglwys, ac yn dilyn y llythyren hon, y mae côd i ddynodi'r union fynwent: EG (Yr Eglwys Gadeiriol), EN(i) (hen eglwys Yr Eglwys Newydd), Llg (Llaneirwg), Lln (Llanisien), Llsfn (Llysfaen), Ra (Radyr), Rh (Rhymni), SFf (Sain Ffagan). Defnyddir C i ddynodi mynwent capel, ac wedyn côd i ddynodi'r union fynwent: A (Ararat), C (Caersalem), T (Tabernacl), Llsfn (Llysfaen). Ar ôl y côd hwn, nodir y flwyddyn y bu farw y sawl a goffeir yn yr arysgrif.
3. Ceir enghraifft gynharach ond anghyflawn o'r un englyn ym mynwent eglwys Sain Ffagan (1796), ac yn yr un fynwent enghraifft ddiweddar, wallus (1861).
4. Ceir hefyd arysgrif ym mynwent eglwys Llanisien yn dwyn y llinell gyntaf yn unig, ond nid yw'r dyddiad yn ddarllenadwy.
5. Ceir enghraifft arall ym mynwent capel Caersalem (1838)
6. Ceir enghraifft arall ym mynwent yr Eglwys Gadeiriol (185?), gydag ambell air wedi erydu.
7. Ceir enghraifft arall ym mynwent yr Eglwys Gadeiriol (1867), gydag ambell air wedi erydu.
8. Gweler y nodyn am Samuel Evans yn y *Bywgraffiadur Cymreig*, t.236.
9. Y mae'r ddwy gerdd i'w gweld ym mynwent Capel Llysfaen, un yn cynnwys yr enw Thomas (1870), a'r llall yr enw Edward (1894). Nodir ar y garreg yn achos yr ail mai enw barddol yr awdur oedd Cenyd.
10. Ceir enghraifft arall o'r pennill hwn ym mynwent capel Llysfaen (1833), a'r enghraifft sydd yn dechrau "cofia ferch" ym mynwent eglwys Llanisien (1833). Am drafodaeth bellach o'r pennill hwn yn ei amrywiol ffurfiau, gweler G. Awbery "Cofia ddyn wrth fyned heibio", yn *Llên Cymru*, cyf. 25, 2002.
11. Ceir enghraifft arall o'r pennill hwn ym mynwent hen eglwys yr Eglwys Newydd (1834). Mae'r fersiwn sydd wedi ei newid i'r lluosog ym mynwent eglwys Radyr (1850).
12. Bu Gareth Williams yn olrhain y dystiolaeth sydd wedi goroesi am fywyd Sion Williams, ond hyd yn hyn nid yw'r gwaith hwn wedi ei gyhoeddi.
13. Ceir enghraifft arall, gyda mân amrywiadau, ym mynwent capel Ararat (1833).
14. Am drafodaeth ar dribannau eraill a gofnodwyd mewn arysgrifau gweler G. Awbery, "Mynwenta", *Llafar Gwlad* 75, 2002.
15. Mewn enghreifftiau eraill o'r englyn hwn, mewn mynwentydd yn y de-ddwyrain, gwelir weithiau'r sillafiad *dyddia*, sydd yn adlewyrchu'r ynganiad tafodieithol yn gliriach.
16. Gwelir yr enghraifft â'r sillafiad *chwithau* ym mynwent eglwys Radyr (1850).

'Y mawr boen a'r perygl' : profiadau ac arferion geni

Catrin Stevens

Mae pob profiad o feichiogi ac esgor yn wahanol ac unigryw. Hyd yn oed heddiw, yn nyddiau'r sgan a'r driniaeth Gesaraidd ar alwad, mae'n amhosibl rhag-weld dwyster gwewyr geni na'r tymp ei hun. Eto, perthyn rhyw ddirgeledd cyfrin, cyffredinol sy'n uno pob mam, cyfoethog a thlawd, profiadol ac amhrofiadol, ar draws cenhedloedd a thros y canrifoedd, i'r profiad o feichiogi ac esgor. Dydy'r arferion a'r profiadau a drafodir yma, felly, ddim yn unigryw i Gymru ac anodd eu cyfyngu yn dwt i un cyfnod hanesyddol. Canolbwyntir yn y drafodaeth hon, yn bennaf, ar brofiadau'r fam a'r sawl a fyddai'n gweini arni adeg genedigaeth, sef y fydwraig neu'r widwith.

Y mae geni baban yn sicr yn un o'r prif ddefodau newid byd, *Les Rites de Passage,* a ddadansoddwyd gan yr anthropolegydd Arnold van Gennep yn 1909. O safbwynt y fam gellir rhannu'r profiad yn hwylus, yn unol â strwythur van Gennep, yn dri chyfnod, sef : y gwahanu o'r cyflwr blaenorol – y beichiogrwydd; y weithred ei hun – yr esgor; a'r cyfnod o ail-gymhathu trwy ddefodau ôl-eni. Defodau a berthynai yn neilltuol i sffêr y fenyw, wrth iddi ddod yn fam, oedd y rhain yn draddodiadol a bu menywod wrthi'n gwarchod ac amddiffyn y cylch benywaidd hwn yn eiddigeddus-ofalus. Creodd hyn, yn ei dro, densiynau a gwrthdaro, a allai, ar adegau, beryglu bywydau'r fam a'i baban.

Yng nghanol ansicrwydd beichiogrwydd ac esgor yr oedd dau sicrwydd pendant, sef eu bod yn gyfnodau peryglus i'r fam a'r baban ac y byddai'r geni ei hun yn brofiad poenus. I wraig a wyddai ei Beibl ni ellid disgwyl yn amgenach. Roedd yn rhaid i bob mam rannu baich melltith Efa, a gosbwyd gan Dduw am iddi demtio Adda i bechu yng ngardd Eden :

> Dywedodd wrth y wraig : Byddaf yn amlhau yn ddirfawr dy boen a'th wewyr. Mewn poen y byddi'n geni plant.

Mydryddwyd y rhybudd hwn gan fardd anhysbys, 'Margaretta' o Lynlleifiad, yn *Y Gymraes* yn 1850:

> Yn Eden glyd, trowyd traha – Efa
>   Yn ofid yr esgorfa,
> Merched byd, mwy dynnwyd – Ah!
> I afael melltith Efa!

A phan fu farw Ann Jones, Blaen-nos, Llanymddyfri yn 30 mlwydd oed ar enedigaeth baban yn 1844, meddai'r cofnodydd, 'yfodd waelodion cwpan y gosbedigaeth a gyhoeddwyd ar fam dynoliaeth yn Eden gwedi y cwymp'.

Y CYFNOD CYN-GENI

Cybolfa o deimladau cymysg a ddeuai i fenyw, felly, o ddeall ei bod yn feichiog. Ar y naill law byddai ar fin cyflawni'i rôl ganolog mewn bywyd, sef a lluosi'r ddaear. Cofier sut y cosbid yr anffrwythlon yng ngogledd Cymru trwy'r arfer o 'Roddi Penglog', sef hongian penglog ceffyl ar ddrws tŷ hen ferch, ar noswyl Fai ac yr oedd cryn lawenhau o weld arwyddion tymor ffrwythlon ym myd natur. 'Collen lawn, cawell llawn', meddai'r dywediad ac yng Nghwm-gwrach, Cwm Nedd, hefyd, cysylltid mynd i gneua â ffrwythloni:

> Mae'r merched bach eleni
> Yn cneua'r hyd y perthi,
> Fe ddala i, cyn diwedd Mai,
> Bydd llâth gan rai o'r rheini.

Ar y llaw arall tymherid llawenydd y fam droeon gan ofid ac ofn. Adlewyrchwyd hynny gan nifer o'r gohebwyr at Margaret Llywellyn Davies, golygydd cyfrol o lythyron am brofiadau mamau dosbarth gweithiol yn 1915. Meddai un ohonynt:

> Y teimlad cyntaf a gaiff mam (sy'n feichiog)... yw ofn... mewn rhai achosion mae'r pryder yn tyfu ac yn llenwi'i holl fyd. Bydd o reidrwydd yn ei gwanychu yn feddyliol ac yn gorfforol...

Doedd hi ddim yn gymeradwy i fenyw wneud sioe o'i

beichiogrwydd. Mae'n debyg fod hyn yn gysylltiedig â'r goel fod beichiogrwydd yn halogi ac amhuro'r corff a chofiwn sut y dywedid na allai morwyn feichiog gorddi menyn yn llwyddiannus, gan y byddai'r hufen yn ceulo. Yr oedd cyhoeddi beichiogrwydd yn tabŵ a phan gyrhaeddai'r bychan 'o dan y llwyn gwsberis' neu 'o fag du'r widwith' byddai, gan amlaf, yn sioc gwbl annisgwyl i'w frodyr a'i chwiorydd hŷn. Yn hytrach na siarad yn blaen am feichiogrwydd, sonnid fod hon a hon yn 'disgwyl' neu'n 'erfyn'; 'yn cario', 'yn llawn', 'yn drom', neu, yn fwy trawiadol, 'wedi llyncu corryn' ym Mhenfro / Morgannwg; 'yn magu mân esgyrn' yn Llŷn ac Eifionnydd; 'yn yr hen ffedog fawr' ym Môn; 'yn mynd i Fryste' yng Ngheredigion neu bod 'y dymplen wedi cydio yn y crochan' ym Maldwyn.

Term cyffredin ledled Cymru oedd ei bod 'dan ei gofal', ac yn wir ni ellid ei well gan nad oedd unrhyw ofal proffesiynol cyn-geni o gwbl ar gael i fam feichiog tan ar ôl 1918. Nid oedd prawf meddygol i brofi beichiogrwydd ac roedd cryn angyhytuno rhwng dehongliad y darpar-fam a'r meddyg yn y cyswllt hwn. Dadleuai meddygon fod y ffetws yn fyw o'r eiliad y cenhedlid ef, ond o safbwynt draddodiadol y fam, wedi iddo ymystwyrian, neu symud yn y groth am y tro cyntaf, y ceid prawf cadarn o'i fodolaeth. Dyma paham fod gwrthdaro rhwng y ddwy garfan ynglŷn ag erthylu, oherwydd nid oedd erthylu cyn ymystwyrian, yn ôl coel gwlad, yn ddrwgweithred o gwbl.

Gan mor beryglus, ddi-ofal y cyfnod cyn-geni, â mamau yn parhau i wneud gwaith corfforol trwm bob dydd, tyfodd coelion i amddiffyn bywyd y baban yn y groth. Yn wir, y mae'r pwyslais ynddynt, drwodd a thro, ar ddiogelwch a lles y baban ac nid y fam. Ni ddylai mam feichiog gamu dros fedd gwag neu fe enid y baban y farw; ni ddylai nyddu rhag i'r baban gael ei grogi â rhaff gywarch; ni ddylai gyffwrdd â chorff marw neu byddai croen y baban yn glaerwyn; ni ddylai glymu gwregys yn dynn am ei chanol rhag i'r baban gael ei dagu â llinyn y bogail ar ei enedigaeth. Petai mam yn blysio bwyd neilltuol gallai effeithio ar y baban yn y groth. Mynnai Linda Evans o Lanelli iddi chwantu bara menyn â chroen oren ac i'w mab, a anwyd yn 1913, gael ei eni â chnwd o wallt coch. Rhaid oedd gochel rhag cyffwrdd â'r corff pan ddeuai blys o'r fath. Noda Eirlys Gruffydd sut y credai'i hen-famgu yn ddi-ffael yn yr ofergoel hon, a phan chwantodd ei mamgu fwyar duon, tua 1910 yng Nghwm Cynon, fe'i cynghorwyd i beidio â chyffwrdd ei chorff. Methodd ddilyn y cyngor a ganwyd ei merch â man-geni ar siap a lliw mwyaren dan ei chesail chwith. Mae'n bosibl i'r coelion hyn esblygu i geisio egluro namau neu frychau ar fabanod newydd eu geni ac i symud ymaith faich y cyfrifoldeb am y fath nam oddi ar ysgwyddau'r fam ofidus. Eglurodd Mari Jones, widwith o Lan-non, Ceredigion eni baban â defaid drosto tua dechrau'r ugeinfed ganrif, trwy fynnu i'r fam feichiog gael ei dychryn gan ddefaid yn neidio ati. Coel arall i egluro nam oedd honni fod y fam wedi cael cyfathrach rywiol yn fuan cyn yr esgor. Ystyrrid mai cosb ddwyfol ydoedd am iddi ymostwng i chwantau'r cnawd ar adeg mor sensitif.

Ceisiai mamau beichiog ddehongli arwyddion corfforol er mwyn gwybod rhyw y plentyn yn y groth. 'Rhyw lanast ar blanta' ynte 'Lwc wrth blanta' oedd cael 'merch yn gynta'? Yn sicr, roedd mwy o groeso i fab nag i ferch. Arwydd o ferch oedd i'r fam ddioddef llosg-cylla difrifol neu chwantu bwyd melys ond petai'n 'cario'n uchel 'mlaen' neu petai'r baban yn llonydd-dawel yn y groth, bachgen a ddisgwylid. Deil y goel mewn hongian modrwy briodas ar edefyn uwch stumog y fam yn boblogaidd heddiw. Os sigla 'nôl a 'mlaen dynoda fab, os mewn cylch dynoda ferch. Perthynai'r credoau a'r canllawiau hyn i is-ddiwylliant benywaidd beichiogi a geni a rhoddent ryw sicrwydd i fam ifanc ddibrofiad a gofidus yn y cyfnod cyn-geni.

Erbyn dechrau'r ugeinfed ganrif, roedd y llywodraeth yn awyddus i wella cyfraddau marwolaethau babanod ac yn Neddf Lles Mamolaeth a Phlant 1918 cydnabuwyd am y tro cyntaf bwysigrwydd y cyfnod cyn-geni o safbwynt iechyd y baban yn y groth. Galwyd ar yr awdurdodau lleol i sefydlu clinigau cyn-geni. Eto, cyndyn iawn fuon nhw i weithredu'r ddeddf. Yn 1924, dim ond chwe chlinig oedd yng Nghymru, un yn Llanelli a'r gweddill ym Morgannwg. O'r 57,000 mam feichiog posibl, dim ond 4,576 fynychodd glinig o'r fath. Fel y dangosodd Elizabeth Andrews, ymgyrchwraig ddiflino dros ddiwygiadau cymdeithasol er lles menywod, gwaith anodd oedd 'tawelu llawer o ysbrydion, gwyleidd-dra ffals, anwybodaeth a'r syniad fod mam yn gwybod popeth am fod yn fam trwy reddf'. Dibynnai cymaint ar ymgyrchu lleol unigolion fel Rose Davies yn Aberdâr a Mrs David Williams a'r Fonesig Violet Mond yn Abertawe. Ddeng mlynedd yn ddiweddarach, yn 1934, roedd 87 clinig yng Nghymru, 78 ohonynt ym Morgannwg. Dim ond ugain mam ym Môn oedd wedi ceisio cymorth cyn-geni yn 1935 a daeth y Weinyddiaeth Iechyd i'r casgliad digalon 'na wnâi mam o Gymraes fynychu clinigau cyhoeddus oherwydd ansicrwydd cynhenid'. Eto, bellach, yr oedd y strwythurau statudol yn eu lle.

YR ESGOR

Pan ddeuai awr y tymp, câi'r widwith neu'r fydwraig leol ei galw i'r cartref. Yn ystod yr unfed ganrif ar bymtheg ymyrrodd yr eglwys yn y maes hwn er mwyn ceisio dileu coelion pabyddol, megis fod budd mewn ymbil am gymorth y Santes Marged o Antioch rhag trallod a pherygl esgor. Rhaid oedd sicrhau trwydded eglwysig i wasanaethu fel bydwraig. Golygai hynny fynd ar lw y byddai, er enghraifft, yn cynorthwyo'r tlawd fel y cyfoethog, yn ymgadw rhag dewiniaeth a swynion, ddim yn cuddio genedigaethau a, phe byddai'r fam yn ddibriod, yn mynnu ganddi enwi'r tad. Gyda thrwydded o'r fath gallai bydwraig fedyddio baban gwanllyd iawn ac roedd rhai yn dal i wneud hynny mor ddiweddar â 1938. Gyda'r rheolau hyn, roedd y pwyslais ar nodweddion moesol y fydwraig ac nid ar ei sgiliau mewn obstetreg. Eto, ychydig o dystiolaeth sy yng Nghymru am drwyddedu bydwragedd gan yr eglwys. Yn hytrach, gweithredai'r mwyafrif yn annibynnol, heb hyfforddiant ffurfiol o gwbl.

Ystyrrid, yn wir, mai gweithred naturiol, nid salwch corfforol, oedd geni baban ac mai'r person gorau i ymgymryd â'r gwaith o golwyno oedd gwraig briod gyfrifol. Tiriogaeth unigryw fenywaidd, dadleuid, ydoedd. Ymhellach honnodd Jane Sharpe yn ei llyfr dylanwadol *The Midwives' Book* (1671) mai 'crefft wedi'i chynllunio gan Dduw yn neilltuol ar gyfer menywod' ydoedd. Ddwy ganrif yn ddiweddarach disgrifiodd Dr D.W. Williams, meddyg o Bont Menai yn ei lyfr arloesol, *Geni a Magu : sef Llawlyfr y Fydwraig a'r Fagwraig*, (1867/8) y fydwraig ddelfrydol. Er bod y llawlyfr yn gyforiog o'r wybodaeth feddygol ddiweddaraf am esgor, pedlera yntau y diffiniad traddodiadol o fydwraig:

> Dylai... fod yn briod, neu yn wraig weddw. Nid yw merch sengl, yn y cyffredin, yn cyd-deimlo â'r wraig, ac nid yw mor hwylus efo'r plentyn. Dylai fod yn ganol oed, yn rhadlawn, caredig a da ei natur... Os bydd yn rhy ieuanc, y mae yn chwannog o fod yn esgeulus, ac yn ffol chwerthinllyd... Ychydig ddysgeidiaeth fydd o fantais fawr; ond heb fod yn medru darllen sydd yn anesgusadwy... Rhaid iddi ochelyd rhag bod yn glepwraig... Dylech fod yn sobr...

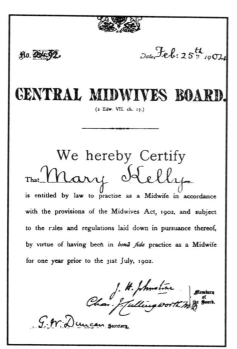

Tystysgrif bydwraig 1904

Cartŵn a gyhoeddwyd yn Maternity and Child Welfare, *Mehefin 1920, yn darlunio'r newid a fu yn statws a safon y fydwraig*

Eto, eisoes, yn enwedig ymysg y dosbarthiadau canol ac uwch mewn ardaloedd trefol, yr oedd gafael menywod ar y grefft yn cael ei herio gan ddyn-fydwragedd a ymddiddorai yn y gwaith proffidiol a chyson hwn. Hysbysebai rhyw Dr Thomas Williams ei wasanaeth fel 'apothecari a dyn-fydwraig' yn Abertawe yn 1804 ac mae cês obstetreg Joseph Davies, llawfeddyg a dyn-fydwraig o Fedwas, Mynwy, (1793-1873) yn cael ei arddangos yn Amgueddfa Werin Cymru. At hyn crewyd gwyddor obstetreg yn y ddeunawfed ganrif a chan y cyfrifid fod deall gwyddoniaeth y tu hwnt i grebwyll menyw, nid oedd modd i'r fydwraig draddodiadol feithrin sgiliau deallusol a thechnegol trwy astudio'r wyddor newydd. Dadleuai meddygon mai dim ond y nhw oedd yn gymwys i weinyddu ar achlysur esgor abnormal, cymhleth a rhwystrwyd bydwragedd rhag defnyddio'r technegau diweddaraf, megir yr efail-eni, a ddaeth i fri wedi 1720 a, ganrif yn ddiweddarach, y gallu i weinyddu cloroform i leddfu gwewyr geni. Yn wir, honnid fod poen wrth eni yn naturiol ac yn brawf ar gariad diamod y fam. Disgwylid iddi gario'i chroes 'heb ffys', chwedl Fred Morris o'r Brithdir, ger Dolgellau, tua 1910 ac ymfalchïai Doreen Paynton o Hwlffordd na wnaeth ei mam smic o sŵn wrth eni yr un o'i babanod gartref yn nauddegau'r ganrif.

Adlewyrchir amrywiaeth y rhai oedd yn ymwneud â cholwyno gwragedd yn y ddeunawfed ganrif yn nyddiadur rhyfeddol-liwgar William Thomas o Lanfihangel-ar-Elái. O blith y llu cyfeiriadau wele rai enghreifftiau:

17 Ionawr, 1763: Claddwyd yn Sain Nicolas, Catherine, cogydd...o naw niwrnod o esgor gan blentyn anghyfreithlon...dywedid iddi farw o esgeulustod ei bydwreigiaeth...i Blanche Tubervil o Dregatwg ei rhyddhau o un baban pan oedd efeilliaid yn ei chroth, a gadawodd y llall i'w lladd.
8 Hydref 1767: Claddwyd yn Llandâf...Christian David...Roedd yn fydwraig wych, menyw dawel rwydd...yn 75 mlwydd oed.
31 Mawrth 1770: Y diwrnod hwn sgriwiodd dyn-fydwraig efeilliaid anghyfreithlon o Jane Roberts...ill dau yn farw... Gwrthododd gyffesu pwy oedd eu tad...
26 Mehefin 1773: Ysgafnhaodd Doctor Morgans ar Mary...faban anghyfreithlon gan Thomas Lewis, mewn darnau.

Yn ystod y bedwaredd ganrif ar bymtheg datblygodd cryn wrthdaro rhwng y fydwraig draddodiadol a dyn-fydwragedd, meddygon, obstetregwyr a'r nyrsys dosbarth-canol proffesiynol newydd a dechreuwyd ymgyrch fwriadol i ddilorni a thanseilio awdurdod y fydwraig ddi-hyfforddiant. Portreadwyd hi mewn digriflun creulon gan Thomas Rowlandson a dilynwyd hyn gan ddychan deifiol Charles Dickens yn ei nofel *Martin Chuzzlewhit* yn 1843-4. Ynddi darlunnir Sairey Gamp, widwith ddi-ddysg, lawen-feddw, yn crwydro'n ddi-hid o droi heibio cyrff meirw i wely esgor, heb wneud dim ond cyfnewid ffedog ddu am un wen. Cipiodd y portread hwn ddychymyg y cyhoedd ac yng Nghymru hithau daethpwyd i arfer y term dirmygus 'yr hen Gamp', a ddeuai â 'lwc y fynwent' yn ei sgil, am y fydwraig draddodiadol. Yn wir, yr oedd llawer ohonynt yn gwasanaethu'u hardaloedd trwy olchi cyrff y meirw a cholwyno gwragedd, heb sylweddoli perygl hynny. Coffawyd Mari Thomas, bydwraig Llanfaircaereinion yn 1820 am fod yn ymgeledd i bawb:

> O groth i grud, o grud i elor,
> Bu'n gymorth gwisgi i gant wrth esgor.

a thrachefn mewn cerdd gan Eilir Evans, yn disgrifio angladd Cymreig yn 1903 crybwyllir:

> A chyda'r corph yn eistedd y mae byd-wragedd ddwy
> Eu galw gânt i wylied cyrph meirw yn holl blwy'.

Oherwydd nad oedd hyfforddiant ffurfiol ar eu cyfer, dibynnai llawer o fydwragedd traddodiadol ar goelion ac arferion gwerin a drosglwyddid o genhedlaeth i genhedlaeth trwy'r llinach fenywaidd. Credent y dylid agor pob drôr, cwlwm, drws a ffenestr i helpu 'agor esgyrn' y fam, chwedl gwraig o Lanaman. Os oedd llawr pridd i'r tŷ, gorau oll pe gallai'r wraig benlinio neu orwedd arno er mwyn sugno maeth o'r Fam Ddaear. Yn 1902, wrth adrodd am farw Margaret Jones o Ben-bre ar enedigaeth baban, condemniodd y meddyg lleol yr ofergoel hon yn llym. Cymeradwyid olew castor i agor y corff a diod dail mafon i hyrwyddo'r esgor. Clymid rhuban coch wrth wely esgor i gadw ysbrydion drwg ymaith. O ystyried y fath gredoau does ryfedd i'r feirniadaeth o'r fydwraig draddodiadol ennill hygrededd.

Eto teg nodi fod llawer iawn ohonynt wedi llwyddo i wasanaethu'u broydd yn gyfrifol-gydwybodol mewn cyfnod pan nad oedd unrhyw ymgeledd amgenach ar gael i famau beichiog. Canmolodd John Jenkins, bardd gwlad Cilcennin, y fidwith, Mari, ddiwedd y bedwaredd ganrif ar bymtheg, oherwydd:

> Ni fu ei gwell a chwilio'r byd
> Am ddod i'r crud â'r plentyn.

Trwy dystiolaeth lafar talwyd teyrngedau i lawer o rai eraill, yn eu plith Mrs Thomas 'ryfeddol o drwsiadus' yn ei ffedog glaerwen a'i chartre fel pin mewn papur a fu'n gwasanaethu Hwlffordd fel bydwraig ddechrau'r ugeinfed ganrif. Daeth haneswyr ffeministaidd ail hanner y ganrif i achub eu cam trwy nodi fod ganddynt ddefodau golchi dwylo trwyadl iawn wrth welyau esgor ac angau. Nid oedd defodau cyffelyb gan feddygon a byddent hwy, felly, yn fwy tebygol o heintio'r fam yn y cyfnod cyn-antiseptigion. At hyn, dadleuid fod meddygon yn fwy tueddol i ymyrryd ym mhroses naturiol esgor, trwy or-ddefnyddio gefeiliau-geni, yn hytrach nag aros yn amyneddgar am y tymp, fel y gwnai'r widwith.

Fodd bynnag, erbyn dechrau'r ugeinfed ganrif roedd dyhead cyffredinol am weld codi safonau a rheoleiddio bydwreigiaeth. Wedi degawdau o gecru pasiwyd Deddf Bydwragedd 1902 a sefydlwyd Bwrdd Canolog y Bydwragedd i'w cofrestru. Yn awr byddai'n rhaid i fydwraig gofrestredig i dderbyn tri mis o hyfforddiant, gael gwisg swyddogol ac offer pwrpasol, gadw cofnodion llawn ac ymweld â'r fam a'r baban am ddeng niwrnod wedi'r esgor. Ond ni ellid hyfforddi digon o fydwragedd dros nos a bu'n rhaid caniatáu i'r rhai traddodiadol barhau i wasanaethu'u cymunedau, gyhyd â'u bod yn sicrhau tystysgrif cymeriad dilychwin gan ficer lleol a bod ganddynt flwyddyn o brofiad ymarferol. Dyma'r bydwragedd *bona fide* a fu'n asgwrn cefn y gwasanaeth bydwreigiaeth yng Nghymru ymhell wedi pasio Deddf 1902. Condemniwyd y defnydd o'r *bona fide* yn hallt ar dro, megis pan fu farw Elizabeth Davies o Langennech o waedlif geni oherwydd diffyg dealltwriaeth Hanna Hall, bydwraig *bona fide* y fro yn 1904. Meddai'r crwner, 'Yng nghwrs amser ni fydd y wraig a oedd yn proffesu fod ganddi arbenigedd... ond sy mewn gwirionedd yn gwbl ddi-glem, yn gallu parhau i fod yn faich ar y cyhoedd'. Eto, hyd yn oed yn 1937, yr oedd 721 o fydwragedd traddodiadol yn dal i weithio yng Nghymru, dwy ohonynt dros bedwar ugain oed!

Wedi 1902 datblygodd rôl a statws y fydwraig drwyddedig yn sylweddol, er bod yn rhaid iddi alw ar arbenigedd meddygol pan fyddai cymhlethdod neu abnormalrwydd wrth esgor. Yng Nghymru parhaodd cyfraddau marwolaethau mamolaeth yn annerbyniol o uchel hyd at ddiwedd y tridegau, pryd y cafwyd gwell gofal cyn-geni, gwell maeth, newid agwedd at atal cenhedlu a phroffesiynoli bydwreigiaeth. Yn 1936 pasiwyd Deddf Bydwragedd arall yn gorchymyn i awdurdodau lleol sefydlu gwasanaeth cyflogedig a dyma osod seiliau darpariaeth y Gwasanaeth Iechyd Cenedlaethol wedi'r rhyfel. Yn ei sgîl daeth datblygiad arall i danseilio statws y fydwraig yn ei chymdeithas. Yn 1927 yn eu cartrefi yr esgorasai 85% o famau ar eu babanod. Yn siroedd Môn, Brycheiniog, Caerfyrddin, Dinbych, Meirionnydd, Penfro a Maesyfed, yn 1937, dim ond yng nghyn-sefydliadau'r tlodion yr oedd gwelyau mamolaeth ac oherwydd y stigma yn gysylltiedig â hwy ni fynnai'r mwyafrif fynd ar eu cyfyl. Fel y tystiodd Emrys Jones am ardal Tregaron ddiwedd y pedwardegau, 'fel arfer caiff y plentyn ei eni gartref oherwydd ychydig iawn o famau sy'n defnyddio ysbyty famolaeth Aberystwyth ugain milltir i ffwrdd' . Eto, erbyn 1951, yr oedd canran y genedigaethau cartref yng Nghymru wedi gostwng i 36%.

Y CYFNOD ÔL-ENI

Yn ystod y cyfnod ôl-eni roedd sffêrau'r tad, y fam ac i raddau y baban, yn parhau ar wahân am gyfnodau penodol, wrth iddynt ddod i delerau â'u cyflyrau newydd. I gylch y fam y perthynai'r defodau mwyaf arwyddocaol. Yn y lle cyntaf yr oedd yn orfodol iddi aros yn ei gwely, heb symud bron am dri niwrnod ac i orffwys am naw i ddeg diwrnod, er mwyn, chwedl Dr Williams yn ei lawlyfr, *Geni a Magu*, 'goddef i'r peiriannau epiliawl...i adgymeryd yn raddol eu cyflwr naturiol'. Rhwymid y fam yn dynn â châs gobennydd er mwyn iddi adfer ei siâp a'r bwyd cymeradwy yn y cyfnod hwn oedd bwyd llwy, megis twym cwrw, codl, bara cwrw, bwdran neu fara gin. Cyfarwydda'r Dr Williams y gallai gael ychydig win, cwrw neu borter i'w yfed ymhen wythnos a mynd am dro o gwmpas y tŷ, heb fentro allan, erbyn y drydedd wythnos. Ar ddydd Sul y dylai fentro i lawr y grisiau am y tro cyntaf wedi'r enedigaeth. Yn ystod y cyfnod hwn ni ddylai gyffwrdd â nodwydd ddur, cribo'i gwallt, gwneud gwaith tŷ na chael cyfathrach rywiol. Dathliad benywaidd a chyfle i'r fam ymgryfhau yn feddyliol a chorfforol, gan ddod i adnabod ei baban, oedd hwn, ac fe'i gwerthfawrogid yn fawr gan y rhai a oedd yn ddigon ffodus i'w fwynhau. Yr oedd sawl mam a gyfrannodd at y gyfrol *Maternity : Letters from Working Mothers* yn 1915 yn hollol grediniol mai am iddynt orfod codi yn rhy gynnar wedi esgor yr oedd eu hiechyd wedi dirywio cymaint. Meddai un fam a gawsai naw o blant:

> Nid wyf yn gallu talu nyrs i ofalu amdanaf ac rwyf wedi codi ar y trydydd dydd i wneud llymru i mi fy hun ac wedi llewygu.

Cynghorai Dr Williams y sawl a ofalai am y fam i ymgadw 'rhag siarad, a rhwystrwch chwedleuaeth floeddgar gan y gweinidogion yn gwbl'.

Ond yn ne Cymru yr oedd cleber a chlonc yn rhan anhepgor o un

Hysbyseb offer bydwraig 1925.

o ddefodau ôl-eni pwysicaf mam newydd. Dyma'r ddefod a elwid yn 'cyflwyno / cyflwyna' ym Morgannwg ac yn 'mynd/dod i weld' yn y de-orllewin. Defod ydoedd a oedd yn dathlu solidariti y profiad benywaidd o feichiogi ac esgor a defod a roddai fynegiant i strwythurau cyd-ymddibyniaeth y gymdeithas. Galwai cymdogion benywaidd heibio'n griw 'i weld' y fam a'i bychan ac i gyflwyno eu rhoddion o fara, menyn, te a siwgr i'r fam, a dilledyn i'r plentyn. Cofnodwyd i ambell fam yng Ngwm Gwaun ddechrau'r ugeinfed ganrif dderbyn hanner cant o 'ffroce bach' ar achlysur o'r fath a chedwid rhestr o'r cymwyaswyr i dalu'n ôl yn deilwng iddynt, fel gyda'r arfer o 'dalu pwyth' adeg priodas neu 'ddanfon' adeg cynhebrwng yn ardal y chwareli llechi. Fel y nododd hanesydd plwyf Llangeler a Phen-boyr, Daniel Jones, 'Yr oedd dyled gweld ar ambell un ohonynt, ac eraill a ddeuent "i dowlu dyled".' Yno cai'r cartref ei wyngalchu a'i lanhau a pharatoid macsiaid o gwrw i ddathlu. Ceir mynegiant gwych o elfennau arwyddocaol y ddefod hon mewn baled gan Ifor Cwmgwys, Llandybïe tua 1862. 'Cynhadledd y gwragedd' ydyw, sef cyfarfod y clebrwyr benywaidd a'u 'hen storïau lonaid sach'. Yn ystod y cyflwyno trafodant iechyd y fam, gan ymfalchïo'i bod yn iawn, oherwydd 'chi fuoch mewn cyfyngder mawr', meddant, a iechyd y baban, sy 'bron i'r blewyn fel ei dad' (rhag ofn fod amheuaeth), cyn troi at glonc y fro. Gwawdir cymdoges am iddi eu difrïo hwy fel cyflwynwyr busneslyd ond cydsynir mai 'hespen sur ydyw' yn chwerw-ddiflas am 'na chaiff hithe blant'. Gwelwn hefyd fod un o'r 'cyflwynwyr' yn feichiog ac felly dechreua rhod bywyd droi drachefn. Adlewychir yn y ddefod hon bŵer y rhwydweithiau clebran benywaidd a'r modd y caniatawyd drwyddynt i'r fam newydd ail-ymsefydlu yn ei chymdeithas seciwlar.

Y ddefod a ddynodai ddiwedd cyfnod ôl-eni'r fam oedd 'eglwysa'. Seiliwyd eglwysa ar y dybïaeth fod beichiogrwydd yn halogi'r corff benywaidd a bod llifeiriant gwaed wrth esgor yn ei ddifwyno ymhellach. Yn ôl Llyfr Lefiticus, cyfrifid mam newydd esgor yn halogedig am ddeugain niwrnod wedi geni mab ac am bedwar ugain niwrnod wedi geni merch. Coffeid eglwysa Mair Forwyn ar ddydd Gŵyl Fair y Canhwyllau, sef yr ail o Chwefror, ac roedd yn ŵyl werin boblogaidd yng Nghymru. Ystyriai'r Eglwys Babyddol mai gwasanaeth i lanhau'r fam oedd eglwysa ond newidiwyd y pwyslais wedi'r Diwygiad Protestannaidd a chafwyd gwasanaeth 'Diolchgarwch Gwragedd ar ôl esgor plant'. Eto, goroesodd llawer o'r elfennau pabyddol – disgwylid i'r fam newydd 'ymwisgo'n weddus' a gostwng ar ei phenliniau mewn penyd gerbron yr offeiriad plwyf. Byddai darllen Salm 116 yn ei hatgoffa o felltith Efa, 'Gofidion angau a'm cylchynasant : gofidiau uffern a'm daliasant, ing a blinder a gefais'. Disgwylid i fam a gollasai faban ar ei enedigaeth, hyd yn oed, ddod i gael ei heglwysa. Pe bai mam farw heb ei heglwysa cynghorid mamau beichiog i osgoi ei bedd rhag iddynt gael eu diffrwythloni. Tybed hefyd a ellir deall yr arfer o fedyddio baban dros arch ei fam farw yng ngoleuni'r awydd i gysegru ac ailburo'i chorff halogedig wedi'r enedigaeth? Parhaodd eglwysa yn un o brif seremonïau'r eglwys tan y diwygiwyd y Llyfr Gweddi Cyffredin yn 1980 ac roedd arlliw o'r goel am halogiad y fam yn dal yn fyw yn y cof. Ar y llaw arall, honnodd Mary Louisa Lewis (ganwyd 1890) o Lanbryn Mair na ddylai mam newydd fentro i gapel ychwaith cyn pen mis oherwydd, meddai, 'oeddechi'n halogedig'. Roedd y ddefod hon yn cwblhau'r broses o ail-gymhathu'r fam, wedi gwewyr y geni, yn ei chymdeithas.

LLYFRYDDIAETH

Denning, R.T.W. *The Diary of William Thomas of Michaelston-super Ely 1762-1795*. Caerdydd : S.W.Record Society, 1995.
Edwards, Hywel Teifi. 'Gardd y Gweithiwr' yn *Cwm Tawe*, gol. H.T. Edwards. Llandysul : Gomer, 1993.
Gennep, Arnold van. *The Rites of Passage*. Chicago, 1960.
Jones, T. Gwynn. *Welsh Folklore and Folk-Custom*. London : Methuen, 1930.
Leap, N. and Hunter, B. *The Midwife's Tale*. London : Scarlet Press, 1993.
Lewis, Jane. *The Politics of Motherhood 1900-1939*. London : Croom Helm, 1980.
Owen, T.M. *Welsh Folk Customs*. Caerdydd : Amgueddfa Genedlaethol Cymru, 1986.
Roberts, Michael. 'Gender, Work and Socialisation in Wales c. 1450-1850', yn *Our Daughters' Land*, gol. Sandra Betts. Caerdydd : GPC, 1996.

Derwyddon a Siamaniaid

Gwyn Thomas

Dros y blynyddoedd ac, yn enwedig, yn ddiweddar y mae amryw wedi honni mai rhyw fath o Siamaniaid oedd y Derwyddon. Yma fe geisir bwrw golwg hynod o fras ac annigonol ar yr honiad hwn.

Y mae ein gwybodaeth am y Derwyddon yn deillio, yn bennaf, o adroddiadau gan awduron Clasurol amdanynt ymysg y Celtiaid. Fe atgyfnerthir hyn gyda chyfeiriadau at Dderwyddon mewn llenyddiaeth gynnar Wyddeleg a llenyddiaeth gynnar Gymraeg, a chydag olion o grefydd y Derwyddon a all fod wedi goroesi'n gyndyn mewn rhai ofergoelion yn y gwledydd 'Celtaidd' a rhai arferion gwerin a chwedlau gwerin. Wedyn, y mae gennym gelfyddyd y Celtiaid, a all gynnig inni olygon ar grefydd y Celtiaid a chredoau'r Derwyddon. Y mae tystiolaeth archaeolegwyr am fannau o bwys, yn enwedig am gladdfeydd llwythau'r Celtiaid ar draws Ewrop ac yn Nhwrci, wedi cyfrannu at swm yr wybodaeth sydd ar gael. Yn anffodus, nid yw'r dystiolaeth amlycaf am y Celtiaid a'r Derwyddon, sef yr hyn a geir yn ysgrifeniadau awduron Groeg a Rhufain, yn dystiolaeth hanesyddol o'r radd flaenaf – am fod ynddi ailadrodd a benthyca ac arlliw rhagfarnau – ac y mae'n rhaid pigo yma ac acw yn y ffynonellau eraill i geisio creu darlun ohonynt. Ond y mae digon o lun yn ymddangos i roi argraff o'u swyddogaeth a rhai o'u gweithgareddau. Efallai mai'r gwendid pennaf yn yr argraff ohonynt yw nad oes amcan clir o'r newidiadau a ddigwyddodd i'r Derwyddon dros ganrifoedd eu bodolaeth yn dod yn amlwg.

Beth yw Siaman? Y mae'r gair 'Saman' yn dod o'r iaith Tungus, yng ngogledd Asia, ac y mae'n golygu 'un y mae ganddo fedrau goruwchnaturiol arbennig'. O dipyn i beth daeth y gair i gael ei ddefnyddio am rywbeth tebyg i ŵr neu wraig hysbys.Y mae rhai a elwir yn Siamaniaid i'w cael mewn amryw wledydd bellach, o wledydd oerion Esgimos y gogledd i lawr i diriogaethau'r Amazon, ac mewn gwledydd yn Affrica. Fe fydd gwahaniaethau diwylliannol sylweddol rhwng Siamaniaid o wahanol diriogaethau, gan fod byd natur yn y tiriogaethau hyn yn dylanwadu'n fawr ar fythau a chredoau'r Siamaniaid a'r llwythau y maent yn perthyn iddynt. Honna rhai fod y dysiolaeth gynharaf o fodolaeth Siamaniaid i'w chael yn rhai o ogofâu de Ffrainc, sydd tuag 20,000 o flynyddoedd oed. Ond er bod gwahaniaethau eithaf sylweddol rhwng Siamaniaid yma ac acw, efallai y gellir cyffredinoli rhywfaint am y profiad Siamanaidd.

Y mae'r un sydd yn dod yn Siaman, fel arfer, yn dod o deulu o Siamaniaid, ac fe fydd yn cael rhyw fath o 'alwad' i fod yn Siaman. Nid yn anaml, bydd yn rhywun gwantan ei iechyd. Bydd yn cael ei hyfforddi gan Siamaniaid cydnabyddedig, a fydd yn goruchwylio ei ddatblygiad. Y mae hyn yn dra phwysig gan fod rhai o'r profiadau y disgwylir i Siaman fynd drwyddynt yn gallu bod yn dra pheryglus. Y maent yn cynnwys mynd i fath o berlewyg *(trance)* a mynd trwy brofiad o 'farwolaeth' yn y dychymyg. Fe all hyn olygu fod y prentis Siaman yn breuddwydio ei fod yn cael ei dynnu'n ddarnau, ac yna'n dod ato'i hun eto. Gall colli rheolaeth yn ystod y perlewyg gael canlyniadau difrifol. Gall sôn am golli rheolaeth mewn ystad o berlewyg, sef rhyw fath o freuddwyd, swnio'n rhyfedd achos, ym mhrofiad y rhan fwyaf ohonom ni, does gennym ni ddim rheolaeth ar yr hyn sy'n digwydd yn ein breuddwydion. Gellid dweud fod y Siamaniaid yn gallu rheoli eu breuddwydion. Yn wir, efallai ei bod yn gamarweiniol sôn o gwbl am freuddwydion, ac mai gwell fyddai sôn am ystad arbennig o ymwybod, gan ei bod hi'n wahanol i fyfyrio, breuddwydio arferol, neu ystad hupnotig; yn wahanol am fod gan y Siaman sydd yn yr ystad arbennig hon o ymwybod reolaeth dros y cyfan. Y ffordd y disgrifiodd Mircea Eliade, un o awdurdodau mawr y byd ar Siamaniaid, y perlewyg oedd dweud fod ganddynt feistrolaeth ar dechnegau arbennig o greu ecstasi. 'Ecstasi' yw'r ystad arbennig o ymwybod a grybwyllwyd. Y mae elfennau'r gair 'ecstasi' yn golygu 'tynnu rhywun allan o'i synhwyrau'.

Y mae gan y Siaman amryw ddulliau o greu ecstasi, o'u tynnu eu hunain allan ohonynt eu hunain a mynd ar deithiau dychmygol i fydoedd eraill, neu'n fanylach ystadau eraill o fodoli. Bydd rhai Siamaniaid, er nad y goreuon, yn ôl pob tebyg, yn eu hanafu eu hunain â chyllyll er mwyn hyrwyddo'r profiad ecstatig – yn union fel proffwydi Baal, a fu'n cystadlu'n ofer gydag Elias i berswadio eu duw i gynnau tân ar goed i offrymu bustach. O fethu gweld Baal yn gwneud dim, y mae ei broffwydi yn eu 'hanafu eu hunain yn ôl eu harfer â chyllyll a phicellau nes i'r gwaed lifo arnynt' (I Brenhinoedd

18. 28 yn yr Hen Destament). Y mae yna chwedlau am saint Cristnogol cynnar yn gwneud pethau go ryfedd i ennyn ecstasi hefyd, megis cilio mewn meudwyaeth a gwrthod ymolchi gan roi iddynt eu hunain gyffroadau budreddi sanctaidd; neu ymprydio hyd weledigaethau. A beth am leianod a fyddai'n golchi gwahangleifion ac yna'n yfed y dŵr budr!

Ond y dull mwyaf adnabyddus o gyffroi ecstasi yw trwy ddefnyddio planhigion, sef trwy ddefnyddio cyffuriau. Y mae Siamaniaid De America yn defnyddio peyote, cactws halwsinogenig o fath arbennig sydd yn cynnwys y cyffur mescaline, i gyffroi ecstasi; ac y mae olion yn awgrymu fod yr Azteciaid yn ei ddefnyddio o leiaf mor gynnar â 300 CC. Y mae'r awdur Carlos Castaneda wedi ysgrifennu llyfrau dylanwadol am hyfforddiant Siamaniaid – yn enwedig Don Juan Matus o Mexico – i ddefnyddio peyote mewn ffordd reoledig i ennyn gweledigaethau. (Dylid ychwanegu yma fod rhai sylwedyddion yn amheus iawn o honiadau Castaneda; y mae'r un peth yn wir am honiadau gwraig o'r enw Lynn Andrews a drafododd y profiad Siamanaidd gan ganolbwyntio ar y safbwynt benywaidd). Y tebyg yw fod rhai bodau arbennig yn gallu defnyddio eu dychymyg i fynd i ystad o ecstasi, neu fynd 'trwy ddorau canfyddiad' *(doors of perception)* heb gymorth unrhyw gyffur, rhai megis y bardd a'r artist William Blake, er enghraifft – ei eiriau ef yw rhai'r dyfyniad. Fe ddefnyddiodd yr awdur Aldous Huxley y geiriau hyn, *The Doors of Perception*, yn deitl i lyfr a drafodai ddefnyddio mescalin i hyrwyddo'r dychymyg – yr oedd cryn fynd ar y fath bethau yng Nghalifformia, lle'r oedd o'n byw ar y pryd. Y mae Siamaniaid hefyd yn defnyddio planhigion at bethau llai ecsotig, megis iacháu anhwylderau.

Fe fydd gan y Siaman hefyd 'offer' neu drugareddau i'w gynorthwyo i fynd i ystad o ecstasi. Yn y Gogledd oer y mae drwm a drymio'n gymorth i greu ecstasi. Y mae dawnsio'n gallu hyrwyddo ecstasi: y mae dawnsiau derfishaidd yn enghraifft o bŵer dawns, fel y mae llawer o ddawnsiau brodorol Affrica, i greu ystad o ymwybod wahaol i'r arfer. Ac mewn amryw wledydd y mae pethau fel mantell arbennig – yn enwedig fantell ac arni luniau, sef arwyddion gwybodaeth – yn bwysig, fel ag y mae bagiau o wahanol fathau, a mygydau.

Y mae rhai mannau'n fannau cysegredig i Siamaniaid; y mae'r mannau hyn yn hyrwyddo gweledigaethau. Yn aml, y mae'r mannau hyn yn rhai uchel ar fryniau neu fynyddoedd, yn 'orseddau' fel y byddid yn eu galw ym 'Mhedair Cainc y Mabinogi'. Y mae mannau ar y cyhydedd a elwir yn 'ganol y byd' o bwysigrwydd eithriadol fel mannau sanctaidd. Yno ar y cyhydedd does gan ddyn ddim cysgod – ffaith arwyddocaol iawn. Y mae i lynnoedd a chanol llynnoedd arwyddocâd symbolaidd gysegredig hefyd.

Y mae rhai amserau o'r flwyddyn yn ddefodol bwysig, yn enwedig yr amserau yn y gwledydd hynny lle y mae modd gwahaniaethu rhwng dyfodiad gwnawyn a dyfodiad y gaeaf. Y mae'r hyn sy'n digwydd i'r haul ac i'r lleuad o bwys hefyd.

Bydd y sawl sy'n dod yn Siaman yn dod yn hyddysg yn chwedlau a mythau ei bobl, pethau sydd wedi datblygu dros ganrifoedd o fyw a bod mewn mannau arbennig ac o fod mewn cysylltiad arbennig â'r byd naturiol. Y mae i anifeiliaid a phlanhigion le pwysig iawn ym myd y Siaman. Yn wir, y mae'r Siaman yn gallu gwella anhwylderau trwy ddefnyddio rhinweddau llysiau, yn ogystal â thrwy weledigaethau. Yn yr Amazon y mae yna filoedd o wahanol blanhigion, a nifer ohonynt yn rhai defnyddiol i ddyn – darganfu'r diweddar Athro Richard Schultes fwy na 24,000 o wahanol blanhigion, ac o'r rhain y mae 2,000 wedi eu defnyddio fel ffisig neu fel gwenwyn. Y mae'r Siaman sydd yn defnyddio llysiau i wella anhwylderau yn feddyg yn ogystal ag yn un y mae yna elfennau 'crefyddol' yn ei ddysg, yn un sydd hefyd yn fath o offeiriaid.

Y mae rhai delweddau sylfaenol yn rhan o weledigaethau'r Siaman. Y mae'n debyg y gellid galw'r fath ddelweddau yn rhai 'architeipaidd' – a defnyddio gair Jung. Dyma fath o ddelweddau cyfoethog sydd wedi treiglo yn y dychymyg dynol o'r naill genhedlaeth i'r llall, gan fagu haenau symbolaidd o ystyron allweddol i brofiadau pobol. Er enghraifft, y mae CI yn digwydd dro ar ôl tro fel un y mae'r Siaman yn ei gyfarfod ar ei daith i Isfyd y meirwon – cymharer hyn â delwedd ci-dduw yr Eifftiaid, sef Anubis, ac â chi triphen Isfyd mytholeg Glasurol, sef Cerberus. Y mae'r CEFFYL yn symbol o deithio, yn enwedig o deithio'r awyr – cymharer â meirch cerbyd Apollo, y duw haul Clasurol. Y mae PONT yn arwydd o'r croesi o'r byd hwn i Fyd y Meirwon; y mae'n aml yn gul ac yn anodd ei chroesi. Y mae YSGOL yn arwydd o fynd o'r byd hwn i'r Byd Uwchben, sef y nefoedd, os mynnwch – cymharer hyn â breuddwyd Jacob yn Bethel: breuddwydiodd o am ysgol ac angylion Duw'n mynd i fyny ac i lawr ar hyd-ddi, hynny yw, yr oedd y cyfan yn symbol o'r profiad o gysylltu â Duw (Genesis 28. 10-22). Wedyn, dyna inni'r GOEDEN sy'n echel y byd, y goeden ddelweddol y bydd y Siaman yn symud o un byd i'r llall ar hyd-ddi. Yn Ecuador y mae'r ANACONDA yn symbol o bŵer y dyfroedd a'r JAGWAR o bŵer y fforestydd. Yn Ne America, hefyd, y mae'r CONDOR yn dynodi egnïon doethineb y galon wresog. Y mae'r ERYR yn aml yn dynodi pŵer yr awyr ac yn cael ei gysylltu â'r haul ac â duw'r haul. Y mae i'r HAUL ei hun arwyddocâd cyfoethog iawn fel ffynhonnell goleuni a bywyd, ac y mae ganddo gysylltiad arbennig iawn â'r FAM-DDAEAR. Fe ellir cyffredinoli a dweud fod y byd naturiol a'i bethau, yn anifeiliaid a choedydd a phlanhigion yn llawn ystyron i Siamaniaid, ac nid yn 'bethau' yn unig. Hynny yw, y mae'r byd yn fyd byw, ac y mae bywyd pobol wedi'i blethu yn y bywyd hwnnw.

Y mae mythau a gweledigaethau yn rhan o fyd dychymyg y Siamaniaid. Y mae'n debyg mai eu 'teithiau' ecstatig yw'r peth pwysicaf un yn eu gweledigaethau. Y mae'r Siaman yn cael y profiad fod ei enaid yn gadael ei gorff ac yn teithio i fydoedd eraill. Yn aml, hefyd, bydd y Siaman yn newid ffurf yn ei weledigaethau, ac yn troi – yn enwedig – yn wahanol fathau o anifeiliaid. Cymorth i newid ffurf yw peth o 'offer' y Siaman yn aml. Er enghraifft, fe fydd gan y Siaman blu aderyn go-iawn wrth fynd i berlewyg lle y bydd yn troi'n aderyn. Y mae'n teithio rhwng tri byd, neu dair lefel o ymwybod, sef yr Isfyd, neu Fyd y Meirwon; yr ystad ganol, sef y Byd Hwn; a'r Byd Uwchben. Y Byd Uwchben yw trigfan y duwiau, sef ymgorfforiadau o brofiadau a theimladau arbennig a dyrchafol. Yn yr Isfyd daw'r Siaman i gysylltiad â'r meirwon, ag ysbrydion. Gall y bodau hyn yn ei freuddwydion ei gynorthwyo wrth iddo geisio helpu'r rhai sy'n dod ato i geisio ei gymorth. Ond fe all y bydoedd hyn, yn enwedig yr Isyd, fod yn lle peryglus. Y mae'r Siaman da yn fodd i helpu pobol; yn wir, fe ddisgrifiwyd gwaith y Siaman fel ymdrech i adfer rhyw ystad baradwysaidd wreiddiol, rhyw 'le' tebyg i Ardd Eden.

Wrth ddisgrifio fel hyn rai o brif hanfodion Siamanaeth y mae'n rhaid inni gofio fod pob math o Siamaniaid ar gael rŵan, fel erioed, rhai rhinweddol a rhai anfuddiol – anfuddiol gan fod eu byd yn fyd lle y gall twyllwyr ffynnu.

Dyma hanes 'gweledigaeth' a gafodd un gŵr ifanc yn un o fforestydd yr Amazon; y mae'n enghraifft o'r math o beth a all ddigwydd mewn perlewyg. Yr oedd yn treulio rhai wythnosau gyda llwyth arbennig. Un noson, o dan oruchwyliaeth Siaman fe roddwyd iddo ddiod halwsinogenig. Yr oedd y profiad a ddaeth iddo yn un brawychus, gydag anifeiliaid – mwncïod a nadroedd – o'i gwmpas. Ar ôl iddo ddod ato'i hun bu'n dioddef o ddolur rhydd. Yr ail noson rhoddwyd iddo fadarch arbennig, madarch halwsinogenig. Unwaith yn rhagor fe gafodd brofiad annymunol. Yr oedd yn meddwl fod yna lawer o ysbrydion drwg yn hedfan o'i gwmpas, ond eu clywed yr oedd yn hytrach na'u gweld. Y drydedd noson rhoddwyd iddo ddiod arall *gwanto*. Fe'i gwelai ei hun yn y fforest a daeth jagwar i'w gyfarfod, a'i arwain at raeadr lle'r oedd palmwydden, ac yno yr oedd carreg ddisglair iawn. Ar ôl deffro gofynnodd y Siaman iddo beth a welodd, a dyma yntau'n dweud. Yna, meddai'r Siaman wrtho, 'Rŵan arwain fi drwy'r fforest at y lle a welaist ti yn dy freuddwyd.' Protestiodd yntau na wyddai ei ffordd trwy'r fforest. 'Dos yn ffordd dy freuddwyd,' meddai'r Siaman. A dyma fynd. Ac, yn wir, fe ddaeth at raeadr, lle yr oedd palmwydden. Ac fe ddarganfu garreg yn sgelinio, a'i chadw. Dywedodd y Siaman wrtho am beidio â dangos y garreg i neb, ond y dylai droi ati pan oedd yn teimlo'n drwblus. Yr oedd i'w chyffwrdd mewn dwy ffordd: â'i law dde i dynnu o'i rhin iddo ei hun, ac â'i law chwith i gael gwared o deimladau ohono'i hun. Yr oedd y cyfan yn brofiad o hunan-adnabyddiaeth. Ac, fel y gwelwch, taith ddelweddol ydoedd yn ei hanfod.

Yn awr fe geisiwn ni nodi rhai elfennau tebyg rhwng y Derwyddon a'r Siamaniaid.

Y mae'r artist John Meirion Morris wedi tynnu sylw at gylch sylfaenol yng nghelfyddyd La Tène, sef celfyddyd y Celtiaid. Tynnodd sylw at ddyrchafu a gostwng sydd ynddi. Y mae yna ganol, sef y byd hwn: y mae yna ddisgyn i lawr i farwolaeth, i'r Isfyd, ac yna y mae yna ddyrchafu i Fyd Uwchben. Y mae hyn yn dynodi cylch diderfyn bywyd, cylch y mae rhai sylwedyddion Clasurol, megis Iwl Caesar a Lucan a Diodorus Siculus yn tynnu sylw ato, gan dybio fod gan y Derwyddon gred fod enaid y corff a fu farw yn mynd i fyd arall a 'thrwodd i gorff arall'. Gwelsom fod y Siamaniaid yn synio am dair ystad nid annhebyg i hyn, sef Byd Uwchben, y Byd Hwn, a'r Isfyd, a bod modd i'r Siaman deithio – mewn gweledigaeth – rhwng y tair ystad.

Y mae 'canol y byd' yn fan bwysig i rai Siamaniaid, ac y mae i'r 'canol' arwyddocâd delweddol architeipaidd a chryf – dyna pam y mae Morgan Llwyd o Wynedd yn sôn cymaint am 'y canol llonydd', sydd yn symbol o Dduw. Yr oedd canol gwlad o bwys delweddol mawr i'r Derwyddon. Yn ei waith *Ynghylch Rhyfeloedd Gâl* cyfeiria Iwl Caesar at y Celtiaid yn hel 'o fewn ffiniau'r Carnutes, pobl yr ystyrir fod eu tiriogaeth yn ganolbwynt Gâl gyfan', sef man gysegredig lle y byddai'r Derwyddon yn setlo materion o ymrafael, sef materion y byddem ni'n eu hystyried yn faterion cyfreithiol. Yn Iwerddon yr oedd llys Tara'n cael ei ystyried yn ganol defodol bwysig. I'r Derwyddon a'r Siamaniaid ac eraill y mae'r 'canol' o bwys symbolaidd mawr.

Yr oedd rhai mannau'n fannau cysegredig i'r Derwyddon, fel y mae mannau arbennig yn gysegredig i Siamaniaid. Yr oedd 'gorseddau', sef mannau dyrchafedig, yn fryniau a mynyddoedd, yn gysegredig. Dyna inni Orsedd Arberth yng Nghainc Gyntaf y Mabinogi, er enghraifft, sy'n cadw atgof o hen, hen gred. Yn y fan honno gall pethau rhyfeddol ddigwydd, naill ai pethau drwg neu dda. Wedyn, cofiwn am Garn Fadrun, sef bryn a oedd yn cael ei gysylltu â'r fam-dduwies Madrun, ffurf ddiweddarach ar Matrona, Y Fam. Y mae Plinius, o'r ganrif gyntaf OC, yn cyfeirio at y Derwyddon yn cynnal seremonïau mewn 'llwyni o goed derw'. 'Llwyni y tu mewn i fforestydd pellennig yw eich cyfannedd', meddai Lucan yntau. Ac yr oedd llynnoedd a ffynhonnau a dyfroedd yn fannau cysegredig hefyd. Daethpwyd o hyd i olion aberthau i 'fodau'r dyfroedd', fel y tybir, mewn amryw fannau, gan gynnwys Llyn Cerrig Bach yn sir Fôn, Llyn Neûchatel yn y Swisdir, a tharddle afon Seine yn Ffrainc. Gyda llaw, yn nharddle'r Seine darganfuwyd delwau sydd yn edrych fel pe baent i fod i gynrychioli gwahanol glefydau. Ceir hen ddelwau cyffelyb, rhai Siamanaidd, yn Ecuador hefyd.

Soniwyd am y Siaman yn troi yn ei weledigaethau yn fathau arbennig o anifeiliaid. Yn yr hen gerddi Cymraeg lle ceir y gweddillion a elwir yn Chwedl Myrddin fe gawn hanes am Fyrddin yn mynd yn wyllt mewn brwydr (Brwydr Arfderydd, 575) ac yn mynd i fyw yng Nghoedwig Celyddon yn yr Hen Ogledd. Yno, ei brif gwmni, yw anifeiliaid, yn enwedig borchell. Mewn chwedl Wyddeleg sydd, yn ôl pob golwg, yn fersiwn o hanes rhywun tebyg iawn i Fyrddin, sef Suibhne Geilt (Swini Wyllt), fe gawn hanes am hwnnw hefyd yn mynd yn wallgof mewn brwydr. Y mae yntau'n crwydro'r wlad ac yn treulio amser gydag anifeiliaid. Yn y man, fe ddaeth ein Myrddin ni i gael ei gyfrif yn ddewin a phroffwyd a bardd. A oes gennym yma rywbeth tebyg i'r Siaman a'i gysylltiad ag anifeiliaid? Go brin, yn fy marn i.

Beth am Taliesin ynteu? Y Taleisin chwedlonol yw hwn, nid y bardd o'r Hen Ogledd yn y chweched ganrif. Yn Chwedl Taliesin y mae gŵr o'r enw Gwion Bach yn yfed o drwyth gwaharddedig a baratowyd dan oruchwyliaeth gwrach o'r enw Ceridwen. Wrth geisio ei hosgoi hi a'i llid y mae'n troi'n wahanol anifeiliaid wrth gael ei ymlid. Mewn fersiynau o'r stori sydd i'w cael o ddechrau'r unfed ganrif ar bymtheg ymlaen, wrth geisio osgoi Ceridwen y mae Gwion yn ei droi ei hun yn ysgyfarnog, yn bysgodyn, yn aderyn, ac yn ronyn o rawn. Fel gronyn o rawn y mae'n cael ei lyncu gan Geridwen (ar ffurf iâr) ac yn cael ei eni iddi yn Daliesin. Y mae cerddi cynharach yn awgrymu fod Taliesin yn newid i fod yn llawer peth arall. Ai dyma rywbeth sy'n cyfateb i berlewyg y Siaman lle y mae'n newid ffurfiau ac yn troi, yn enwedig, yn wahanol anifeiliaid? Yn ddiddorol iawn, fe glywais am seiceiatrydd yn dweud y byddai ganddo ddiddordeb mawr mewn clywed beth yn union oedd yn nhrwyth Ceridwen gan fod yr hyn sy'n dilyn – y trawsffurfiadau – yn cyfateb yn gymwys i brofiad rhai dan ddylanwad LSD. Y mae yna fwy o gyfatebiaeth rhwng profiad Taliesin a phrofiad y Siaman, nag sydd yna rhwng profiad Myrddin a phrofiad y Siaman yn hyn o beth. Ond, cofiwn hefyd fod y wrach Ceridwen yn newid ei llun mor aml â'r un y mae yn ei ymlid. A yw hithau yn Siamanes? Cofiwn, hefyd, am yr awgrym fod y syniad o Drawsnewidydd yn hen, hen syniad am dduwdod ac, yn fy marn i, yn syniad sy'n cyfleu gallu'r dychymyg i fod yn beth bynnag a fynn.

Un peth na ellir ei wadu yw fod i rai anifeiliaid le pwysig iawn yng nghrefydd ac yn nychymyg y Celtiaid, fel yr oedd ac y mae i anifeiliaid le pwysig ym myd y Siaman. Y mae lle amlwg i'r TWRCH neu'r baedd yn nychymyg y Celtiaid, fel ag y mae i'r CARW, y TARW, y MARCH, y SARFF, y CI, ac ADAR, yn enwedig yr ERYR a'r DYLLUAN. Y mae'r rhain yn dynodi pwerau arbennig, yn arbennig nerthoedd rhywioldeb a ffrwythlondeb. Un peth perthnasol i'w nodi yw fod gan y ci gysylltiad ag angau ymysg y Celtiaid fel ymysg y Siamaniaid – dyna inni Gŵn Annwn, er enghraifft.

Fe soniwyd am y sawl yr oedd ynddo ddefnydd Siaman fel un gwantan, yn amlach na pheidio, hyd yn oed yn un yn dioddef o haint y digwydd *(epliepsy)* ar dro. Y mae'r syniad o ryw fath o wendid neu nam yn cyd-fynd gyda galluoedd anarferol yn un eithaf cyffredin – ni cheir camp heb remp, yn ôl yr hen ddywediad. Efallai y gallwn ni gysylltu doniau Myrddin fel dewin a bardd a phroffwyd ag ynfydrwydd cychwynnol, sef colli pwyll mewn brwydr (y mae'n amlwg mai profiad tebyg i'r hyn a elwir yn *shell-shock* sydd yn hanes Myrddin yn mynd yn ynfyd). A yw'r ynfydrwydd hwn, y gwendid hwn yn dangos cyswllt rhwng Myrddin a'r Siaman, os nad â'r Derwydd?

Y mae'r perlewyg gweledigaethol yn nodwedd sylfaenol o Siamanaeth. A oes yna rywbeth yn debyg mewn Derwyddaeth? Y mae'r dystiolaeth fwyaf trawiadol yn gymharol ddiweddar. Efallai y gallwn ni ystyried y teithio i Fyd Arall, neu Annwn a gawn mewn amryw o ddarnau o hen lenyddiaeth Cymru ac Iwerddon fel rhyw fath o daith Siamanaidd. Yn sicr, y mae lle i ystyried y freuddwyd fel rhyw fath o weld Derwyddol neu Siamanaidd: dyna inni'r cysgu ar groen tarw yn rhoi bod i freuddwyd yn y stori hwyliog honno 'Breuddwyd Rhonabwy', er enghraifft. Os trown ni at y chwedl Wyddeleg 'Cyrch Drom Damhghair' y mae yna episod eithriadol o Siamanaidd lle y mae'r Derwydd Mogh Ruith (ddall) yn galw am ei groen tarw llwyd tywyll, heb gorn arno a'i 'benwisg aderyn efo smotiau gwynion' a'i offerynnau Derwyddol. O ganlyniad i hyn oll y mae'n hedfan i'r awyr a pheri i dân losgi tua'r gogledd.

Yn yr Oesoedd Canol fe ddarfu am Dderwyddon, ond bu i'r beirdd etifeddu peth o'u galluoedd 'goruwchnaturiol'. Ac am fardd neu 'awenydd' o'r fath y mae gennym dystiolaeth sinigaidd Gerallt Gymro, yn ei *Ddisgrifiad o Gymru*, o berlewyg:

Pan ymgynghorir â hwy [awenyddion] ynghylch rhyw bwnc amwys, gan ruo ar unwaith cipir hwy oddi arnynt eu hunain, fel petai, gan ysbrydoliaeth, a gwneir hwynt yn wŷr wedi eu meddiannu gan ryw bŵer. Ac er hynny, ni roddant ateb i'r cwestiwn yn uniongyrchol: ond ar ôl llawer o eiriau amwys, ymhlith amrywiol frawddegau o ffiloreg a gwegi yn hytrach nag o synnwyr, ond i gyd, er hynny, yn goeth a chabol, a lifa ohonynt, o'r diwedd caiff y sawl a sylwo'n graff ar yr ateb, yr hyn a geisia wedi ei esbonio. Ac felly, o'r diwedd, dihunir hwy gan eraill o'r perlewyg hwn, fel petai o gwsg trwm, a gorfodir iddynt, trwy ryw gymaint o rym, ddychwelyd atynt eu hunain.
Ac yma cei ddau bwynt sydd yn werth eu nodi: ar ôl rhoi'r ateb, onid ysgydwir hwy'n rymus, ac y gelwir arnynt, nid arferant ddychwelyd o'r math hwn o orffwylledd, fel petai; ac ar ôl iddynt ddychwelyd atynt eu hunain, ni allant alw i gof ddim oll o'r holl

ymadroddion hyn a lefarwyd ganddynt yn y cyfamser.

(Cyfieithiad Thomas Jones)

Dyma inni geisio help, perlewyg, cael ateb, ac ysgwyd y breuddwydiwr yn effro. Yr unig ddrwg, cyn belled ag y mae'r cysylltiad rhwng Derwyddaeth a Siamanaeth yn y cwestiwn yw nad yw'r daith Siamanaidd yn y perlewyg, fel arfer, yn un a anghofir.

Yn y disgrifiad o Dderwydd Gwyddelig uchod fe geir disgrifiad o wisg arbennig. Y mae yna gyfeiriad at wisg Dderwyddol mewn disgrifiad Clasurol enwog gan Plinius o hel uchelwydd, planhigyn yr oedd gan y Celtiaid gryn feddwl ohono. Y mae'r disgrifiad yn cynnwys amryw elfennau sydd o ddiddordeb i'n pwnc ni, elfennau sydd wedi eu crybwyll wrth sôn am Siamaniaid. Dywed Plinius fod y Derwyddon yn hel uchelwydd:

> ... trwy seremoni grefyddol briodol, os yn bosib, ar chweched dydd y lleuad (am mai wrth y lleuad y maent yn mesur eu misoedd a'u blynyddoedd, a hefyd eu hoesau o ddeng mlynedd ar hugain). Y maent yn dewis y diwrnod hwn am fod gan y lleuad, er nad yw hi eto ar hanner ei chwrs, gryn dipyn o ddylanwad yn barod ... Ar ôl paratoi ar gyfer aberthu, a gwledda o dan y coed, y maent yn dod â dau darw gwyn yno, ac yn clymu eu cyrn am y tro cyntaf. Y mae'r offeiriad, wedi ei wisgo â gwisg wen, yn dringo'r goeden ac yn torri'r uchelwydd gyda chryman euraid. Fe dderbynnir y toriad gan eraill i glogyn gwyn. Yna y maent yn lladd eu haberthau, gan weddïo y bydd i dduw beri i'r rhodd fod o les i'r rheini y mae o wedi ei chaniatáu iddynt. Y maent yn meddwl fod yr uchelwydd, o'i gymryd mewn diod, yn peri i anifeiliaid heb epil fod yn ffrwythlon, a'i fod yn gwrthweithio pob gwenwyn.

Gwisg wen sydd gan yr 'offeiriad' o Dderwydd yma. Yn ôl Tacitus, pan oedd cadfridogion y Rhufeiniaid yn annog eu milwyr i fynd dros y Fenai o ochr Arfon, yn sir Fôn yr oedd y Celtiaid yn dyrfa arfog:

> ... tra rhuthrai gwragedd mewn dillad duon, tebyg i'r Deraon [bodau cynddeiriog], rhwng y rhengoedd, gyda'u gwalltiau am ben eu dannedd. O gwmpas yr oedd y Derwyddon yn codi eu dwylo i'r awyr ac yn gweiddi melltithion ofnadwy, gan ddychryn ein milwyr ...

Ai Derwyddesau oedd y rhain yn eu dillad duon? Fe gyfeirir at Dderwyddesau yn Iwerddon. Ac a oes arwyddocâd i'w dillad duon: dillad gwynion mewn defodau i hybu bywyd, a dillad duon ar gyfer melltithio?

Y mae'r dyfyniad o waith Plinius yn awgrymu fod y Derwyddon yn gwella anhwylderau gyda llysiau meddyginiaethol. Y mae'r un awdur yn sôn am blanhigyn y mae o'n ei alw yn *selago* hefyd, sef safin (eithinfyw). Roedd hwnnw'n cael ei hel heb ddefnyddio haearn, a chan roi'r llaw dde trwy lewys chwith y wisg wrth ei hel. Roedd yn rhaid i'r dillad at gasglu fod yn wyn, a'r traed wedi eu golchi ac yn noeth. Yn ogystal, yr oedd gofyn offrymu gwin a bara cyn ei hel. Yr oedd Derwyddon Gâl yn dweud y dylid cario'r planhigyn fel swyn rhag pob math o ddrwg; ac yr oeddynt yn honni fod mwg oddi wrtho'n dda ar gyfer afiechyd y llygaid, sef anhwylder a oedd yn weddol gyffredin ymysg y Celtiaid. Y mae hyn yn ddigon tebyg i rai o arferion y Siamaniaid.

Yn nisgrifiad Plinius o hel uchelwydd y mae cyfeiriad at y lleuad. Rhaid ei bod hi ar ei chynnydd i fod yn llesol. Yr oedd yn amlwg gred fod y lloer yn dylanwadu ar bethau daearol. Yr ochr arall i'r byd, ym mynyddoedd yr Andes, yr oedd credoau gwahanol. Yno, credid pe bai coeden yn cael ei thorri ar leuad newydd y byddai'r pren yn pydru'n fuan; a phe plennid hadau ar leuad newydd y collid y cynhaeaf. Yno, plannu ar leuad lawn sy'n fendithiol, neu ar yr adeg pan fydd y lloer yn dri chwarter llawn. Mae'r un peth yn wir am gael anifeiliaid i lydnu. Dyma debygrwydd arall rhwng Derwyddon a Siamaniaid.

Y mae adegau arbennig o'r flwyddyn yn bwysig, fel y nodwyd, megis amserau troad y rhod mewn gwledydd lle y mae hynny'n amlwg. Dyna pam yr oedd calendrau'n bwysig, calendrau a fyddai'n dynodi amserau buddiol ar gyfer gweithgareddau arbennig. Yr oedd Calan Mai a Chalan Gaeaf yn bwysig gan y Celtiaid a'r Derwyddon. Mewn mannau fel Ecuador eto yr oedd Siamaniaid wedi gweithio allan fod Scorpio'n union uwchben rhai mannau cysegredig tua chanol Mehefin. Yr oedd hyn yn adeg ffafriol at hybu ffrwythlondeb. Y mae Calendr Coligny y Celtiaid – sydd bellach yn ddryllia u o ddarnau fflat o bres – yn awgrymu fod y Derwyddon hwythau'n asrtonomyddion ac astrolegwyr, ac yn gweithio allan pa ddyddiau a fyddai'n llesol (Mad) ar gyfer gweithgareddau arbennig a pha rai na fyddai (Anfad).

A yw nifer o elfennau tebyg sydd i'w cael mewn Derwyddaeth ac mewn Siamanaeth, hyd y gellir gweld, yn awgrym mai math o Siamaniaid oedd y Derwyddon? Efallai. Fe allem ofyn y cwestiwn o chwith hefyd: ai rhyw fath o Dderwyddon oedd / yw y Siamaniaid? Y mae un peth yn sicr, fe ddylid dal i ymholi am y Siamaniaid i weld a all ein gwybodaeth amdanynt oleuo peth o hanes y Derwyddon. Ond, drwy'r adeg, fe ddylem gadw mewn cof fod llawer o'r elfennau y cyfeiriwyd atynt i'w cael mewn amryw grefyddau, ac y gellir eu cyfrif ymhlith elfennau sylfaenol crefyddau. Ped aem ati, fe allem ddangos fod yna nifer o'r elfennau a drafodwyd i'w cael mewn Cristnogaeth hefyd, yn enwedig mewn Pabyddiaeth – dyna un rheswm pam y mae darnau o hen grefyddau 'paganaidd', gan gynnwys darnau o Siamanaeth, yn ffitio'n daclus iawn i Gristnogaeth Gatholig De America, er enghraifft. Y mae un peth yn gyffredin iawn mewn amryw o hen grefyddau, sef perthynas arbennig pobl â'r byd o'u cwmpas, y byd naturiol. Bron na allai rhywun ddweud fod yr agosatrwydd hwn yn hybu crefydd, o leiaf fe ymddengys cyswllt dyn â'r cread, ac â bodau sydd i fod i ddylanwadu ar y cread, yn amlycach mewn cefndir lle y mae natur yn amlwg nag ydyw mewn dinas enfawr yn llawn o goncrit. Fe allwn or-ddweud a gofyn ar ddiwedd hyn o druth, a oes modd bod yn grefyddol mewn concrit?

Cynnig Agos

J. Towyn Jones

'Wrth iddo esgyn y rhipyn ar yr ochr agosaf adref o ddyffryn cul a choediog Cwm Maeslan, heibio i Benrhiw-ficer yn y bore bach i gyfeiriad eglwys plwyf Pen-boyr, teimlai'r cigydd yn gynyddol sicr fod rhywbeth amgenach i'w glywed na sŵn ei gerddediad a thiwnio ysgafn côr y wig yn paratoi am ei agorawd ar doriad gwawr. Saif Eglwys Sant Llawddog, fry ar y tir uchel uwchlaw Drefach Felindre a Dyffryn Teifi tu hwnt. Fel y dynesai at y mur cymharol uchel ar ochr ddeheuol y llan, sy'n cydredeg â'r ffordd gul am gryn bellter, daeth yn gwbl amlwg iddo fod rhywun yn cloddio yn y fynwent, a hynny yn brysur a diarbed. Torrai clindarddach picas a phâl ar draws marweidd-dra arferol y lle unig, er mor annaearol yr awr. Wedi cyrcydu eiliad i adael i'w bac offer lithro'n dawel o'i law, rhoes flaen ei droed rhwng cerrig y wal a thynnodd ei ddwylo cryf ef i lefel lle medrai syllu'n anghrediniol ar ŵr ifanc o'r ardal, ychydig bellter i ffwrdd, wrthi'n ddyfal yn torri bedd . . . '

Digon tebyg fod yr hanes yn dechrau gafael ynoch chithau erbyn hyn fel y'm cyffrowyd i ganddo pan glywais ef gyntaf gan wyres y bwtsiwr. Fy hen athrawes biano oedd honno: Miss Margaret Evans, Danwarin, Drefelin, fel yr oedd ar y pryd; yr Henadur Mrs Brynmor Williams, B.E.M., yn ddiweddarach, a fu farw Medi 28, 1989 yn 85 mlwydd oed. Nid oeddwn Badewski o bianydd ond cafodd hi a'i mam oedrannus wrandäwr eiddgar ar eu storïau. Arhosodd y stori hon sydd o dan sylw yn fyw iawn ar fy nghof oherwydd credais ar hyd y blynyddoedd ei bod yn efengyl wir. Parhaed yr hudoliaeth am foment eto ac ymwrthodwn rhag ymyrryd ymhellach arni ar ei hanner fel hyn.

'Gyda mwy na thipyn o syfrdandod ac anesmwythyd y gollyngodd David Evans ei hun i lawr o'r wal yn ofalus a chwbl ddistaw oblegid teimlai ym mêr ei esgyrn fod rhyw ddrygioni dygn ar waith y bore hwnnw. Gwyddai'n dda am y plwyf a'i drigolion i gyd ac nid oedd yn bosibl fod angladd wedi ei threfnu yno yn ddiarwybod iddo. Ym Mhen-boyr y magwyd ef, yno y bedyddiodd ei blant. Yr oedd ei gartref, Tŷ Newydd, Manllegwaun, lai na hanner milltir i ffwrdd, ac ym mynwent y plwyf y rhoed ei weddillion ar Orffennaf 9fed, 1902 ag yntau yn 73 mlwydd oed. Perthynai i deulu nodedig o gigyddion; dyna fu galwedigaeth llawer cenhedlaeth ohono, ac wrth ei broffesiwn y buasai y bore hwnnw. Lladd moch fu ei orchwyl ar ryw dyddyn neu ddau ar gyrion y rhos yn yr oriau mân a phrysurai adref i wynebu'r gweddill o oruchwylion y dydd pan dorrodd y digwyddiad yma mor ddramatig ac annisgwyl ar draws ei gynlluniau.

Dafliad carreg o eglwys Pen-boyr mae ffermdy hynafol a chlastir Maeslan a disgynna'r ffordd ychydig bellter ymhellach i bant a elwir yn Rhyd Maeslan. Wrth nesáu at y fan gwelai'r bwtsiwr ferch ifanc ddieithr yn prysuro tuag ato ond swil ac amharod oedd hi i ymateb i'w gyfarchiad a mwy cyndyn fyth i sgwrsio. O wasgu'n galed arni fe'i perswadiodd i gyfaddef ei pherwyl. Mynegai ei diniweidrwydd anaeddfed ryw gymaint o ewfforia ond ar yr un pryd yr oedd yn nerfus a chythryblus. Morwyn fferm o sir Aberteifi ydoedd a chyffesodd na fedrai aros eiliad am ei bod mewn brys i gwrdd â'i chariad wrth eglwys Pen-boyr ar doriad gwawr. Yn anffodus yr oedd yn feichiog a gwnaethai ef drefniant â'r offeiriad i'w priodi'n ddirgel yn y bore bach yn ddiarwybod i bawb ac felly ni ddôi â chywilydd ar neb. Nid ar chwarae bach meddai Miss Evans, Danwarin, gyda difrifoldeb mawr y darbwyllodd ei thad-cu y ferch druan i droi'n ôl a dychwelyd adref am ei bywyd. Fel y llofrudd hwnnw ar fynydd Pencarreg ger Llanybydder ym 1829 (a llawer lleiddiad arall â chymhelliad cyffelyb) penderfynasai'r ardalwr ifanc a oedd wrthi'n cloddio â'i holl nerth yn y cyfddydd, y câi ei warth yntau fynd i ddifancoll. Yn yr achos yma, mewn bedd di-enw ym mynwent Pen-boyr.'

Cyn torri'r coed ynn uchel a'i gwarchodai'n gwynfanllyd rhag y pedwar gwynt ar y fath lecyn agored, llechai rhyw ramant rhyfedd o gwmpas yr hen eglwys a chostrelwyd ei naws mewn stôr o storïau. Tybiwn eu bod yn wir i gyd. Dyna'r pant hwnnw ar draws llwybr yr eglwys, hawdd i'w ganfod, meddid, cyn i arwynebedd mwy parhaol ei lenwi. Yno y dymunodd rhyw eneth a fu farw o dorcalon gael ei chladdu fel y byddai'n rhaid i'w chariad gerdded drosti mewn angau fel y gwnaethai yn ei bywyd. Carreg fedd ddistadl yn yr un mynwent a ysbrydolodd Ioan Emlyn i gyfansoddi 'Bedd y Dyn Tylawd'. A dyna'r stori honno wedyn am haid o bobl ifanc llawn bywyd yn herio'i gilydd un noson yn sgubor Maesllan, pwy a âi draw i'r eglwys ganol nos a dychwelyd gyda'r Beibl o'r ddarllenfa i brofi'r peth. Mentrodd un o'r merched ond buont yn disgwyl yn ofer amdani i ddod nôl. Drannoeth, gyda'r dydd, aed i edrych amdani a'i chael yn gorff wrth ris y gangell. Daliasai godre ei sgert hir wrth rywbeth a bu'r plwc sydyn yn y tywyllwch yn ddigon i'w brawychu i farwolaeth.

Wrth gwrs, o un i un fe'm darbwyllwyd nad oedd monopoli gan Ben-boyr ar y storïau hyn a'u bod i'w cael mewn amryw byd o ardaloedd eraill. Mater arall oedd yr hyn a adroddwyd gan fy hen athrawes biano. Medrwn fod yn gwbl hyderus o darddiad a nodweddion y stori honno.

Dadrithiwyd fi gan neb llai na Jelinger Cookson Symons (1809-1860) y mwyaf difloesg o'r tri Dirprwywr a fu'n gyfrifol am adroddiad, *Inquiry into the State of Education in Wales, 1847*. Ei adroddiad ef ar siroedd Brycheiniog, Aberteifi, Maesyfed a Mynwy oedd cynnwys yr ail gyfrol, ac er gwaethaf rhai gosodiadau derbyniol iawn i'r mwyaf cenedlgarol, hon oedd yr un a enynnodd fwyaf o ddigllonedd y Cymry. Ar y llaw arall sicrhaodd yr argraff a wnaeth safon a graen ei waith ar Arglwydd Lansdowne, swydd un o arolygwyr ysgolion Ei Mawrhydi iddo hyd ddiwedd ei oes. Cyn hynny, ar ôl ei alw i'r bar ym 1843, buasai yn olygydd y *Law Magazine* a chafodd sawl comisiwn gan y llywodraeth. Yn union wedi ei farw ym 1860 er hynny, yr ymddangosodd y cyfraniad arwyddocaol yn y cyd-destun gwylaidd a drafodir yma.

Yn y Llyfrgell Brydeinig yn Llundain, mae'r unig gopi y gwn i amdano, ar wahân i'r un sydd yn eiddo i mi, o *Rough types of English life* (a gyhoeddwyd gan James Blackwood), sydd yn awgrymu ei fod yn eithriadol o brin erbyn hyn. Ynddo trafoda Jelinger Symons bynciau yn amrywio o 'Social pecularities' i 'Is England maintaining her status?' a hynny ar ffurf deialog rhwng tri chyfaill wrth iddynt deithio o gwmpas Ewrop. 'On Popular Superstitions' yw pwnc y drydedd bennod a chaed y drafodaeth rhwng yr awdur a Bertie ac Elton ar derfyn taith o gwmpas Silesia. Gofalasant gadw ardal odidog

Riesengebirge i'w mwynhau ym Medi. Dyna Fynyddoedd y Cawr sy'n cysylltu'r Alpau a Mynyddoedd Carpathia. Yno yn yr Hotel de Prusse yn ffynhonfa ffasiynol Warmbrunn, y caed trafodaeth uchelael, a groniclwyd yn arddull drymaidd y cyfnod, ynglŷn â'r byd ysbrydol anweledig.

Dadleuodd yr awdur er enghraifft, mai ychydig iawn o'r storïau ysbrydion a glywsai ef (hyd yn oed y rhai mwyaf dibynadwy ohonynt) a soniai am ysbryd yn gwneud na dweud dim a fyddai'n debygol o ychwanegu un iod at ysbrydolrwydd rhywun. Mynegi anniddigrwydd a wna rhai ohonynt meddai, am nad yw eu cyrff wedi eu claddu yn weddus tra mae eraill yn plagio eu hunain ac yn tyrmentio pobl ynglŷn â modrwyau, broetshis a phethau llawer mwy gwacsaw na hynny hyd yn oed, a adawsant ar eu holau.

Felly yr âi'r ymresymu ymlaen o bwynt i bwynt hyd nes i Bertie geisio torri'r ddadl drwy gyflwyno hanesion am amryw o ddigwyddiadau rhyfedd. Nid yn ymwneud, fel yr eglurodd, ag ymddangosiad ysbrydion ond yn hytrach enghreifftiau o'r modd y medr gweithgarwch ysbrydol ddylanwadu'n uniongyrchol arnom yn y byd a'r bywyd hwn. Daw tair ohonynt o Gymru.

Daethai'r profiad cyntaf a ddyfynnir i ran y Parchedig Mr Prosser, clerigwr a oedd yn byw mewn pentref yn sir Fynwy; digwyddiad yn hanes y Parchedig Mr Hughes, ficer Dinbych-y-pysgod, oedd yr ail, a'r trydydd oedd adroddiad hynod fanwl am grogi John Davies yn Nhrefaldwyn ym 1821 ac yntau'n honni hyd yr eithaf ei fod yn ddieuog a'r modd na wnâi porfa dyfu ar ei fedd. Y stori o sir Benfro sydd yn berthnasol i'r drafodaeth hon a dyma gyfieithiad manwl ohoni.

Breuddwydiodd y Parchedig Mr Hughes, ficer Dinbych-y-pysgod, drosodd a throsodd un noson ei fod yn clywed clychau'r eglwys yn canu ganol nos. Argyhoeddwyd ef mor llwyr o'r peth yn y diwedd fel y cododd, gwisgo amdano a chychwyn am yr eglwys. Ar ei ffordd cyfarfu â Mary a fuasai'n forwyn i'w deulu ychydig cyn hynny. O gael cerydd ganddo am fod allan mor hwyr, atebodd hithau:

'Ond syr, dod i weld wnes i pam oeddech chi mor ddiweddar yn dod i'n priodi ni!'

'Eich priodi chi yr adeg yma o'r nos! Mae'n rhaid bod colled arnoch chi; ag â phwy?'

'Wel â William, syr: mae ei long yn hwylio am un ac o'r diwedd mae e' wedi addo fy mhriodi i fel y dylasai fod wedi gwneud ers llawer dydd. Gan ei fod e'n dweud iddo fod yn eich gweld chi ac i chi gytuno i'n priodi wedi i'r cloc daro deuddeg, fe feddyliais ei bod yn well imi daro heibio yn gyntaf i weld a oeddech chi'n barod. Bydd Wil yn aros amdanom wrth ddrws yr eglwys gellwch fentro, felly dewch 'da chi syr.'

Dilynodd Mr Hughes y ferch mewn syfrdandod mud. Ni wnaethai unrhyw addewid o'r fath. Pan ddaethant i'r fynwent yr oedd Wil yno yn wir, yn disgwyl am y ferch. Eithr yr eiliad y gwelodd ei chydymaith rhuthrodd ymaith gan glirio wal y fynwent ag un naid, hwyliodd ar long oedd yn gadael y porthladd ar y pryd ac ni chlywyd sôn amdano byth wedyn. Gerllaw'r fan y safai yr oedd bedd wedi ei ailagor yn frysiog, gyda chaib a rhaw yn barod i gladdu'r ferch honno wedi iddo ei llofruddio.

Ymddangosodd y stori *verbatim et literatim* fel y chweched mewn cyfres o 'Old Tales Recalled' yn un o newyddiaduron sir Benfro *The Western Telegraph & Times* ar y 7 Ebrill, 1937 ac ychwanegodd rhyw 'E.H.L.' droednodyn diddorol. Tybiodd i'r awdur glywed y stori ar un o'i ymweliadau â Dinbych-y-pysgod. Nododd fod Symons yn fargyfreithiwr, yn arolygwr ysgolion ac iddo ysgrifennu adroddiad ar fanteision masnachol Aberdaugleddau. Digon gwir wrth gwrs, cyhoeddwyd *Milford, Past, Present and Future* gan Symons ym 1857, ond gan iddo ddibynnu'n helaeth yn y gwaith hwnnw ar *The Description of Pembrokeshire* gan George Owen a *Mesur Dociau Aberdaugleddyf* y Capten John Law (1853), prin fod y llyfryn yn sail i dybio ei fod yn gyfarwydd â'r dref. Ni ddaethai sir Benfro o dan ei ofal wrth baratoi'r Llyfrau Gleision chwaith ac nid oes awgrym o gysylltiad â'r sir yn y manylion a geir ynddynt am gefndiroedd cynorthwywyr y Dirprwywyr. Ar y llaw arall Dinbych-y-pysgod oedd un o'r canolfannau y gweithiodd R.R.W. Lingen ohonynt er mai William Morris a aeth o gwmpas y dref i archwilio. Gallasai'r stori fod wedi dod i glyw y naill neu'r llall a'i hailadrodd wrth Symons. Yr hyn a ddwedwyd wrth Morris gan y meddyg lleol Randle Wilbraham Falconer M.D., ac a groniclwyd yn adroddiad Lingen (tudalen 473) yw'r unig beth swyddogol sydd o ddiddordeb yn y cyswllt hwn: 'The people are very honest' a 'The lower classes are fairly well off. Their character is generally good, except the sailor population who are some of them, a very bad set'.

I ddod yn ôl at weddill troednodyn 'E.H.L.'. Dyfala fod y digwyddiad wedi digwydd o reidrwydd, flynyddoedd lawer cyn dyddiau Symons. Cyfnod Mr Hughes fel rheithor (sic) Dinbych-y-pysgod meddai oedd o 1795 i 1810 a buasai'n gurad yno am rhyw ddeng mlynedd cyn hynny. Buasai wedi byw, ychwanegodd, yn yr Hen Reithordy ar waelod y Norton (sydd yno o hyd gyda llaw) a'r lle y bu'r antur yma oedd yr hen gladdfa ar ochr ddeheuol eglwys y plwyf.

Gan fod y Llyfrau Gleision wedi cythruddo cenedl gyda'u hensyniadau sarhaus am foesoldeb merched Cymru, yn amlwg rhaid ystyried unrhyw ragfarn felly mewn perthynas â'r stori hon. Yn sicr ni ellir honni fod stori Symons (nac un Pen-boyr) yn perthyn i'r cynllwyn honedig i feio Anghydffurfiaeth am achosi anniweirdeb merched y wlad oblegid i'r eglwys wladol yr âi'r ddwy i'w priodi. Buasent wrth gwrs, o dan reidrwydd i fynd yno i'r diben hwnnw am gyfnod sylweddol. Yn dilyn Deddf Priodi Arglwydd Hardwicke (1753) a chyn Cofrestru Sifil o 1837 ymlaen, ni ellid priodi mewn capeli anghydffurfiol. (Ni chyfyngwyd yr hawl yn llwyr i'r eglwys wladol ond nid yw'r eithriadau yn berthnasol yn y cyswllt hwn.) Dim ond y mwyaf paranoiaidd yn unig er hynny, fyddai'n debyg o amau fod cymhelliad felly gan Symons wrth groniclo'r stori o Ddinbych-y-pysgod.

Fel yr edrydd llên gwerin am ambell rith hudolus sydd yn camarwain teithiwr anffodus i dranc corsiog neu niwlog, fe bair hefyd i ambell chwedl swnio'n hanesyn dilychwin i'r dibrofiad a'r hygoelus. Caiff awdurdod yn y maes y gair olaf.

Dewisodd Dr Katharine Briggs (1898-1980) gyfyngu ei thrysorfa orchestol (mewn pedair cyfrol swmpus) sef *A Dictionary of British Folktales in the English Language* i'r storïau a adroddid yn wreiddiol yn Saesneg, gan resynu iddi orfod rhoi'r gorau i'w bwriad gwreiddiol i gynnwys storïau Celtaidd. Er mor odidog oeddynt yn ei golwg fe gymerai lawer cyfrol arall i wneud cyfiawnder â chynifer. Felly ni fuasai unrhyw fersiwn o'r stori dan sylw a ddeilliai'n gynhenid o Eiré, Ucheldiroedd yr Alban, Cymru nac Ynys Manaw yn gymwys i'w chynnwys yn y compendiwm ardderchog a chynhwysfawr yma. Yn amlwg nid oedd ffurf Saesneg arni yn wybyddus i'r cofnodydd, ond ni ellir cymryd ei habsenoldeb o'r cyfrolau hyn a rhestri motifau Aarne-Thompson ac eraill, nad yw ar gael yn unlle heblaw Pen-boyr a Dinbych-y-pysgod.

Rhennir geiriadur enwog Dr Briggs yn ddwy brif adran: Naratifau Gwerin *(Folk Narratives)* a Chwedlau Gwerin *(Folk Legends)* ac mae'r gwahaniaeth rhyngddynt yn ddigon clir. Ffuglen yw Naratif Gwerin a adroddid er hyfforddiant, hyfrydwch neu hwyl ond ar y llaw arall tybiwyd unwaith fod y Chwedl Werin yn wir. Fel yn achos y stori dan sylw, byddid yn cyfeirio at bersonau a lleoliadau penodol yn y storïau a adroddid gynt am ysbrydion, y tylwyth teg a'r Diafol. Fe'u hadroddid fel ffaith gan enwi yn aml y person a gawsai'r profiad. Ym Mhrydain, mae Chwedlau Gwerin yn llawer mwy cyffredin na Naratifau Gwerin ac i'r categori hwnnw mae'n debyg, y perthyn stori'r ferch ddiniwed a arbedwyd ar y funud olaf rhag dichell ei chariadfab.